KB194252

영남대학교 독도연구소
독 도 연 구 총 서 32

일본의 태정관지령과 독도 문제

일본 정부, "독도는 일본과 관계없음"을 천명하다

이성환 저

박문사

〈프롤로그〉

독도 문제 연구의 새 지평

17세기 말엽까지 한국과 일본 사이에는 경계가 불명확했다. 조선 정부는 왜구의 침탈로부터 주민을 보호하기 위해 해금(海禁) 정책을 실시했다. 해상의 섬들에 거주를 금지했기 때문에 공도(空島)정책이라고도 한다. 일본은 이 틈을 이용하여 도해허가서를 발행하고, 울릉도에 어민의 출입을 허가한다. 일본 어부들은 울릉도에 가기 위해 독도에도 들렀다. 조선은 자국의 영토인 울릉도를 비워두었고, 일본은 이를 자의적으로 이용하고 있었던 것이다. 형식적인 (영토)주권과 실제 이용자가 일치하지 않는 모순적인 상황이 되었던 것이다.

당시 조선이 독도에 대해 어떠한 인식을 가지고 있었는지는 잘 알려져 있지 않으나, 『동국문헌비고』(1770년)에 "여지지에 이르기를 울릉 우산 모두 우산국 땅이다. 우산은 왜가 말하는 마쓰시마다(輿地志云、鬱陵于山皆于山國地。 于山則倭所謂松島也)"라고 기술된 것을 보면, 독도의 존재에 대해 분명한 인식이 있었던 것으로 보인다. 여지지는 유형원의 『동국여지지』(1656년)이며, 마쓰시마(松島)는 독도를 말한다.

조선이 울릉도를 비워두고, 그 틈을 이용해 일본 어부들이 울릉도를 왕래하면서 어업활동을 하는 이런 기이한 상황은, 1693년 이른바 안용복 사건을 야기한다. 해금정책을 어기고 울릉도에 출입을 하고 있던 안용복 일행은 1693년 일본 어민들과 조우하게 되고, 안용복과 박어둔은 그들에 의해 납치된다. 이를 계기로 조선 정부와 일본 정부(막부) 사이에 울릉도 영유권을 둘러싼 치열한 외교교섭(한국에서는 울릉도쟁계, 일본에서는 죽도일건[竹島一件]이라 함)이 진행된다. 그 결과 1699년, 조선과 일본 정부는 울릉도가 조선 영토임을 확인하고, 일본인의 출입을 금지하는(도해금지령) 데 합의한다(필자는 이를 '1699년 합의'라 함). 조선과 일본사이에 일종의 국경조약이 체결된 것이다. 이 합의에 독도는 명시적으로 언급되지 않았으나, 일본은 이 합의에 근거하여 독도에도 일본인의 왕래를 금지했다. 1699년 합의에 독도가 포함되어 있음이 명확히 확인되는 것이다. 울릉도와 독도가 조선 영토임이 확인되면서, 한일 간의 경계가 분명하게 획정된 것이다. 이후 이 합의는 일본에 의해 충실히 이행되었다.

그 후, 일본 메이지 정부의 최고통치기관인 태정관(太政官)은 1877년 3월, 1699년 합의를 승계하여 "울릉도와 독도는 일본과 관계없음을 명심하라"고 천명한다. 이를 태정관지령(指令)이라고 한다. 1699년 합의를 국내 법령화한 태정관지령은 일본의 국가 의지, 즉 정부의 공식 입장이 명확히 반영된 것으로, "일본과 관계없다"는 선언은 울릉도와 독도가 조선 영토임을 공식적으로 인정한 것이다.

일본의 이 선언은 중요한 의미를 지닌다. 하나는 이 선언을 통해 1699년 합의가 계속 유효하게 작동하고 있으며, 일본은 이를 성실히 이행해 온 사실이 확인된 것이다. 또 하나는 1699년 합의를 승계한 태정관지령이 "독도가 일본 땅이 아님"을 명확히 함으로써, 1699년 합의에 독도가 포함되어 있다는 사실이 분명해진 것이다. 1699년 합의에 독도가 포함되어 있지 않으면, 이 합의를 승계한 태정관지령이 "독도가 일본 땅이 아님"을 선언할 이유가 없다. 이러한 측면에서 보면, 1699년 합의로 독도 영유권 문제는 해결된 것으로 간주해야 한다.

이처럼 태정관지령은 1699년 합의 이후 울릉도와 독도가 조선 땅이라는 사실을 확인해주는 가장 신뢰할 수 있는 일본 정부의 공식 문서이다. 그렇기 때문에 '적어도' 1877년 이후 일본의 독도 영유권 주장은 자신들의 행위를 뒤집는 국가적 자기기만에 해당하며, 불법이다. 따라서 태정관지령 발포 후 불과 28년 만에 이루어진 일본의 독도 편입은 정당화될 수 없다. 이러한 이유로 일본 정부와 학계에서는 태정관지령에 대한 언급을 의도적으로 회피하고 있다. 태정관지령을 언급하는 순간 그들이 주장하는 독도 편입론은 논리적으로 성립할 수 없기 때문이다.

이 책은, 1905년 일본이 독도를 자국의 영토로 편입함으로써 발생한 것으로 이해되고 있는, 지금까지의 한일 양국에서의 독도 영유권 문제 연구에 강력한 이의를 제기한다. 독도 영유권 문제 연구에 대한 패러다임의 전환이 필요하다는 의미이다. 독도는 1699년 조선과 일본 사이의 합의, 그리고 이를 승계한 1877년 일본의 태정관지령으로 조선 영토임이 명확히 확인되었다. 때문에 1905년의 일본의 독도 편입은 조선의 식민지화를 위한 영토 침탈일 뿐이다. 1699년 합의 및 태정관지령과, 독도 영유권의 관계를 명확히 해야 한다. 이를 통해 지금까지의 독도 영유권 문제에 대한 일본 측의 오류를 마감하고, 동시에 독도 영유권의 기원과 완결성을 명확히 할 수 있다.

독도 영유권 논쟁은 한일 간에 오랫동안 지속된 현안이다. 영유권 문제는 일방적 주장만으로는 성립하지 않는다. 일방의 주장이 전부 옳고, 타방의 주장이 전부 틀린다고 말하기는 어렵다. 영유권이 쟁점이 되는 것은 쌍방이 나름의 주장과 근거를 가지고 있다는 의미이다. 여기에서 중요한 것은 각각의 주장들이 얼마나 합리적이고 실증력있는 근거를 가지고 있으며, 논리적으로 객관적 타당성과 정합성을 가지고 있는지의 문제이다.

한일 양국에는 독도에 관련된 역사적 자료가 많이 있다. 그러나 자료를 일별해보면, 독도의 영유권을 명확히 보여주는 자료는 잘 보이지 않는다. 다만 양국의 자료에는 중요한 특징이 있다. 일본 자료에서는 독도가 일본 영역 밖이라는 인식을 드러내는 경우가 산견(散見)되지만, 한국 자료에서는 독도가 한국 영역 밖이라는 인식을 보여주는 경우는 없다.

또 하나 지적하고 싶은 것은, 지금까지 우리는 독도 문제를 장님 코끼리 만지기 식으로 다루어 온 느낌을 지울 수 없다. 다리를 붙들고 기둥이라 하고, 꼬리를 만지고는 밧줄이라고, 코를 만지고 뱀과 같다고 한다. 누구도 코끼리의 전체를 보지 못하기 때문에 일부를 가지고 코끼리의 전체상을 그린다. 독도 문제 연구도 이러한 편협성을 면치 못하는 측면이 있다. 독도 문제를 전체적으로 조망할 수 있는 프레임이 중요하다.

방법론으로는, 어떤 것의 실체를 파악하기 위해서는 때로 반대편에서 바라보는 것이 효과적이라는 미셸 푸코(Michel Foucault)의 사유 방식을 참조할 필요가 있다. "사회가 규정하는 위생의 개념을 이해하기 위해서는 우리는 비위생적 영역에서 벌어지는 현상을 조사해야 할지도 모른다. 말하자면 우리는 불법적인 영역을 통해 법을 이해하는 것이다."[1] 한국의 독도 영유권 문제를 더 잘 이해하기 위해, 일본의 자료와 시각에서 독도를 바라보는 방법이다. 독도에 대한 한국의 주권을 확인하기 위해, 독도에 대한 일본 주권의 존부(存否)를 확인할 필요가 있는 것이다.

필자는 이를 일본에서 가장 권위 있는 공식 문서인 태정관지령에서 찾고자 한다. 1877년 3월 "울릉도와 독도는 일본과 관계없음"이라고 일본 정부가 공식 천명한 태정관지령이 현재의 독도 영유권 문제에 어떻게 연결되며, 독도의 한국 귀속을 입증할 수 있는지를 분석한다. 동시에 태정관지령의 성립 과정과 그 효과를 분석하여 독도 문제의 전체적인 맥락을 파악하고, 해결의 실마리를 찾고자 한다.

1 Herbett L. 1982, *Dreyfus and Paul Rainbow, Michel Foucault: Beyond Structuralism and Hermencutics*, Chicago: Harvester, University of Chicago, p.211.

이 책은 필자가 발표한 논문을 가필한 것이다. 한정된 사료를 바탕으로 단일 주제에 대해 다양한 각도에서 분석을 시도하다 보니, 논문들 간에 다소 덧놓인 내용과 기술이 있다. 특히 내용적으로 이 책의 근간을 이루는 '태정관지령의 성립 과정', '한일/조일(朝日) 국경조약체제의 전개 과정', '태정관지령의 적용 사례' 등에 대한 서술이 그렇다. 각주와 참고문헌의 표기 방식이 다소 상이한 경우가 있는데, 이는 각 학회의 편집 규정 차이에서 기인한다. 이에 따라 일관된 방식으로 통일하지 못한 부분이 있다. 각 논문의 출처는 이 책 뒤편에 밝혀놓았다.

이 책이 나오기 까지 관심과 격려를 아끼지 않은 영남대학교 독도연구소 최재목 소장님과 송휘영 교수님께 감사드린다. 약간은 낯설기도 한 중국에 안착하는 데 많은 도움을 주신 광저우이공대학(广州理工学院) 여수일(呂秀一) · 박정희(朴婷姬) 부부 교수님, 인내를 가지고 같이 해준 처 이성한, 편집을 맡은 최인노 과장님께 고마움을 전한다.

차례

제2부 일본의 독도 연구와 샌프란시스코강화조약

제1부

태정관지령과 독도 문제

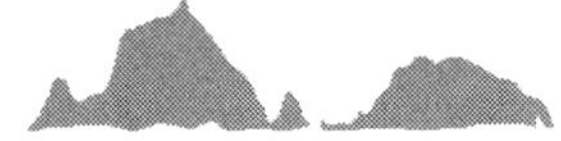

제1장

일본의 태정관과 '태정관지령'

—독도 문제와 관련하여—

1. 서론

한일 간의 독도 논쟁은 양국 정부의 공식 기록보다는 민간의 기록과 활동에 대한 해석과, 그것을 기초로 영유권을 추론하는 방식이 주로 사용되고 있다. 그런데 독도 영유권 문제를 밝혀줄 역사적으로 유일한 일본 정부의 공식 기록으로 '태정관지령(太政官指令)'이 있다. 태정관(太政官)은 1885년 일본이 근대적인 내각제도를 도입하기까지 입법, 행정, 사법의 3권을 아우르는 당시 일본의 최고통치기관(supreme counsil of state), 즉 일본 정부였다. 그 태정관이 당시 영토 문제를 담당하고 있던 내무성의 품의를 받아 1877년 3월에 "질의의 취지와 같이, 죽도 외일도(울릉도와 독도)의 건은 본방(本邦, 일본)과 관계가 없음을 명심할 것"(伺之趣竹島外一島ノ儀本邦関係無之儀ト可相心得事)이라는 지령(指令)을 내린 기록이 있다. 이처럼 일본 정부가 울릉도와 독도는 일본 땅이 아니라는 공식적인 결정을 공표했음에도 불구하고, 일본은 왜 스스로 이 기록을 부정하고 여전히 독도에 대한 영유권을 주장하고 있는 것인가. 다시 말하면, 이처럼 명확한 공식 기록이 있음에도 왜 독도 영유권을 둘러싼 한일 간의 논쟁은 계속되는 것인가? 이러한 의문이 이 글의 출발점이다.

이 태정관지령은 일본에서는 공식적으로 언급되지 않고 있으며, 학계에서도 거의 다루어지지 않는다. 독도에 대한 한국의 영유권을 명확히 하고 있는 태정관지령과 일본의 독도 편입은 양립할 수 없기 때문이다. 일본 정부는 1877년에 "독도는 일본 영토가 아니다", 즉 '독도는 조선 영토이다'라고 천명했으면서도, 불과 28년 후인 1905년에 독도를 무주지라며 일본의 영토로 편입했다. 이는 논리적으로 성립하지 않는다. 이러한 맥락에서 한국 측은 '태정관지령'을 일본의 독도 영유권을 부정하고, 독도에 대한 한국의 영유권 주장의 중요한 근거로 제시하고 있다. 그럼에도 한국에서도 이에 대한 본격적인 연구가 아직 이루어지지 않고 있다.

이러한 연구 상황을 감안하여 이 글에서는 태정관의 기능, 위치 및 성격, 태정관의 법령 형식에서 '지령'이 지닌 의미를 검토하고, 이를 바탕으로 '태정관지령'이 독도 문제에서 갖는 의미를 밝히고자 한다.

2. '태정관지령'과 독도 문제 논의

독도 문제와 관련하여 '태정관지령'이 처음 발견된 것은 지금부터 약 40여 년 전, 그리 오래되지 않았다. 1987년, 호리 카즈오(堀和生, 교토대학) 교수가 발표한 「1905년 일본의 독도 영토편입」이라는 논문에서[1] 처음으로 독도 문제와 관련하여 '태정관지령'이 학계에 보고되었다. 이는 한일 간의 독도 영유권 문제 연구에서 획기적 발견으로 학계의 주목을 받았으며, 독도 영유권을 둘러싼 한일 간의 논의에 새로운 전기를 마련할 것으로 보였지만, 예상만큼 큰 효과를 낳지는 못했다. 일본은 물론 한국에서조차 이에 대한 후속 연구가 본격적으로 이루어지지 않았기 때문이다. 한국에서는 1989년 신용하 교수가

1 堀和生, 「一九〇五年日本の竹島領土編入」『朝鮮史研究会論文集』24号, 1987.

「조선 왕조의 독도 영유와 일본 제국주의의 독도 침략」[2]이라는 논문에서 태정관지령을 독도가 한국령임을 최종적으로 결정, 승인한 문서라고 평가했다. 그 이후, 유미림[3]·박지영·심경민[4], 김병렬[5], 호사카 유지[6], 정태만[7] 등의 연구가 있다.

일본에서는 학계가 아니라 시마네현의 관변 조직인 '죽도문제연구회'를 중심으로 테정관지령에 대한 논의가 이루어지고 있다. 죽도문제연구회는 학술단체라기보다는 시마네현의 독도 영유권 주장을 뒷받침하기 위해 향토(시마네현)에 뿌리를 둔 아마추어 연구자들과, 이들의 취지에 공감하는 사람들의 모임으로 보인다. 그들에게는 1877년의 태정관지령과 1905년 독도 편입 간의 모순을 해결하는 것이 가장 큰 과제였는 데, 이를 위해 그들은 태정관지령문을 아전인수식으로 해석하거나 내용을 왜곡하는 등의 방법을 동원하고 있으나, 설득력은 부족하다. 논란의 쟁점은 다음과 같다.

먼저, 지령문에 등장하는 '죽도 외일도(竹島外一島)'에 대한 해석을 둘러싼 논란이다. 죽도가 오늘날 울릉도를 지칭하는 것에 대해서는 이론이 없으나, '외일도(外一島)'에 대한 해석이 논란의 핵심이 되고 있다. 태정관지령 형성 과정에서 시마네현이 내무성에 보고한 부속 문서에는 "다음에 섬 하나가 있다. 송도(松島)라고 부른다. 둘레는 30정(町, 1町은 약109미터)정도이다. 죽도(울릉도)와 동일 항로상에 있으며 오키(隱岐)에서 80리 정도 떨어져 있다"

2 신용하, 1989,「조선왕조의 독도 영유와 일본제국주의의 독도침: 독도영유에 대한 실증적 일연구」『한국독립운동사연구』 3, 독립기념관 한국독립운동연구소.
3 유미림, 2015,『일본 사료 속의 독도와 울릉도』, 지식산업사.
4 유미림·박지영·심경민, 2014,『1877년 태정관지령에 관한 연구』, 한국해양수산개발원.
5 김병렬 1998,『독도 자료 총람』, 다다미디어, pp.344~346.
6 호사카 유지, 2008,「다케시마 문제 연구회의 '다케시마 문제에 관한 조사연구 최종보고서'의 문제점 – 태정관지령문에 대한 시모조 마사오의 견해를 중심으로 –」『일본문화연구』 25, 동아시아일본학회.
7 정태만, 2012,『태정관지령이 밝혀주는 독도의 진실』, 조선뉴스프레스.

고 기록되어 있다.(밑줄— 인용자)[8] 이를 근거로 한국 측은 '외일도'=독도라 주장한다. 그러나 일본 측에서는 '외일도'는 울릉도 주변의 섬(구체적으로는 죽서도) 또는 울릉도의 중복표기라는 설이 등장한다.

이런 와중에 2006년 5월 우루시자키 히데유키(漆崎英之) 목사가 태정관지령의 원문을 직접 열람하는 과정에서 부속 문서로 첨부된 '기죽도약도(磯竹島略図)'를 발견하면서 '태정관지령'의 '외일도(外一島)'가 독도라는 것이 명확해졌다.[9] 이 약도에는 울릉도(당시 일본에서는 [磯]竹島라 함)와 독도(당시 일본에서는 松島라 함)가 명확히 그려져 있다. 이 약도의 발견으로 '태정관지령'의 내용에 대한 해석을 둘러싸고 전개된 논란이 정리되었고, 울릉도와 함께 독도가 일본 땅이 아니라는 점이 명백해졌다. 이 약도는 『공문록(公文録)』[10]에 수록되어 있는 '태정관지령' 관련 기록의 제일 마지막 부분에 봉투 속에 든 상태로 편철되어 있었다. 그렇기 때문에 마이크로필름으로 간접 공개된 기록에서 태정관지령문을 발견한 호리 카즈오 교수도 이를 확인하지 못했었다. '태정관지령문'이 발견되고 20년 후에나 이 지도가 등장한 이유이다.[11]

---

8 시마네현이 내무성에 제출한 부속 문서인 원유의 대략(原由ノ大畧)」의 서문에 해당하는 '원유의 개략'에 유일하게 이와 관련하여 다음과 같이 기술되어 있다.
"次ニ一島アリ松島ト呼フ周回三十町許竹島ト同一線路ニ在リ隠岐ヲ距ル八拾里許"
「原由ノ大畧」『公文禄』(国立公文書館, 소장). 이성환 · 송휘영 · 오카다 다카시, 2016, 『일본 태정관과 독도』, 지성인, pp.170~171.

9 漆崎英之, 2013, 「「太政官指令」付図「磯竹島略図」発見の経緯とその意義」『독도연구』 14, 영남대학교 독도연구소.

10 『공문록(公文録)』은 메이지 원년(1868년)부터 내각이 출범하기까지(1885년) 태정관(太政官)이 각 성(省) 사이에 주고 받은 문서를 연차별, 기관별로 편찬한 것으로, 정부의 기본적인 정책, 법령 등에 관련된 문서 원본(原議書)을 수록하고 있다. 일본 국립공문서관에 소장되어 있으며, 1998년 국가 중요문화재로 지정되었다.

11 에피소드이지만, 독도 연구자가 아닌 우루시자키 목사가 이 지도를 발견하여 공개한 것은 우연일 수 있는데, 그는 이를 종교적 관점에서 해석하고 있다. 그의 말에 따르면, 그가 이 지도를 발견한 것은 "이 지도를 가지고 한일 간의 독도 문제를 해결하라"는 신의 계시였다고 한다. 그는 항상 이 지도를 가방에 넣어 다니며 독도가 한국 땅임을 설

그럼에도 불구하고 일본에서는 '태정관지령'의 해석에 관한 논의는 아직 완결되지 않고 있다. 시마네현의 죽도연구회 소속인 스기하라 다카시(杉原隆)의 주장은 이를 단적으로 보여주고 있다. 그는 1881년의 '송도개간원(松島開墾願)'에 관련된 일련의 문서를 사용하여 '태정관지령'의 '외일도'는 "죽도로도 송도로도 불린 울릉도를 의미한다"고 주장한다.[12] 뿐만 아니라 그는 "'죽도 외일도'와 송도는 동일한 것이며, 개간 가능한 송도는 울릉도이다. …… 1876년 시마네현이 (내무성에) 제출한 질의서(伺い)의 '죽도 외일도'라는 용어는 개간 가능한 송도, 즉 현재의 울릉도였으며, 1877년 '태정관지령'도 마찬가지였다"고 강변한다.[13] 이러한 그의 주장은 쓰카모토 다카시(塚本孝)로 이어지며,[14] 최근까지도 그는 같은 주장을 되풀이하고 있다.[15]

이에 대해 다케우치 타케시(竹内猛)는, 위와 같은 연구를 "사료 해석의 문제 이전에 일본어 능력의 문제"라고 비판하고, 1881년의 문서를 이용하여 1877년의 문서를 해석하는 것은 "역사학의 연구방법으로서의 기본을 일탈한 부적절한 사료 취급 방법"이라고 지적한다.[16] 이는 일본이 독도 영유권을 주장하기 위해 사료를 어떻게 변형하고, 왜곡하고 있는가를 잘 보여주고 있다.[17]

파하고 있다.

12 島根県竹島問題研究会, 2011, 『第二期「竹島問題に関する調査研究」中間報告書』, p.11.

13 島根県竹島問題研究会, 2011, 위의 보고서, p.16.

14 塚元孝, 2011, 「竹島領有権問題の経緯 第3版」『調査と情報—ISSUE BRIE—』701, 国立国会図書館 調査及び立法考査局.

15 杉原隆, 2016, 「浜田県大参事藤原茂親と島根県参事境二郎—明治10年の「太政官指令」を再び考える」『郷土石見』101, 石見郷土研究懇話会.

16 竹内猛, 2011, 「竹島外一島の解釈をめぐる問題について一竹島問題研究会中間報告書「杉原レポート批判一」『郷土石見』87, 石見郷土研究懇話会, p.42.

17 필자는 2013년 2월, 오카다 다카시(계명문화대학), 송휘영(영남대 독도연구소)와 함께 매일신문 동부 본부의 명의를 빌려 스기하라 씨에게 질의서를 보낸 적이 있다. 만약 그의 주장대로 태정관지령의 '죽도 외일도'를 해석하면 '죽도와 죽도(즉, 울릉도와 울릉도)'라는 의미가 된다. 죽도(울릉도)를 두 번 반복하는 것이 되는데 이에 대해 다

이렇게까지라도 하지 않으면 태정관지령과 독도 편입의 모순을 설명할 수 없기 때문이다.

나고야 대학의 이케우치 사토시(池内敏)는 '외일도'가 독도임을 명확히 하면서, '외일도'를 울릉도나 울릉도 주변의 섬이라고 하는 일본 연구자들의 주장은 비학문적이고 무리한 논증이며, 일본어도 제대로 이해하지 못하는 자들의 잘못된 해석이라고 비판하고 있다.[18] 다만 그 역시 독도를 한국 땅으로 인정하는 것은 아니며, '외일도'가 독도임은 분명하나, 태정관지령이 독도를 한국의 영토로 인정한 것은 아니라고 주장한다. 1905년 일본의 독도 편입은 정당하며, 태정관지령과 독도 편입은 분리해서 논해야 한다는 것이 그의 주장이다.

'기죽도약도'의 발견으로 '태정관지령'의 자료적 가치가 높아지면서, 2006년 9월 중순, 한국의 연합뉴스는 2006년 9월, 일본 외무성과 각 정당에 '태정관지령'에 관련한 공개 질의서를 보냈다. 주요 질의 내용은 ① '태정관지령'의 존재를 알고 있었는지, ② 알고 있었다면 독도 영유권과 관련하여 '태정관지령'에 대해 왜 한 번도 언급하지 않았는지, ③ '태정관지령'에 따르면 17세기 중반까지는 독도 영유권을 확립했다는 일본 정부의 주장은 허구가 되는데, 이에 대해 어떻게 생각하는지, ④ 1905년 일본 정부의 독도 편입은 '태정관지령'을 변경하는 것임에도 불구하고 '태정관지령'을 검토한 흔적이 없는데, 이는 일본 정부의 의도적인 행위였는가 등이다.[19]

음과 같이 질문했다. (1) 일본어 어법상, 특히 태정관이라는 공기관의 문서 등에서 이러한 표기가 있을 수 있는가? (2) 시마네현의 「원유의 대략」에 기술된 독도(송도)에 대한 언급은 어떻게 해석해야 하는가? 이에 대해 스기하라는 기존의 주장을 반복한 후 "질문에 대해 하나하나(個々に) 답할 수 없다"며 명확한 답변을 하지 않았다(스기하라 씨의 답변서는 필자 소장). 뿐만 아니라 그는 다케우치 씨의 공개 비판에 대해서도 답을 하지 않으면서 자기의 주장만 반복하고 있다. 이는 태정관지령과 독도 편입 간의 모순을 설명하지 못하고 있음을 드러낸다.

18 池内敏, 2012, 『竹島問題は何か』, 名古屋大学出版会, 제7장.

이에 대해 일본 외무성은 11월 13일, "'태정관지령'의 존재는 알고 있다. 그 역사적 사실 등에 대해 지금 조사, 분석 중이어서 현시점에서는 일본 정부 입장에서 코멘트할 수 없다"고 밝혔다. 이에 앞서 10월 18일 집권당인 자민당은 "기본적으로 정부 견해에 준한다"고 답했으며, 일부에서는 태정관지령이 "일본 국내적으로 [독도는 일본 영토가 아니다라고 – 인용자] 했지 한국에 대해 그렇게 말한 것은 아니다"는 지적도 있었다.[20] 요약하면 일본 측은 '태정관지령'의 존재를 인정하지만, 그것이 독도의 한국 영유를 인정하는 것은 아니라는 것이다.

위와 같이, 일본의 국가 최고통치기관인 태정관이 울릉도와 독도가 일본 땅이 아님을 밝힌 기록이 존재함에도 불구하고 독도 문제에 대한 논쟁은 여전히 계속되고 있다. 이는 '태정관지령'의 역사적, 자료적 가치에 대한 논의가 충분히 이루어지지 않은 탓일 것이다.

3. "천하의 권력은 태정관에 귀결" – 국가 최고통치기관

태정관은 1868년 메이지 정부 출범 후부터 1885년 12월 근대적 내각제도가 도입되기까지 존재했던 일본의 중앙집권적 통치기관을 가리킨다. 태정관은 역사적으로는 호족 중심에서 천황 중심의 정치 체제로 전환되는 대화개신(大化改新) 정치개혁의 일환으로 덴치 천황(天智, 668~671) 시대에 처음 만들어졌으며, 헤이안(平安) 시대(794~1185)에 확립되었다. 그러나 이 제도는 그 후 천황 권력의 쇠퇴와 함께 소멸하였으나, 천황을 통치의 전면에 내세운 메이

19 http://blog.naver.com/PostView.nhn?blogId=realjoys&logNo=51073834(검색일: 2016.3.1.).

20 http://m.blog.daum.net/hearo9mars/4610417(검색일: 2016.5.1.).

지 정부의 왕정복고 이념에 따라 헤이안시대의 태정관 제도를 부활시켜 중앙 집권적 통치기관으로 삼았다.

태정관은 메이지 원년(1868) 4월 21일, 태정관이 포고한 정부조직법에 해당하는 '정체서(政体書)'[21]에서 시작된다. 정체서 모두에는 "제도 규율을 만드는 것은 어서문(御誓文, 5개조 서문)을 목적으로 한다"고 밝히고 있다. 태정관은 1868년 3월 14일에 메이지 정부가 국가의 기본방침을 밝힌 '5개조 서문'을 근거로 하고 있는 것이다. 이어서 정체서는 "천하의 권력은 전부 태정관에 귀결된다. 즉 정령(政令)이 두 가지가 나올 우려를 없앤다. …… 태정관의 권력을 나누어 입법, 행정, 사법의 삼권으로 한다"고 되어 있다. 모든 권력을 태정관에 집중하여 통치의 혼란을 방지하고, 태정관의 삼권분립을 지향한다는 것이다. 정체서는 미국 헌법 및 서양의 정치 제도를 참고하여 의정관(議政官), 행정관(行政官), 형법관(刑法官)이 각각 삼권을 담당하게 했으나, 실질적인 삼권 분립은 이루어지지 않았다.

예를 들면, 국가권력을 총괄하는 중앙정부로서 태정관을 두고, 두 명의 보상(輔相, 재상)을 그 수반으로 했다. 태정관의 권력을 입법·행정·사법으로 나누고, 입법에는 의정관(議政官), 행정에는 행정관, 신기관(神祇官), 회계관, 군무관, 외국관의 5관, 그리고 사법은 형법관이 담당하는 것으로 되어 있으나, 실제로는 의정관에 의정(議定)·참여(参与)로 구성되는 상국(上局)의 실력자가 행정 각관의 책임자를 겸하거나, 형법관이 행정관의 감독하에 놓이는 등 실질적인 삼권분립과는 거리가 멀었고 모든 것이 행정 중심이었다.[22] 1869(메이지 2)년

21 一, 天下の権力, 総てこれを太政官に帰す, 則政令二途出るの患無らしむ. 太政官の権力を分つて立法, 行法, 司法の三権とす, 則偏重の患無らしむるなり. 정체서의 전문은 文部省維新史料編纂事務局編, 1941, 『維新史』 제5권, pp.396~398. 아시아역사자료센터(Japan Center for Asian Historical Records(JACAR), https://www.jacar.go.jp)에서도 열람 가능(https://www.digital.archives.go.jp/img/1340377).

22 猪飼隆明, 2005, 「明治維新と有司専制の成立」『待兼山論叢·史学篇』 39, 大阪大学文学部, p.7.

의 관제 개혁으로 태정관은 민부성(民部省), 대장성(大蔵省), 병부성(兵部省), 형부성(刑部省), 궁내성(宮内省), 외무성(外務省)의 6성을 둔다.

이러한 태정관 제도는 1871년 7월 14일, 봉건적인 번(藩)을 폐지하고 근대적 중앙집권체제를 지향하는 폐번치현(廃藩置県, 메이지 4년)이 단행된 직후, 같은 해 7월 29일, '태정관 직제(太政官職制)'가 발포되면서 구체화되어 제도적 확립을 보게 된다. 태정관을 정원(正院), 좌원(左院), 우원(右院)으로 나누고, 정원에 처음으로 천황의 대행자로서 태정대신(太政大臣)을 두었다. 이를 통해 제도적으로 태정관을 정점으로 하는 중앙집권 체제가 완성되었고 볼 수 있다.[23]

정원은 좌원과 우원의 상위 기관으로서 전체적인 정무를 담당하고 태정대신(1인), 납언(納言, 무정원), 참여(参与, 무정원)를 두었으며, 이를 삼직(三職)이라 불렀다. 정원은 형식적으로는 천황의 친정(親政)을 구현하기 위한 것이었으나, 일체의 권한은 천황을 보필하고 각 성(省)을 관할하는 정원에 집중되어 중앙집권체제를 강화한 것이었다. 좌원은 좌대신 이하 의정관을 두고 입법에 관한 사항을 담당하였으며, 우원은 독립된 구성원을 두지 않고 각성의 장관이나 차관으로 조직되어 성(省)의 업무를 심의하였다.[24] 좌원은 후에 의회의 전신인 원로원(元老院)으로 되었으며, 우원은 내각으로 발전하게 된다.

1874(메이지 7)년 2월 12일에 발포된 '태정관 직제 사무장정(職制事務章程)'에는 "(좌원의) 의정관을 정원의 보좌"기관으로 자리 매김하고, 정원은 법률 · 제도의 포고 등에 대해 좌원에 의안을 보내 이를 검토하도록 규정하고 있다. 그리고 의결의 채택 여부, 의원의 선임과 면직권 등은 정원이 장악하고 있

23 岩谷十郎,『日本法令索引(明治前期編)解説 明治太政官期 法令の世界』, p.1. (http://dl.ndl.go.jp/view/download/digidepo_999194_po_kaisetsu.pdf?contentNo=1&alternativeNo=, 검색일: 2016.07.25.).
24 日本史籍協会編, 1986,『太政官沿革誌 一』, 東京大学出版会, p.286.

었다. 그렇기 때문에 좌원은 어디까지나 태정관제 하에서 입법 자문기관의 성격을 벗어나지 못하고 오늘날의 입법기관과는 전혀 다른 것이었다.[25] 우원 역시 마찬가지였다. 우원은 각성의 장관과 차관으로 구성되어 각 성청의 연락 업무를 통해 의견대립 등의 조정을 담당하였으나, 우원의 결정 사항은 반드시 정원의 승인을 받아야 했다. 즉 우원은 행정부분의 심의기관 내지는 정원의 자문기관의 성격이 강했다.

1875(메이지 8)년 4월 14일 천황의 '입헌정체의 조서(詔書)'(太政官布告 第58号)가 발표되면서 또 한 번의 관제개혁이 이루어진다.[26] 조서는 "원로원을 설치하여 입법의 바탕을 확대하고, 대심원을 설치하여 심판(재판)의 권한을 견고히 하여 …… 점차로 국가입헌의 정체를 세운"다고 밝히고 있다.[27] 단계적으로 입헌 정치체제를 확립하고자 원로원과 대심원을 설치한다는 것이다. 이렇게 하여 확립된 이 체제는 기본적으로 1885년 내각제가 성립되기까지 유지되었으며, 그사이 다음과 같은 관제개혁이 이루어졌다.

좌원을 대신해 입법을 관장하는 원로원이 설치되었고, 사법성 내의 재판소

25 松尾正人, 1981, 「明治初期太政官制度と左院」『中央史学』 4, 中央史学会.

26 1875년(메이지 8) 1월에서 2월에 걸쳐 이루어진 오사카회의에서 메이지정부의 오쿠마 도시미치(大久保利通), 이토 히로부미(伊藤博文)와 재야의 기토 다카요시(木戸孝允), 이타가키 다이스케(板垣退助), 이노우에 가오리(井上馨) 등은 정치 체제의 개혁에 합의했다. 이 합의를 기초로 정체 개혁안이 만들어지고 4월에 천황의 조서로 발표되었다. 내용은 5개조 서문의 취지를 살려 원로원, 대심원(大審院), 지방관회의를 설치하고 단계적으로 입헌정체를 확립한다는 것이다. '원로원, 대심원, 지방관 회의를 설치하여 점차 입헌정체 수립의 조칙(元老院, 大審院, 地方官会議ヲ設置シ漸次立憲政体樹立ノ詔勅)', '점차 입헌정체 수립의 조칙(漸次立憲政体樹立の詔勅)', '원로원과 대심원을 설치하는 조칙(元老大審二院を置くの詔)' 등으로 불린다. 원래 이 조서에는 제목이 없었으나, 『법령전서(法令全書)』의 목차에 '입헌정체의 조서'(「立憲政体の詔書」)라 적혀 있다.

27 https://ja.wikipedia.org/wiki/%E7%AB%8B%E6%86%B2%E6%94%BF%E4%BD%93%E3%81%AE%E8%A9%94%E6%9B%B8#/media/File:Imperial_rescript_(M8).jpg(검색일: 2016.3.21.).

를 폐지하고 대심원(大審院)을 두어 재판을 담당하게 했다. 같은 해 1875년 12월 28일의 '태정관 제217호 달(太政官第217号達)'로 공포된 '원로원 직제 장정'(元老院職制章程, 太政官第217号達)'[28] 제1조는 "원로원은 의법관(議法官)으로 신법 제정, 구법 개정을 의결(議定)하는 곳"으로 규정하고 있다. 의안은 원로원의 의결에 관련되는 것과, 심의(検視)를 거치는 것의 두 종류가 있으며, 이는 내각(태정관)이 결정한다고 되어있다(제5조). 그리고 급무를 요하는 것은 태정관 포고 후 원로원의 심의에 부친다(제6조). 제정된 신법안이나 기존 법령의 개정 등의 채택 여부는 태정관에 있다는 등의 내용이다. 이처럼 원로원은 입헌정체를 지향한다는 취지에서 출발했으나, 이전의 좌원과 마찬가지의 기능에 머물고 실질적인 입법 기능을 하지는 못했다. 예산심의권과 행정감독권도 주어지지 않았다.

동시에, 행정을 관할하던 우원이 폐지되고, 정원 아래 9개의 성(省)과 개척사(開拓使)[29]를 두었다. 정원은 태정대신(太政大臣), 이를 보좌하는 좌대신(左大臣)과 우대신(右大臣), 참의(参議)인 각성의 장관(卿)으로 조직되었다. 그 후 1877(메이지 10)년 1월 정원이 폐지되고, 대장성, 육군성, 해군성, 사법성, 궁내성, 외무성, 공부성(工部省), 문부성, 내무성의 9성과 개척사는 태정관에 직속되었다. 이것이 1885년의 내각으로 발전하게 된다.

이상의 과정을 살펴보면 1885년 내각제도로 전환하기까지 태정관은 입법·사법·행정을 통할(統轄)하는 근대 일본의 최고 국가통치기관이었다는 것을 알 수 있다. 말하자면, 입법·행정·사법의 전권을 가진 전근대적 형태의 일본 정부 그 자체였다. 이러한 태정관의 성격에 대해 한국에서는 연구자

28 http://dspace.wul.waseda.ac.jp/dspace/bitstream/2065/7147/1/i14_a0494.pdf(검색일: 2016.2.10).

29 개척사(開拓使)는 성(省)과 동격의 중앙관청의 하나이다. 홋카이도 등 북방개척을 중시하는 정부의 자세를 보여주는 것이다. 사(使)라는 명칭은 율령제 하에서 사용된 직명이지만, 태정관과 함께 메이지(明治) 시대에 다시 사용되었다.

에 따라 다양한 표현이 사용되고 있다. 최고국가기관(호리 카즈오, 박병섭, 정태만), 국가최고기관, 최고행정기관, 최고의결기관(유미림) 등이 그것이다. 우리나라에 비견하면 1894년 내각제가 도입되기 전 조선시대의 의정부에 가장 유사한 것으로 생각된다. 그러나 의정부와 태정관은 근본적으로 다음과 같은 차이가 있다. 의정부의 경우는, 의정부의 상위 기관으로서 실질적인 권한과 권력을 가진 국왕이 존재했기 때문에 의사결정과 집행에 제한이 있었으나, 태정관 위에는 천황이 존재하긴 하나 실질적인 권한과 권력을 행사하지 않았기 때문에 태정관은 의사결정과 집행에 제한을 받지 않는다.[30] 이러한 점을 종합적으로 고려하여 태정관이 실질적으로 근대 일본 국가의 최고 의사결정기관이자 집행기구의 역할을 하고 있었다는 의미에서, 태정관을 일본의 국가 최고통치기관으로 규정할 수 있다.

덧붙여 '태정관지령'을 총리 훈령으로 번역하고 의미를 부여하는 경우가 있으나, 이는 태정관의 성격을 행정으로만 한정하는 소극적 해석이다. 앞에서 언급했듯이, 태정관은 입법, 행정, 사법을 통괄하고 아우르는 기능을 가지고 있었으며, 태정관은 지령으로 재판소(법원)의 판결을 무효화하기도 했다.[31] 나카노메 도오루(中野目 徹) 교수는 태정관문서 연구를 통해 태정관의 성격을 다음과 같이 규정하고 있다.

> 메이지 태정관기에는 원로원이 의법(議法, 입법)기관으로 되어 있었으나, 입법기관으로서의 권한은 미약하고, 행정기관인 태정관이 입법기관으로서의 기능을(사법기관으로서의 최종 판단도 – 원주) 점유하여 (태정관이 – 인용자) 절대적 우위인 체제였다. 따라서 법령의 신정(新定, 제정), 개정, 폐지로서 나타나

30 이러한 권력의 운용 형태와 천황의 지위를 초정(超政)주의라 한다. 北岡伸一, 2013, 『日本政治史』, 有斐閣. pp.76~78.

31 滝川叡一, 2004, 「訴答文例20条末項の廃止—太政官指令により無効とされた上等裁判所判決」『法の支配』132, 日本法律家協会.

는 국가 의사의 결정을 태정관이 하고(행정부 입법 – 원주), 그 과정은 공문서의 원의(原議)로서 남아있게 되는 것이다.[32]

4. '태정관지령'의 의미와 효력

1) 태정관의 법령 형식

1877(메이지 10)년 3월 내무성은 1690년대 말 조선과 일본 사이에 전개된 죽도일건(울릉도쟁계)을 조사한 결과, '죽도 외일도(竹島外一島, 울릉도와 독도)'는 일본 땅이 아니라는 결론을 내리고, 이를 확인하기 위해 태정관에 결재를 상신(伺い)한다. 이에 대해 태정관은 내무성의 의견을 그대로 수용하여 울릉도와 독도는 "본방(本邦, 일본)과 관계없다"는 내용의 지령(指令)을 내린다. 이를 '태정관지령'이라 한다.

이 지령에는 태정관 9개 성 가운데 참의 대장성 오쿠마 시게노부(大隈重信), 사법성 오키 다카토(大木喬任), 외무성 데라시마 무네노리(寺島宗則) 등 3개 성경(省卿, 장관)과 우대신 이와쿠라 도모미(岩倉具視)가 날인하였다. 당시에는 1873년 정한론(征韓論)에서 패배한 사이고 다카모리(西郷隆盛)가 일으킨 서남전쟁의 와중이었기 때문에 내무경(장관) 오쿠보 도시미치(大久保利通), 육군성(陸軍省) 야마가타 아리토모(山県有朋), 공부성 이토 히로부미(伊藤博文) 등 태정관 참의들은 반란군 토벌을 위해 오사카의 토벌 총독본영에 있었기 때문에 직접 결재에 참여할 수 없었다.[33]

---

32 中野目徹, 2000, 『近代史料学の射程—明治太政官文書研究序説—』, 弘文堂, pp.270~271.

33 이토 유키오 저, 이성환 역, 2014, 『이토 히로부미』, 선인, pp.102~103. 최근 일본 외무성 산하의 (재)일본국제문제연구소(JIIA)가 2022년 펴낸 『죽도자료 공부회 보고서–메이지 10년 태정관지령의 검증(竹島資料勉強会報告書「明治10年太政官指令」の検

그러면 여기에서 '태정관지령'이란 어떤 의미를 가지고 있는가를 검토할 필요가 있다. 한국에서는 일반적으로 일본의 최고통치기관인 태정관의 결정이라는 형태로 애매하게 이해되는 경향이 있다.

태정관이 발하는 법령은 지령만이 아니라, 그 효력의 정도와 범위에 따라 다양한 형태가 있다. 태정관이 발하는 법령의 형식으로는 포고(布告), 달(達, 또는 布達), 고시(告示), 지령(指令) 등이 있다. 포고와 달은 당초에는 엄격한 구분이 이루어지지 않았으나, 1873(메이지 6)년 7월 태정관 포고 제254호에서 문장 말미(結文)에 포고와 달을 명기하여 구분하고 있다. 포고는 전국 일반 국민을 대상으로 한 것으로 문장 말미에 "云々候条此旨布告候事"(강조점－인용자)로 표현하였다. 달은 각 관청 및 관원을 대상으로 한 훈령으로서의 의미를 가지는 것으로, 문장 말미에 "云々候条此旨相達候事"(강조점－인용자), "云々候条此旨可相心得候事" 등으로 표현하였다.[34] 일반적으로 전자를 '태정관 포고' 후자를 '태정관 달'이라 부른 것은 그 후의 일이다. 그러나 이러

証)』에서는 태정관지령에 천황의 서명이 없고, 일부 참의의 서명이 누락되었으며, 비문(批文)이라 찍힌 주인(朱印)이 있다는 등을 근거로 태정관지령을 평가절하하는 시도를 하고 있다. 그러나 당시 일본에서는 서남전쟁 중이었기 때문에 전쟁과 관련하여 다수의 참의가 동경을 떠나 있었으나, 이 기간 중에도 태정관은 여러 결정을 하고 있으며, 정상적으로 작동하고 있었다. 그들의 주장대로라면 서남전쟁 기간 중 정부(태정관)는 아무런 결정도 하지 못하고 기능이 정지된 상태로 보아야 하는데, 납득하기 어렵다. 선택적으로 독도 관련 태정관지령만을 일부 참의 및 천황의 서명 누락을 지적하여 폄훼하고 있다. 또한 천황은 모든 정부 문서에 서명을 하지는 않는다. 단적으로 1905년 일본의 독도 편입 각의 결정문에도 천황의 서명이 없다. 천황의 서명이 없는 태정관지령이 무효라면, 일본의 독도 편입 각의 결정도 당연히 무효이다. 그리고 비문(批文)은 상급기관의 회답 공문서(official approval document)라는 의미이다.

34 「布告達書結文例ヲ定ム」 明治6年7月18日 太政官第254号(布). 内閣官報局, 1888, 『法令全書. 明治6年』 p.364.(http://dl.ndl.go.jp/info:ndljp/pid/787953/257. 法令文を結ぶ文型(結文例)が宛先別に定められる. 「各省使布達類第二百五十四号布告ニ準シ結文ヲ区別セシム 明治6年8月28日 太政官(達)」とともに, 「布告」 「布達」 「達」の区分がなされる.

한 구분도 엄밀하게 적용되지는 않았다. 전 국민을 대상으로 한 것에 '달'의 형식을 띤 것도 있다. 예를 들면 현(県, 이전의 藩)을 통해 전 국민에게 침투효과를 가져오는 법령의 형식은 형식적으로는 현에 지시를 하는 '달'의 형태를 띠게 되는 것이다. 근대 국가 형성기에 있던 당시로서는 필요에 따라 수없이 많은 법령의 형식이 만들어지고 공포되었으나, 입법기술의 부족으로 정책의 내용과 범위 등이 충분히 체계화하지 못했던 것이다.

이러한 혼란은 1885년 12월 근대적인 내각의 성립과 함께 1886(메이지 19)년 2월에 칙령으로 '공문식(公文式, 메이지 19년 칙령 제1호)'이 제정, 발포되면서 법률, 칙령, 각령(閣令), 성령(省令) 등의 형태로 근대적 법체계를 갖추어 가면서 차츰 정리된다. 종래의 포고, 포달, 달은 법률로, 그 이하의 법령은 내각 및 각성의 명령, 즉 각령 및 성령 등의 형태로 바뀌게 된다. 근대적 내각의 발족과 함께 태정관이 폐지되고 태정관의 '포'와 '달', 지령 등의 법령의 형식도 점차 사라지게 된다. 법률과 칙령에 친서(親署)와 부서(副署)의 형식이 갖추어진 것도 이때이다.

2) '태정관지령'

1886(메이지 19)년 공문식이 발포되어 근대적인 법형식이 정비되기 이전 메이지 초기의 법령을 수록한 『법령전서(法令全書)』에는[35] 전체 19,280개의 법령이 40여 종으로 분류, 수록되어 있다. 예를 들면 건수가 많은 것부터 나열

35 『법령전서(法令全書)』(제1권~제19권 内閣官報局編, 東京, 原書房 1974~1977 복제판)는 1867년(慶応3年)부터 1886년까지의 조칙(詔勅) · 포고(布告) · 포달(布達) · 달(達) · 고시(告示) · 문의(伺) · 지령(指令) 등을 종별로 편집, 게재하고 있는 일본 법령의 원전이다. 특히 메이지 법령전서는 일본의 근대 국가형성의 궤적을 알 수 있는 1차 사료이다. 『法令全書』의 창간은 『官報』가 창간된 2년 후인 1885년 9월에 결정되었으며, 1885년에 공포된 법령부터 매월 편찬, 간행되었다. 1867년부터 1884년까지의 법령은 1887년부터 24년에 걸쳐 소급하여 편찬, 간행되었다.

하면 포고(2,546), 포달(1,352), 달(1,207), 고시(1,164), 사태(沙汰 764), 지령(453), 성령(省令, 353), 벌률(187), 훈령(124) 등이다.[36] 그리고 태정관 기록과 가 태정관 일기, 태정관 일지 등에서 전례(典礼), 조규(條規) 등을 부문별로 정리 수록한 『태정류전(太政類典)』에는 태정관이 발포한 법령으로 포고, 포달, 달, 지령, 정(定), 통첩, 결재(決裁) 등이 실려있다.

또 일본국회도서관의 데이터베이스 『일본 법령 색인 메이지 전기편(日本法令索引 [明治前期編)』에는[37] 법령의 종류를 발령 기관별로 사태(沙汰), 포고, 포달, 달, '그 외'로 구분하고 있다.[38] 위의 『태정류전』의 분류에 비추어 보면, '그 외'는 지령, 정, 통첩, 결재 등을 포함한 것이라는 것을 알 수 있다. 이 분류표에는 사태, 포고, 포달, 달은 태정관과 각 성(省)에서 발령한 것으로 되어 있다. 즉 태정관과 각 성은 별개로 사태, 포고, 포달, 달을 발포하고 있는 것이다. 그러나 1874(메이지 7)년을 기점으로 변화가 보인다. 1874년 이후 법령으로서 사태는 없어지고, 포고는 주로 태정관이, 포달은 각성이 제정 발령하게 된다. 달은 태정관과 각성이 각각 제정하고 있다.

법령의 형식이 정비되어 가면서 1874년 이후, 태정관이 생산하는 법령은 주로 포고와 달의 형태를 띠고 있으며, 경우에 따라 그 외의 형태(지령, 결재, 통첩 등)로 필요한 조처를 취하고 있다. 각 성도 역시 포달 및 달, 그 외의 형태를 취하고 있다. 대체적으로 포고와 포달은 일종의 법률로서 국가와 국민의 의무·권리관계를 규정한 것이며, 달 및 그 이하의 법령은 각 관청이나 관원(官員) 등 행정조직의 내부질서를 대상으로 하는 행정 규칙 내지는 행정 명령으로 이해할 수 있다.[39] 실제로 앞에서 지적한 바와 같이, 1886년 '공문식'이 발

36 岩谷十郎, 2007, 『日本法令引(明治前期編)解説 明治太政官期 法令の世界』, p.9 (http://dl.ndl.go.jp/view/download/digidepo_999194_po_kaisetsu.pdf?contentNo=1&alternativeNo=, 검색일: 2017.3.3.).

37 http://dajokan.ndl.go.jp/SearchSys/index.pl(검색일: 2016.3.21.)

38 岩谷十郎, 2007, 『日本法令索引(明治前期編)解説 明治太政官期 法令の世界』, p.17.

포되어 근대적 법령체계가 확립되면서 포고, 포달, 달은 법률로, 그 이하는 내각 및 각성의 명령 등의 형태로 흡수된다.

다음으로 이 논문의 주제와 관련하여 '그 외'의 법령, 즉 포고, 포달, 달의 하위 법령에 해당하는 '지령'에 대해 살펴보자. 지령은 어떠한 경우에 발령(発令)되고, 그것이 미치는 효력은 어떠한가. 이에 대한 이해를 돕기 위해 이토다 히로후미(井戸田博史) 「메이지 전기의 개명 금지법제(明治前期の改名禁止法制)」라는 논문을 이용해 지령의 용례를 살펴보자.[40] 내무성은 "지령안을 첨부해 태정관에 상신한다. 이를 받아 태정관은 같은 해 메이지 13(1880)년 1월 28일에 내무성 앞으로 다음과 같은 지령안을 보낸다"(p.71). 메이지 8(1875)년 8월 9일 지쿠마 현(筑摩県, 현재는 폐지)은 "공연극 기타 기예(技藝)를 하는 데 있어서 별명(別名)을 사용해도 괜찮은가"라고 질의했다(と伺った). 내무성은 같은 해 10월 8일에 '서면(書面) …… 예업(藝業)에서는 별호(別号)를 사용해도 무방하다(差支無之候事)'라는 지령을 내린다(p.54). 또 메이지 5(1872)년 5월 17일에 아시가라 현(足柄県, 현재는 폐지)은 "평민들도 같이 적용되는가"라고 질의한다(と伺った). 태정관은 그 다음날 18일에 "질의한 바와 같다고 지령한다(「伺之通」と指令している)"고 되어 있다(p.55). 즉 하급 관청의 질의(伺)에 조응하여 상급관청이 '지령'을 발하고, 이를 받은 하급관청이 직접 국민들에게 시행하고 있는 것을 알 수 있다.

이러한 예를 봤을 때, 지령은 질의(문의)를 받은 상급기관이 하급기관에 대해 "질의한 바와 같이(伺の通, 伺の趣き 또는 書面)"라는 형태로 질의 기관 또는 관원에 대해 확정적 지시를 내리는 것임을 알 수 있다. 『법령전서』 등에 질의와 지령을 하나의 세트로 묶어 조응하여 수록하고 있는 것에서도 이를 알 수

39 三上昭美, 1985, 「新政府の成立と公文書」 『日本古文書学講座9 近代編 I 』, 雄山閣, p.28.

40 井戸田博史, 1998, 「明治前期の改名禁止法制」 『帝塚山法学』 1, 帝塚山大学法学会.

있다. 즉『법령전서』에는 문의 또는 질의가 있고 바로 이어서 그에 따른 답변 형태로 지령을 수록하고 있다.[41] 덧붙여 같은 의미로 조회(照会)에 대해서는 회답(回答)의 형태를 취하고 있다.

이러한 관점에서 보면, 지령의 효력은 좁은 의미로 보면, 해당기관(질의를 한 하급기관과 그에 따라 지령을 발령한 상급기관)과 해당 (질의) 사항에 미치는 것으로 볼 수 있다. 그러나 실제로 지령은 보다 넓은 의미로 해석되어야 할 필요가 있다. 앞에서 지적한 바와 같이, 태정관이 현에 지시하는 '달'을 발령하지만, 그것이 실질적으로는 현을 통해서 전 국민에게 침투되는 법률(포고, 포달)의 성격을 가지는 것과 같다. 이에 대해 호리우치 미사오(堀内節) 씨는 지령에 나타난 판단을 해당(관련) 관청의 '유권적 해석'이라고 규정하면서, 질의(伺)와 지령은 "포달, 달의 입법 취지 및 해석에 대한 근본 자료"로서의 성격을 가지고 있다고 강조한다.[42] 지령을 기초로 하여 포달, 달의 입법 취지 및 해석이 이루어진다는 의미이다.

바꾸어 말하면 실질적으로 지령은 포달, 달 등을 해석하는 규범, 즉 상위 법령으로서의 의미를 가지고 있다는 것이다. 이와 관련하여 이와타니 쥬로(岩谷十郎)는「메이지 태정관기 법령의 세계」에서 다음과 같이 논하고 있다.

> 메이지 전기(前期)의 숨 가쁜 제도 개혁과 정책의 변동기에 있었던 법령의 세계는 바로 신구(新舊) 법령의 규범 내용의 중첩과 착종이 입법이나 해석 운용의 면에 있어서도 빈번하게 반복되었다. 이것이야말로 포고, 포달, 달의 운용이나 해석에 있어서 제기관이 의문을 노정하는 질의나 청훈(請訓) 등의 질의와, 그에

41 예를 들면『法令全書(明治9年)』에는 내무성이 태정관에 보낸 질의(内務書伺)와 함께 '伺之通' 또는 '伺之趣', '上申の趣' 라는 형태로 51건의 태정관지령(太政官指令)이 게재되어 있다. 상신의 결문(結文)은 "御指令被下度", "如何相心得可然哉", "致候に付相伺" 등 여러 형태이다(pp.1445~1474). http://dl.ndl.go.jp/info:ndljp/pid/787956 (일본 국회도서관 近代デジタルライブラリー—法令全書. 明治9年).

42 堀内節, 1950,『身分法 第一分冊』, 東洋書館, p.32.

대한 지령과 내훈(内訓)과 같은 회답 등 본래는 개별적인 구체적 사례에 근거한 당해 기관의 내적인 판단도 또 당시에는 광의의 '법령'으로 대표적인 법령집에 수록된 이유였다고 생각된다.[43]

요약하면 근대 국가의 출발기에 있었던 메이지 초기는 빈번한 제도 개혁과 정책 변경으로 입법이나 해석에 혼란, 착종이 반복되고 있었다. 그렇기 때문에 법령에 해당하는 포고, 포달, 달 등의 운용과 해석에 많은 의문이 제기되었고, 그러한 의문에 답하는 지령과 내훈 등은 원래는 당해 기관의 내적 판단이지만, 실질적으로는 법령에 대한 해석과 판단의 근거로 활용된 (상위) 법령의 역할과 기능을 한다는 것이다. 이상을 종합하면, 지령은 좁은 의미에서는 해당 관청(기관)의 유권해석의 의미를 가지고 있으나, 법령이 정비되지 않고 혼란을 거듭하고 있던 당시의 상황에서는 광의의 상위 법령의 의미를 지닌 것이라 볼 수 있다.

5. '죽도 외일도(外一島)' 관련 '태정관지령'

다음으로 독도 문제와 관련해서 '죽도(울릉도) 외일도(독도)'의 조선 영유를 명확히 한 '태정관지령'을 검토한다. '태정관지령'이 결정된 과정을 관련 기록인 『공문록』에 근거하여 정리하면 다음과 같다.

① 1876(메이지 9)년 10월 5일 내무성 지리료(地理寮, 지리국의 옛 이름)는 지적편찬을 목적으로 시마네현에 울릉도에 관한 조사를 의뢰하는 「을제20호」의 조회문(照会文)을 보낸다.

② 내무성의 요청을 받은 시마네현은 1876년 10월 16일 부속 문서를 첨부

43 岩谷十郎, 2007, 『日本法令索引(明治前期編)解説 明治太政官期 法令の世界』, p.34.

하여 죽도(울릉도)와 '외일도(독도)'를 산음(山陰) 지방의 지적에 편제하기를 희망하는 내용으로 「일본해 내 죽도 외일도의 지적 편찬 방법에 관한 문의(日本海内一竹島外一島地籍編纂方伺)」라는 형태로 내무성에 보고한다. 내무성은 시마네현의 보고 내용을 확인하기 위해 1693부터 1699년까지 전개된 울릉도쟁계(죽도일건)를 면밀히 조사한다. 이 조사를 통해 내무성은 "겐로쿠 12(1699)년에 …… (죽도 외일도는) 본방(本邦, 일본)과 관계없는 것으로 듣고 있으나, 판도(영토)의 취사(取捨)는 중대한 사건이기 때문에 …… 만약을 위해 이 건을 문의한다"는 취지로 태정관에 이를 상신한다. 바꿔 말하면, 내무성은 1600년대 말 조선과 일본 사이에 전개된 '울릉도쟁계(죽도일건)'에서 양국이 1699년 최종적으로 울릉도(독도 포함)를 조선의 영토로 합의한 사실을 인정하고, 메이지 정부도 이를 승계할 것을 태정관에 제시한 것이다.

③ 내무성의 상신을 받은 태정관 본국(本局, 사무국에 해당)은 1877년 3월 20일, "서면과 같이 죽도 외일도의 건은 본방(일본)과 관계없음을 명심할 것(書面竹島外一嶋ノ義 本邦関係無之義ト可相心得事)"이라는 지령안(御指令按)(「입안제20호」)을 작성하여, 내무성이 상신한 위의 기안서와 함께 태정관에 품의하여 결재를 올린다.

④ 태정관의 결재를 마친 관련 서류는 1877(메이지 10)년 3월 27일에 태정관 본국으로 돌아온다. 결재에는 참의(参議) 오쿠마 시게노부(大隈重信), 참의 데라시마 무네노리(寺島宗則), 참의 오키 다카토(大木喬任), 우대신 이와쿠라 도모미(岩倉具視)가 참여했으며, 서류에는 그들의 도장이 찍혀있다.

⑤ 1877(메이지 10)년 3월 27일에 태정관 본국으로 돌아온 위의 서류에는 '메이지 10년 3월 29일'이라는 날짜와 함께 지령안(御指令按)의 '서면(書面)'이라는 자구(字句)가 붉은 색으로 '사지취(伺之趣, 질의의 취지와 같이)'로 수정된다. 지령의 머리 단어인 '서면'이 '사지취'로 수정되어도 '지령'의 의미가 달라지는 것은 아니다. 사지취로 수정된 것은 내무성의 상신 의견을 존중한다

는 의미이다. 3월 27일은 결재가 완료된 날을 나타내며, 3월 29일은 결재를 마치고 확정된 '지령'을 태정관 본국이 내무성으로 보낸 날짜이다.

이상과 같은 경위를 거쳐 확정된 지령문은 다시 내무성이 태정관에 상신한 기안서의 말미에 약간 큰 붉은 글씨로 "질의의 취지와 같이 울릉도와 외일도(竹島外一島)는 일본과 관계없음을 명심할 것. 메이지 10년 3월 29일(伺之趣竹島外一島ノ儀本邦関係無之儀ト可相心得事 明治十年三月廿九日)"로 가필, 정서되어 완결된다. 태정관의 이 결정은 17세기 말 막부가 인정한 울릉도와 독도에 대한 조선의 영유권을 메이지 정부가 다시 확인하고, 이를 승계한 것이다.

이상의 과정을 요약하면, 내무성의 조사 의뢰에 대한 보고에서, 시마네현은 "지적 편찬 방법에 대한 질의(日本海内竹島外一島地籍編纂方[方法]についての伺い)"라는 제목의 문서말미에 "어떻게 취급해야 할지 '지령'을[내려주시기를] 바랍니다(いかに取りはからうべきなのか、何らかの御指令をお伺い致します)"라고 요청하고 있다. 그리고 내무성은 자체 조사를 마친 후 "(죽도 외일도는) 본방(일본)과 관계없는 것으로 생각되나, 판도(영토)의 취사는 중대한 사건이므로, 별지를 첨부하여 만약을 위해 문의를 합니다([竹島外一島は]本邦と関係無いと聞いていますが、版圖(領土)の取捨は重大な事件ですので、別紙書類 [第一号から四号および口上書まで]を添えて念のためこの段を伺います)"고 태정관에 상신한다. 내무성의 상신을 받은 태정관 본국은 "내무성의 취지를 받아들여 다음과 같이 '지령'을 내려야 한다(伺いの趣をお聞き置かれ、次の通り御指令なさるべく)"는 내용의 결재문서를 기안한다. 마지막으로 태정관의 결재를 마친 후 발령된 지령문에는 "질의의 취지와 같이(伺之趣)"라고 표현되어 있다. 즉 일관된 형태로 시마네현의 문의 → 내무성의 문의 → 태정관 본국의 문의를 거친 후, 그 결과물로서 "질의한 바와 같이 울릉도와 독도는 일본 땅이 아님을 명심하라"는 내용으로 태정관이 지령을 내리고, 내무성은 이를 다시 시마네현에 지령(통보)한다. 시마네현의 질의(伺い)가 내무성의 질의로 발전하여 태정관의 지령이 나오게 된 것이다.

6. 결론 – '태정관지령'의 현재적 함의

일반적으로 지령이 하급기관의 질의에 대한 회답의 형태인 것을 감안하면, 시마네현의 질의에 대해서는 내무성이 지령을 내리게 된다(내무성 지령). 그러나 시마네현의 질의는 울릉도와 독도에 대한 영유권에 관련된 주권적인 문제이기 때문에 내무성 단독으로는 해결할 수 없는 것이다. 따라서 내무성은 이를 다시 국가의사의 최고결정기관인 태정관에 울릉도와 독도가 일본의 판도(영토)와 관련이 없다는 것을 상신하고, 이를 확인 하는 지령을 요청하게 된 것이다. 여기에서 지적 편찬이라는 국내적 문제로 시작된 울릉도와 독도 영유권 문제가 일본의 영토 문제로 변용되면서 국가적, 국제적 문제의 성격을 띠게 되었다.

이렇게 본다면 독도 관련 '태정관지령'은 질의를 한 기관(내무성과 시마네현)을 구속하는 행정기관의 내부질서를 규율하는 일반적인 '지령'과는 내용과 성격이 현격히 구별되는 측면이 있다. 당시 입법, 행정, 사법을 총괄하고 있는 태정관이 영토(주권적) 문제에 대해 내린 지령은, 그 효력이 해당 관청(태정관, 내무성, 시마네현)에만 미치는 것이 아니라 일본 전체에 미치는 것이다. 태정관지령문에서 울릉도와 독도가 "시마네현과 관계없다"고 하지 않고 "본방(일본)과 관계없다"고 표현하고 있는 것이 이를 상징한다.

이 '태정관지령'을 '죽도일건(울릉도쟁계)'과 관련하여 검토하면 다음과 같은 점이 부각된다. 1625년 막부의 울릉도 도해(渡海) 허가서는 돗토리 번주

(藩主)에게 발행된 것이며, 돗토리 번주는 이를 다시 오야 진키치(大谷甚吉)와 무라카와 이치베에(村川市兵衛) 양가(兩家)에 면허를 준 것이다. 도해허가서는 무라카와와 오야 가의 요청을 받아 막부가 발령한 일종의 '지령'의 성격을 가지고 있는 것이다. 그러나 이 도해허가는 오야와 무라카와 양가뿐 아니라 산음(山陰) 지방 일대에 영향을 미쳤다. 도해허가가 나기 전 산음지방 연안의 많은 사람들이 울릉도 도해를 희망하고 있었으나, 오야와 무라카와 집안에 도해 면허가 발급됨으로써 자연스럽게 산인지방 사람들의 울릉도 도해가 금지된 것이다.[44]

1696년의 막부의 도해금지령 역시 마찬가지의 의미를 가지고 있다. 막부는 일본인의 울릉도 도해금지를 결정하고, 돗토리 현으로부터 이전에 발급한 울릉도(독도 포함) 도해허가서를 회수한다. 그리고 조선과의 외교를 담당하고 있던 쓰시마 번에 도해금지령을 전달하고 그 후 돗토리 번에 도해금지를 명령한다.[45] 쓰시마에 도해금지령을 전한 것은 도해금지의 사실을 조선에 전달하기 위해서였다. 그러나 이 명령(지령)은 돗토리 번과 쓰시마 번에 한정되는 것은 아니었으며, 1836년의 '덴포죽도일건(天保竹島一件)'[46]을 거치면서 도

44 池内敏, 2012, 『竹島問題とは何か』, 名古屋大学出版会, p.15.

45 「죽도기사(竹島紀事)」의 죽도(울릉도) 도해금지령은 다음과 같다. "口上覚. 先年より伯州米子之町人両人竹島江渡海至于今雖致漁候朝鮮人も彼嶋江参致猟致由然者日本人入交無益之事ニ候間向後米子之町人渡海之儀可差止旨被仰出之松平伯耆守方江以奉書相達候為心得申達候 以上 正月廿八日(도해금지령은 쇼군의 명령서 형태가 아니라 쇼군의 명령을 받아 노중이 서명한 구상서의 형태를 띠고 있으며, "요나고 상인의 도해 금지"와 "(돗토리번) 마쓰다이라 호키카미(松平伯耆守)에게 봉서로 전한다)"고 되어 있다(大西俊輝, 2012, 『第四部 日本海と竹島 元禄の領土紛争記録「竹島紀事」を読む』, 東洋出版, p.916; 경상북도 독도사료연구회, 2013, 『竹嶋紀事Ⅱ』, 경상북도, p.93).

46 '덴포죽도일건(天保竹島一件)'은 에도 막부가 1696년에 내린 죽도(울릉도) 도해금지령을 어겼다는 이유로 하마다 번 마쓰하라우라(浜田藩松原浦)의 이마즈야 하치에몽(今津屋八右衛門) 등이 1836년(天保 7) 6월에 체포되어 하치에몽과 하마다 번사藩士 하시모토 산베에(橋本三兵衛)가 사형을 당한 사건이다. 다음해 1837년(翌天保 8) 2월

해금지령은 전국법령으로서의 의미를 가지게 된다.[47] 거꾸로 말하면 덴포죽도일건은 1696년의 도해금지령이 이미 쓰시마와 돗토리 번을 넘어서, 도해금지의 효력이 전국적 의미를 가지고 있었기 때문에 이를 어긴 것에 대한 처벌이었으며, 이 사건을 계기로 막부는 그 다음해 재차 전국적으로 도해금지를 포고한 것이다. 1836년의 도해금지령은 1696년의 도해금지령을 승계한 것이다. 이러한 사실은 울릉도와 독도의 조선 영유를 인정한 1696년의 돗토리 번에 대한 도해금지령이 영토에 관련된 것이기 때문에 돗토리 번만이 아니라 일본 전체에 효력을 미치는 것이라는 것을 말해주고 있다.

이러한 맥락에서 보면, 내무성과 시마네현에 내려진 '죽도(竹島, 울릉도) 외일도(外一島, 독도)' 관련 '태정관지령'은 영토에 관련된 것이기 때문에 내무성과 시마네현에만 한정되는 것이 아니라, 일본 전체에 관련되는 법령으로서의 의미를 지닌 것이라 하겠다. 실질적으로 입법적 기능을 가지고 있는 태정관의 결정이라는 점에서는 법령으로서의 의미가 더욱 부각된다. 일반적으로 영토의 범위 등은 주권적 사항이기 때문에 일반 법률이 아니고 헌법에 명시된다. 도회근 씨의 조사에 의하면 세계 190개국의 헌법 가운데 약 3분의 2 이상의 국가가 헌법에 영토조항을 가지고 있다.[48] 이러한 관점에서 보면, '태정관지령'은 헌법의 영토조항에 상당하는 가치를 지닌 것으로 볼 수 있다. 당시 헌법이 존재하지 않았던 일본에서는 태정관지령이 영토의 범위를 확정하는 헌법적 역할을 한 것이다. (그 후에도 일본 헌법에는 영토조항이 없다).

그리고 당시의 법령이 후에 제정된 법령에 모순되지 않는 한 계속 효력을 가진다고 보기 때문에, 죽도(울릉도)와 송도(독도)의 조선 귀속을 천명한 '태

막부는 전국에 다시 죽도(울릉도) 도해 금지를 포고한다.

47 池内敏, 2012, 앞의 책, p.31.

48 도회근, 2009, 「헌법의 영토조항에 관한 비교헌법적 연구」 『法曹』 58(11), 법조협회, pp.289~333. 헌법의 영토조항은 국가정체성을 확인하고, 영토 범위를 확정하고 이의 수호 의지를 밝히는 의미를 지니고 있다.

정관지령'은 현재도 유효한 것으로 간주해야 한다. 1889년에 제정된 메이지 헌법 제76조는 "법률 규칙 명령 또는 어떠한 명칭을 사용하는가에 관계없이 이 헌법에 모순되지 않는 현행의 법령은 모두 준유(遵由, 믿고 따르다. 지키고 따르다)의 효력을 가진다"고 규정하고 있다. 메이지 헌법 반포 이전 태정관 및 내각에서 생산한 법령의 효력을 인정하고 있는 것이다.[49] 나아가 현재 일본의 헌법에는 영토에 관한 조항이 없기 때문에 1877년의 '태정관지령'과 모순을 야기하지 않는다. 독도 문제와 관련하여 1877년의 태정관지령은 현재도 유효한 것이다. 앞서 지적한 바와 같이, 한국의 연합뉴스가 태정관지령에 관련하여 일본 정부에 공개 질의를 했음에도 불구하고, 일본 정부가 이에 대해 답변을 하지 못하고 있는 것도 이러한 사정 때문일 것이다.

덧붙여, 헌법적 가치를 지닌 '태정관지령'을 무시하고 일본이 1905년 2월 시마네현 고시를 통해 독도를 자국의 영토로 편입한 것이 법리적으로 정당성을 가질 수 있는가에 대해서도 의문을 제기할 수 있다. 일본 정부는 태정관지령을 폐지나 변경하지 않은 상태에서 각의(閣議)에서 독도 편입을 결정하고, 시마네현이 고시를 통해 독도를 편입한 것은 상위 법령인 태정관지령을 위반한 무효의 행위로 볼 수 있다. 이상의 의문들은 앞으로 심도있는 논의가 필요하다.

[참고문헌]

김병렬 1998, 『독도 자료 총람』, 다다미디어.
도회근, 2009, 「헌법의 영토조항에 관한 비교헌법적 연구」『法曹』 58(11), 법조협회.
경상북도 독도사료연구회, 2013, 『竹嶋紀事Ⅱ』, 경상북도.
신용하, 1989, 「조선왕조의 독도 영유와 일본제국주의의 독도침 : 독도영유에 대한 실증적

49 일본 메이지 헌법 第七十六条 法律規則命令又ハ何等ノ名称ヲ用ヰタルニ拘ラス此ノ憲法ニ矛盾セサル現行ノ法令ハ総テ遵由ノ効力ヲ有ス.

일연구」『한국독립운동사연구』3, 독립기념관 한국독립운동연구소.
유미림, 2015, 『일본사료 속의 독도와 울릉도』, 지식산업사.
유미림 · 박지영 · 심경민, 2014, 『1877년 태정관지령에 관한 연구』, 한국해양수산개발원.
이성환 · 송휘영 · 오카다 다카시, 2016, 『일본 태정관과 독도』, 지성인.
이토 유키오 저, 이성환역, 2014, 『이토 히로부미』, 선인.
정태만, 2012, 『태정관지령이 밝혀주는 독도의 진실』, 조선뉴스프레스.
호사카 유지, 2008, 「다케시마 문제 연구회'의 '다케시마 문제에 관한 조사연구 최종보고서'의 문제점 – 태정관지령문에 대한 시모조 마사오의 견해를 중심으로 – 」『일본문화연구』25, 동아시아일본학회.
北岡伸一, 2013, 『日本政治史』, 有斐閣.
猪飼隆明, 2005, 「明治維新索と有司専制の成立」『待兼山論叢・史学篇』39, 大阪大学.
池内敏, 2012, 『竹島問題は何か』, 名古屋大学出版会.
井戸田博史, 1998, 「明治前期の改名禁止法制」『帝塚山法学』1. 帝塚山大学法学会.
岩谷十郎, 2007, 『日本法令引(明治前期編)解説 明治太政官期 法令の世界』, 일본국회도서관(http://dl.ndl.go.jp/view/download/digidepo_999194_po_kaisetsu.pdf?contentNo=1&alternativeNo=).
漆崎英之, 2013, 「「太政官指令」付図「磯竹島略図」発見の経緯とその意義」『독도연구』14, 영남대학교 독도연구소.
大西俊輝, 2012, 『第四部 日本海と竹島 元禄の領土紛争記録「竹島紀事」を読む』, 東洋出版.
滝川叡一, 2004, 「訴答文例20条末項の廃止—太政官指令により無効とされた上等裁判所判決」『法の支配』132, 日本法律家協会.
竹内猛, 2011, 「竹島外一島の解釈をめぐる問題について一竹島問題研究会中間報告書「杉原レポート批判一」『郷土石見』87, 石見郷土研究懇話会.
島根県竹島問題研究会, 2012, 『第二期「竹島問題に関する調査研究」中間報告書』, 島根県.
杉原隆, 2016, 「浜田県大参事藤原茂親と島根県参事境二郎—明治10年の「太政官指令」を再び考える」『郷土石見』101, 石見郷土研究懇話会.
中野目徹, 1999, 『近代史料学の射程一明治太政官文書研究序説一』, 弘文堂.
日本史籍協会編, 1986, 『太政官沿革誌 一』, 東京大学出版会.
松尾正人, 1981, 「明治初期太政官制度と左院」『中央史学』4.
三上昭美, 1985, 「新政府の成立と公文書」『日本古文書学講座9 近代編Ⅰ』, 雄山閣.
堀和生, 1987, 「一九〇五年日本の竹島領土編入」『朝鮮史研究会論文集』24, 朝鮮史研究会.
堀内節, 1950, 『身分法 第一分冊』, 東洋書館.

제2장

독도 문제 연구에 대한 주요 쟁점 검토

—조일 간 '1699년 합의'와 태정관지령을 중심으로—

1. 서론

독도 영유권 문제(이하 독도 문제)는 1693년 이른바 안용복 사건 이래 한일 간에 계속해서 논쟁의 대상이 되어 왔다. 때문에 이에 관한 연구도 많은 축적이 이루어지고 있으나, 학술적이나 현실적으로 독도 영유권 문제에 대한 해결의 기미는 보이지 않는다. 한일 연구자들 사이에서 공통의 논의를 찾기 쉽지 않다. 순수한 학문적 연구보다는 자국의 영유권 확보에 유리하도록 하는 당위론적이고 목적론적인 연구에 치우쳐 있기 때문이다. (이 글 역시 이를 완전히 탈피하기 어려울지 모른다).

한국에서의 독도 문제 연구는 능동적으로 한국의 주장을 체계화하기보다는 일본의 주장을 반박하는 데 집중되어, 능동적으로 한국의 주장을 체계화하는 데에는 상대적으로 미흡하다는 비판을 받아왔다.[1] 한국의 독도 연구는 대체로 일본 외무성이 공식적으로 내세우고 있는 '죽도문제의 10포인트'를 중심으로 하여[2], 그들 주장의 모순을 지적하거나 음모론적인 시각에서 반론이

1 최병학, 2010, 「해양영토분쟁과 독도영유권에 관한 연구」 『지방정부연구』 제14권제2호, p.229.

2 이에 대한 한국의 대표적인 반론으로는 동북아역사재단 독도연구소, 20008, 『일본외무성의 독도홍보 팜플렛 반박문』; 한국해양수산개발원 독도연구센터 2008, 『독도는

이루어지는 경우가 많다. 그렇기 때문에 한국의 주도적이고 선도적인 연구는 찾기 쉽지 않다. 독도관련 연구가 상당 부분 일본 측 자료에 의존할 수밖에 없는 사정이 반영된 것이기도 하지만, 능동적으로 우리의 관점에서 독도 문제를 보려는 시도가 부족한 점도 한 원인으로 꼽힐 수 있다.

또 지적하고 싶은 것은, 독도 문제 연구는 한국과 일본에서 다 같이 미세한 부분에 초점을 맞추어 전체를 해석하려는 경향을 강하게 띠고 있다는 점이다. 조금이라도 유리한 자료를 발견하면, 그것을 가지고 독도 문제 전체를 해석하거나 재단하려는 담론을 형성하는 경향이 있다. 그러나 이러한 연구 경향은 전체를 보지 못하는 우를 범할 수 있다. 강력한 하나의 주장이 또 다른 주장에 대한 장애요인으로 작용하는 경우도 있으며, 사건별 논리가 단절적으로 전개되기도 한다. 예를 들면, 1900년의 대한제국 칙령 41호에 대한 논쟁은 칙령에 있는 석도가 독도인가를 중심으로 이루어지고 있다. 칙령의 석도가 독도임이 분명해지면 일본의 독도 편입은 의미를 잃고, 한국의 독도 영유권 확립이 명확해진다. 그러나 석도에 대한 논쟁은 여전히 명확한 결론을 얻지 못하고 있다. 또 석도가 독도임이 명확해지더라도 그 다음 단계가 남는다. 1951년의 샌프란시스코강화조약(이하 샌프란시스코조약)에서 미국을 비롯한 연합국이 독도를 일본 땅으로 인정한 것으로 결론이 나면 석도에 대한 논쟁을 극복한 의미는 반감된다.

독도 문제에 대한 종합적 이해를 수반하지 않으면, 이러한 현상은 계속될 것이다. 따라서 독도 문제 전체를 조망할 수 있는 일관성이 있는 프레임을 구성, 개발하는 것이 절실하다. 이상의 상황을 토대로 이 글에서는 독도 문제를 둘러싸고 한일 간에 쟁점이 되고 있는 몇 가지 이슈를 시대 순으로 정리해 보고자 한다.

과연 일본 영토였는가? (일본외무성 「독도」 홍보 자료에 대한 비판)』이 있으며, 그 외에도 다수의 연구가 있다.

2. 안용복의 행적과 활동에 대한 평가 문제

독도 문제에서 안용복의 행위에 대한 연구는 일본이 주장하는 17세기 독도 영유권 확립설(고유영토론), 1905년의 독도 무주지 선점론 등을 비판하는 데 결정적이다. 안용복의 행위가 한국의 독도 영유권 입증에 의미를 가지면, 일본의 고유영토론은 근거를 상실한다. 일본이 안용복의 행위를 폄하하고, 부정하는 이유이다. 한국에서의 안용복의 활동에 대한 평가는 대체로 아래와 같은 신용하 교수 주장의 범주에 머물고 있는 듯하다. 안용복과 박어둔은 1693년 봄 울릉도에서 일본인 어부들에 의해 오키 섬(隱岐島)으로 납치되었다. 안용복은 납치의 부당성을 주장하고, 이에 막부와 오키주(伯耆州) 태수는 '울릉도는 일본 땅이 아니라(鬱陵島非日本界)'는 문서를 안용복에게 써주었다고 한다. 신용하 교수는 이를 다음과 같이 정리하고 있다.

> 당시 백기주(伯耆州) 태수는 울릉도가 조선 영토임을 알고 있었기 때문에 막부의 관백(幕府将軍)에게 안용복 등을 이송하며 보고한 결과, 막부 관백도 울릉도가 조선 영토임을 인정하여 '울릉도는 일본의 영토가 아니다'(鬱陵島非日本界)는 문서를 백기주(伯耆州) 태수를 시켜서 써주고 안용복을 석방하여 조선에 송환하게 했다. 그러나 안용복이 강호(江戸, 현재의 도쿄－인용자)를 출발하여 장기(長岐)에 이르자 장기(長岐) 도주는 안용복이 갖고 있는 '울릉도는 일본의 영토가 아니다'는 문서를 빼앗고, 안용복 등을 일본 영토인 죽도(竹島)를 침범한 죄인이라고 구속해 버렸다. 이때 대마(対馬) 도주 종의륜(宗義倫)은 안용복 사건을 역이용하여 울릉도(독도포함)를 대마도의 부속 영토로 편입하고자 시도했다.[3]

위 문장은 (1) 관백(막부 장군)이 울릉도의 영유권을 인정했다는 사실 (독

3 신용하, 1996, 『독도의 민족영토사 연구』, 지식산업사, p.31.

도도 포함된 것으로 읽힌다)을 지적하면서, (2) 나가사키 도주(長岐島主)가 이 문서를 빼앗고, 쓰시마는 이를 이용하여 울릉도를 편입하려 했다는 점을 강조하고 있다.

여기에서 그 이후의 전개 과정과 관련하여 다음과 같은 점을 검토할 필요가 있다. 1693년 12월, 쓰시마는 막부의 지시를 받아 안용복을 송환하면서 동시에 조선 정부에 대해 '우리나라(일본) 땅 죽도'(울릉도)에 조선인의 도해(渡海)를 금지하도록 요청한다. 이를 위 인용문의 내용과 겹쳐서 살펴보면, 막부는 호키주(伯耆州) 태수에게는 안용복에게 울릉도가 일본 땅이 아니라는 문서를 써주도록 하고, 동시에 쓰시마 번에게는 조선정부에 대해 조선인의 죽도(울릉도) 도해금지를 요청하게 한 것이다. 이 두 가지 사실은 서로 모순된다.

위의 상황을 액면 그대로 받아들이면, 일본 막부가 이중플레이를 한 것이 되는데, 국가 간 관계에서는 성립하기 어려운 이야기이다. 합리적 설명이 필요한 부분이다. 이를 어떻게 이해해야 할까? 신용하 교수는 "동해에 울릉도가 아니면서 울릉도와 비슷한 별개의 일본 영토인 죽도(竹島)가 있는 것처럼 만들어, 이후로는 죽도에서 조선 선박을 결코 용납하지 않을 터이니 귀국도(조선 어부들의 죽도 출어를) 엄격히 금지(禁制)해달라는 엉뚱한 요구를 했다"고 설명하고 있다.[4] 울릉도, 죽도 이도설(二島說)로 설명하고 있으나 설득력이 부족하다. 일본의 울릉도 도해 금지 요청을 받은 조선 정부는 '우리나라의 울릉도'와 '귀국(일본)의 죽도'를 병기하여 조선인의 도해를 금지하고 있다는 답서를 보냈는데, 이에 대해 일본(쓰시마)은 답서에서 '울릉도'를 삭제해 줄 것을 강력히 요구한다. 이는 일본이 울릉도와 죽도를 동일한 섬으로 인식하고 있었다는 것을 의미한다.

다음은 1696년의 안용복의 2차 도일에 관해서이다. 안용복 일행 11명은

4 신용하, 1996, 앞의 책, pp.31~32.

1696년 5월 20일, 울릉도와 독도를 거쳐 오키 섬(隱岐島)에 도착하고, 8월 6일 조선으로 돌아온다. 안용복의 2차 도일의 동기를 신용하 교수는, 일본의 조선인 도해 금지 요구에 대해 "조선 조정이 강경 대응책을 채택했고, 막부(幕府) 관백의 결정이 있었는데도 대마 도주(島主)가 여전히 울릉도와 독도를 탈취하려고 시간을 끌고 있다는 말을 듣고, 자신이 다시 일본에 건너가 백기주(伯耆州) 태수와 담판을 짓고 돌아 오기로 결심했다"고 설명하고 있다.[5] 일본에서의 안용복의 활동에 대해서는 "이 과정에서 동래 출신 어부 안용복의 활약은 울릉도와 독도를 지키는 데 큰 역할을 했다"고 평가한다.[6]

안용복의 일본에서의 활동에 대해서는 「원록9(병자)년 조선주착안 일권지각서(元禄九[丙子]年朝鮮舟着岸一卷之覺書)」 등의 기록으로 사실이 입증되고 있다. 안용복은 지참한 조선팔도지도(朝鮮八道之圖)를 제시하며 돗토리 번에 울릉도와 독도의 조선 영유를 강력히 주장한 것으로 확인되고 있으나,[7] 이에 대한 일본의 반응은 알려지지 않고 있다. 한국 측에서는 안용복의 이러한 주장에 대해 일본은 당시뿐만 아니라 그 후에도 아무런 대응이 없었다는 점을 들어 일본이 울릉도와 독도의 영유권을 인정한 것으로 해석하고 있다.[8] 여기에서 문제가 되는 것은 안용복의 도일 시점이 막부의 도해금지령이 결정된 이후라는 점이다. 안용복은 이 사실을 모르고 울릉도와 독도의 영유권을 주장하기 위해 도일한 것은 사실이며, 높이 평가해야 한다. 그러나 시간적으로 보

5 신용하, 1996, 위의 책, pp.34~35.

6 신용하, 1996, 위의 책, p.36.

7 안용복의 2차 도일이 쓰시마가 도해금지령을 조선 측에 전달하는 것을 촉구했다는 주장이 있다. 안용복을 통해 조선이 도해금지령을 인지할 경우 조선과의 교섭 창구로서의 쓰시마의 역할이 의심을 받게 될 뿐만 아니라 안용복의 활동에 밀려 일본이 도해금지령을 내리게 되었다는 오해를 피하기 위해 쓰시마가 서둘러 도해금지령을 조선에 알렸다는 의미이다.

8 김병렬, 2005, 「독도 영유권과 관련된 일본 학자들의 몇 가지 주장에 대한 비판 – 원록9년 조사 기록을 중심으로 –」 『국제법학회논총』 50권3호, 대한국제법학회, pp.84~92.

면, 안용복의 활동이 실질적으로 울릉도(독도 포함) 영유권 확보, 다시 말해 막부의 도해금지령 결정에 아무런 영향을 미치지 못했을 것이다.

안용복의 활동에서 보다 중요한 것은 그의 활동을 통해 당시 조선의 독도와 울릉도에 대한 인식을 엿볼 수 있다는 점일 것이다. 안용복의 신분은 불분명하나, 적어도 그가 높은 신분은 아니었으며, 관리도 아니었다. 그렇다면 신분이 낮은 민간인이 일본에 건너가 독도와 울릉도의 영유권을 주장했다는 사실은, 당시 조선에서 울릉도와 독도에 대한 인식이 일반에 널리 침투되어 있었으며, 독도와 울릉도에 대한 영유권 의식도 보편화되어 있었다는 것을 말해주는 것이라고 추론할 수 있다. 안용복에 대한 평가에서는 그의 개인적인 활동보다는 이 점이 강조되어야 할 것으로 생각된다. 즉, 안용복이 이러한 활동을 하게 된 당시의 사회적 배경에 대한 논의가 중요할 것이다.

이와 함께 안용복이라는 민간인의 활동에 영유권과 관련한 국제법적 의미를 부여할 수 있을 것인가에 대한 논의도 필요하다. 일본 측은 안용복 관련 기록을 해금정책을 어긴 범법자의 '위증(僞証)'이라 폄훼하고,[9] 일본 자료에서는 그의 활동이 확인되지 않는다고 한다.[10] 행위자를 폄훼하여 행위 자체를 부정하거나 평가 절하하는 비논리적 방식이다. 비록 안용복이 민간인이기는 하나, 제1차 도일과 2차 도일에서 일관성있게 독도 영유권을 주장한 사실을 주목할 필요가 있다. 일본 정부는 안용복의 진술은 "조선 정부로부터 위임을 받은 것이 아니기 때문에 독도에 대한 지배권 행사로 볼 수 없다"고 주장한다.[11] 그러나 이는 조선의 독도에 대한 영유 의식이 안용복과 같은 민간인에게

9 下条正男, 2017, 『安竜福の供述と竹島問題 : 知っておくべき竹島の真実』, 島根県総務部総務課, pp.30~31.

10 외교통상부 국제법률국 편, 2012, 『(전면개정판) 독도 문제 개론』, 외교통상부. pp.106~107; 下条正男, 2017, pp.29~30.

11 太寿堂鼎, 1966, 「竹島紛争」『国際法外交雑誌』 64(4), 日本国際法学会, p.114; 「竹島研究・解説サイト 江戸時代の竹島と安竜福の供述」(https://www.youtube.com/embed/

까지 체현되어 있었다는 방증이다.

그리고 그의 행위를 독도에 대한 조선 정부의 영유 의식이 개인에 의해 발현된 것으로 볼 수 있을 것인가, 또 그의 활동이 『조선왕조실록』과 같은 공적 기록물에 수록되어 있다는 점을 들어 그의 행위가 국가적 행위로 승인받은 것으로 해석할 수 있을 것인가, 등에 대한 검토가 필요하다.[12] 해금정책을 위반한 범법자를 처벌하기 위한 것이거나, 그가 처벌을 면하기 위해 거짓 진술을 한 것이었다면, 독도 및 울릉도 영유권에 관련된 그의 행적을 상세히 기록하지는 않았을 것이다. '범법자'인 안용복의 진술을 상세히 등재한 것은 조선 정부가 그의 행동을 영토, 즉 주권 문제에 관련된 중요한 사항이라고 인식했기 때문일 것이다.

마지막으로 안용복이 의도했든 아니든, 그의 활동을 계기로 조선과 일본 사이에 울릉도와 독도에 대한 영유권 확인의 기회가 만들어졌다는 점은 평가할 만하다.

3. '1699년 합의'에 대한 평가

1) '1699년 합의'는 조약이다

1693년부터 1699년까지 약 6년간에 걸쳐 울릉도 영유를 둘러싸고 한일 간에 치열하게 전개된 '울릉도쟁계'의 결과, 울릉도에 대한 조선의 영유권이 확인되고 일본인의 도해가 금지되었다. 이 과정은 조선과 일본 사이의 일종의 국경교섭이며, 그 결과물은 국경조약이라 할 수 있을 것이다.

DSUrAy6CIdU, 검색일: 2018.2.7.).

12 이한기, 1969, 『한국의 영토』, 서울대출판부, p.248.

안용복 납치 사건을 계기로 일본은 조선 정부에 대해 조선인의 울릉도 도해를 금지해줄 것을 요청한다. 이는 일본이 울릉도를 자국의 영토로 간주했거나, 이를 계기로 울릉도를 자국의 영토로 편입하기 위한 의도에서 나온 조처였을 것이다. 공도정책을 취하고 있었음에도 불구하고 조선정부는, 일본의 요구에 강력히 대응하였다. 이 과정에서 일본은 울릉도가 자국의 영토라는 구체적인 근거를 명확히 제시하지 못했으며, 조선정부는『여지지(輿地誌)』의 기록, 울릉도와 조선 및 일본의 거리 관계 등 구체적인 근거를 제시하면서 울릉도 영유권을 주장했다. 조선의 주장에 대해 막부는 자체 조사와 돗토리번에 대한 질의 등을 통해서, 일본은 울릉도를 영유한 적이 없으며, 거리도 조선에 가까우며,『여지지』의 기록이 있는 점 등을 들어 울릉도에 대한 조선의 영유권을 인정하고, 일본인의 도해를 금지한다.[13] 막부는 울릉도에 대한 조선의 권원을 인정하고, 이에 기초하여 일본인의 도해를 금지한 것이다. 일본 정부(막부)는 1699년 이 결정을 정식으로 조선 정부에 문서로 전달하고 조선 정부도 이를 승인한다.

이 과정을 검토하면, 막부의 도해금지령은 (1) 막부가 조선 정부와의 논의, 교섭을 거쳐 내린 결정이며, (2) 양국 정부가 이를 승인하는 절차를 거쳤다는 점을 알 수 있다. 단순화하면 양국의 합의에 의해 결정된 것이다. 이를 '1699년 합의' 또는 '울릉도쟁계합의'라 명명해도 좋을 것이다. 필자는 1699년 합의라 한다.

그러면 양국의 합의에 의해 작성된 울릉도 영유권과 도해금지령을 한일 간의 국경조약으로 볼 수 있는가이다. 종래 통용되었던 관습국제법을 반영하여 조약에 관한 일반원칙을 규정한 조약법에 관한 비엔나협약(Vienna Convention on The Law of Treaties) 제2조 제1항(a)는 "조약이라 함은 (중략) 특정의 명칭

13 이 과정에 대해서는 이성환 · 송휘영 · 오카다 다카시, 2016,『일본 태정관과 독도』, 지성인, 태정관 관련 문서 참조.

에 관계없이, 서면 형식으로 국가 간에 체결되며 또한 국제법에 의하여 규율되는 국제적 합의를 의미한다"고 규정하고 있다. 명칭에 관계없이 국가 간의 문서화된 합의를 조약으로 규정하고 있는 것이다. 따라서 1699년의 한일 간의 합의는 국경조약으로 간주할 수 있다.[14] 이에 대해서는 박현진 씨가 자세한 연구 성과를 내놓고 있다.[15] 울릉도쟁계 당시 조선과 일본 사이의 왕복문서는, 현대 국제법상 '교환공문'(Exchange of Letters)의 법적 성격과 지위를 가지는 것으로 볼 수 있다는 것이 그의 주장이다.

1699년 조선과 일본 사이의 합의를 현대 국제법의 이론으로 따지기보다는 당시에 일본에서 이를 어떻게 인식하고 있었는가를 살펴보는 것이 실질적인 의미를 가질 것이다. '1699년 합의'로부터 약 180년이 지난 1877년 3월 일본 내무성은 울릉도쟁계 과정에서 막부와 조선 정부사이에 오고 간 서계 등을 검토한 후, "겐로쿠 12(1699)년에 이르러 대체로 (조선과 일본 사이에－인용자) 문서 왕복이 끝나 (죽도 외일도는－인용자) 본방(本邦, 일본)과 관계없"다는 결론을 내린다. 그리고 이를 확인하기 위해 내무성은 "판도(영토)의 취사(取捨)는 중대한 사건이기 때문에 …(중략)… 만약을 위해 이 건을 (태정관에－인용자) 문의"하는 조치를 취한다.[16] 다시 말하면 내무성은 17세기 말 조선과 일본이 주고받은 "왕복 문서"를 근거로 울릉도와 독도가 조선의 영토로 확정되

14 이 당시에도 영유 의식, 경계 의식이 존재한 것은 분명하나, 그러한 개념을 근대적 영유권 및 국경 개념과 동일하게 볼 수 있느냐에 대한 논의는 있을 수 있다. 그러나 연속된 육지가 아니라 섬이라는 독립된 영역이기 때문에 동일하게 취급할 수 있을 것이다.

15 이에 대해서는 박현진, 2016, 「17세기 말 울릉도쟁계 관련 한 · 일 '교환공문'의 증명력」『독도 영토주권 연구』, 경인문화사, pp.301~351에서 상세하게 논하고 있다. 또 박현진, 2013, 「17세기 말 울릉도쟁계 관련 한 · 일 '교환공문'의 증명력: 거리관습에 따른 조약상 울릉 · 독도 권원 확립 · 해상국경 묵시 합의」『국제법학회논총』 58(3), 대한국제법학회, pp.191~192.

16 이성환 · 송휘영 · 오카다 다카시, 2016, 앞의 책, pp.288~289.

었음을 확인하고, 메이지 정부가 이를 승계할 것을 국가 최고통치기관인 태정관(太政官)에 품의한다. 태정관은 내무성의 판단을 수용하여 울릉도와 독도는 일본과 관계없다는 지령을 내린다(태정관지령). 즉 '1699년 합의'를 근거로 일본은 독도와 울릉도가 일본의 영토가 아니라는 사실을 재확인, 천명한 것이다.

또 그 후, 일본인의 울릉도 도해에 대해 조선 정부의 항의를 받은 일본 정부는 1883년 3월 1일 울릉도 도해를 금지하는 유달(諭達)을 발포했는 데.[17] 유달문에는 "울릉도 (우리나라 사람은 죽도, 또는 송도라 부름 – 원주)가 조선국의 판도임은 이미 원록 연간(1699년 – 인용자)에 우리(일본) 정부와 조선 정부가 의정(彼我政府議定)한 바"이므로 "앞으로 잘못 알고 있는 일이 없도록 (각 지방관은 – 인용자) 관하 인민에게 고유(告由)"하라고 지시한다.[18] 즉 조선 정부와 일본 정부는 울릉도를 조선의 영토로 '의정(議定, 합의하여 결정하다)' 했으니 도해를 금지한다는 것이다. 이와 관련하여, 후술하는 바와 같이, 1883년 당시 불법으로 울릉도에서 발목을 하고 있던 일본인들이 조선 관리들의 퇴거 명령을 받고 "울릉도는 귀국(조선)의 땅이라는 조선과 일본정부 사이의 조약(條約)이 있으므로"[19] 라는 이유를 들어 철수한 사건도 있었다. 적어도 울릉도를 왕래한 일본인들은 '1699년 합의'를[20] 조선과 일본 정부 사이의 '조약'으로 인식하고 있었던 것이 확인된다. '왕복문서' '의정' '조약' 등의 용례는 일본 정부 및 울릉도 도해 일본인들이 '1699년 합의'를 한일 간의 국경조약으

17 (일본)外務省編纂, 1996, 『日本外交文書』 제16권, 巖南堂書店, pp.325~326.

18 일본외교문서(일본외무성 외교사료관) 「朝鮮国蔚陵島犯禁渡航ノ日本人ヲ引戻処分一件」; 池内敏, 2012, 『竹島問題とは何か』, 名古屋大学出版会, p.73 재인용.

19 蔚陵島一件録(山口県文書館 소장, 청구번호 戦前A土木25); 木京睦人(2002)「明治16年蔚陵島一件」『山口県地方史研究』 제88호, 山口県地方史学会, p.81.

20 일본 막부가 도해금지령을 내린 것은 1696년이며, 일본인의 울릉도 도해가 금지된 것도 1696년이다. 그러나 조선과 일본의 양국이 완전한 합의에 도달한 것은 1699년이기 때문에, 이 글에서는 조선과 일본 사이의 도해금지령 성립을 1699년으로 한다.

로 명확히 인식하고 있었다는 사실을 보여주는 것이다.

2) '1699년 합의'에 독도가 포함되어 있다

다음으로 이와 관련하여 가장 중요한 쟁점은, 조선과 일본 사이의 '1699년 합의'에 독도가 포함되어 있는가 하는 것이다. '1699년 합의'가 계속 효력을 유지한다고 해도, 이것이 현재의 독도 문제를 해결하는 국제법적 규범으로 사용되기 위해서는, 이 합의에 독도가 포함되어 있다는 점이 입증되어야 한다. 독도가 포함되어 있지 않으면 국경조약으로서의 이 합의는 울릉도에만 한정되는 것으로, 현재의 독도 문제와는 관련이 없는 것이다. 이에 대해 일본 측에서는 '1699년 합의'는 울릉도를 대상으로 한 것이며, 독도는 해당되지 않는다고 한다.

그러나 최근에는 이케우치 사토시 등 일본 측의 연구에서도 '1699년 합의'에 독도가 포함되어 있었다는 것이 입증되고 있다. 그의 주장은 (1) 막부의 도해금지령은 막부가 독도를 인식하고 결정을 내렸으며, (2) 또 막부는 독도에 대한 도해허가를 한 적이 없는데도 불구하고 일본인이 독도 도해가 가능했던 것은 울릉도 도해허가가 독도 도해를 포함하고 있었기 때문이다. 따라서 울릉도 도해 금지는 독도 도해금지를 포함하는 것이라고 결론지었다.[21] 또 일본인의 울릉도와 독도 도해 관행을 보면, 일본인들은 독도에만 도해하는 경우는 없고, 울릉도 도해를 위한 항행의 목표나 중간 기착지로 활용하기 위한 것이었으므로 울릉도 도해금지는 자연스럽게 독도 도해를 금지하게 된다는 것이다.[22] 막부의 도해 금지는 조선의 영유권을 전제로 한 것이기 때문에, 울릉도와 독도에 대한 도해금지는 울릉도와 독도에 대한 조선의 영유권을 의미한다.

21 池内敏, 2012, 앞의 책, p.36.
22 池内敏, 2012, 앞의 책, p.36.

이와 관련하여 박지영은 무라카와가 문서(村川家文書, 요나고 시립도서관 소장)를 통해 이를 입증하고 있다. 울릉도쟁계 이전 막부의 도해허가를 이용하여 울릉도와 독도에서 어로활동을 했던 오야와 무라카와 두 집안은 1740년 막부의 사사봉행소(寺社奉行所)에, "죽도(竹嶋) · 마쓰시마(松嶋)두 섬에 대한 도해금지령"이 내려진 후 궁핍해진 생활을 타개하기 위해 청원서를 제출했다. 이 청원서에는 당시의 도해금지령이 독도(竹島)를 포함하고 있었다는 내용이 적혀있으며, 청원서를 접수한 봉행도 청원서의 내용을 부정하지 않았다.[23] 이러한 사실을 근거로 박지영은 "당시 막부로부터 도해를 금지당한 당사자인 오야와 무라카와 가문은 독도 도해도 금지당한 것으로 인식하고" 있었으며, "당시 막부의 공식 견해 또한 독도에 대한 도해도 금지한 것"이라고 결론지었다.[24] 도해금령을 내용으로 하는 '1699년 합의'에는 울릉도뿐만 아니라 독도도 포함되어 있다는 것이 명확히 확인되는 것이다.

3) 조약으로서의 '1699년 합의'는 지금도 유효하다

다음으로는 '1699년 합의', 즉 조선과 일본 사이의 국경조약의 시효에 관한 문제이다. 일반적으로 국경분쟁과 관련해 '국경획정의 안정성과 명확성(stability and definitiveness in boundary limitation)'은 중요한 판단 근거가 된다. 국경조약은 국가의 변경, 국가 정체의 변경 등에도 불구하고 승계되고, 항구성을 가지는 것이 국제적으로 관습법화 되어 있다.[25] 그렇지 않을 경우 국

23 박지영, 2017, 「일본 산인 지방민과 울릉도 독도 도해금지령에 대하여」 『독도연구』 23호, 영남대학교 독도연구소, pp.381~385.

24 박지영, 2017, 위의 글, p.385.

25 1978년의 조약에 있어서 국가 승계에 관한 비엔나협약(Vienna Convention on Succession States in Respect of Treaties) 제11조는 다음과 같다. "국가 승계는 그 자체로서 다음의 사항에 영향을 미치지 않는다, (a) 조약에 의해 확정된 경계 또는 (b) 조약에 의해 확정된 그리고 국경제체(regime of boundary)에 관련한 의무 및 권리".

제사회는 국경을 둘러싼 분쟁의 소용돌이 말려들게 될 것이기 때문이다. 이는 현대 국제법과 국제중재재판 등의 사법적 결정에 의해서도 확인되고 있다.[26] 이순천은 이를 다음과 같이 설명하고 있다.[27] 1978년 비엔나협약(조약에 있어서 국가 승계에 관한 비엔나협약, Vienna Convention on Succession States in Respect of Treaties) 제11조는 조약에 의해 획정된 국경과, 조약에 의해 확립된 국경체제(regime of boundary)에 관한 권리와 의무는 국가 승계에 의해 영향을 받지 않는다고 규정하고 있는데 이는 국경의 신성함(sanctity of frontiers)에 관한 관습법을 재확인한 것이다. …… 그리고 11조는 1969년 조약법에 관한 비엔나협약 제62조 제2항의 '사정의 근본적 변경'은 국경조약을 종료시키거나 동 조약에서 탈퇴할 수 있는 근거로 원용될 수 없다는 규정과도 관련된다.[28] 조약 체결시 예견할 수 없었던 근본적인 사정 변경이 있으면 조약을 종료시킬 권리를 인정하고 있는 조약법에 관한 비엔나협약 제62조에도 불구하고, 국경획정조약은 이 원칙의 적용을 받지 않는다는 것이다. 국경조약의 계속성을 유지하기 위한 것이다. 그리고 여기에서 계속성의 대상은 국경조약 그 자체가 아니라 조약에 의해 획정된 국경과 그와 관련된 의무(국경체제)를 의미한다. 원래의 국경조약이 효력을 상실하더라도 조약에 의해 획정된 국경은 계속 유지한다는 것이다.[29]

비엔나협약 제11조는 당사국 간의 합의가 없는 한 국경은 변경되지 않는다는 국경 신성의 원칙(principle of sanctity of frontier)에 기초한 국제 관행을 확인한

26 이순천, 2012, 『조약의 국가 승계』, 열린책들, p.77.

27 이순천, 2012, 위의 책, p.80.

28 조약법에 관한 비엔나협약 제62조(사정의 근본적 변경) 2항은 다음과 같다. ② 사정의 근본적 변경은, 다음의 경우에는, 조약을 종료시키거나 또는 탈퇴하는 사유로서 원용될 수 없다. (a) 그 조약이 경계선을 확정하는 경우, 또는 …(후략).

29 정인섭, 2007, 「통일 후 한러국경의 획정」 『서울국제법연구』 14(1), 서울국제법연구회, p.73.

것이다. 이를 원용하면, '1699년 합의'는 한일 간에 변경에 대한 새로운 합의가 없는 한, 시간의 경과에 구애받지 않고 그 효력은 계속되는 것이다. 일본과 한국 사이에 이 조약의 변경에 관한 새로운 합의가 없으면 이 조약 및 이 조약에 의해 형성된 한국과 일본 사이의 국경(영유권)은 현재까지도 효력이 계속 유지되는 것이다. 이러한 관점에서 본다면 현재 논란이 되고 있는 한일 간의 독도 영유권 문제는 한일 간의 '1699년 합의'에 의해 이미 해결된 것으로 볼 수 있다.

하지만 독도 문제에서 이 '1699년 합의'는 크게 주목받지 못하고 있다. 한국 측이 현재의 독도 문제 해결의 원칙으로 '1699년 합의'를 강조하지 않는 이유는 무엇인가. 이 합의에 이르는 과정을 일반적으로 울릉도쟁계라고 하고, 또 이 과정에서 구체적으로 독도에 대한 언급이 없기 때문에, 이 합의가 울릉도 영유권에만 관련되는 것으로 잘못 인식된 것으로 생각된다.(일본 측에서도 이와 같은 주장을 하고 있다). 그러나 앞서 살펴본 바와 같이, 이 합의 과정과 전후 사정을 검토하면 이 합의에는 독도가 포함되어 있다는 것을 알 수 있다. 따라서 '1699년 합의'와 독도 영유권 문제의 직접적인 관련성을 부각할 필요가 있다.

4. 태정관지령과 '1699년 합의'의 관련성

1) 일본이 태정관지령을 발령한 이유

1877년 3월, 일본의 최고통치기관인 태정관(太政官)은 '울릉도와 독도는 일본과 관련이 없다'고 천명하는 지령(指令)을 발했다. 이를 '태정관지령'이라 한다. '울릉도와 독도는 일본과 관련이 없다'는 것은, '울릉도와 독도는 조선의 땅이다'는 의미이다. 이 지령은, 일본 정부 즉 태정관이 조선과 일본 사이에 이루어진 '1699년 합의'를 승계한 것이다.

그렇기 때문에, 태정관지령은 '1699년 합의'와의 관련성 속에서 논할 때, 보다 분명한 의미를 정의할 수 있다. (1) 일본은 왜 '1699년 합의'를 승계하여 태정관지령을 발했는가, (2) '1699년 합의'에는 없는 독도가 '외일도(外一島)'라는 형태로 태정관지령에 표기된 이유는 무엇인가, (3) 태정관지령은 일본 국내 법령 체계 및 국제법적으로 어떤 의미와 효과를 가지고 있는가, 등에 대한 검토가 필요하다.

일본이 '1699년 합의'를 승계하여 태정관지령을 발한 이유를 직접 설명하는 자료는 없다. 『공문록(公文録)』에[30] 편철되어 있는 태정관지령 관련 문서에는 지적(地籍) 편찬을 위한 시마네현의 질의를 받은 내무성이 '1699년 합의'를 조사하여 당시 울릉도와 독도가 조선의 영토로 인정된 것을 확인하고, 이를 태정관에 품의(稟議)하여 독도와 울릉도는 일본 땅이 아니라는 취지의 태정관지령이 나오게 된 과정을 자세히 보여주고 있다. 그러나 여기에도 태정관지령이 나오게 된 근본적인 이유에 대한 설명은 없다. 아래와 같은 당시 일본의 상황 속에서 그 이유를 찾을 수 있을 것이다.

태정관지령이 제정된 1877년은, 나카 노리오(名嘉憲夫)가 밝히고 있듯이, 메이지 유신 후 일본이 국민국가로서의 국경을 획정해가는 '국경획정기'에 해당한다.[31] 근대 국민국가는 기본적으로 배타적 주권을 가진 정부, 동질적인 국민 그리고 영토를 구분하는 국경의 획정으로 이루어진다. 국민은 같은 문화와 아이덴티티를 가진 집단에 의해 자발적으로 형성되는 것으로 여겨지나, 실제로는 확정된 국경 안에서 교육이나 정책 등을 통해서 국민을 만들어가게

30 『공문록』은 메이지(明治) 시대 초기 신정부의 기본 정책, 법령 등에 대한 원의서(原議書, 품의를 위한 서류 또는 결재문서)를 수록한 공문 원부(原簿)를 말한다. 일본 국립공문서관이 보관하고 있다.

31 名嘉憲夫, 2013, 『領土問題から国境劃定問題へ』, 明石書店, 은 역사적으로 일본의 영토 변화(국경 획정) 과정을 집권국가 형성기(1867~1873년), 국민국가로서의 국경획정기(1874년~1881년), 대외팽창기(제국 형성, 1882~1945년), 대외축소기(제국 붕괴, 1945~ 현재)로 구분하고 있다.

된다(nation building). 이탈리아 통일기의 "이탈리아는 만들어졌다. 이제부터는 이탈리아 국민을 만들어야한다"는 경구는 이를 상징한다. 따라서 국민국가 형성을 지향하는 메이지 정부의 최우선 과제는 국경을 확정하는 것이었다. 메이지 정부가 근대 국가 건설의 일환으로 서양 국가의 문물 시찰을 위한 대규모 사절단(구미사절단, 1871년) 파견에 즈음하여, 사절단장인 이와쿠라 도모미(岩倉具視)가 대만, 죽도(울릉도), 무인도, 유구(琉球)의 경계를 조사할 필요가 있다며[32] 국경 획정의 시급함을 시사한 것도 이 때문이다.

그 후 일본은 "주변 지역을 강권적으로 점령 병합"해 국경을 확정해 간다.[33] 1875년에는 '카라후토(樺太, 사할린) · 치시마(千島, 쿠릴열도) 교환조약'을 통해 홋카이도와 쿠릴열도 일부를 포함한 북방지역의 국경을 확정한다. 1876년에는 오가사와라제도(小笠原諸島)를 편입하고, 1879년에는 유구(오키나와)를 병합한다(琉球処分). 애매한 상태에 있던 주변 지역을 편입, 확장하면서 국경을 획정해 간 것이다.

그런데 이러한 국경 획정 과정에서 일본 정부는 홋카이도, 오가사와라제도, 유구(오키나와) 등, 즉 당시 영유가 다소 애매한 상태에 있는 지역에 대해 공세적으로 영토 편입 조치를 취했으나, 태정관지령을 통해 독도(당시 일본명 松島)는 일본의 영토에서 제외하는 정반대의 조치를 취했다는 사실을 주목할 필요가 있다. 오가사와라 등의 예에 비추어 보거나, 1876년에 불평등 조약인 조일수호조규를 체결할 정도로 일본과 조선의 역학관계는 일본에게 절대적으로 유리하게 형성되어 있는 상황 등을 고려하면, 일본은 독도 편입을 시도할 수 있었을 것이다. 그럼에도 불구하고 일본이 태정관지령을 통해 독도를 일본 영토에서 제외한 이유는 무엇일까. 울릉도(당시 일본명 竹島)와 독도(송도)는 일본이 영토로 편입할 수 없을 만큼 조선의 영유권이 명확했기 때

32 日本史籍協会 編, 1969,『岩倉具視関係文書』제7권, 東京大学出版会, pp.306~309.
33 名嘉憲夫, 2013, 앞의 책, p.101.

문이라는 점을 제외하고는 설명하기 어렵다. 명치 3년(1870)에 영해 3해리설을 도입하는 등 근대 국제법을 적극적으로 수용하고 있던 일본 정부는, 울릉도와 독도를 조선의 영토로 확정한 '1699년 합의'(국경조약)와 이를 승계한 태정관지령의 존재를 의식하지 않을 수 없었을 것이다.

뿐만 아니라 일본 정부는 태정관지령을 근거로 민간에서 제기된 다수의 울릉도개척원을 각하한다.[34] 당시 블라디보스톡에 왕래하는 일본인이 증가하면서 울릉도의 목재와 자원을 침탈할 목적으로 울릉도(송도)개척원이 빈번하게 제출되고 있었다. 1876년부터 1878년 사이에 제출된 아오모리 현의 무토 헤이가쿠(武藤平学)의 '송도개척지의(松島開拓之議)', 지바 현의 사이토 시치로베에(斎藤七郎兵衛)의 '송도개척원(松島開拓願)', 시마네현 사족 도다 다카요시(戸田敬義)의 '죽도도해원(竹島渡海願)' 등이 그것이다(이에 대해서는 후술). 여기에서 '송도'는 죽도(울릉도)를 가리키나, 당시 명칭의 혼란으로 죽도(울릉도)를 송도라 하는 경우도 있다. 이러한 개척원은 조선의 울릉도개척이 이루어지기 전 무인도 상태로 있던 울릉도를 일본의 영토로 삼으려는 인식의 발로로 보이나, 일본 정부는 태정관지령을 원용하여 이를 전부 각하한다. 이처럼 일본은 태정관을 통해 독도와 울릉도에 대한 조선의 영유권을 명확하게 인식하고 있었다.

요약하면, 국민국가 형성을 위한 국경획정의 시급성, 국제법 준수 의식 등을 배경으로 국경에 대한 모호성을 해소하기 위해 일본은 다소 애매하게 인식되고 있던 울릉도(죽도)와 독도(송도)에 대한 조선의 영유권을 재확인하여 근대 영토 국가로서의 범위를 명확히 한 것이다. 태정관지령의 형성 과정에

34 『県治要領』(明治14~15年), 島根県所蔵.(https://www.pref.shimane.lg.jp/admin/pref/takeshima/web-takeshima/takeshima04/takeshima04-1/takeshima04_j.data/kenchiyoryo.pdf, 검색일: 2016.7.15). 문서에는 "書面松島ノ義ハ最前指令ノ通本邦関係無之義ト可相心得依テ開墾願ノ義ハ許可スヘキ筋ニ無之候事"라고 되어 있다. 여기에서 최전 지령(最前指令)은 태정관지령을 가리킨다.

서 당시 영토 문제를 담당하고 있던 내무성이 울릉도와 독도의 영유를 "판도(版圖)의 취사(取捨)는 중대한 일"[35]로 취급하여 태정관에 품의한 것도 이러한 의도에서 였을 것이다. 당시 일본은 국경을 획정하는 과정에서 다소 애매한 상태에 있던 주변 지역을 편입했으나, 울릉도와 독도는 배제했다는 점을 특기할 필요가 있다.[36]

결론적으로 말하면, 태정관지령은 근대 영토국가 형성의 도정에 있던 일본이 국가의 경계를 명확히 하기 위해 취한 조처였는 데, 그것은 조선 땅 독도를 일본의 영토에서 배제하여 국경의 완결성을 추구한 것이다.

2) 태정관지령에서 '외일도(外一島)'의 의미

'1699년 합의'를 승계한 일본 정부는, 1877년 태정관지령에서 '죽도 외일도(竹島外一島)'를 일본의 판도 외로 규정했다. 여기에서 죽도는 울릉도이며, '외일도(外一島)'는 독도이다. '1699년 합의'를 승계한 태정관지령에 '1699년 합의'에는 언급이 없는 독도를 '외일도(外一島, 독도)'라는 이름으로 명기한 이유는 무엇일까. 이는 '1699년 합의'에 독도가 포함되어 있었다는 것을 의미한다. 만약 '1699년 합의'에 독도가 포함되어 있지 않았다면, 이를 승계한 태정관지령에 독도를 명기하지 않았을 것이다. 바꿔 말하면, 태정관지령에 '외일도(독도)'라는 형태로 독도를 명기함으로써 조선과의 사이에 성립한 '1699년

---

35 이성환 · 송휘영 · 오카다 다카시, 2016, 앞의 책, p.287, p.289.

36 태정관지령이 독도가 일본 땅이 아니라고 했다고, 그것이 독도가 조선 땅임을 인정하는 것은 아니라는 일본 측 주장이 있다(이성환, 2013, 「독도에 대한 무주지 선점론은 성립하는가」『영토해양연구』 6호, 동북아역사재단 독도연구소, pp.294~297 참조). 태정관지령의 문언적 표현만을 보면 이러한 주장도 가능하나, 이는 독도 영유권에 대한 역사적 연원을 간과한 표피적인 견해이다. 독도에 대한 영유권의 연원이 1699년의 한일 간 합의(국경조약)에 있고, 태정관지령이 이를 계승하고, 또 양자가 현실적으로 효력을 유지하고 있다는 점을 고려하면, 이 주장은 명백히 사실에 어긋나는 견해이다.

합의'에 독도가 포함되어 있다는 것을 일본 정부가 소급해서 명확히 밝힌 것이다. 이러한 사실은 '1699년 합의' 당시에 죽도(울릉도)는, 독도(송도)를 포괄하는 명칭으로 사용되었다는 것을 알 수 있다. 죽도(울릉도)가 송도(독도)를 포괄하는 용어로 사용된 예는 그 후에도 종종 보이고 있으며,[37] 앞서 언급한 송도(울릉도)개척원도 독도를 포함한 것으로 봐야 한다.

'외일도(竹島外一島)'라는 표현은 시마네현이 내무성에 보고한 데에서 처음 사용되었으며, 내무성과 태정관은 이를 그대로 수용하여 사용한다. 그러면 시마네현은 송도(독도)라는 명칭을 두고 '외일도'라는 대용어(代用語)를 사용한 이유는 무엇일까. 시마네현은 내무성 보고의 부속문서로 첨부한「원유의 대략(「原由の大略」)」에서 "다음에 또 하나의 섬(外一島)이 있다. 송도(독도)라 한다(次二一島アリ 松島ト呼フ)"고 밝혀, '외일도(外一島)'가 송도(독도)임을 분명히 하면서도, 굳이 외일도라 표현한 것이다.

최초에 내무성이 지적편찬을 위해 시마네현에 보낸 조회서에는 독도에 대한 언급이 없고 울릉도(죽도)에 대해 조사 · 보고하라고 되어 있다. 이는 (1) 울릉도에 대한 조회는 더 가까이 있는 독도도 포함하는 의미였거나, (2) 지적편찬을 하는 데 있어 경작 등의 의미가 없는 독도(송도)를 간과했기 때문일 것이다. 어쨌든 하급기관인 시마네현은 내무성이 언급하지 않은 '독도(송도)'를 포함하여 보고를 하게 된다. 여기에서 시마네현은 내무성이 직접 언급하지 않은 독도(송도)라는 명칭을 사용하지 못하고 소극적으로 '외일도'로 표현했

37 예를 들면 1881년 시마네현의 송도개척원(松島開拓願)의 허가 여부를 판단하기 위한 내무성의 문의에 회답하는 외무성의 문서에 표기된 '朝鮮国蔚陵島即竹島松島之儀ニ付'라는 기술에서도 울릉도가 울릉도와 독도를 포괄하는 용어로 사용되었다는 것을 알 수 있다.「外務省の返信起案文書」(明治14年12月1日付け, 11月30日 起草)(http://hokaittou.wiki.fc2.com/wiki/%E6%98%8E%E6%B2%BB%EF%BC%91%EF%BC%94%E5%B9%B4%E6%9D%BE%E5%B3%B6%E9%96%8B%E5%A2%BE%E4%BC%BA. 검색일: 2022.10.31.)

거나, 내무성이 주도(主島)인 울릉도(죽도)에 대한 조사를 요청했기 때문에 그에 딸린 속도[属島]라는 의미로 '외일도'를 사용했거나, 내무성이 조사를 요청한 울릉도에 추가하여 독도를 언급한다는 의미로 외일도라 했을 것으로 추측된다. 여기에서 사용된 '외일도(外一島)'라는 용어는 독도(송도)를 가리키는 대용어로서 태정관지령문에도 그대로 사용된다.

앞에서 언급한 바와 같이, '1699년 합의'에서 울릉도와 독도를 포괄하여 죽도(울릉도)라 하던 것을 시마네현이 처음으로 두 섬을 분리하여 표현한 점은 주목할 필요가 있다. 이것은 시마네현이 독도를 울릉도와 분리하여 인식하기 시작했다는 것인데, 그 의미는 무엇일까. 울릉도 도해를 위한 중간 기착지나 울릉도의 부속섬 이상으로 독도에 대한 새로운 가치(어업 등)를 발견했기 때문일까. 다시 말하면 독도를 울릉도의 부속 섬으로서가 아니라 독립된 섬으로서 가치를 부여한 것이다. 내무성과 태정관이 시마네현의 표현을 그대로 수용하여 사용했다는 사실은 내무성과 태정관도 죽도(울릉도)와 송도(독도)를 분리하여 인식했다는 것을 의미한다. 즉, 일본이 독도에 대해 상당한 인식 변화를 겪고 있음을 보여준다.

이러한 인식의 전환은 1905년에 일본이 독도를 울릉도에서 분리하여 자국의 영토로 편입하게 되는 단초를 제공한 것으로 추론된다. 독도를 울릉도의 부속 섬이나 기착지 정도로 인식하고 있었다면 독도를 분리하여 편입하는 발상은 하지 못했을 것이기 때문이다. 그렇다고 이 시점에서 일본이 장래 독도를 분리하여 편입할 것을 염두에 두고 있었다는 것은 아니다. 편입을 의도하고 있었다면, 태정관지령을 발하지도 않았을 뿐만 아니라, 독도(송도)를 분리하여 명기하지 않고, 애매하게 울릉도(죽도)만으로 표기하여 '독도의 발견' 등의 여지를 남겨두었을 것이다.

5. 한일/조일 국경조약체제의 형성과 전개[38]

태정관지령의 성립에서 주목할 점은 태정관지령이 울릉도쟁계의 '1699년 합의'(국경조약)를 승계했다는 사실이다. 일본 정부가 '1699년 합의'를 승계한 것은, '1699년 합의'가 조선과 일본 사이에 계속해서 효력을 유지하고 있기 때문이다. 만약 '1699년 합의'가 효력을 상실했다면, 일본 정부는 이를 승계할 필요가 없었을 것이다. 이를 종합적으로 보면, 태정관지령은 일본이 조선과 일본 사이에서 유효하게 작동하고 있는 '1699년 합의'(국경조약)를 국내법 체계로 수용(adoption)하여 실행하기 위한 조치로 볼 수 있다.[39] 이를 통해 일본은 울릉도쟁계에서의 합의(국경조약)를 지켜가기 위해 국내외적으로 법령 체제를 갖춘 것이 된다. 도식적으로 정리하면 한일 간에는(국제적으로는) '1699년 합의'(국경조약)가, 일본 국내적으로는 태정관지령이 작동하는 체제가 형성된 것이다. '1699년 합의'와 1877년의 태정관지령을 축으로 한일(韓日)/조일(朝日) 간에 국경체제(regime of boundary)가 성립한 것으로 볼 수 있다. 이를 필자는 '한일/조일국경 조약체제'라 명명한다.

이 국경조약체제는 1905년 일본이 독도를 편입할 당시는 물론이고 그 이후에도 유효하게 작동, 유지되는 것으로 봐야 한다. "한번 합의되면 국경은 지속된다(once agreed, the bouncary stands)"는 국경의 현상유지원칙, 그리고 국경의 안정성과 영속성(stability and permanence)을 중시하기 때문에 근본적인 사정 변경의 원칙조차 적용되지 않는 관습국제법의 원칙에 비춰보면[40] 1877

38 이 장은 이성환, 2017, 「朝日/韓日국경조약체제와 독도」 『독도연구』 제23호, 영남대학교 독도연구소의 관련 부분을 재정리 한 것임.

39 안홍익, 2009, 「조약의 대한민국 법체계로의 수용 : 조약의 분류와 국내법적 지위」, 부산대학교 석사논문, pp.15~18; 이상현, 1991, 「국제법과 국내법과의 관계에 관한 연구: 이론과 실제를 중심으로」, 건국대학교 석사논문.

40 이근관, 2010, 「통일 후 한-중 국경문제에 관한 국제법적 고찰」 『국제법학회논총』

년에 형성된 한일 국경조약체제는 영속성을 가진 것이라 하겠다. 그러면 이 국경조약체제는 그 후 실제로 어떻게 작동되었는지를 검토할 필요가 있다. 이를 몇 가지 사례를 중심으로 살펴보면 다음과 같다.

내무성이 울릉도쟁계를 조사하고 있을 즈음, 1877년 1월부터 시마네현 사족(士族) 도다(戸田敬義)는 동경도 지사에게 몇 차례에 걸쳐 죽도도해원(竹島渡海之願)을 제출했으나, 태정관지령이 나온 직후인 6월 8일에 각하되었다.[41] 이케우치 사토시(池内敏)는 이를 "울릉도 도해금지령이 효력을 발휘하고 있었기 때문이다"고 지적하고 있는데,[42] 이는 1699년 합의를 승계한 태정관지령이 효력을 발휘하고 있었다는 것을 의미한다. 1881년 11월 14일, 사카이 지로(境二郎) 시마네현 지사는 오야 카네스케(大屋兼助) 외 1명이 제출한 '송도개척원(松島開拓願)'을 내무성에 제출하여 울릉도 도해를 요청했다. 개척원을 접수한 내무성은 울릉도쟁계 관련문서를 첨부하여 외무성에 최근 조선 정부와 새롭게 교섭을 한 사실이 있는가를 문의한다. 12월 1일 외무성은 "조선국 울릉도 즉 죽도와 송도(朝鮮国欝陵島即竹島松島)에 대한 특별한 변경[교섭]"이 없다고 회신한다. 외무성의 회신을 기초로 내무성은 1882년 1월 31일자로 시마네현에 "최전 지령(最前指令, 1877년의 태정관지령 – 인용자)과 같이 죽도와 송도(울릉도와 독도)는 본방(本邦)과 관계가 없으므로 개척원의 건은 허가할 수 없다"고 각하한다.[43] 내무성이 외무성에 조선과의 새로운 국경교섭의 유무를 확인한 것은, 1699년의 국경조약을 수용한 태정관지령

55(4), p.135.

41 北沢正, 1881,『竹島考証』; Web竹島問題研究所,「戸田敬義と「竹島渡海之願」 http://www.pref.shimane.lg.jp/admin/pref/takeshima/web-takeshima/takeshima04/takeshima04-1/takeshima04-230728.html(검색일: 2017.6.25.)

42 池内敏, 2012, 앞의 책, p.72.

43 杉原隆, 2011,「明治10年太政官指令—竹島外一島之儀ハ本邦関係無之をめぐる諸問題—」; 竹島問題研究会, 2011,『第2期「竹島問題に関する調査研究」中間報告書(平成23年2月)』, 島根県, pp.15~16.

은 조선과의 새로운 교섭 여하에 따라 영향을 받기 때문이다. 외무성이 '특별한 변경'이 없다고 회신함으로써, 1699년 합의는 계속 효력을 유지하고 있으며, 이를 수용한 태정관지령도 유효함을 뜻한다.

조선 정부는 1880년 원산진 개항을 앞두고, 1879년 10월 임한수를 강원도 관찰사로 임명하고 울릉도 등 관방(關防, 변방의 방위)의 방책을 마련하도록 한다.[44] 1881년 5월 임한수로부터 울릉도에서 일본인들이 무단으로 벌목을 하고 있다는 사실을 보고받은 조선 정부는 6월에 예조판서 이회정(李會正)의 이름으로 이노우에 카오루 일본 외무경에게 "일찍이 서계를 올려 귀 조정에서 특별히 (울릉도 도해를) 금지하겠다는 약속을 받았는데, …… 귀 조정에서 미처 금령을 세우지 않아 백성들이 불법을 저지르고" 있으니, 이를 금지하라는 항의 서한을 보낸다. 1699년 합의를 근거로 하여 조일 국경조약체제를 지키라고 요구한 것이다. 이에 대해 일본 외무성은 같은 해 10월, 조선 정부에 일본인을 철수하고 울릉도 도해를 금지하겠다는 회답을 보내고,[45] 동시에 태정대신(太政大臣)에게 1699년 합의에 의거하여 일본인의 도해금지를 포고해야 한다는 의견서를 제출한다.[46]

또 조선 정부는 1882년 5월 이규원을 울릉도에 파견하여 현지 조사를 실시하고, 울릉도에 침입해 있는 일본인(77명)의 철수를 요구하는 등, 종래의 공도정책을 폐기하고 울릉도 개척에 착수한다. 조선의 울릉도 개척에 호응하여, 일본 정부는 일본인의 철수에 착수하고, 1883년 3월 1일 "울릉도(우리나라 사람은 죽도 또는 송도라 부름－원주)가 조선국의 판도임은 이미 원록 연간

44 『고종실록』, 고종16년(1879년) 8월 4일. 박은숙, 2012, 「동남제도개척사 김옥균의 활동과 영토・영해 인식－울릉도・독도인식을 중심으로－」 『동북아역사논총』 36호, 동북아역사재단, p.98.

45 『구한국외교문서 제1권, 日案1』, 문서번호74(1881.7.26.), 75번(1881.10.24.); 박은숙, 2012, 위의 글, p.99.

46 池内敏, 2012, 앞의 책, pp.73~74.

(1699년 – 인용자)에 우리 정부와 조선 정부 사이에 의정(議定)한 바"이므로 "앞으로 잘못 알고 있는 일이 없도록 (각 지방관은) 관하 인민에게 고유(告由)" 하라는 유달(諭達)을 발포했다.[47] 그리고 태정대신은 사법경에게, 울릉도에 도항하는 자들을 조일무역규칙 제9칙(則) 및 형법 제373호(1개월 이상 1년 이하의 유기징역)에 따라 처벌하도록 각 재판소에 지시하도록 한다.[48] 처벌규정이 없는 1699년 합의와 태정관지령으로 형성된 국경조약체제를 강제하기 위해 조일무역규칙과 형법을 원용한 것이다.

일본인의 철수를 위해 울릉도에 파견된 야마구치 현의 야마모토 오사미(山本修身)의 복명서(1883년 9월)에 실려있는 울릉도에서의 조선 관헌과 일본인의 대화록에도 1699년 합의에 대한 당시 일본인들의 인식이 명확히 드러나고 있다. 조선 관헌의 퇴거 명령에도 불구하고 일본인들은 만국공법(국제법)을 언급하면서 울릉도를 무인도(무주지)로 간주하며 퇴거를 거부한다. 이에 대해 조선 관헌이 "일본 정부에 조회를 하겠다"고 하자 일본인들은 "울릉도는 귀국(조선)의 땅이라는 조선과 일본 정부 사이의 조약(條約)이 있으므로" 라며 철수한다.[49] 여기에서 '조약'은 1699년 합의를 가리킨다. 울릉도에 도해한 일본인들이 직접 '조약'이라는 용어를 사용하고 있다는 사실은, 1699년 합의가 국경조약이라는 인식이 당시 일본인들에게 상당한 정도로 침투되어 있다는 것을 보여주는 중요한 대목이다.

그 후 울릉도 도해자들에 대한 처벌은 이루어지지 않았다. 이에 대해 이노우에 카오루 외무대신은 "막부 이래 그 귀속이 결정(從前彼我政府議政)되었다고 선언하고 있음에도 불구하고 그와 같은 재판소의 처치를 허용하면" 조

47 일본외교문서(일본외무성 외교사료관) 「朝鮮国蔚陵島犯禁渡航ノ日本人ヲ引戻処分一件」; 池内敏, 2012, 앞의 책, p.73 재인용.

48 http://blog.naver.com/cms1530/10015986629(검색일: 2018.4.25.).

49 木京睦人, 2002, 「明治十六年『蔚陵島一件』」『山口県地方史研究』第88号, 山口県地方史学会, p.81.

선 정부뿐만 아니라 외국으로부터 일본의 공정성이 의심을 받을 것이라고 정부에 항의한다.[50] 이노우에의 인식은 1699년 합의가 단순히 일본 내에서만 적용되는 것이 아니라 국제적인 성격을 가진 조약임을 보여준다. 이상의 사례에서 적어도 1880년대까지 조일 국경조약체제가 유효하게 작동하고 있다는 것을 알 수 있다.

6. 한일/조일 국경조약체제와 일본의 독도 편입

1905년 1월 28일 일본 내각은 독도 편입을 결정했다. 일본의 이 조치에 대해 한국은 여러 측면에서 비판을 제기하고 있다. 주요 논점으로는 (1) 무주지 선점론에 대한 반론, (2) 대한제국칙령 제41호와 일본 각의 결정 간의 충돌문제, (3) 일본이 편입 사실을 한국에 통보하지 않은 데 대한 국제법적 효과 문제 등이다. (1)과 (2)는 매우 밀접한 관련이 있으므로 논점은 (1)과 (3)의 두 가지로 정리할 수 있다. 우선 무주지 선점론에 대해서이다. 일본의 각의 결정문에는 "이 무인도는 타국이 이를 점유했다고 인정할 형적이 없고", 나카이 요자부로(中井養三郎)가 이곳에서 어업을 한 것을 "국제법상 점령의 사실"로 인정하여 독도(죽도)를 일본의 영토로 편입한다고 명시하고 있다.[51] 무주지를 선점했다는 논리이다.

이에 대해 한국 측은 ① 17세기 안용복의 활동, ② 1900년 10월의 대한제국 칙령 제41호로 석도(독도)는 이미 울도군(울릉군) 관할 하에 있었으며, ③ 1905년 이전에 한국의 민간인이 독도에 왕래한 흔적이 있는 점 등을 근거로

50 外務省 編, 1951,『日本外交文書』제16권, 日本国際連合協会, p.133, 附記1; 木京睦人, 2002, 위의 글, p.74.
51 『公文類聚』第29篇 明治38年 巻1(일본 국립공문서관 소장).

일본의 무주지 선점론을 반박한다.[52] ②의 대한제국 칙령 제41호에 대해 일본 측은 석도는 독도가 아니라고 주장하지만, 한국 측은 돌섬→독섬→독도로 표기가 변화해 왔다는 음운학적 근거로 박한다. 그러나 이에 대한 실증적 연구는 충분히 이루어지지 않고 있다. ③의 1905년 한국 민간인의 독도 왕래에 대해 일본 측은 1905년 이전의 한국인의 독도 왕래의 흔적은 회상록 등을 근거로 한 간접적인 것이며, 또 민간인의 행위가 영토의 실효적 지배를 의미하는 것은 아니라고 반박한다. 이 논쟁은 명확한 결론이 유보된 상태이나, 한국 측의 보다 명확한 실증 연구가 필요하다. ①의 안용복에 대해서는, 앞서 언급한 바와 같이, 한일 양국의 평가가 엇갈리고 있다.

종래와는 다른 관점에서, 태정관지령과 1699년 합의를 근거로 일본의 법제사적인 측면에서, 일본의 무주지 선점론을 검토하면 다음과 같다.[53] 앞서 언급한 바와 같이 1877년 이후 한일 국경조약체제는 안정적으로 작동하고 있었으며, 메이지 헌법 76조가 "이 헌법에 모순되지 않는 현행의 법령은 모두 준유(遵由, 지키고 따르다－인용자)의 효력을 가진다"고 규정함으로써, 메이지 헌법 체제 하에서도 한일 국경조약체제는 그 효력을 유지한다. 한일 국경조약체제가 유효하게 작동하고 있다는 것은 일본 스스로 독도와 울릉도를 조선의 영토로 인정하고 있다는 의미이다. 그렇기 때문에 한일 국경조약체제와 무주지론은 양립이 불가능하다. 나카이 요자부로가 독도에 대해 대하원(貸下願, 임대 신청서)을 제출했을 때, 내무성이 독도가 조선 영토일 가능성을 염두에 두고 반대 의사를 내비친 것은, 내무성이 태정관지령 성립에 주도적인 역할을 하고, 한일 국경조약체제 형성의 당사자였기 때문일 것이다. 그럼에도

52 김수희, 2011, 「개척령기 울릉도와 독도로 건너간 거문도 사람들」 『한일관계사연구』 제38집, 한국일본사학회의 연구가 있다.

53 이성환, 2017, 「일본의 태정관지령과 에 대한 법제사적 검토」 『국제법학회논총』 제62집3호. 대한국제법학회.

불구하고 내무성이 각의에 을 청의(請議)한 것은, 러일전쟁에 편승하여 군사적 중요성을 강조하는 외무성 및 해군성의 주장에 압도당했기 때문일 것이다.

각의 결정문에는 한일 국경조약체제를 형성하고 있는 1699년 합의와 1877년의 태정관지령에 대한 언급이 없다. 불과 28년 전까지만 해도 태장관지령을 통해 독도를 일본의 영토가 아니라고 천명한 일본 정부가, 갑자기 독도가 자기의 영토라며 편입을 한 이유가 무엇일까. 태정관지령과 독도 편입의 모순을 일본은 설명할 필요가 있다. 1877년 태정관지령 이후 한일 국경조약체제에 변경을 가져올 만한 사정이 있었는가. 적어도 조선과 일본 사이에서는 이를 설명할 만한 사안이 발생하지 않았다. 그렇다면 일본 정부가 한일 국경조약체제를 무시하고 자의적으로 독도를 편입했다고 볼 수밖에 없다. 거기에는 러일전쟁의 와중에 조선이 실질적으로 일본의 전시체제에 편입되면서 제대로 된 정상적인 국가 기능을 발휘할 수 없는 한일 간의 역학관계, 즉 침략 논리가 반영되었다고 하겠다.

다음으로 행정 명령 내지는 행정 조치에 지나지 않는 각의 결정으로 국경조약체제를 무력화할 수 있는가이다. 국경조약체제를 형성하고 있는 태정관지령 및 1699년 합의와, 각의 결정의 효력에 대해 상하관계를 따져야 필요가 있다. 일반적으로 조약은 국내적으로는 법률과 같은 효력을 가지고 있으므로 1699년 합의 역시 법률과 같은 효력을 가지며, 주권(영토)에 관련된 태정관지령 역시 법률과 같은 효력을 가지고 있다. (이에 대해서는 이 책 제1장 및 제4장 참조).

이를 바탕으로 각의 결정의 성격과 기능을 살펴보자. 각의 결정은 "헌법과 법률의 범위 내에서"이루어져야 한다.[54] 또 메이지 헌법 제9조는 "천황은 ……

54 「閣議決定の有効性に関する質問主意書」(http://www.shugiin.go.jp/internet/itdb_shitsumon_pdf_t.nsf/html/shitsumon/pdfT/b183125.pdf/$File/b183125.pdf, 검색일: 2017.7.11.)

필요한 명령을 발하거나 발하게 할 수 있다. 단, 명령으로 법률을 변경할 수는 없다"고 규정하고 있다. 헌법상 "국가원수로서 통치권을 총람(総攬)하는" 천황조차도 법률에 반하는 명령을 발할 수 없는데,[55] 하물며 천황을 보필하는 지위에 있는 내각이[56] 조약에 상당하는 1699년 합의를 어기면서 영토(주권)의 변경을 가져오는 독도 편입을 결정할 권한이 있다고 보기 어렵다.

그리고 각의 결정은 당해 내각의 시정방침을 밝히는 데 대한 정치적 결정으로서 각의 결정 그 자체만으로는 실효성이 없고 선언적 의미를 가질 뿐이다. 각의 결정은 관련 행정기관의 실행이나 의회에서 법적 뒷받침이 있어만 실효성을 가진다. 각의 결정에 기초하여 내무성이 시마네현에 독도 편입 조치를 취하도록 훈령하고, 이를 근거로 시마네현이 고시를 통해 독도 편입 조치를 취함으로써 비로소 각의 결정이 효력을 발휘하게 된다. 각의 결정은 현 고시를 통해 실효성을 가지게 된 것이다.

그렇다면 각의 결정에서 비롯된 시마네현의 고시가 태정관지령을 번복할 수 있는가 하는 법리 문제가 남는다. 일종의 행정 명령에 해당하는 각의 결정이 법률적 효력을 가진 태정관지령을 무효화할 수 없듯이, 지방 정부인 시마네현의 고시도 태정관지령을 무효화할 수 없다. 환언하면, 각의 결정이나 시마네현 고시를 통한 독도 편입은 법률(태정관지령)을 변경 내지 폐기한 것으로 상위법 위반에 해당한다.[57] 추가적으로 부언하면, 가장 핵심이 되는 태정관지령과 각의 결정의 효력의 상하관계를 따지기 위해서는 태정관과 내각의 성격과 기능을 정치 권력적인 측면에서, 그리고 법제사적인 측면에서 검토가

55 메이지 헌법 제4조.

56 메이지 헌법에는 내각이라는 용어가 없으며, "각 국무대신은 천황을 보필한다"고만 규정하고 있다(55조).

57 좀 더 면밀한 논의를 위해서는 태정관지령과 각의 결정의 효력의 상하관계에 대한 보다 세련된 법리적 검토가 필요하고, 또 조약의 국내 수용 이론에 대한 이론적 구성이 필요하다.

필요하다.

또 일본의 독도 편입은 1699년 합의라는 한일 간 국경조약의 파기로 직결된다. 일본 내각의 독도 편입 조치는 조약 파기에 따른 한국 정부에 대한 통고 의무를 이행하지 않은 것이다.[58] 조약은 일방적으로 파기 가능하나, 그것이 효력을 발휘하기 위해서는 조약 당사자에게 통고해야 하고, 통고 후 일정 기간이 경과한 후에야 실효하게 된다.[59] 일본은 한일 국경조약을 파기하는 독도 편입을 조선 정부에 통고하지 않았기 때문에 조약 파기의 효력은 발생하지 않는다. 지금까지 한국의 논의는 주로 일본이 영토 편입을 고시하면서 이를 한국에 통보하지 않았기 때문에 편입이 무효라고 주장해 왔다.[60] 그러나 편입에 대한 통고 의무가 반드시 국제적으로 확립된 이론이나 관습으로 존재하는지에 대해 논란이 있음을 감안할 때, 한국은 편입에 대한 통고 의무보다는 조약 파기에 대한 통고 의무를 강조하는 것이 더 합리적이고 설득력이 있을 것이다.

일본의 독도 편입 사실은 일본의 한국 통감부가 설치된 후, 1906년 3월 28일 시마네현 사무관(제3부장) 가미니시 유타로(神西由太郞)가 인솔하는 죽도(독도) 조사대(관민 45명)가 울릉도에 상륙하여 군수 심흥택을 방문함으로써 이 사실이 알려지게 되었다. 심흥택은 이 사실을 강원도 관찰사 이명래에게 보고하고, 이어서 내부(內部)에도 보고된다. 일본은 이때 한국 정부가 일본에 항의를 하지 않았다는 점을 지적한다. 당시 한국은 일본에게 외교권을 박탈당한 피'보호'국의 상태에 있었다. 당시 간도 영유권을 둘러싼 청국과의 외교 교섭권도 일본이 가지고 있었다. 이러한 정황을 고려하면, 조선 정부의 항의는 현실적으로 실효성을 가질 수 없다. 때문에 항의를 하지 않은 것을 문제 삼

---

58 통고의 의무: 현고시를 비롯한 편입에 대한 통고냐, 조약파기에 따른 통고냐.

59 '조약법에 관한 비엔나 관한 비에나 협약'에 의하면 적어도 12개월 전에 통고하도록 되어 있다.

60 신용하, 1996, 앞의 책, pp.46~47.

는 것은 무의미하다. (이에 대해서는 이 책 제9장 참조). 일본이 정식 외교루트를 통해서 조약파기를 통고하고, 조선 정부의 주권이 살아 있는 상태였다면, 조선 정부는 일본에 항의하고 독도가 조선 영토임을 재차 천명했을 것이다. 그렇기 때문에 일본 정부에 항의를 하지 않았다고 문제삼는 일본 측의 주장은 무의미하다. 같은 맥락에서 1909년 조선 정부를 대신하여 일본이 체결한 간도 협약에 대해서도 조선 정부는 일체의 항의를 할 수 없었다.

극단적인 논의를 한다면, 피보호국에 대한 '보호'의 의무를 다하기 위해서는 외교권을 가진 통감부가 일본 정부에 항의를 해야 한다. 을사조약의 유무효론은 차치하고, 피보호국(조선)의 영토 처분에 대한 보호국(일본)의 역할에 대한 국제법적 분석도 필요하다.

7. 결론을 대신하여 – 샌프란시스코강화조약의 잘못된 해석

1952년 이래 일본은 한국을 상대로 독도 영유권을 본격적으로 주장하기 시작한다. 일본은 전후 일본의 영토 범위를 확정한 1951년의 샌프란시스코강화조약을 독도 영유권의 중요한 근거로 보고 있다.[61] 만약 샌프란시스코조약으로 독도 영유권이 결정되면, 그 이전의 한일/조일 국경조약체제와 일본의 독도 편입 문제 등은 상대적으로 중요성이 약화될 수 있다 (물론 샌프란시스코조약만으로 영유권이 확정되는 것이 아니고, 단지 유력한 근거 중 하나에 불과하다).

이러한 측면에서 샌프란시스코조약은 한일 간의 독도 문제 논쟁의 핵심 중의 하나라 할 수 있다. 독도 문제가 국제사법재판소에 회부될 경우 일본은 샌

61 정병준, 2015, 「샌프란시스코 평화조약과 독도」 『독도연구』 제18호, 영남대학교 독도연구소, p.138.

프란시스코조약을 가장 유력한 근거로 제시할 가능성도 있다.[62] 또 일본이 샌프란시스코조약 발효일을 기준으로 하여 1952년을 독도 문제에 대한 '결정적 기일'(critical date)로 삼으려고 하는 것은 샌프란시스코조약이 일본에게 유리하게 작용한다고 인식하기 때문이다.[63] 1952~54년 사이에 앨리슨(John M. Allison) 주일대사, 레온하트(Leonhart) 참사관, 핀(Richard Finn) 서기관 등 주일미국 외교관들도 샌프란시스코조약을 근거로 독도를 일본령으로 하여 독도 문제를 해결해야 한다고 주장하는 경우도 있었다.[64] 일본의 한국 독도 불법 점거론도 샌프란시스코조약을 근거로 하고 있다.

이에 대해 한국은 샌프란시스코조약 제2조(a)항에는 독도에 관한 언급이 없으며, 이 조항은 한국의 대표적인 섬을 열거한 것에 불과하다고 주장한다. 동시에 샌프란시스코조약 이전 1946년에 SCAPIN(연합 국사령부 지령) 677호에 의해 이미 독도가 한국의 영토로 인정되었다고 주장하는 등, 샌프란시스코조약을 무력화하는 데 초점을 맞추고 있으나, 설득력이 크지 않다. 이석우는 "샌프란시스코강화조약의 해석이 일본의 독도에 대한 영유권을 인정하는 것으로 결론 내려진다는 것이 분명해진 이상" SCAPIN 677호의 강조는 결코 바람직하지 않다고 지적한다.[65]

그러면 샌프란시스코조약은 독도 문제와 어떠한 관련성을 가지고 있는가. 샌프란시스코조약 제2조(a)항은 "일본은 한국의 독립을 승인하고 제주도, 거문도, 울릉도를 포함한 한국에 대한 모든 권리, 권원 및 청구권을 포기한다"고 규정하고 있다. 이 조항에서 독도에 대한 언급이 없는 것은 샌프란시스코조

62 정갑용, 2015, 「샌프란시스코 평화조약 제2조 (a)항과 독도」 『민족문화논총』 제60집, 영남대학교민족문화연구소, p.155.
63 박현진, 2008, 「대일강화조약과 독도 영유권」 『국제법평론』 제28호, 국제법평론회, p.128.
64 정병준, 2015, 앞의 글, p.137.
65 이석우, 2007, 『동이사아의 영토분쟁과 국제법』, 집문당, p.18.

약의 형성 과정에서 한국과 일본이 다 같이 독도를 자국의 영토로 표기하는 데 실패했기 때문이다. 이를 이용하여 한국과 일본은 아전인수식으로 국제사회로부터, 그리고 국제법적으로 독도가 각각 자국의 영토로 인정받았다고 정반대의 주장을 하고 있다.[66] 일본은 샌프란시스코조약 제2조(a)항이 일본이 포기해야 할 영역을 규정하고 있지만, 독도에 대한 언급이 없으므로 독도는 일본이 포기해야 할 영토가 아니다고 주장한다. 또 한국은 일본이 포기해야 하는 영역에 독도를 포함시키려 했으나 실패했다. 따라서 독도는 한국의 영토로 인정받지 못했다고 주장하는 것도 같은 맥락이다.[67]

문언적으로 보면, 독도에 대한 언급이 없는 제2조(a)항으로는 독도의 영유권을 확정할 수 없으므로, 이 조항에 대한 해석이 중요하다. 일본이 샌프란시스코조약을 강조하는 데에는 1951년 8월 10일자로 딘 러스크 미 국무성차관이 주미 한국대사관에 보낸 서한(이른바 러스크서한)을 주요 근거로 하고 있다. 러스크서한이 제2조(a)항 해석의 근거가 된다는 것이다. 러스크서한의 생산과정 및 내용은 다음과 같다. 1951년 7월 19일 자로 양유찬 주미한국대사는 미국 국무장관에게 일본이 포기해야 할 도서들 가운데 제주도, 거문도, 울릉도에 더하여 독도를 포함시켜 줄 것을 요청한다.

이에 대해 미국은 한국의 주장을 수용하지 않았고, 그 결과 제2조(a)항에서 독도가 누락되었다. 딘 러스크 미 국무성 차관이 주미 한국대사관에 보낸 서한은 그 이유를 다음과 같이 설명하고 있다. 우리(미국)의 정보에 의하면, 혹은 타케시마 혹은 리앙쿠르 암으로도 불리는, 정상 상태에서 사람이 살지 않는 이 암석체가 한국의 일부로 취급된 적은 전혀 없으며, 대략 1905년부터 지금까지 일본 시마네현 오키섬 지청 관할 하에 있었다. 한국이 그 이전에 그 섬의 영유권을 주장한 적이 있는 것으로 보이지 않는다.[68] 요약하면, 1905년 이

66 신용하, 2005, 『한국과 일본의 독도영유권 논쟁』, 한양대학교 출판부, pp.38~39.
67 이석우, 2007, 앞의 책, p.18.

전에 독도가 한국의 영토로 취급된 적이 없고, 1905년 이후에 독도는 일본의 관할 하에 있었기 때문에 한국의 제안을 받아들일 수 없다는 것이다.

위 서한에 의하면, 독도가 일본 영토인 것이 명확한데 미국은 왜 제2조(a)항에서 독도를 일본 영토로 명기하지 않았는가에 대한 의문이 남는다. 이에 대해서는 동아시아 영토 문제를 불명확한 상태로 남겨두려는 미국의 의도가 작용했다는 견해가 있으나,[69] 설명이 부족하다. 러스크서한은 "우리(미국)의 정보에 의하면"이라는 단서를 전제로[70] "한국이 1905년 이전에 그 섬의 영유권을 주장한" 적이 없으며, "1905년부터 지금까지 (독도는) 일본 시마네현 오키섬 지청 관할 하에 있었다"고 강조하고 있다. 이러한 미국의 인식은, 1905년 일본의 조치는 정당하며, 그 이후 독도가 일본의 관할 하에 있었다는 일본 측의 정보에만 의존하고 있었다는 것을 의미한다.

이점을 주목할 필요가 있다. 1905년 일본의 독도 편입 조치가 부당하거나, 1905년 이전에 독도가 한국의 영토로 간주되었다는 사실이 입증되면, 미국은 잘못된 정보를 근거로 하여 독도를 제외하였다는 것이 된다. 나아가 딘 러스크서한을 근거로 한 일본의 주장도 의미를 상실한다. 반대로 한국은 샌프란시스코조약 제2조(a)항의 "일본이 포기한 한국이라는 개념 속에 독도가 포함되어 있음을 주장"할 수 있으며,[71] 국제적으로 독도에 대한 한국의 영유권이 인정되었다고 해석할 수 있게 된다. 이를 한일/조일 국경조약체제와 관련하여 간략하게 논하면 다음과 같다.

---

68 러스크서한은 인터넷 상에서 원문을 쉽게 확인할 수 있다.(http://blog.daum.net/hangun333/3143, 검색일: 2018.6.11.)

69 原貴美恵, 2012,『サンフランシスコ平和条約の盲点—アジア太平洋地域の冷戦と戦後未解決の諸問題』, 渓水社 참조.

70 정병준, 2015, 앞의 글, p.156, p.160; 정병준, 2010,『독도 1947』, 돌베개, pp.775~786.

71 이석우, 2005,「1951년 샌프란시스코 평화조약에서 독도의 영토 처리 과정에 관한 연구」『동북아역사논총』7호, 동북아역사재단, p.135.

앞에서 서술한 바와 같이, 1905년 시점에 한일 국경조약체제가 작동하고 있었기 때문에 일본의 독도 편입과 한일국경조약 체제는 양립할 수 없다. 그렇기 때문에 (1) "한국이 1905년 이전에 그 섬의 영유권을 주장한" 적이 없으며, (2) "1905년부터 지금까지 일본 시마네현 오키섬 지청 관할하에 있었"다는 러스크서한의 내용은 성립하지 않는다.[72]

이상과 같은 점을 종합적으로 고려하면, 러스크서한을 근거로 하는 일본 측의 샌프란시스코조약 제2조(a)항의 해석은 잘못된 전제에서 출발하고 있다는 점이 확인된다. 그러므로, 샌프란시스코조약 제2조(a)항에 독도가 언급되지 않았다고 해서 그것이 곧 일본이 포기해야 할 섬이 아니라는 해석, 즉 제2조(a)항을 근거로 한 일본의 독도 영유권 주장은 타당하지 않다. 이는 결국 샌프란시스코조약 제2조(a)항이 독도에 대한 한국의 영유권을 인정하는 근거가 될 수 있음을 시사한다. 한일 국경조약체제의 현재적 의미는 여기에 있다 하겠다.

[참고문헌]

김병렬, 2005, 「독도영유권과 관련된 일본학자들의 몇 가지 주장에 대한 비판」『국제법학회논총』 50(3), 대한국제법학회.

김채형, 2007, 「샌프란시스코평화조약상의 독도 영유권」『국제법학회논총』 52(3), 대한국제법학회.

김명기, 2016, 「국제법상 태정관 지령문의 법적효력에 관한 연구」『영토해양연구』 11호, 동북아역사재단 독도연구소.

이석우, 2005, 「1951년 샌프란시스코 평화조약에서 독도의 영토처리 과정에 관한 연구」『동북아역사논총』 제7호, 동북아역사재단.

72 池内敏는 "결국 샌프란시스코조약에 독도가 일본령이라는 의미가 포함되어 있다는 근거가 러스크서한에 의거하고 있다면, 러스크서한에 내포된 인식의 진위를 다시 검토하지 않을 수 없다. 그것은 1905년 전후의 독도를 둘러싼 사실(史実)의 재검토를 요하게 된다"고 지적하고 있다(池内敏, 2012, 앞의 책, p.300).

최철영, 2015, 「대한제국 칙령 제41호의 법제사적 의미 검토」 『독도연구』 19호, 영남대학교 독도연구소.
______, 2016, 「샌프란시스코 평화조약과 국제법원의 영토주권 법리」 『독도연구』 21호, 영남대학교 독도연구소.
제성호, 2014, 「1905년 일본의 증거에 대한 국제법적 분석」 『중앙법학』 제16집1호. 중앙법학회.
허영란, 2014, 「1905년 '각의결정문' 및 '시마네현 고시 제40호'와 독도 편입」 『독도연구』 17호, 영남대학교 독도연구소.
박현진, 2016, 『독도 영토주권 연구』 , 경인문화사.
______, 2013, 「17세기 말 울릉도쟁계 관련 한 · 일 '교환공문'의 증명력: 거리관습에 따른 조약상 울릉 · 독도 권원 확립 · 해상국경 묵시 합의」 『국제법학회논총』 58(3), 대한국제법학회,
박은숙, 2012, 「동남제도개척사 김옥균의 활동과 영토 · 영해인식 – 울릉도 · 독도 인식을 중심으로」 『동북아역사논총』 36호. 동북아역사재단.
송휘영, 2016, 「天保竹島一件을 통해 본 일본의 울릉도 · 독도 인식」 『일본문화학보』 68집, 한국일본문화학회.
외교통상부 국제법률국 편, 2012, 『(전면개정판) 독도 문제 개론』, 외교통상부.
이순천, 2012, 『조약의 국가 승계』, 열린책들.
이성환 · 송휘영 · 오카다 다카시, 2016, 『일본 태정관과 독도』, 지성인.
______, 2016, 「태정관지령과 샌프란시스코조약의 관련성에 대한 검토」 『독도연구』 제21호, 영남대학교 독도연구소.
______, 2013, 「태정관과 '태정관지령'은 무엇인가?」 『독도연구』 제20호, 영남대학교 독도연구소.
______, 2013, 「독도에 대한 무주지 선점론은 성립하는가」 『영토해양연구』 6호, 동북아역사재단 독도연구소.
안홍익, 2009, 「조약의 대한민국 법체계로의 수용 : 조약의 분류와 국내법적 지위」 부산대학교 석사논문.
이상현, 1991, 「국제법과 국내법과의 관계에 관한 연구: 이론과 실제를 중심으로」 건국대학교 석사논문.
정갑용, 2015, 「샌프란시스코 평화조약 제2조 (a)항과 독도」 『민족문화논총』 제60집, 영남대학교 민족문화연구소.
정영미 역, 2006, 『독도자료집 II 죽도고증』, 바른역사기획단.
정병준, 2010, 『독도 1947』, 돌베게.
______, 2015, 「샌프란시스코 평화조약과 독도」 『독도연구』 제18권, 영남대학교 독도연구소.
정인섭, 2007, 「통일 후 한러국경의 획정」 『서울국제법연구』 14(1), 서울국제법연구회,
이예균 · 김성호, 2005, 『일본은 죽어도 모르는 독도 이야기 88』, 예나루.
호사카 유지(保坂祐二), 2012, 「샌프란시스코 평화조약과 '러스크 서한'」 『일본문화연구』

제43집, 동아시아일본학회.
大西俊輝, 2012,『第四部 日本海と竹島 元禄の領土紛争記録「竹島紀事」を読む』(전3권), 東洋出版.
鳥取県編, 1971,『鳥取藩史—第六巻 殖産商工志 事変志』, 鳥取県立鳥取図書館.
太寿堂鼎, 1966,「竹島紛争」『国際法外交雑誌』64(4), 日本国際法学会.
川上建三, 1966,『竹島の歴史地理学的研究』, 古今書院.
池内敏, 2012,『竹島問題とは何か』, 名古屋大学出版会.
日本史籍協会 編, 1969,『岩倉具視関係文書』제7권, 東京大学出版会.
外務省編, 1954,『日本外交文書 第一巻第一冊』日本国際連合協会(文書99(明治元年1月15日)의 付属文書.
原貴美恵, 2012,『サンフランシスコ平和条約の盲点—アジア太平洋地域の冷戦と戦後未解決の諸問題』, 渓水社.
北沢正, 1996,『竹島考証—竹島問題—』, エムティ出版.
杉原隆, 2011,「明治10年太政官指令 竹島外一島之儀ハ本邦関係無之をめぐる諸問題」竹島問題研究会『第2期「竹島問題に関する調査研究」中間報告書(平成23年2月)』, 島根県.
下条正男, 2017,『安竜福の供述と竹島問題 : 知っておくべき竹島の真実』, 島根県総務部総務課.
石井良助, 1979,『日本法制史概要』, 創文社.
岩谷十郎, 2007,『日本法令索引(明治前期編)解説 明治太政官期 法令の世界』, 日本国会図書館.
伊藤博文, 1940,『憲法義解』, 岩波書店(원본은 1889년).
『公文類聚』第29篇 明治38年 巻1(일본 국립공문서관 소장).

제3장

한일/조일 국경조약체제와 독도

1. 서론

1693년 울릉도에서 고기잡이를 하던 안용복 일행이 일본인 어부들에게 연행되는 사건이 발생했다. 이 사건으로 촉발된 독도 영유권을 둘러싼 한일 간의 논쟁은 현재까지 300년 이상 지속되고 있다. 한국과 일본에서의 많은 연구성과에도 불구하고 독도 문제는 왜 아직까지 해결되지 않고 있는가? 독도 영유권/국경을 둘러싼 한일 간의 논쟁은 태정관지령(太政官指令, 1877년), 일본의 독도 편입 조치(1905년), 샌프란시스코강화조약(1951년) 등을 중심으로 전개되어 왔으며, 독도 문제의 출발점이라 할 수 있는 울릉도쟁계(欝陵島争界, 1693~1699)에 대해서는 다소 소홀히 다루어졌다. 또 지금까지의 독도 문제 연구는 이 사건들을 개별적으로 분리하여 취급하는 경향이 있다. 예를 들면 태정관지령, 일본의 독도 편입 각의 결정, 시마네현 고시(告示) 등이 각각 독도 영유권과 어떠한 관련성을 가지고 있으며, 또 이 사건들을 국제법적으로는 어떻게 평가할 것인가 등이 개별적으로 연구되고 있다.[1]

1 김명기, 2016, 「국제법상 태정관지령문의 법적 효력에 관한 연구」 『영토해양연구』 11, 동북아역사재단 독도연구소; 최철영, 2015, 「대한제국 칙령 제41호의 법제사적

그러나 독도 문제를 전체적으로 조망하기 위해서는 이 사건들을 연속적인 시각에서 검토할 필요가 있다. 일본은 울릉도쟁계에서의 한일 간 합의(이하 1699년 합의)를 1877년 태정관지령이라는 형태로 승계하여, 독도는 일본 땅이 아니라고 천명하였다. 그러나 그로부터 불과 28년 후인 1905년 2월, 일본은 독도를 자국의 영토로 편입하는 조치를 단행했다. 여기에서 일본의 독도 편입 조치가 종래의 1699년 합의 및 태정관지령 등과 양립 가능한가라는 의문이 제기된다.

1951년에 성립한 샌프란시스코강화조약 제2조(a)항의 해석 문제도 같은 맥락에서 검토의 대상이다. 일본은 "독도는 한국의 일부(영토－인용자)로 취급된 적이 전혀 없고 1905년부터 지금까지 일본의 관할 하에 있었다"는 딘 러스크(Dean Rusk)의 서한을[2] 제2조(a)항의 해석에 원용하여 독도에 대한 영유권을 주장하고 있다. 그렇다면, 울릉도와 독도를 한국의 영토로 인정한 1699년 합의 및 태정관지령과 딘 러스크서한의 내용은 정합성을 갖는지에 대한 검토가 필요하다.[3]

이상과 같은 독도 문제의 전개는 결국 1905년 1월 러일전쟁 기간 중에 취해진 일본의 독도 편입에 대한 정당성과 합법성의 논의로 귀결된다. 1905년 일

의미 검토」『독도연구』 19, 영남대학교 독도연구소; 제성호, 2014,「1905년 일본의 독도 편입 증거에 대한 국제법적 분석」『중앙법학』 16(1), 중앙법학회; 허영란, 2014,「1905년 '각의결정문' 및 '시마네현 고시 제40호'와 독도 편입」『독도연구』 17호, 영남대학교 독도연구소 등이 있다.

2 이와 관련해서는 조성훈, 2005,「제2차 세계대전 후 미국의 대일전략과 독도 귀속문제」『국제지역연구』 17(2), 서울대학교 국제학연구소; 이석우, 2005,「1951년 샌프란시스코 평화조약에서 독도의 영토처리 과정에 관한 연구」『동북아역사논총』 7, 동북아역사재단; 김채형, 2007,「샌프란시스코평화조약상의 독도영유권」『국제법학회논총』 52(3), 대한국제법학회; 保坂祐二, 2012,「샌프란시스코 평화조약과 '러스크 서한'」『일본문화연구』 43, 동아시아일본학회, 등이 있다.

3 이성환, 2016,「태정관지령과 샌프란시스코조약의 관련성에 대한 검토」『독도연구』 21, 영남대 독도연구소, pp.81~106.

본이 독도 편입을 단행한 각의 결정과 시마네현 고시가 합법적이고 정당하면, 샌프란시스코강화조약에 근거한 일본의 주장은 설득력을 가질 수 있게 된다. 그렇지 않으면 1905년 이후의 일본의 독도 영유권 주장은 허위가 된다. 통합적으로 살펴보면, 일본의 독도 편입의 합법성, 러스크서한 내용의 진위는 1699년 합의 및 태정관지령과 밀접한 관련이 있는 것이다.

이 글에서는 일본의 법제사적인 측면에서 1699년의 한일 간 합의와 1877년의 태정관지령이 독도 문제에서 어떠한 의미를 가지고 있는지를 고찰한다. 먼저, 한일 간의 최초의 국경교섭인 울릉도쟁계의 결과 성립한 1699년 합의의 의미를 검토한다. 다음으로 독도와 울릉도에 대한 일본의 영유권을 부정한 태정관지령의 성립 과정과 울릉도쟁계와의 관계를 분석한다. 이를 기초로 하여 1699년 합의와 태정관지령으로 구성되는 '한일(韓日)/조일(朝日) 국경조약체제'(Korea－Japan Border Treaty System, 이하 문맥에 따라 한일 국경조약체제 또는 조일 국경조약체제라함)의 성립을 도출한다. 그 연장선상에서 한일 국경조약체제 하에서 일본의 독도 편입을 위한 각의 결정 및 시마네현 고시의 유효성을 검증한다. 한일 국경조약체제와 일본의 독도 편입이 일본의 국내법 체계에서 양립할 수 있는가에 대한 검토이다. 마지막으로 한일 국경조약체제는 1951년의 샌프란시스코강화조약 제2조(a)항의 해석에 어떻게 영향을 미치는가를 따져 본다.

2. 조선과 일본 간의 국경교섭

1) 안용복 사건을 계기로 한 조선과 일본의 국경교섭

조선 정부는 15세기 이후 울릉도에 민간인의 출입과 거주를 금지했다. 왜구의 노략질로 인한 거주민들의 피해를 방지하기 위해 섬을 비워두고, 안무사(按撫使)를 파견하는 등의 방식으로 섬을 관리했다. 이를 공도(空島)정책(vacant islands policy) 또는 해금정책(海禁), 쇄환정책이라 부른다. 섬을 비워 놓는 이러한 조선 정부 정책의 틈을 이용하여 일본은 울릉도에서 어업과 목재 채취 등의 활동을 하게 된다. 즉 조선의 공도정책이 진행되고 있던 1625년경에 일본의 에도 막부는 오야(大谷)와 무라카와(村川) 두 집안에 울릉도(당시 일본에서는 죽도[竹島]라 함) 도해(渡海)를 허가한다. 이 도해허가를 이용해 오야(大谷)와 무라카와(村川) 두 집안은 격년으로 매년 1회씩 울릉도를 왕래하면서 어로 활동을 했으나, 조선 정부는 이를 알지 못했다. 왜구의 노략질을 피하고자 한 공도정책이 아이러니하게도 일본인의 울릉도 출입을 초래하고, 영유권 분쟁을 유발하게 된 것이다.

이러한 상황에서 1693년 3월, 울릉도에서 어로 작업을 하던 안용복과 박어둔이 울릉도를 왕래하며 어업을 하는 일본인들에게 납치당하는 사건이 발생한다. 안용복 일행이 울릉도의 일본인 어장을 침범했다는 이유에서였다. 이 사건은 한일 간에 울릉도 영유권 논쟁으로 비화된다. 일본은 어업권을 계속 확보할 필요가 있었고, 조선은 일본의 침입을 막아야 했다. 이러한 사정을 배경으로 조선과 일본 사이에는 울릉도 영유권을 둘러싸고 치열한 외교 교섭을 전개하게 된다. 일본은 조선의 공도정책을 울릉도에 대한 주권 포기라고 주장하는 데, 만약에 조선의 공도정책이 울릉도에 대한 주권 포기였다면 영유권 다툼은 일어나지 않았을 것이다.

안용복 일행의 납치 전말은 돗토리 번(藩)을 통해 막부에 보고된다.[4] 막부

4 안용복은 1차 도일에서 일본(막부)으로부터 울릉도와 독도가 조선 영토라는 것을 인정하는 문서를 받았다는 주장이 있다. 이것이 사실이라면 막부가 조선 정부에 조선인의 울릉도 도해 금지를 요구한 것은 모순된다. 안용복의 문서 수령과 막부의 조선인의 울릉도 도해 금지 요구를 어떻게 이해할 것인가에 대해서는 면밀한 사실 검토가 필요하다.

는 5월 13일 쓰시마(對馬島) 번에 박어둔 일행을 송환하고 동시에 앞으로 조선 어민이 울릉도에 오지 못하도록 조선 정부에 요청하라고 지시한다. 그리고 조선과의 교섭은 막부의 노중(老中, 장군을 보좌하여 막부의 정무를 총괄, 감독하는 직) 아베 붕고노카미(阿部豊後守)와 협의하라고 명한다.[5] 쓰시마는 1693년 12월 10일 부산의 왜관에서 안용복과 박어둔을 송환하면서, "조선 어민이 최근 우리나라(일본)의 죽도(本国竹島, 울릉도)에서 몰래 어로를 하고 있다. …… 앞으로 결코 그 섬에 조선(貴国) 어민이나 어선이 출입하지 않도록" 요청하는 문서(서계)를 조선 측에 전달한다.[6]

이에 대해 조선 정부는 ① 엄중하게 해금(海禁)을 하고 있기 때문에 '폐경지 울릉도(弊境之蔚陵島, 조선 땅 울릉도)'에 왕래를 허락하지 않고 있다. ② 조선 어선이 '귀계 죽도(貴界竹島, 일본 땅 죽도)'에 들어가 송환의 수고를 끼쳤으나, 앞으로 조선 어민의 도해를 금지하겠다,[7] 는 답서를 보낸다. 공도정책으로 울릉도 도해를 금지하고 있으며, 일본 땅 죽도에 앞으로 조선인의 출입을 금지하겠다는 뜻이다. '조선의 울릉도'와 '일본의 죽도'라는 서로 다른 두 개의 섬(二島)이 있는 듯한 애매한 답변으로 형식적으로 일본의 요구를 수용하면서 충돌을 피하려 한 것이다.

조선 측의 모호한 태도를 이용하여 일본(쓰시마)은 '폐경지 울릉도'라는 문구를 삭제해 줄 것을 요구한다. 그런데 '폐경지 울릉도'를 삭제하면, '귀계 죽도'만 남게 되어 죽도(울릉도)는 일본 영토가 되어버린다. 이를 의식한 조선

---

5 大西俊輝, 2012, 『日本海と竹島 第4部第2冊 (元禄の領土紛争記録「竹島紀事」を読む 第2冊)』, 東洋出版(전3권으로 되어 있으나 페이지는 연속), pp.36~38(이하 大西 2012: pp.36~38으로 표기함); 권정 · 오오니시 토시테루 편역주, 2011, 『죽도기사』 1-1, 한국학술정보, pp.122~135(이하 권정 · 오오니시 1-1, 2011: pp.122~135으로 표기함); 경상북도 독도사료연구회, 2013, 『竹嶋紀事 I 』, 경상북도, pp.15~16(이하 경북 I 2013: pp.15~16으로 표기함).

6 大西 2012: pp.81~83; 권정 · 오오니시 1-1, 2011: pp.402~417; 경북 I 2013: pp.39~41.

7 大西 2012: pp.129~131; 권정 · 오오니시 1-2, 2011: pp.308~313; 경북 I 2013: pp.71~72.

은 일본의 요구를 거부한다. 그다음 해 윤5월 쓰시마는 다시 대차사를 부산 왜관에 파견하여 같은 요구를 되풀이하는 내용의 서계를 조선 측에 전했다.[8] 이러한 교섭 과정은 7월 21일 쓰시마의 에도(江戶, 도쿄) 번저(藩邸, 각 번이 도쿄에 설치한 거소)를 통해 막부에 보고된다. 쓰시마의 집요한 요구에 대해 조선 정부는 9월 12일 일본의 국경 침범을 엄하게 지적하고, 울릉도의 영유권을 분명히 하는 아래와 같은 서간을 쓰시마 측에 전한다.

> 우리 어민이 어로를 한 땅은 원래 우리나라에서 말하는 울릉도이다. 대나무가 많아 죽도(竹島)라 불리기도 한다. 한 개의 섬이지만 두 개의 이름이 있는 것이다(一島二名). 울릉도는 우리나라의 울진 현에 소속되어 있다. …… 이 섬의 상세한 지형과 거주의 흔적, 토지의 생산물 등은 우리나라의 여지승람(輿地勝覽)이라는 책에 실려있다. 귀주(貴州, 쓰시마 또는 일본-인용자)[9] 사람들도 또한 이 사실을 알고 있다. 귀국(貴國) 사람은 자신들이 범월하여(自爲犯越) 이 섬에 왔으면서 거꾸로 우리나라 백성 두 명(안용복과 박어둔－인용자)을 잡아 구금하고 연행해 에도(江戶, 도쿄)에 보냈다. 귀국 사람이 우리나라 국경을 침섭(侵涉我境)하여 우리나라 백성을 연행(拘執)한 잘못(失態)은 논하려고 하지 않는구나. 이것은 성신을 결여(欠於誠信)한 것이 아닌가.[10]

쓰시마의 4대 번주 소 요시쓰구(宗義倫)의 사망 소식이 부산 왜관에 전해지고, 조선의 접위관이 철수하면서 교섭은 중단되었다.[11] 1695년(元祿8) 5월

---

8 전문은 大西 2012: pp.170~172; 권정 · 오오니시 1-3, 2011: pp.173~178; 경북 I 2013: pp.101~102.

9 일반적으로 쓰시마를 지칭하는 것으로 이해되고 있으나, 『礒竹嶋覚書』에는 일본국으로 되어 있다. 즉 울릉도가 조선 영토라는 사실은 쓰시마뿐만 아니라 일본인 전체가 알고 있었다는 의미이다.

10 大西 2012: pp.230~233; 권정 · 오오니시 2-1, 2012: pp.181~195; 경북 I 2013: pp.145~146.

11 4대 번주 소 요시쓰구가 젊은 나이에 사망하자 막부는 조선과의 교섭에 경험이 많은 3대 번주 소 요시자네(宗義真, 요시쓰구의 아버지)에게 조선과의 교섭을 맡겼다.

쓰시마는 교섭을 재개하기 위해 다카세 하치에몽(高瀬八右衛門) 등 3명을 조선에 파견하여 종래의 주장을 되풀이했으나, 조선의 거부로 진전을 보지 못한다. 그 후 교섭단의 귀국과 함께 쓰시마 번에서는 조선의 주장을 수용해야 한다는 온건파와 쓰시마의 주장을 관철해야 한다는 강경파 사이에 치열한 논쟁이 벌어진다.[12] 논쟁에서 결론을 얻지 못하자 쓰시마는 막부에 그간의 교섭 과정을 보고하고 지시를 받기로 한다. 요시쓰구 사망 후 조선과의 외교 교섭을 담당하게 된 형부대보(刑部大輔)[13]는 1695년 10월 에도에 가서 교섭 경위와 함께 자신의 의견을 담은 구상서를 막부에 제출한다.[14] 의견서에서 그는 막부의 뜻을 따르겠으나, 가능하면 이번 기회에 울릉도를 일본의 영토로 편입해야 한다고 주장한다. 막부를 설득하여 울릉도를 편입하려는 의도를 보인 것이다.

2) 울릉도 도해금지령과 조일 국경조약의 성립

쓰시마의 보고를 받은 막부는 노중(老中) 아베 붕고노카미를 중심으로 울릉도 영유권에 대한 검토를 시작한다. 아베는 조선과의 교섭 과정을 잘 알고 있는 형부대보의 대리인 격인 쓰시마의 가로(家老) 히라타 나오에몽(平田直右衛門)에게 "울릉도와 죽도는 같은 섬인가. 혹은 다른 섬인데 조선에서 잘못 생각해서 지금처럼 [하나의 섬에 두 개의 명칭으로] 말하고 있는 것인가", "그 방향에 또 섬이 있다고 들었는가" 등에 대해 물었다. 히라타는 조선의 주장대로 "죽도는 울릉도"이며, "죽도(울릉도) 근처에는 송도(松島, 독도)라 일컫는

12 大西 2012: pp.440~441; 권정 · 오오니시 3-1, 2012: pp.342~349; 경북 I 2013: pp.42~43.
13 소 요시쓰구의 아버지 소 요시자네(宗義真)를 가리키며, 그는 1692년 요시쓰구에게 번주 자리를 물려주었으나, 실권을 계속 유지하면서 조선과의 교섭에 실질적인 역할을 하였다. 형부대보는 그가 번주에서 물러난 후 사용한 계명(戒名)이다.
14 大西 2012: pp.455~456; 권정 · 오오니시 3-2, 2012: pp.25~28; 경북 I 2013: pp.50~51.

섬이 있다. 거기에도 도해해서 어렵을 한다고, 백성들의 소문으로 듣고 있다. 저 쪽(돗토리 번의 因幡国, 伯耆国 – 인용자)에 문의하면 알 수 있을 것이다" 고 답했다.[15] 울릉도는 조선 땅이며, 송도(독도)라는 또 하나의 섬이 있다는 것이다.

아베와 히라타의 대화에서 기록상으로 독도(송도)의 존재가 처음으로 표출된 것이다. 독도(송도)의 존재를 알게 된 아베는, 곧바로 돗토리 번의 에도 번저에 울릉도(죽도)와 함께 독도(송도)에 관해 조회한다. 돗토리 번은 다음 날 바로, "울릉도로 가는 길목에 독도(송도)라는 섬이 있으며, 울릉도와 독도(송도)는 돗토리 번에 속하는 섬이 아니라"고 회신한다.[16] 울릉도 도해허가를 관할하고, 울릉도와 독도에 대해 가장 자세하고, 정확한 정보를 가지고 있는 돗토리 번이 독도와 울릉도는 일본 영토가 아님을 분명히 한 것이다. 돗토리 번의 의견은 막부의 결정에 상당한 영향을 미쳤을 것으로 추정된다.

이상과 같이 막부는 조선과 쓰시마가 교환한 서계, 형부대보 및 히라타의 의견, 돗토리 번에 대한 사실 확인 등을 통해 종합적으로 검토한 결과, 울릉도와 독도는 일본의 영토가 아님을 공식적으로 확인하고, 일본인의 울릉도 도해를 금지하는 결정을 한다. 1696년 1월 9일 아베는 히라타를 호출하여, 울릉도는 본래 조선 영토이므로 일본인의 도해를 금지한다는 막부의 결정을 알린다.[17] 막부가 울릉도에 대한 조선의 영유권을 인정하고, 이를 바탕으로 일본인의 도해를 금지한 것이다. 1696년 1월 28일 막부는 쓰시마의 형부대보에게 일본인의 울릉도 도해 금지를 통보하고, 이를 조선에 전하고 답신을 받으라

15 大西 2012: p.488; 권정 · 오오니시 3-2, 2012: pp.224~226; 경북 I 2013: p.71.

16 막부의 질의와 돗토리 번의 회신은 大西 2012: pp.901~902; 권정 · 오오니시 토시테루 편역주(2012), 『죽도기사』 3-2권, 한국학술정보, pp.194~201; 경북 I 2013: pp.84~87; 鳥取県編, 1971, 『鳥取藩史 第6巻((殖産商工志,事変志)』, 鳥取県立鳥取図書館,

17 『공문록(公文録)』의 내무성 문서 「1호」, 및 「2호」 참조, 이성환 · 송휘영 · 오카다 다카시, 2016, 『일본 태정관과 독도』, 지성인, pp.200~235 수록.(이하 이성환 외 2016)

고 지시한다.[18] 같은 날 돗토리 번에도 봉서(奉書)로 도해금지령이 전달된다. 이 도해금지령으로 일본과 조선 사이에 전개되었던 울릉도를 둘러싼 약 3년간의 국경교섭(울릉도쟁계)은 실질적으로 종결되고, 막부에 의해 울릉도에 대한 조선의 영유권도 확인되었다. 이제 조선 정부의 승인만 남겨두게 된다.

막부의 결정에 불만을 가진 쓰시마(형부대보)는 조선 정부에 도해금지령 전달을 지체하면서 정식문서가 아닌 구두로 전달하려 했다. 울릉도쟁계에 대한 한일 간의 정식 합의가 1699년까지 약 3년이나 지연되고, 조선과의 사이에 불필요한 갈등을 일으킨 것도 쓰시마의 이러한 태도 때문이다. 1696년 10월 16일 조선에서 건너온 두 명의 역관(卞延郁同知와 宋裕養判事)에게 형부대보는 구두로 막부의 결정을 전하고, 두 통의 각서를 건넸다.[19] 각서에서 형부대보는 도해 금지 결정에는 본인의 노력이 컸으며, 조선 정부가 막부에 사의(謝儀)를 표하는 답서를 보낼 것을 요구한다.

조선 역관은 구두(口上)와 일본어로 된 구상서(口上之覺)가 아니라, 한문(眞文)으로 쓴 정식 서면을 요구한다. 그래서 쓰시마 번 중신(重臣) 6명이 연서(連署)한 한문으로 작성된 두 통의 서면이 조선 역관에게 건네졌다.[20] 12월 19일 막부는 조선 역관에게 막부의 도해금지령을 전했다는 쓰시마의 보고를 받는다. 1697년 1월 10일 두 역관의 귀국을 통해 막부의 도해금지령이 조선 정부에 공식적으로 전해진다. 막부의 도해 금지 결정으로부터 약 1년이 지난 후였다.

조선 정부는 일본의 도해금지령을 접수하고, 예조참의 이선부(李善溥)의 명의로 1698년 4월, 도해금지령에 대한 사의와 함께 울릉도는 여지도에 실려 있는 조선 땅(欝島之爲我地輿圖所載)이라는 내용의 답서(서계)를 보낸다.[21]

---

18 大西 2012: p.523; 권정 · 오오니시 3-3, 2012: pp.163~165; 경북 I 2013: p.95.

19 大西 2012: pp.594~595; 권정 · 오오니시 4-2, 2012: pp.23~39.

20 『공문록(公文録)』의 내무성 문서 「2호」,

쓰시마는 이번에도 답서에 적힌 울릉도를 삭제해 줄 것을 강하게 요구한다.[22] 조선은 울릉도에 대한 영유권 약화를 초래할지도 모를 쓰시마의 요구를 거부한다.

조선의 답서는 히라타를 통해 7월 17일 막부에 전달된다. 형부대보는 1699년 3월 21일 최종적으로 조선 예조 참의 앞으로 서계와 구상서를 보낸다. 조선의 답서를 막부에 전달했으며, 울릉도 영유권 문제는 "조선이 원하는 대로 해결되었"고, "울릉도가 조선 영토임은 틀림 없"으며 일본인의 도해를 금지한다는 내용이다.[23] 일본이 울릉도가 조선 영토라는 사실을 문서로 확인한 것이다. 그리고 쓰시마는 위의 내용을 조선 정부에 전했다는 사실을 10월 19일 막부에 보고한다. 이로써 안용복 납치 사건을 계기로 전개된 울릉도를 둘러싼 영유권 귀속 문제는 종결되었다. 결국, 1699년 합의는 울릉도와 독도의 영유권에 관한 한일 간의 공식적인 합의로 마무리되었으며, 이는 국제법적 관점에서 중요한 해양 경계 획정으로 해석될 수 있다.

이상의 과정을 간략히 정리하면 다음과 같다. 안용복 납치 사건으로 시작된 울릉도 영유권을 둘러싸고 조선 정부와 막부를 대리한 쓰시마 사이에는 서로의 주장을 담은 서계가 공식적으로 두 번 교환되었다. 이를 바탕으로 막부는 울릉도에 대한 조선의 영유권을 인정하고 일본인의 울릉도 도해 금지를 결정하고, 이를 조선 정부에 이를 공식적으로 전달했다. 조선 정부는 울릉도가 조선 영토임을 다시 명확히 하면서 도해 금지에 대해 사의를 표하는 답서를 보냈다. 조선의 답서는 쓰시마를 통해 막부에 전달되었으며, 막부는 쓰시마를 통해 울릉도가 조선 영토임을 확인하는 회답을 보냈다. 이로써 약 6년에

---

21 쓰시마에서 보내온 문서에는 도해 금지만 있고 울릉도 영유권에 대해서는 언급이 없었기 때문에 조선정부는 울릉도 영유권을 확고히 하기 위해 "鬱島之爲我地輿圖所載"라는 내용의 답서를 보낸다.

22 『공문록(公文録)』의 내무성 문서 「3호」(이성환 외 2016: pp.236~249).

23 『공문록(公文録)』의 내무성 문서 「4-1호」 구상서(이성환 외 2016: pp.259~283).

걸친 국경교섭이 마무리되고, 조선 정부와 일본 막부 간의 공식적인 승인이 이루어졌다. 양국 정부의 승인은 현대적 의미로는 양국 정부에 의한 최종 비준절차를 마친 것이 되며, 그 내용은 국가 간 합의의 의미를 가지게 된다. '1699년 합의' 또는 조일 국경조약이라 해도 좋을 것이다. 필자는 이를 조선과 일본의 '1699년 합의'라 한다. (이하 '1699년 합의'.) 이러한 의미에서 박현진은 한일 간에 교환된 서계를 증명력있는 정부 간의 교환공문으로 간주하고, 1699년의 합의를 한일 간의 해양 경계를 획정한 국경조약으로 규정하고 있다.[24]

3) 조일 국경조약('1699년 합의')과 독도 영유권

일본 막부와 조선 정부 사이에서 1699년 합의가 성립되면서 울릉도에 대한 조선의 영유권이 확립되는 과정을 검토하였다. 다음으로는 1699년 합의, 즉 일본의 죽도(울릉도) 도해금지령은 울릉도(죽도)만을 대상으로 한 것인지, 아니면 울릉도로 가는 항로 중간에 있는 독도(송도)도 포함한 것인지를 밝혀야 한다. 독도가 포함되어 있다면, 울릉도와 함께 독도의 영유권 문제는 이때 종결된 것이며, 그 이후 한일 간에 독도 문제는 원천적으로 존재하지 않게 된다. 반대로 울릉도만을 대상으로 한 것이며, 독도가 포함되지 않은 것이라면 현재의 독도 문제와는 관련이 없게 된다.

이에 대해서는 한일 간에 견해가 갈리고 있으나,[25] 근년의 연구에서는 울릉도(죽도) 도해금지령은 울릉도뿐만 아니라 독도에도 해당한다는 점이 밝혀지고 있다. 이케우치 사토시(池内敏)의 『독도문제란 무엇인가』는 다음과 같

---

24 박현진은 태정관지령에 첨부된 1690년대 안용복 사건 당시 조선과 일본 간의 왕복문서는, 현대 국제법상 '교환공문'(Exchange of Letters)의 법적 성격 · 지위를 가지는 것으로서, 약식조약에 해당한다고 주장하고 있다. 박현진, 2016, 『독도 영토주권 연구: 국제법 · 한일관계와 한국의 도전』, 경인문화사, pp.301~351.

25 川上建三, 1966, 『竹島の歴史地理学的研究』, 古今書院, pp.190~192; 신용하, 2011, 『독도 영유권에 대한 일본 주장 비판』, 서울대학교출판문화원, pp.114~117.

이 설명하고 있다. 막부는 울릉도(죽도) 도해를 금지하면 당연히 독도(송도) 도해도 금지된다는 사실을 알고 도해금지령을 내렸기 때문에, 울릉도 도해 금지는 당연히 독도 도해 금지를 포함하고 있다. 그렇기 때문에 막부 시대에 울릉도(죽도)와 독도(송도)는 일본의 판도외(版圖外)였다고 단정한다.[26] 이를 독도 영유권과 관련 지어 이야기하면, 도해 금지는 조선의 영유권을 전제로 한 것이므로, 1699년 합의는 울릉도와 독도에 대한 조선의 영유권을 확인한 것이 된다.

부연하면, 막부는 독도(송도) 도해를 허가한 적이 없음에도 오야와 무라카와 두 집안은 독도(송도)에도 들렀다. 울릉도(죽도)도해 허가가 독도(송도)도해를 포함하고 있었기 때문이다. 같은 맥락에서 울릉도(죽도)도해 금지는 자연히 독도(송도)도해 금지를 포함하는 것이다. 독도(송도)의 존재를 인식하고 있었던 막부가 독도(송도)를 일본의 영토로 남겨두려 했다면, 울릉도(죽도) 도해 금지령에서 독도(송도)를 제외하는 등의 취지를 밝혔을 것이다. 그러나 울릉도(죽도) 도해 금지령에는 이를 연상하거나 암시하는 내용이 없다. 여기에서 죽도(울릉도)는 죽도(울릉도)와 송도(독도)를 통칭하는 지명(명칭)으로 사용된 것으로 볼 수 있다.[27] 다시 말하면, 울릉도 도해금지령을 축으로 하는 1699년 합의에서의 울릉도는 독도를 포함하는 광의의 의미로 사용된 것이다. 울릉도에 대한 이러한 용례는, 시차는 있지만, 1881년의 송도개척원(松島開拓願)의 허가 여부를 판단하기 위해 내무성의 조회를 받은 외무성은 회

26 池内敏, 2012, 『竹島問題とは何か』, 名古屋大学出版会, p.36.

27 당시 조선에서도 울릉도가 독도를 포괄하는 통칭(通称)으로 사용된 흔적이 있다. 박은숙, 2012, 「동남제도개척사 김옥균의 활동과 영토 · 영해인식 – 울릉도 · 독도 인식을 중심으로 –」 『동북아역사논총』 36, 동북아역사재단, p.96, p.100; 『승정원일기』, 고종 19년(1882) 4월 7일(양 5. 23). 또 일본의 기록에서도 "欝陵島即竹島松島"라는 표현이 사용된 흔적이 있다. 당시 울릉도=울릉도+독도의 의미로 사용되고 있었다는 것을 보여준다. 만약 당시 울릉도가 울릉도+독도, 즉 울릉도와 독도를 포괄하는 의미로 사용되었다면, 독도 관련 일본 자료들을 재해석할 여지가 존재한다.

답에서 '조선국 울릉도, 즉 죽도 송도의 건에 대해(朝鮮國蔚陵島即竹島松島之儀ニ付)'라고 기술한 것에서도 유추할 수 있다.[28] 울릉도를 울릉도와 독도를 포괄적으로 통칭하는 용어로 사용하고 있는 것이다.

도해금지령 이후 일본인들의 울릉도와 독도 도해는 중단되었다.[29] 이를 계기로 일본인들은 울릉도와 독도는 일본 땅이 아니라는 인식이 형성되었을 것이다. 그 후 막부는 일본인의 울릉도 도해를 강력히 단속한다. 1836년 하마다번(현 시마네현의 일부) 상인 이마즈야 하치에몽(今津屋八右衛門) 사건에서 이를 알 수 있다. (일본에서는 '덴포죽도일건[天保竹島一件]'이라 함). 해상운송업에 종사하는 하치에몽 일행은 1833년부터 울릉도에 건너가 벌목과 밀무역을 하여 상당한 이익을 얻었다. 이 사실이 막부에 발각되어 1836년 관련자들의 처벌과 함께 주모자인 하치에몽은 참형에 처해진다.

하치에몽의 진술에는 '조선 땅 울릉도'라는 표현이 있는데, 이는 막부와 하치에몽이 울릉도에 대한 조선의 영유권을 명확히 인식하고 있었다는 것을 말한다. 이 사건을 계기로 막부는 1837년 2월에 울릉도 도해금지령을 다시 포고

---

28 「外務省の返信起案文書」(明治14年12月1日付け, 11月30日起草)의 전문은 아래와 같다.
明治十四年十一月三十日起案文
公第二六五一号
　　　　公信局長
　　　　内務権大書記官西村捨三殿　　外務権大書記官光妙寺三郎
朝鮮國蔚陵島即竹島松島之儀ニ付御聞合之趣閲悉候。右は、先般該島江我人民ノ渡航漁採伐木スル者有之趣ニテ、朝鮮政府より外務卿江照會有之候付査究候處。果シテ、右様之事實有之趣ニ付、既ニ撤歸為致爾後右様之儀無之様申禁ニ及置候旨該政府江照覆置相成候右回答申達候也
　　　　十四年十二月一日
(http://hokaittou.wiki.fc2.com/wiki/%E6%98%8E%E6%B2%BB%EF%BC%91%EF%BC%94%E5%B9%B4%E6%9D%BE%E5%B3%B6%E9%96%8B%E5%A2%BE%E4%BC%BA. 검색일: 2022.10.31.)

29 池内敏, 2012, 앞의 책, pp.59~60.

한다. 포고문에는 "겐로쿠 시기(1699년－인용자)에 조선에 건네준 이래 (울릉도에) 도해를 금지해 왔는데, 이를 어긴 하치에몽 일행을 엄벌했다. 모든 이국(異國) 도해는 금지하고 있으며, 울릉도도 마찬가지이다. 각 지방관은 이를 빠짐없이 알려야 하며, 이를 알리기 위해 표찰에 적어 게시한다"고 적혀있다.[30] 140여 년이 지나서도 1699년 합의는 여전히 작동하고 있는 것이다. 그 이후 19세기 말. 즉 메이지(明治) 초기까지 울릉도 도해를 언급하는 일본인은 없었다.[31] 독도에 도해하는 일본인도 없었다.

3. '조일 국경조약체제'의 성립

1) 일본 메이지정부의 '1699년 합의' 승계

울릉도와 독도에 대한 조선 영유권을 확정한 조선과 일본 사이에 성립한 '1699년 합의'는 메이지(明治) 정부에 승계된다. 메이지 정부는 1868년 1월의 왕정복고 대호령에서[32] 막부 시대 조약의 승계와 계속성을 밝혔다. 그 연장선상에서 조일 간의 국경조약인 1699년 합의와, 일본 측의 구체적 내용인 죽도(울릉도) 도해금지령을 승계한다. 구체적으로 메이지 정부는 1877년 태정관(太政官)의 지령을 통해 "울릉도와 독도는 일본과 관계없다"고 천명한다. 이를 천명한 당시 일본의 최고통치기관인 태정관의 명칭을 빌어 이를 '태정관지령'이라 한다.

---

30 송휘영, 2016, 「天保竹島一件을 통해 본 일본의 울릉도 · 독도 인식」『일본문화학보』 68, 일본문화학회, pp.10~11; 신용하 2011, 앞의 책, pp.114~117.
31 동북아의 평화를 위한 바른역사기획단, 2006, 『독도자료집 II 竹島考証』, p.293.
32 外務省 編, 1949, 『日本外交文書』第1巻第1冊, 文書九九(明治元年一月十五日)の付属文書, 日本国際連合協会.

태정관지령(太政官指令)은 무엇인가(이에 대해서는 이 책 제1장 참조). 태정관의 기능과 성격, 태정관이 제정한 법령체계에서 '지령'의 위치와 의미 등을 살펴야 한다. 필자는 태정관을 당시 일본의 입법, 행정, 사법을 통할하는 '국가 최고통치기구(The Supreme Council of State)'로 규정한 바 있다.[33] 태정관은 1885년 근대적인 내각제도가 성립하기까지 국가의사를 결정하고 집행하는 일본의 최고통치기관이였다. (1885년 내각제도의 성립과 함께 태정관은 폐지되고, 1890년의 메이지 헌법의 성립으로 삼권분립이 이루어짐).

태정관의 지령은 형식적으로는 태정관이 발포하는 포고(布告), 달(達, 또는 布達), 고시(告示) 보다는 하위 법령에 속한다. 지령은 하급기관으로부터 질의(伺, 문의)를 받은 상급기관이 해당 하급기관에 대해 "질의 한 바와 같이(伺の通, 伺の趣き 또는 書面)"라는 형식으로 회신하는 공문서이다. 그러나 입법, 행정, 사법이 체계화되지 않고, 법령의 형식이 정비되지 않은 당시 상황에서는 태정관에서 생산하는 법령의 형식에 따라 반드시 효력에 서열이 있는 것은 아니었다. 형식적으로는 하위 법령에 해당하는 '지령'이지만, 그 내용에 따라 포고, 달과 같은 효력을 가지는 경우도 있다. 법령이 체계화 되지 않은 당시의 상황에서 지령은 실질적으로 법령에 대한 해석과 판단의 근거내지는 규범으로 활용되었고,[34] 실질적으로 상위 법령의 효과를 가지고 있었다.[35]

예를 들면 1877년에 발령된 민사소송에 관련된 지령이 고등법원의 판결과

---

33 한국에서 태정관지령을 총리 훈령으로 번역하고 의미 부여를 하는 경우가 있다. 이는 태정관을 행정부로 한정하는 소극적 해석이다. 삼권분립이 이루어지지 않았던 당시에 태정관은 입법, 행정, 사법을 통할하는 기능을 가지고 있었다. 태정관의 지령이 재판소(법원)의 판결을 무효화한 사례도 있다.

34 岩谷十郎, 2007, 『日本法令引(明治前期編)解説 明治太政官期 法令の世界』, 일본국회도서관, p.43 (http://dl.ndl.go.jp/view/download/digidepo_999194_po_kaisetsu.pdf?contentNo=1&alternativeNo=, 검색일: 2020.10.3.).

35 이성환, 2016, 「태정관과 '태정관지령'은 무엇인가?」 『독도연구』 20, 영남대학교 독도연구소, pp.93~120.

태정관포고 247호의 소문답례(訴答文例, 후의 민사소송법에 해당) 20조의 말항(末項)을 무효화시킨 사례가 있다. 1877년 5월 7일 사법성이 태정관에 상신한 질의(伺)에 대해 태정관은 6월 18일 "질의의 취지와 같이 미야기(宮城) 상등(上等)재판소(고등법원에 해당－인용자)의 재판을 무효로 해야 한다"는 지령을 내린다. 이 지령으로 재판 결과와 그와 관련된 소답문례20조 말항은 효력을 상실하고 폐지된다.[36] 태정관지령에 의해 태정관 포고가 효력을 상실한 것이다.

이처럼 지령은 태정관의 법령체계에서는 형식적으로는 하위법령에 해당하나 내용에 따라서는 포고, 포달 등 법률 이상의 효력과 의미를 가지고 있는 경우가 있다. 후술하는 바와 1699년 합의라는 국경조약을 승계한 태정관지령은 국경'조약'의 의미를 내포하고 있고, 또 영토주권에 관련되는 내용이기 때문에, 일반 지령의 효력을 넘어 포고, 포달 등과 같은 상위 법령 이상의 의미를 가지고 있는 것으로 의제(擬制)할 수 있다.

2) 태정관지령과 '조일 국경조약체제'의 성립

다음으로 태정관지령의 성립 과정을 통해 태정관지령이 한일 간의 국경/영유권 문제에서 가지고 있는 의미를 검토한다. 태정관지령 관련 기록의 원본이 실려있는 『공문록(公文録)』[37]에 근거하여 독도 관련 태정관지령의 성립 과정을 간략히 정리하면 다음과 같다.[38]

---

36 滝川叡一, 2004, 「訴答文例20条末項の廃止—太政官指令により無効とされた上等裁判所判決—」『法の支配』 132, 日本法律家協会, p.36.

37 『공문록(公文録)』은 메이지 원년(1868)부터 내각제도가 발족하는 메이지 18년(1885)까지 태정관이 각 성(省)과 주고 받은 문서 원본을 연차별, 기관별로 편찬한 것으로, 당시의 정부 정책을 알 수 있는 근본적인 자료이다.

38 『공문록』은 이성환 · 송휘영 · 오카다 다카시 2016, 『일본 태정관과 독도』, 지성인, 에 해제를 비롯하여 번각 및 번역문이 원문과 함께 실려있다. 이 장에서 별도의 주를

① 1876(메이지 9)년 10월 5일 내무성 지리료(地理寮, 지리국에 해당)는 지적(地籍) 편찬을 위해 시마네현에 울릉도에 관해 조사를 의뢰하는 「을 제28호」를 보낸다.

② 시마네현은 1876년 10월 16일에 막부의 도해금지령으로 조선 땅이 되어버린 '죽도 외일도(竹島外一島, 울릉도와 독도)'를 산음(山陰) 지방의 지적에 편제해야 한다는 취지의 내용으로 「일본해 내 죽도 외일도의 지적 편찬 방법에 관한 문의(日本海一竹島外一島地籍編纂方伺)」라는 형태의 회답문(보고서)을 내무성에 제출한다. 독도(송도)를 가리키는 '외일도'(外一島)라는 용어가 여기에 처음 등장한다. 시마네현은 17세기 말 울릉도쟁계의 결과 울릉도와 독도가 조선 영토가 되었으나 이를 일본의 영토로 편입해야 한다고 주장하고 있는 데, 이는 울릉도와 독도에 대한 영유권 판단의 근거를 1699년 합의에서 찾고 있다는 의미이며, 주목할 필요가 있다.

③ 시마네현이 제출한 자료를 기초로 내무성은 자체적으로 울릉도에 대한 조사를 실시한다. 내무성은 조사 결과를 그다음 해인 1877년 3월 17일 「일본해 내 죽도 외일도의 지적 편찬 방법에 관한 문의(日本海一竹島外一島地籍編纂方伺)」라는 제목으로 태정관에 품의한다. 여기에는 「1호 구정부(막부 – 필자) 평의의 지의(舊政府評議之旨意)」(1696년 1월 28일), 「2호 쓰시마가 조선역관으로 보낸 달서(達書)」(1696년 10월 20일), 「3호 조선국 예조참의가 쓰시마에 보낸 서간(書簡)」(1697년 3월 20일), 「4호 본방 회답(本邦回答) 및 구상서(口上之覺)」(1699년 정월) 등의 부속문서(참고자료)가 첨부되었다. 「1호 구정부평의의 지의」는 막부(구 정부)가 울릉도쟁계 과정에서 도해금지령을 내리는 정책 결정 과정을 정리한 것이며, 2~4호는 울릉도쟁계 때 조선 정부와 일본 정부 사이에 오고 간 외교문서(서계)이다.

붙이지 않은 것은 『일본 태정관과 독도』에 의한 것이다.

내무성은 품의 이유를 "겐로쿠 12(1699)년에 이르러 대체로 [조선과 일본 사이에 - 인용자] 문서 왕복이 끝나 [죽도 외일도는 - 인용자] 본방(本邦, 일본)과 관계없"다는 사실이 확인되었으나,, "판도(영토)의 취사(取捨)는 중대한 사건이기 때문에 …… 만약을 위해 이 건을 (태정관에) 문의한다"고 밝히고 있다. 즉 내무성은 17세기 말 조선과 일본 사이에 전개된 '울릉도쟁계'의 결과 양국의 합의로 울릉도와 독도가 조선의 영토로 확정되었음을 확인하고, 이를 국가적으로 승계할 것을 태정관에 요청한 것이다. 내무성의 이러한 행위는 1699년 합의를 승계하려는 강력한 국가 의지의 표현이다. 그렇지 않으면, 시마네현의 문제 제기는 내무성 차원에서 각하하고 울릉도와 독도를 지적 편찬에서 제외하는 것으로 끝났을 것이다.

④ 내무성의 품의를 받은 태정관은 메이지 10년(1877) 3월 29일, "질의한 취지와 같이 죽도(울릉도)외 일도(독도)의 건은 본방(일본)과 관계없음을 명심하라"라는 지령을 발령한다. 이 지령은 내무성을 통해 시마네현에 하달된다.

이상의 경위를 거쳐 메이지 정부는 17세기 말 막부가 울릉도와 독도를 조선의 영토로 인정한 사실을 확인하고, 이를 승계할 것을 천명한 태정관지령을 확정한 것이다.

여기에서 주목할 대목은 태정관지령이 1699년 합의를 승계한 것이라는 점이다. 이는 1699년의 한일 간의 국경조약이 효력을 계속 유지하고 있기 때문에 가능한 것이다. 다시 말하면 일본은 1699년 이래 계속 효력을 유지해온 한일 간의 국경조약을 국내적으로 실행하기 위해 이를 태정관지령이라는 국내법 체계로 수용(adoption)한 것이다.[39] 덧붙여, 일본에서는 태정관지령이 독도가 일본 땅이 아니라고 한 것이 독도가 조선 땅임을 인정하는 것은 아니라

39 안홍익, 2009, 「조약의 대한민국 법체계로의 수용 : 조약의 분류와 국내법적 지위」, 부산대학교 석사논문, pp.15~18; 이상현, 1991, 「국제법과 국내법과의 관계에 관한 연구: 이론과 실제를 중심으로」, 건국대학교 석사논문.

는 주장이 있다.[40] 태정관지령의 문언적 표현만 보면 이러한 주장도 가능하나, 이는 독도 영유권에 대한 역사적 연원을 간과함으로써 야기한 오류이다. 한일 간에 독도에 대한 영유권의 역사적 연원은 1699년 합의에 있고, 태정관지령이 이를 승계함으로써 양자가 효력을 유지하고 있다는 점을 인식하지 못한 데에서 오는 오류이다.

1699년 합의가 독도를 포함하고 있는지 여부에 대한 논란은 1877년의 태정관지령을 통해 해결된다. 1699년 합의를 승계한 태정관지령이 "울릉도와 독도는 일본 땅이 아니다"고 천명한 것은 1699년 합의 및 도해금지령에 독도가 포함되어 있다는 것을 직접 설명해준다. 막부 내부적으로는 검토되었으나, 조선과의 교섭 과정 등에서 명확히 드러나지 않았던 독도의 존재가 태정관지령을 통해 구체적으로 표현된 것이다. 만약, 1699년 합의에 독도가 포함되어 있지 않으면, 이를 승계한 태정관지령이 굳이 독도를 포함시켰을 리가 없기 때문이다. 이로써 17세기 말 조선과 일본 사이에 확정된 울릉도(죽도)와 독도(송도) 영유권 문제는 메이지 정부에서 더 분명한 형태로 확인되었다고 하겠다.

이상의 과정을 요약 정리하면 다음과 같다. 내무성의 조회에 대한 시마네현의 문제 제기로 시작된 울릉도와 독도에 대한 영유권 문제는, 내무성이 실시한 1699년 합의에 대한 면밀한 조사를 통해 독도와 울릉도는 일본의 판도외(版圖外)라는 것이 다시 확인되었다. 내무성은 이를 태정관에 상신하였으며, 태정관은 내무성의 의견을 승인하여 최종적으로 독도는 일본 땅이 아니라는 태정관지령을 발포한다. 이러한 태정관의 결정은 1699년에 성립한 조일 간의 국경조약을 승계하려는 의지의 표현이며, 태정관지령은 이를 국내적으로 실행하기 위한 국내 법령의 제정으로 봐야 한다.

이러한 과정을 통해 일본은 조선과의 사이에서 성립한, 1699년 합의의 유

40 이성환, 2013, 「독도에 대한 무주지 선점론은 성립하는가」 『영토해양연구』 6, 동북아역사재단 독도연구소, pp.294~297 참조.

효성을 확인하고, 국내적으로는 태정관지령을 통해 이를 실행하기 위한 법적 체계를 마련했다고 볼 수 있다. 이로써 일본은 1699년 합의와 1877년의 태정관지령을 축으로 하여 조선과의 사이의 국경체제를 완비한 것이 된다. 이 글에서는 이를 한일/조일 국경조약체제라 부르고, 일본 스스로 확립한 체제라는 점을 강조하고자 한다. (이하에서는 편의상 한일 국경조약체제라 함) 이를 도식적으로 정리하면 위의 그림과 같다.

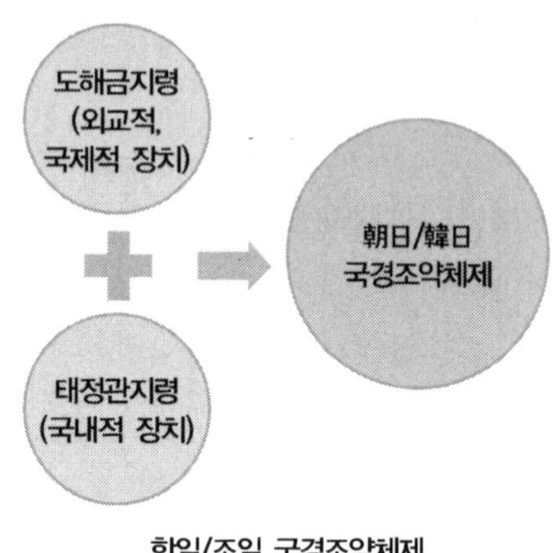

한일/조일 국경조약체제

후술하는 바와 같이, 이 국경조약체제는 적어도 1905년 일본의 독도 편입 때까지 유지, 작동된다. "한번 합의되면 국경은 지속된다(once agreed, the bouncary stands)"는 국경의 안정성과 영속성(stability and permanence)을 중시하여 근본적인 사정 변경의 원칙조차 적용되지 않는다는 국제법의 일반론에 비추어 보면[41] 1877년에 형성된 한일 국경조약체제는 한일 간에 약 200년 가까이에 걸쳐 형성된 역사적 국경체제라고 볼 수 있다.

41 이근관, 2010, 「통일 후 한-중 국경문제에 관한 국제법적 고찰」 『국제법학회논총』 55(4), 대한국제법학회, p.135.

4. 한일 국경조약체제의 전개

1) 일본의 한일 국경조약체제의 이행

이상의 과정을 거쳐 성립한 태정관지령이 효력을 발휘하면서 한일 국경조약체제는 안정적으로 작동하게 된다. 내무성이 1699년의 합의를 조사하고 있을 즈음, 시마네현 사족(士族) 도다 다카요시(戸田敬義)는 1877년 1월, 3월, 4월에 걸쳐 도쿄부(東京府)에 '죽도도해원(竹島渡海之願)'을 제출했으나, 태정관지령이 발효된지 얼마 지나지 않은 6월 8일 도쿄부는 이를 각하했다.[42] 죽도도해원의 각하와 태정관지령 사이의 직접적인 관련성은 명확하지 않으나, 시기적으로 태정관지령이 적용된 첫 사례라 볼 수 있다. 이케우치 사토시는 죽도도해원(竹島渡海之願)의 각하를 1699년의 "울릉도 도해금지령이 효력을 발휘하고 있었기 때문이다"고 지적하고 있다.[43] 이는 도해금지령을 승계한 태정관지령과 함께 국경조약체제가 작동하고 있다는 의미이다.

한일 국경조약체제는 이후에도 일본 정부의 방침으로 생명력을 유지한다. 1881년 11월 12일 시마네현 지사가 제출한 '송도개척원(松島開拓願)'에 대한 내무성의 처리과정에서 이를 알 수 있다. 개척원을 접수한 내무성은 1699년 합의에 관련된 문서(일본이 조선 정부에 전달한 서한 및 구상서)를 첨부하여 외무성에 최근 조선 정부와 이와 관련한 사항에 대해 교섭한 사실이 있는가를 문의한다. 12월 1일 외무성은 "조선국 울릉도, 즉 죽도와 송도(朝鮮国欝陵島即竹島松島)에 대한 특별한 변경"이 없다고 회신한다. 외무성 회신을 받은 내무성은 1882년 1월 31일 시마네현에 "최전 지령(最前指令, 태정관지령 – 인용

---

42 北沢正誠, 1881, 『竹島考証』; Web竹島問題研究所, 「戸田敬義と竹島渡海之願」(http://www.pref.shimane.lg.jp/admin/pref/takeshima/web-takeshima/takeshima04/takeshima04-1/takeshima04-230728.html, 검색일: 2017.6.25.).

43 池内敏, 2012, 앞의 책, p.72.

자)과 같이 죽도와 송도(울릉도와 독도)는 본방(本邦, 일본)과 관계가 없으므로 개척원의 건은 허가할 수 없다"고 각하한다.[44]

여기에서 다음과 같은 점을 알 수 있다. 내무성이 염두에 둔 것은 태정관지령이었는데, 태정관지령은 1699년 합의에 기반한 울릉도와 독도 영유권에 관련된 것이기 때문에, 내무성은 외무성에 조선과 교섭을 하여 변경된 내용이 있는가를 확인한 것이다. 외무성이 '특별한 변경'이 없다고 한 것은 1699년 합의가 계속 유효하다는 것을 가리키며, 따라서 태정관지령의 효력도 유효하다는 것을 의미한다. 만약에 조선과의 새로운 교섭으로 1699년의 합의에 변경이 있으면, 울릉도와 독도에 대한 조선 영유권을 전제로 한 태정관지령도 효력을 상실하기 때문이다. 내무성이 외무성에 조선과의 교섭 유무를 확인한 후에 태정관지령을 근거로 하여 각하 결정을 한 것은 이 때문이다.

1881년 5월 강원도관찰사 임한수는 울릉도에서 일본인이 무단으로 벌목을 하고 있는 사실을 보고한다.[45] 보고를 접한 조선정부는 이규원을 울릉도검찰사로 임명하여 조사를 명함과 동시에 6월에 예조판서 이회정의 이름으로 이노우에 카오루 일본 외무경에게 "일찌기 서계를 올려 귀 조정에서 특별히 (울릉도 도해를) 금지시키겠다는 약속을 받았는데, …… 귀 조정에서 미처 금령을 세우지 않아서 백성들이 아직도 불법을 저지르고 있으니, 법을 엄히 세워 방지하고 종전의 잘못을 답습하지 않게 하기를 바랍니다"는 항의 서한을 보낸다. 1699년 합의를 근거로 하여 한일 국경조약체제를 지키라는 조선의 요구였다.

이에 대해 일본 외무성은 같은 해 10월, 일본인을 철수하고 울릉도 도해를

44 杉原隆, 2011, 「明治10年太政官指令—竹島外一島之儀ハ本邦関係無之をめぐる諸問題」, 竹島問題研究会, 『第2期「竹島問題に関する調査研究」中間報告書(平成23年2月)』, 島根県, pp.15~16.

45 『고종실록』, 고종16년(1879년) 8월 4일. 박은숙, 2012, 「동남제도개척사 김옥균의 활동과 영토·영해인식 – 울릉도·독도인식을 중심으로」 『동북아역사논총』 36호, 동북아역사재단, p.98.

금지하겠다는 회답을 조선 정부에 보내고,[46] 동시에 태정대신(太政大臣)에게 1699년의 도해금지령을 근거로 일본인의 도해 금지를 포고해야 한다는 의견서를 제출한다.[47] 한편 조선 정부는 1882년 5월 이규원을 울릉도에 파견하여 현지 조사를 실시하고, 이를 바탕으로 울릉도에 침입해 있는 일본인 77명의 철수를 요구한다. 동시에 종래의 공도정책을 폐기하고 본격적으로 울릉도 개척에 착수하여, 1883년 4월에는 30여 명의 주민을 울릉도에 입거(入居)시키는 등 울릉도에 대한 실질적 지배력 확보에 나선 것이다.

조선의 울릉도개척에 호응하듯, 일본 정부는 울릉도에서 활동하고 있는 일본인의 철수에 착수하고, 1883년 3월 1일 울릉도 도해를 금지하는 유달(諭達)을 발포한다.[48] 유달문에서는 "울릉도 (우리나라 사람은 죽도, 또는 송도라 부름 – 원주)가 조선국의 판도임은 이미 원록 연간(1699년 – 인용자)에 우리 정부와 조선 정부 사이에 의정(議定, 합의하여 결정함)한 바"이므로 "앞으로 잘못 알고 있는 일이 없도록 (각 지방관은) 관하 인민에게 고유(告由)"하라고 명한다.[49] 동시에 외무성의 상신을 받아들여 태정대신은 사법경에게, 울릉도에 도항하는 자들을 조일무역규칙 제9칙(則) 및 형법 제373호(1월 이상 1년 이하의 유기징역)를 적용하여 처벌토록 각 재판소에 지시하도록 한다.[50] 1876년 8월에 체결된 조일무역규칙 제9칙(則)은 통상이 허락되지 않은 조선 항구에서 사적 거래(私爲買賣)를 하다 적발되면, 소유 전물(所有錢物, 돈과 물건)은 한국 관청에 인계하도록 되어 있다.

---

46 『구한국외교문서』 제1권, 日案 1, 문서번호74(1881.7.26), 75번(1881.10.24); 박은숙, 2012, p.99.

47 池内敏, 2012, 앞의 책, pp.73~74.

48 (일본)外務省 編, 1996, 『日本外交文書(自明治16年1月至明治16年12月)』 제16권, 南堂書店, pp.325~326.

49 일본외교문서(일본외무성 외교사료관 소장), 「朝鮮国蔚陵島犯禁渡航ノ日本人ヲ引戻処分一件」; 池内敏, 2012, 앞의 책, p.73 재인용.

50 http://blog.naver.com/cms1530/10015986629(검색일: 2017.7.25.).

즉, 울릉도 도해를 위반하더라도 치외법권상 한국이 처벌할 수는 없기 때문에 도해로 얻은 이익은 조선에 반환하고, 일본 국내 형법으로 처벌하게 한 것이다. 처벌 규정이 없는 도해금지령과 태정관지령으로 형성된 국경조약체제를 실행하기 위해 조일무역규칙과 형법을 적용한 것이다. 유달은 한일 국경조약체제를 구체적으로 실현하기 위한(법률 구체화 작용) 고시 또는 직무명령에 해당한다.

1885년에 메이지 유신 이래의 태정관이 폐지되고 내각제도가 도입된다. 그 이듬해 칙령으로 공문식(公文式)[51]이 발포되면서 태정관의 법령체계는 사라지고 법률·칙령·각령(閣令)·성령(省令)의 형태로 근대적 법체계를 갖추게 된다. 그러나 아직 의회가 성립되지 않았기 때문에 법률과 명령의 구분 등은 여전히 혼란스러웠다. 이 혼란은 다음 해 11월 메이지 헌법의 시행을 통해 입법, 행정, 사법의 삼권분립이 이루어지면서 법률은 의회로, 명령은 행정부로 귀속되어 일정한 법체계를 갖추어 가게 된다.[52] 대체로 종래의 포고는 법률로, 그 외는 행정부의 명령으로 수렴된다. 그러나 국가와 국민을 다 같이 구속하는 영토나 조약에 관련된 지령은 법률로 수렴되었다고 보는 것이 합당할 것이다.[53]

그리고 메이지헌법 제76조는 "법률 규칙 명령 또는 어떠한 명칭을 사용하는가에 관계 없이 이 헌법에 모순되지 않는 현행의 법령은 모두 준유(遵由, 지키고 따르다 - 인용자)의 효력을 가진다"는 경과 규정을 두어, 메이지헌법 발

51 공문식은 법률·명령 등의 형식과 공포 방법을 규정한 것(明治19年勅令第1号)으로, 법률·칙령·각령·성령 등의 형식과, 법률·칙령의 친서(親署)·부서(副署) 제도가 이때 만들어졌다. 그 후 1907년 공식령(公式令, 明治40年勅令第6号)이 제정되면서 폐지된다.

52 石井良助, 1979, 『日本法制史概要』, 創文社, p.200.

53 岩谷十郎, 2007, 『日本法令索引(明治前期編)解説 明治太政官期 法令の世界』, 일본 국회도서관, p.7 참조.

포 이전의 태정관 및 내각에서 생산한 법령의 효력을 계속해서 인정한다. 메이지 헌법을 기초한 이토 히로부미가 헌법 초안과 함께 추밀원에 제출한 헌법 설명서인 『헌법의해(憲法義解)』는, 제76조와 관련하여 의회 개설 전의 법령은 명칭에 관계없이 이 헌법에 모순되지 않으면 계속 효력을 유지하며, 법률적 효력을 가지는 이전의 법령을 개정하기 위해서는 법률 개정에 준하는 절차를 밟아야 한다고 부연하고 있다.[54]

그러면 태정관지령이 법률적 효력을 가진 것으로 볼 수 있는지에 대한 문제이다. 태정관지령이 1699년의 국경조약을 승계한 것이고, 울릉도에 도해한 자를 사형에 처한 사실(하치에몽 사건)과 1883년에는 형법을 적용하여 처벌한 점(1883년의 유달) 등에 비추어 보면, 태정관지령은 법률 효력을 가진 것으로 간주할 수 있을 것이다. 또 조약이 국내적으로는 법률적 효력을 가지는 일반론에 비추어 보면, 1699년의 국경조약을 국내적으로 전환, 수용한 태정관지령은 법률의 효과를 가지고 있다고 하겠다.

이러한 사항들을 종합하면, 태정관지령은 이토 히로부미가 『헌법의해(憲法義解)』에서 지적한 "법률로서 효력을 유지하는 것"으로 봐야 하며, 변경을 위해서는 법률 개정 절차, 즉 의회의 의결을 거쳐야 한다. 그러나 태정관지령이 개정 또는 폐기된 흔적은 발견되지 않기 때문에 태정관지령은 메이지헌법체제 하에서 계속 효력을 유지하는 것이다. (확대 해석을 하면 현재까지도). 한발 양보하여, 태정관지령이 법률이 아니라 명령이라 하더라도 폐기되지 않으면 계속해서 효력을 유지한다. 따라서 메이지헌법체제 하에서도 한일 국경조약체제는 일본 국내에서 계속 유효하게 작동하고 있다.

2) 한일 국경조약체제와 일본의 독도 편입

54 伊藤博文, 1940, 『憲法義解』, 岩波書店(원본은 1889년), pp.125~126.

한일 국경조약체제가 유효하게 작동하고 있다는 것은 일본이 독도와 울릉도를 조선의 영토로 인정한 것을 의미한다. 그러면 한일 국경조약체제가 작동하고 있는 상황에서 1905년 1월 28일 일본 내각이 일방적으로 독도 편입을 결정할 수 있는가를 따져야 한다. 우선 일본이 각의 결정에서 언급하고 있는 무주지 선점론에 대해서이다. 각의 결정문에는 "타국이 이(독도)를 점유했다고 인정할 형적이 없"으며, 나카이 요자부로(中井養三郎)가 이곳에서 어업을 한 것을 "국제법상 점령의 사실"로 인정하여 독도(죽도)를 일본의 영토로 편입한다고 명시하고 있다.[55]

앞에서 지적한 바와 같이, 한일 국경조약체제 하에서 독도와 울릉도는 무주지가 아니라 조선의 영토이기 때문에, 한일 국경조약체제와 무주지론은 양립 불가능하다. 나카이 요자부로가 독도에 대해 대하원(貸下願: 임대 신청서)을 제출했을 때, 내무성이 독도가 조선 영토일 가능성을 염두에 두고 반대 의사를 내비친 것은, 내무성이 태정관지령 성립에 주도적인 역할을 한 한일 국경조약체제 형성의 당사자였기 때문일 것이다. 그럼에도 내무성이 각의에 독도 편입을 청의한 것은 러일전쟁에 편승하여 독도의 군사적 중요성을 강조하는 해군성 및 외무성의 압박 때문일 것이다.

다음으로는 행정 명령 내지는 행정 조치에 지나지 않는 각의 결정으로 한일 국경조약체제를 무력화할 수 있는가이다. 국경조약체제를 형성하고 있는 태정관지령 및 1699년 합의(국경조약)와, 각의 결정의 효력의 상하관계를 따져야 한다. 앞서 지적한 바와 같이, 일반적으로 조약은 국내적으로는 법률과 같은 효력을 가지고 있기 때문에 1699년 합의 역시 법률과 같은 효력을 가지며, 주권(영토)에 관련된 태정관지령 역시 법률 이상의 효력을 가지고 있다. 이러한 상태에서 각의 결정의 성격과 기능을 살펴볼 필요가 있다.

---

55 『公文類聚』第29篇 明治38年 巻1(일본 국립공문서관 소장).

각의 결정은 "헌법과 법률의 범위 내에서" 이루어져야 하며,[56] 메이지헌법 제9조는 "천황은 …… 필요한 명령을 발하거나 발하게 할 수 있다. 단, 명령으로 법률을 변경할 수는 없다"고 규정하고 있다. 헌법상 "국가원수로서 통치권을 총람(総攬)하는" 천황도 법률에 반하는 명령을 발할 수 없도록 되어 있는데,[57] 천황을 보필하는 지위에 있는 내각이[58] 1699년 합의와 태정관지령을 무시하고 영토(주권) 변경을 수반하는 독도 편입을 결정할 권한은 없다고 할 것이다. 그리고 각의 결정은 당해 내각의 시정방침을 밝히는 정치적, 정책적 결정으로서 각의 결정 그 자체만으로는 실효성을 가지지 않으며, 선언적 의미에 불과하다. 각의 결정은 관련 행정기관의 실행이나 의회에서 법적 뒷받침이 되어야만 실효성을 가지게 된다. 각의 결정에 기초하여 내무성이 시마네현에 독도 편입 조치를 취하도록 훈령하고, 시마네현이 고시를 통해 독도를 편입하는 조치를 취함으로서 비로소 각의 결정은 효력을 발휘한다. 각의 결정은 시마네현 고시를 통해 실효성을 가지게 된 것이다.

그렇다면 각의 결정에서 비롯된 시마네현 고시가 태정관지령을 번복할 수 있는가 하는 법리적 문제가 남는다. 일종의 행정 명령에 해당하는 각의 결정이, 법률적 효력을 가진 태정관지령을 무효화할 수 없는 것은 물론이고, 지방정부의 시마네현 고시도 태정관지령을 무효화할 수 없다. 환언하면, 각령(閣令) 및 현 고시가 법률(태정관지령)을 변경 내지 폐지한 것이 되므로 상위법 위반에 해당한다.

덧붙여, 1699년 합의를 승계한 태정관지령을 무효화한 것은 국경조약, 즉

56 「閣議決定の有效性に関する質問主意書」, http://www.shugiin.go.jp/internet/itdb_shitsumon_pdf_t.nsf/html/shitsumon/pdfT/b183125.pdf/$File/b183125.pdf(검색일: 2017.7.11.).

57 메이지헌법 제4조.

58 메이지 헌법에는 내각이라는 용어가 없으며, "각 국무대신은 천황을 보필한다"고만 규정되어 있다(제55조).

1699년 합의를 폐기하는 것과 같은 효과가 있다. 내각의 일방적인 편입 조치는 조약 폐기에 따른 한국 정부에 대한 통고 의무를 이행하지 않은 것이 된다. 조약은 일방적으로 폐기할 수 있으나, 그것이 효력을 발휘하기 위해서는 조약 당사자에게 반드시 통고를 해야 하고, 통고 후 일정 기간이 경과한 후에 효력을 발생한다. 그러나 '조약법에 관한 비엔나협약' 제56조에 비추어 보면, 1699년 합의는 원칙적으로 폐기의 대상이 아니다.[59] 그럼에도 실제로 조약의 파기가 이루어진 현실을 감안하더라도, 일본은 한일 국경조약을 폐기하고 독도를 편입한 사실을 조선 정부에 통고하지 않았기 때문에, 조약 파기의 효력은 발생하지 않는다.

더욱 중요한 것은, 국제 관습법을 성문화한 성격을 가지고 있는 1978년 비엔나협약(조약에 있어서 국가 승계에 관한 비엔나협약, Vienna Convention on Succession States in Respect of Treaties) 제11조[60]와 조약법에 관한 비엔나협약 제62조 제2항[61]은 당사국 간의 합의가 없는 한 국경은 변경되지 않는다는 국경 신성의 원칙(principle of sanctity of frontier)을 확인하고 있다는 점이다. 당사자 간의 새로운 합의가 없으면, 국경 관련 조약은 폐기나 파기의 대상이

59 '조약법에 관한 비엔나협약' 제56조 1항은 "종료에 관한 규정을 포함하지 않으며 폐기 또는 탈퇴도 규정하고 있지 않은 조약은, 가. 당사자가 폐기 또는 탈퇴의 가능성을 인정하고자 하였음이 증명되는 경우, 또는 나. 폐기 또는 탈퇴의 권리가 조약의 성질상 묵시적으로 인정되는 경우에 해당되지 않으면, 폐기 또는 탈퇴의 대상이 되지 않는다"고 규정하고 있다. 따라서 1699년 합의는 폐기의 대상이 아니다. 또 제56조 2항은 "당사자는 제1항에 따른 조약의 폐기 또는 탈퇴 의사를 적어도 12개월 전에 통보하여야 한다"고 규정하고 있다. 아무리 양보를 해도 적어도 12개월 전에는 통보가 있어야 한다.

60 1978년의 '조약에 있어서 국가 승계에 관한 비엔나협약'(Vienna Convention on Succession States in Respect of Treaties) 제11조는 다음과 같다. "국가 승계는 그 자체로서 다음의 사항에 영향을 미치지 않는다, (a) 조약에 의해 확정된 경계 또는 (b) 조약에 의해 확정된 그리고 국경제체(regime of boundary)에 관련한 의무 및 권리.

61 '조약법에 관한 비엔나 협약' 제62조 (사정의 근본적 변경) 2항은 다음과 같다. ② 사정의 근본적 변경은, 다음의 경우에는, 조약을 종료시키거나 또는 탈퇴하는 사유로서 원용될 수 없다. (a) 그 조약이 경계선을 확정하는 경우, 또는 …(후략).

아니라는 것이다. 이를 원용하면, 1699년 합의는 한일 간에 새로운 합의가 없는 한 시간의 경과에 구애받지 않고 그 효력은 지속되며, 일방적인 폐기의 대상이 될 수 없는 것이다.

5. 한일 국경조약체제와 샌프란시스코강화조약

1951년의 샌프란시스코강화조약 제2조(a)항은 "일본은 한국의 독립을 승인하고 제주도, 거문도, 울릉도를 포함한 한국에 대한 모든 권리, 권원 및 청구권을 포기한다"는 규정하고, 독도에 대한 직접 언급이 없다. 따라서 이 조항의 해석 여하에 따라 독도 영유권이 영향을 받는다.

1952년 이래 일본은 한국을 상대로 독도 영유권을 본격적으로 주장하기 시작하는 데, 고유영토설이나 1905년의 편입(무주지 선점설)보다는 1951년 샌프란시스코강화조약에서 독도가 일본령으로 남게 되었다는 주장에 무게를 두고 있다.[62] 독도 영유권 문제가 국제사법재판소(ICJ)에 회부될 경우 일본은 샌프란시스코강화조약을 가장 유력한 근거로 제시할 것이라는 지적도 있다.[63] 또 일본이 독도 문제에 대한 '결정적 기일'(critical date)로 1953년을 유력하게 보고 있는 것도 샌프란시스코강화조약을 염두고 있기 때문이다.[64]

일본의 이러한 주장은 1951년 8월 10일 딘 러스크 국무차관이 주미한국 대사관에 보낸 서한을 근거로 하고 있다.[65] 딘 러스크서한은 "우리(미국)의 정

62 정병준, 2015, 「샌프란시스코 평화조약과 독도」 『독도연구』 18, 영남대학교 독도연구소, p.138.
63 정갑용, 2015, 「샌프란시스코 평화조약 제2조 (a)항과 독도」 『민족문화논총』 60, 영남대학교 민족문화연구소, p.155.
64 박현진, 2008, 「대일강화조약과 독도 영유권」 『국제법평론』 28, 국제법평론회, p.128.
65 딘 러스크 서한은 인터넷상에서 원문을 쉽게 확인할 수 있다. 내용은 다음과 같다. "독

보에 의하면"이라는 단서를 전제로 해서 1905년 이후 독도는 일본의 관할 하에 있었으며, 그 이전에 독도가 한국의 영토로 취급된 적이 없기 때문에 조약에서 독도를 누락시켰다고 주장하고 있다.[66] 딘 러스크서한은 독도는 "1905년부터 지금까지 일본 시마네현 오키섬 지청 관할 하에 있었다"는 점을 강조하고 있는데, 이는 1905년의 일본의 독도 편입을 정당한 것으로 간주하고 있다는 것을 의미한다. 이렇게 보면, 미국의 '제한된 정보'는 결국 1905년 일본이 독도를 편입한 이후의 정보에 의존하고 있다는 것을 알 수 있다.

바꾸어 말하면, 1905년 일본의 독도 편입 조치가 부당하거나, 1905년 이전에 독도가 한국의 영토로 간주되었다는 사실을 입증하면, 미국이 잘못된 정보에 의존하여 독도를 제외하였다는 것을 지적할 수 있다. 그렇게 되면 딘 러스크서한을 근거로 2조(a)항을 원용하여 독도 영유권을 확보하려는 일본의 주장은 근거를 상실한다. 반대로 한국 측으로서는 샌프란시스코강화조약 2조(a)항의 "일본이 포기한 한국이라는 개념 속에 독도가 포함되어 있음을 주장할 수 있을 것"이며,[67] 국제적으로도 독도에 대한 한국의 영유권이 인정된다

도 섬에 관련하여, 우리의 정보에 의하면, 혹은 타케시마 혹은 리앙쿠르 암으로도 불리는, 정상 상태에서 사람이 살지 않는 이 암석체가 한국의 일부로 취급된 적은 전혀 없으며, 대략 1905년부터 지금까지 일본 시마네현 오키섬 지청 관할 하에 있었다. 한국이 1905년 이전에 그 섬의 영유권을 주장한 적이 있는 것으로 보이지 않는다." (http://blog.daum.net/hangun333/3143, 검색일: 2017.11.1.).

66 정병준은 "러스크서한의 독도 조항은 한국전쟁의 와중에서 독도에 관해 정확한 정보를 제공할 수 없었던 한국의 사정과 외교적 실수, 임박한 대일평화조약 체결을 위해 한국 정부 요구사항을 정리하던 미국무부 실무진의 사정, 그리고 일본 외무성이 제공한 독도 관련 허위 정보라는 세 가지가 결합되어 만들어졌다."고 주장하나, 덜레스 국무장관이 1953년 12월 4일 도쿄대사관과 서울대사관에 보낸 비망록에서 샌프란시스코평화조약에 서명한 수많은 국가 중 한 나라의 의견일뿐이기는 하나 "러스크서한을 미국이 정책적 결정으로 선택한 것은 분명"하다는 입장을 밝힌 것도 사실이다고 지적하고 있다. 정병준, 2015, 앞의 글, p.156, p.160; 정병준, 2010, 『독도 1947』, 돌베게, pp.775~786. 최철영, 2016, 「샌프란시스코 평화조약과 국제법원의 영토주권법리」 『독도연구』 21, 영남대학교 독도연구소.

고 볼 수 있다. 앞서 지적한 대로, 한일 국경조약체제에 의해 1905년의 일본의 독도 편입이 법리적으로 무효라면, 딘 러스크서한에서 강조하고 있는 "(독도는) 1905년부터 지금까지 일본 시마네현 오키섬 지청 관할 하에 있었다"는 내용은 더 이상 의미가 없다. 따라서 일본의 주장은 성립하지 않는다.

설령 1905년의 일본의 독도 편입이 유효하다 하더라도, 1699년 합의와 1877년의 태정관지령으로 형성된 한일 국경조약체제가 적어도 1905년의 각의 결정 시점까지 유지되고 있었다는 사실은 부정할 수 없다. 이러한 한일 국경조약체제의 유효성은 일본에 의해 독도에 대한 한국의 영유권이 인정되고 있었다는 의미이다. 비록 독도에 대한 한국의 관할권을 인정할 만한 직접적인 증거는 아니라도 일본에 의해 독도에 대한 한국의 영유권이 인정되고 있었다는 사실은, 독도에 대한 한국의 관할권이 존재했다는 사실을 반증하는 것이다. 아직 초보 단계이긴 하지만 1905년 이전에 거문도 사람들은 울릉도와 독도를 어업의 생산 공간으로 이용하였다는 김수희와 이예균 · 김성호 등의 연구는 이를 뒷받침해주고 있다.[68]

이상과 같은 점을 종합적으로 고려하면, 1905년의 일본의 독도 편입이 정당하고, 또 1905년 이전에 한국이 독도를 관할한 적이 없다는 두 가지 점을 전제로 해서 작성된 샌프란시스코강화조약 제2조(a)항은 잘못된 전제를 근거로 하여 성립된 것이라는 점을 확인할 수 있다. 구체적으로 말하면, 한일 국경조약체제의 유효성으로 인해 일본의 독도 편입이 무효라면, 1905년 이후 일본이 독도를 관할했다는 딘 러스크의 주장은 허위가 된다.[69] 또 일본의 독도

67 이석우, 2005, 「1951년 샌프란시스코 평화조약에서 독도의 영토 처리 과정에 관한 연구」『동북아역사논총』 7, 동북아역사재단, p.135.

68 김수희, 2011, 「개척령기 울릉도와 독도로 건너간 거문도 사람들」『한일관계사연구』 38; 이예균 · 김성호, 2005, 『일본은 죽어도 모르는 독도 이야기 88』, 예나루.

69 池内敏, 2012, 『竹島問題とは何か』, 名古屋大学出版会는 "결국 샌프란시스코조약에 독도가 일본령이라는 의미가 포함되어 있다는 근거가 딘 러스크 서한에 의거하고 있

편입이 유효하다 하더라도, 1905년 일본의 독도 편입 시점까지 한일 국경조약체제가 작동하고 있었으므로 "한국이 1905년 이전에 그 섬의 영유권을 주장한 적이 있는 것으로 보이지 않는다."는 딘 러스크의 주장도 허위가 된다. 따라서 딘 러스크서한을 근거로 샌프란시스코강화조약 2조(a)항에 독도가 명기되지 않았기 때문에 독도는 일본이 포기해야 할 섬이 아니라는 일본 측의 해석은 합당하지 않다. 이는 역설적으로, 샌프란시스코강화조약 제2조(a)항이 독도에 대한 한국의 영유권을 인정하는 근거가 될 수 있다는 논리로 귀결된다고 하겠다.

6. 결론

이 글에서는 1693년 이후 현재까지의 한일 간의 독도 논쟁을 한일 국경조약체제라는 새로운 패러다임을 통해 포괄적으로 분석하려고 시도했다. 논지는 다음과 같다. 안용복 납치 사건으로 시작된 한일 간의 국경분쟁(울릉도쟁계)은 1699년 한일 간의 합의('1699년 합의', 국경조약)로 종결되었다. 일본은 울릉도와 독도를 조선의 영토로 인정하고, 일본인의 도해를 금지했다. 이 시점에서 한일 간에는 울릉도와 독도에 대한 한국의 영유권이 확인되었다는 의미이다. 양국 간의 이 합의는 1877년 태정관의 결정(태정관지령)으로 메이지 정부에 의해 승계되었다.

태정관지령은 1699년 합의를 일본 국내 법령으로 수용한 것이다. 1699년 합의를 기반으로 한 태정관지령의 성립으로 일본은 조일 간의 국경 합의를 유지

다면, 딘 러스크 서한에 내포된 인식의 진위를 다시 검토하지 않을 수 없다. 그것은 1905년 전후의 독도를 둘러싼 사실(史実)의 재검토를 요하게 된다"고 지적하고 있다(p.300).

하기 위한 국내외적 법령체계를 완비하게 된다. 이 글에서는 이를 한일/조일 국경조약체제로 규정했다. 이 체제는, 적어도 일본이 독도 편입 조치를 취하는 1905년 2월까지 작동하고 있었다. 현재도 마찬가지로 봐야 한다.

한일 국경조약체제 하에서 취해진 일본의 독도 편입 조치는 다음과 같은 점에서 합당하지 않다. 첫째, 각의 결정과 시마네현 고시는 법률적 효력을 가진 태정관지령에 위배된다. 상위법을 위반한 각의 결정 및 시마네현 고시는 법리적으로 무효에 해당한다. 둘째, 1699년 합의를 국내 법령으로 전환한 태정관지령을 무효화하는 조치는 한일 간 국경조약의 파기를 의미한다. 그러나 조약에 있어서 국가 승계에 관한 비엔나협약 제11조와 조약법에 관한 비엔나협약 제62조 제2항은, 새로운 합의가 없는 한 국경조약 및 그것에 의해 형성된 국경체제는 일방에 의해 폐기될 수 없는 것으로 규정하고 있다. 또 일반론적인 측면에서 보더라도 조약 파기에는 사전 통고 의무가 따르나,[70] 일본 정부는 조선 정부에 통보하지 않았기 때문에 1699년 합의는 여전히 효력을 유지하는 것이다. 셋째, 1905년 당시에 한일 국경조약체제가 유효하게 작동하고 있었다는 사실은, 일본이 독도와 울릉도를 조선 땅으로 인정하고 있었다는 것을 말한다. 따라서 무주지 선점론을 근거로 독도를 편입한 일본의 각의 결정은 내용적으로 성립할 수 없다. 이러한 점들을 종합하면, 1905년의 일본의 독도 편입은 합법적이지도 않고 정당성을 가질 수도 없다고 하겠다.

1951년의 샌프란시스코강화조약 제2조(a)항의 해석에 관해서이다. 이 조약해석의 가장 유력한 근거로 제시되고 있는 딘 러스크서한의 내용과, 1905년 시점에서 한일 국경조약체제가 작동하고 있었다는 사실은 서로 모순되며 양

70 일본 측의 조선 정부에 대한 통고에 대해서는 지금까지는 주로 시마네현의 편입 고시 등을 논쟁점으로 삼았으나, 이에 대해서는 일본과 한국의 주장이 맞서고 있다. 김진욱, 2013, 「동북아시아 도서영유권 분쟁의 법적 쟁점 및 해결방안에 관한 연구」, 목포대학 박사논문, pp.179~180. 필자는 이 글에서 조약파기의 통고로 논점을 바꿔야 한다고 주장하는 것이다.

립할 수 없다. 한일 국경조약체제를 통해 일본은 1905년 이전 한국에 독도 관할권이 있었다는 것을 인정하고 있었다. 때문에 딘 러스크서한의 내용을 근거로 독도 영유권을 주장하는 일본의 논리는 성립하지 않는다. 이는 역설적으로 한일 국경조약체제의 유효성을 통해 독도에 대한 한국의 영유권 확보의 가능성을 열어준다고 하겠다.

덧붙이면, 1699년의 한일 국경조약을 근간으로 하는 한일 국경조약체제가 근대 국제법이 생성되기 이전의 것으로 현재적 의미를 가지기 어렵다는 반론이 있을 수 있으나, "망키에 및 에크레오 사건에서 영국이 1217년의 조약 등을 근거로 영유권을 증명하였다는 사실"을 상기할 필요가 있다.[71] 나아가 태정관지령이 1699년의 국경조약을 승계, 수용했기 때문에 한일/조일국경조약체제는 근대 국제법체계에 편입된 것이다. 최철영은 영토 분쟁에서 "ICJ는 기왕에 국경조약(boundary treaty)이 존재하거나 국경에 관한 국가 간의 합의를 반영한 문서가 존재하는 경우 이를 최우선적인 결정적 근거로 고려한다. 이러한 원칙은 종종 당해 조약의 규정이 명확하지 않거나 불충분한 경우에도 적용된다"고 조약과 국가 간 합의의 중요성을 강조하고 있다.[72] 이러한 측면에서 1877년에 형성된 한일/조일 국경조약체제는 독도 문제 해결의 핵심이다.

[참고문헌]

김채형, 2007, 「샌프란시스코평화조약상의 독도영유권」 『국제법학회논총』 52(3), 대한국제법학회

김명기, 2016, 「국제법상 태정관지령문의 법적효력에 관한 연구」 『영토해양연구』 11, 동북

71 김병렬, 2005, 「독도 영유권과 관련된 일본학자들의 몇 가지 주장에 대한 비판」 『국제법학회논총』 50(3), 대한국제법학회, p.91.

72 최철영, 2016, 「샌프란시스코 평화조약과 국제법원의 영토주권법리」 『독도연구』 21, 영남대학교 독도연구소, p.66.

아역사재단 독도연구소.
조성훈, 2005, 「제2차 세계대전 후 미국의 대일전략과 독도 귀속문제」『국제지역연구』 17(2), 서울대학교 국제학연구소.
이석우, 2005, 「1951년 샌프란시스코 평화조약에서 독도의 영토처리 과정에 관한연구」『동북아역사논총』 7, 동북아역사재단.
최철영, 2015, 「대한제국 칙령 제41호의 법제사적 의미 검토」『독도연구』 19, 영남대학교 독도연구소.
______, 2016, 「샌프란시스코 평화조약과 국제법원의 영토주권 법리」『독도연구』 21, 영남대학교 독도연구소.
제성호, 2014, 「1905년 일본의 독도 편입 증거에 대한 국제법적 분석」『중앙법학』 16(1), 중앙법학회.
허영란, 2014, 「1905년 '각의결정문' 및 '시마네현 고시 제40호'와 독도 편입」『독도연구』 17, 영남대학교 독도연구소.
권정 · 오오니시 토시테루 편역주, 2011, 『죽도기사』 1-1, 한국학술정보.
경상북도독도사료연구회, 2013, 『竹嶋紀事』, 경상북도.
박현진, 2016, 『독도 영토주권 연구』, 경인문화사.
신용하, 2011, 『독도영유권에 대한 일본 주장 비판』, 서울대학교 출판문화원.
박은숙, 2012, 「동남제도개척사 김옥균의 활동과 영토 · 영해인식 - 울릉도 · 독도인식을 중심으로 - 」『동북아역사논총』 36, 동북아역사재단.
송휘영, 2016, 「天保竹島一件을 통해 본 일본의 울릉도 · 독도 인식」『日本文化学報』 68, 한국일본문화학회
동북아의 평화를 위한 바른역사기획단, 2006, 『독도자료집Ⅱ 竹島考証』.
이성환 · 송휘영 · 오카다 다카시, 2016, 『일본 태정관과 독도』, 지성인.
______, 2016, 「태정관지령과 샌프란시스코조약의 관련성에 대한 검토」『독도연구』 21, 영남대학교 독도연구소.
______, 2016, 「태정관과 '태정관지령'은 무엇인가?」『독도연구』 20, 영남대학교 독도연구소.
______, 2013, 「독도에 대한 무주지 선점론은 성립하는가」『영토해양연구』 6, 동북아역사재단 독도연구소.
안홍익, 2009, 「조약의 대한민국 법체계로의 수용: 조약의 분류와 국내법적 지위」, 부산대학교 석사논문.
이상현, 1991, 「국제법과 국내법과의 관계에 관한 연구: 이론과 실제를 중심으로」, 건국대학교 석사논문.
이근관, 2010, 「통일 후 한-중 국경문제에 고나한 국제법적 고찰」『국제법학회논총』 55(4). 대한국제법학회.
정병준, 2015, 「샌프란시스코 평화조약과 독도」『독도연구』 18, 영남대학교 독도연구소.
정갑용, 2015, 「샌프란시스코 평화조약 제2조 (a)항과 독도」『민족문화논총』 60, 영남대학

교 민족문화연구소.
박현진, 2008, 「대일강화조약과 독도 영유권」『국제법평론』 28, 국제법평론회.
정병준, 2010, 『독도 1947』, 돌베개.
김수희, 2011, 「개척령기 울릉도와 독도로 건너간 거문도 사람들」『한일관계사연구』 38, 한일관계사학회.
이예균 · 김성호, 2005, 『일본은 죽어도 모르는 독도 이야기 88』, 예나루.
김진욱, 2013, 「동북아시아 도서 영유권 분쟁의 법적 쟁점 및 해결방안에 관한 연구」, 목포대학박사논문.
김병렬, 2005, 「독도영유권과 관련된 일본학자들의 몇 가지 주장에 대한 비판」『국제법학회논총』 50(3), 대한국제법학회.
保坂祐二, 2012, 「샌프란시스코 평화조약과 러스크 서한」『일본문화연구』 43, 동아시아일본학회.
北沢正誠, 1881, 『竹島考証』
杉原隆, 2011, 「明治10年太政官指令―竹島外一島之儀ハ本邦関係無之をめぐる諸問題」, 竹島問題研究会, 『第2期「竹島問題に関する調査研究」中間報告書(平成23年2月)』, 島根県.
石井良助, 1979, 『日本法制史概要』, 創文社.
岩谷十郎, 2007, 『日本法令索引(明治前期編)解説 明治太政官期 法令の世界』, 일본국회도서관.
伊藤博文, 1940, 『憲法義解』, 岩波書店(원본은 1889년).
『公文類聚』, 第29篇 明治38年 巻1(일본 국립공문서관 소장).
滝川叡一, 2004, 「訴答文例20条末項の廃止―太政官指令により無効とされた上等裁判所判決―」『法の支配』 132, 日本法律家協会.
大西俊輝, 2012, 『日本海と竹島 第4部第2冊 (元禄の領土紛争記録「竹島紀事」を読む 第2冊)』, 東洋出版.
鳥取県編, 1971, 『鳥取藩史 第6巻((殖産商工志, 事変志)』, 鳥取県立鳥取図書館.
川上建三, 1966, 『竹島の歴史地理学的研究』, 古今書院.
池内敏, 2012, 『竹島問題とは何か』, 名古屋大学出版会.
外務省編, 1949, 『日本外交文書』第1巻第1冊, 日本国際連合協会.

제4장

일본의 태정관지령과 독도 편입에 대한 법제사적 검토

1. 서론

독도 영유권을 둘러싼 한일 간의 논쟁은 주로 1693년부터 1699년까지 한일 간에 진행된 울릉도쟁계(鬱陵島争界), 1877년 태정관지령(太政官指令), 1905년 일본의 독도 편입 조치, 1951년 샌프란시스코강화조약 등을 중심으로 전개되고 있다. 지금까지의 연구는 이 네 개의 사건을 개별적으로 분리하여, 단절적으로 논의하는 경향이 있으나, 이 네 개의 사건은 개별적인 것이 아니라 서로 연관된 흐름 속에서 검토되어야 한다. 후술하는 바와 같이, 1877년의 태정관지령은 1699년의 울릉도쟁계의 결과를 승계한 것이며, 1905년의 일본의 독도 편입은 태정관지령의 법적 효력과 직접적으로 연결되기 때문이다. 독도의 조선 영유를 인정하는 것으로 해석되는 태정관지령이 효력을 유지한 상태에서 이루어진 일본의 독도 편입은 법적 효력이 문제시될 수 있는 것이다.

일본의 독도 편입 문제는 샌프란시스코강화조약 2조(a)항의 해석과 직접 관련된다. 일본은 "우리(미국) 정보에 따르면 독도는 한국의 일부(영토)로 취급된 적이 전혀 없고, 1905년부터 지금까지 (독도는) 일본의 관할 하에 있었다"는[1] 취지의 미국무성 차관 딘 러스크(Dean Rusk)의 서한을 근거로 "일본은

1 딘 러스크 서한의 전문은 인터넷에서도 쉽게 볼 수 있으며, 관련 연구도 있다. 이석우,

샌프란시스코강화조약 2조(a)항에서 독도 영유권이 인정되었다고 해석한다. 그러나 일본이 독도를 편입할 시점에 일본이 독도를 한국의 영토로 인정한 태정관지령이 유효하게 작동하고 있었다면 독도가 한국의 영토로 취급된 적이 없었다거나, 1905년 이후 독도는 일본의 관할 하에 있었다"는 딘 러스크서한은 의미를 상실하고, 일본의 독도 영유권 주장도 성립하지 않는다.[2]

이렇게 본다면 독도 영유권 문제를 둘러싼 한일 간의 논란은 1905년 2월 러일전쟁 기간 중에 발생한 일본의 독도 편입의 정당성과 합법성에 대한 논의로 귀결된다. 일본의 독도 편입 조치의 정당성 여부가 한일 간의 독도 논쟁의 원점이자 핵심인 것이다.

이 글에서는 1877년의 태정관지령을 중심으로 하여 일본의 독도 편입의 합법성과 정당성을 검토한다. 이에 대해서는 이미 다양한 연구 성과가 있으나,[3] 이 글은 종래의 관점을 탈피하여, 태정관지령이 일본의 국내법적으로 어떠한 의미를 가지고 있는지, 그리고 그것이 일본의 독도 편입과 어떠한 관련성을 가지고 있는가를 법제사적인 측면에서 분석한다.

먼저, 태정관지령의 전사(前史)로서 울릉도쟁계를 고찰한다. 울릉도쟁계

2005, 「1951년 샌프란시스코 평화조약에서 독도의 영토처리 과정에 관한 연구」『동북아역사논총』 7, 동북아역사재단, pp.133~135; 김채형, 2007, 「샌프란시스코평화조약상의 독도 영유권」『국제법학회논총』 52(3), 대한국제법학회, p.119; 保坂祐二, 2012, 「샌프란시스코 평화조약과 '러스크 서한'」『일본문화연구』 43, 동아시아일본학회.

2 이성환, 2016, 「태정관지령과 샌프란시스코 조약의 관련성에 대한 검토」『독도연구』 제21호 영남대학교 독도연구소, pp.81~106. 이 글의 Ⅳ, Ⅴ장의 일부는 이 논문을 부분적으로 수정, 가필하였음

3 김명기, 2016, 「국제법상 태정관지령문의 법적효력에 관한 연구」『영토해양연구』 11호, 동북아역사재단 독도연구소, pp.36~59; 최철영, 2015, 「대한제국 칙령 제41호의 법제사적 의미 검토」『독도연구』 19호, 영남대학교 독도연구소; 제성호, 2014, 「1905년 일본의 독도 편입 증거에 대한 국제법적 분석」『중앙법학』 16(1), 중앙법학회; 허영란, 2014, 「1905년 '각의결정문' 및 '시마네현 고시 제40호'와 독도 편입」『독도연구』 17호, 영남대학교 독도연구소, pp.109~134 등이 있다.

는 한일 간 최초이며 유일한 국경교섭으로서 중요한 의미를 가지고 있다. 다음으로, 일본 메이지(明治) 정부의 태정관이 울릉도쟁계를 승계하여 독도와 울릉도가 일본 땅이 아니라고 천명한 과정과 의미를 분석한다. 이를 위해 일본 국가 최고 통치기관으로서의 태정관의 기능과 성격을 밝히고, 당시 일본의 법령체계에서 태정관이 발한 지령(태정관지령)의 의미를 고찰한다. 마지막으로 일본이 독도를 편입한 각의 결정 및 시마네현 고시와 태정관지령의 관련성을 검토한다. 법률과 조약의 성격을 가지고 있는 태정관지령이 효력을 갖고 있는 상황에서 내각의 결정과 시마네현의 고시가 일본의 국내법 체계에서 유효하게 성립될 수 있는지를 검토한다.

2. 한일 간 영유권 분쟁의 기원 – 울릉도쟁계

1) 안용복 사건과 울릉도 영유권

조선 정부는 1417년 쇄환(刷還)/공도(空島)정책을 시행하여 섬에 민간인의 섬 출입과 거주를 금했다. 이 정책은 왜구의 침략으로부터 섬 주민들의 피해를 방지하기 위해 그들을 육지(본토)로 이주시키고, 섬을 비워두는 것이었다. 그 이후 안무사(按撫使)나 순심경차관(巡審敬差官)을 파견하는 등의 방식으로 섬을 관리했다. 그럼에도 울릉도에는 조선인의 출입과 거주가 간간이 이루어졌으며, 표착(漂着) 등으로 일본인의 왕래도 있었다.

1625년경 일본 도쿠카와(德川) 막부가 일본인의 울릉도(당시 일본에서는 다케시마[竹島]라 함) 도해(渡海) 허가서를 발부하면서 일본인들의 울릉도 왕래가 잦아졌다.[4] 일본인들은 울릉도로 가는 항로에 위치한 독도(당시 일본에

4 일본 막부의 도해허가에 대해서는 다양한 해석이 있다. 일본 측에서는 막부의 도해허

서는 마쓰시마[松島]라 함)를 발견하고 항해의 표지(a navigational marker for passage to Ulleungdo)나 중간 정박지(a stopping-off port for passage to Ulleungdo)로 활용했다고 한다. 이를 일본은 독도에 대한 영유권 확립이라고 주장하고,[5] 당시 조선이 독도에 대한 인식조차 없었다고 주장한다. 표지(標識)나 정박지로 이용된 것을 영유권 확립이라고 하면, 어업을 하고 때로는 거주도 했던 울릉도에 대해 일본이 영유권 주장을 하지 않는 것은 논리적으로 모순이다. 일본은 울릉도쟁계가 종결된 이후 울릉도에 대해 영유권을 주장한 적이 없다.

17세기 후반 일본인과 조선인의 독도 왕래가 잦아진 가운데 1693년 안용복과 박어둔이 울릉도에서 일본인과 조우하고, 그들에게 납치되는 사건이 발생한다. 이를 계기로 1693년부터 1699년에 걸쳐 조선과 일본은 울릉도 영유를 둘러싸고 치열한 외교 교섭을 전개한다. 막부의 쇄국정책 하에서 조선과의 외교 교섭의 창구였던 쓰시마는, 막부의 명을 받아 안용복과 박어둔을 송환하면서 울릉도를 일본의 영토로 주장하고 조선인의 출입을 금지하라고 조선정부에 요구한다. 이에 대해 조선은 반계(磻溪) 유형원(柳馨遠)의 『여지지

가는 "막부로부터 울릉도를 배령(수령, 하사받음)(幕府からの拝領)"한 것으로 주장하거나(일본 외무성 죽도문제10 포인트), "막부의 공인 하에 울릉도의 개발이 본격화한 것"으로 본다 (川上建三, 1966, 『竹島の歴史地理学的研究』, 古今書院). 그러나 최근 일본은 "막부로부터 울릉도를 배령"받았다는 표현을 하지 않으며, 울릉도가 외국 땅이었다면 쇄국령을 발포한 1635년 이후에는 막부는 울릉도 도해를 금지했을 것이라고 주장한다. 외국 땅이 아니기 때문에 도해허가를 했다는 것이다 (일본 외무성 「죽도문제의 10포인트」 중 포인트3). 한국 측에서는 도해면허를 외국어장 출어허가증 내지는 외국방문 허가증 정도로 해석한다(신용하, 1998, 『독도 영유권 자료의 탐구』 제1권, 독도연구보전협회, pp.239~240; 김병렬, 1998, 『독도: 독도자료총람』, 다다미디어, p.277).

5 일본 외무성의 「죽도문제의 10포인트」는 "17세기 초에는 일본인이 정부(에도막부) 공인 하에 울릉도에 갈 경우에 죽도(독도)를 항행의 목표로 하거나 정박지로서 이용함과 동시에 강치와 전복 등의 어렵에도 이용해 왔다. 적어도 17세기 중반에는 일본이 독도에 대한 영유권을 확립하고 있었다"고 주장한다(http://www.mofa.go.jp/mofaj/area/takeshima/pdfs/takeshima_point.pdf, 검색일: 2017.7.20.).

(輿地志)』(1656년) 등을 근거로 적극적으로 일본의 주장을 반박한다. 쓰시마는 1407년과 1614년에 일본인의 울릉도 이주를 조선정부에 청원하는 등 울릉도 영유를 꾀한 적이 있다.[6]

조선과 쓰시마 간의 울릉도 영유권을 둘러싼 외교 교섭을 검토한 막부는, 최종적으로 울릉도(독도 포함)를 조선의 영토로 인정하고 일본인의 울릉도 도해(渡海)를 금지하는 결정을 내린다. 이 과정을 한국에서는 울릉도쟁계라 하며, 일본에서는 죽도일건(竹島一件)이라 한다.[7] 이 과정은 조선과 일본 간 국경회담의 성격을 띠며, 그 결과 성립된 양국의 합의(필자는 이 합의를 '1699년 합의'라 한다)는 국경조약으로 볼 수 있다.[8] 울릉도쟁계가 종결된 후, 쓰시마는 이 과정을 정리하여 『죽도기사(竹島紀事)』(1726년)라는 기록으로 남겼다. 이하에서는 『죽도기사』를 중심으로 울릉도쟁계의 과정을 간략히 정리한다. 이를 보충하고 일본 메이지 정부의 공식 입장을 확인하는 의미에서 메이지 정

---

6 1407(태종7년) 쓰시마 수호(對馬島守護) 소 사다모리(宗貞茂)가 쓰시마 사람들이 울릉도에 옮겨 살 수 있도록 해 달라고 요청하는 기록이 있다(태종실록 권13, 태종7년 3월 庚午). 한국근대사 자료연구협의회, 1985, 『독도연구』, 문광사, p.153; 송병기, 2005, 『고쳐 쓴 울릉도와 독도』, 단국대출판부, p.229. 그리고 1614년에는 쓰시마 번주 소 요시토시(宗義智)가 동래부사에게 서한을 보내 울릉도(竹島)가 일본 땅이라 주장했다(林煒 編, 1913, 『通航一覧』 第4巻137, 「朝鮮国部」 130, 「竹島」, 国書刊行会, p.21; 정훈식, 2013, 「조선 후기 일본론에서 대마도와 안용복」 『역사와 경계』 89, 부산경남사학회, p.167에서 재인용).

7 1905년 일본이 독도를 편입하기 전까지 일본에서는 대체적으로 울릉도를 죽도(竹島)라 불렀으며, 독도를 송도(松島)라 했다.

8 박현진은 일찍이 "조약법에 관한 비엔나협약(Vienna Convention on The Law of Treaties) 제7조에 의하면 조약은 그 협정, 의정서, 교환각서 등 그 명칭과 형식에 불구하고 국가 간의 문서화된 약속을 의미한다. 태정관지령 관련문서에 첨부된 1690년대 안용복 사건 당시 조선과 일본 간의 왕복 문서는, 현대 국제법상 '교환공문'(Exchange of Letters)의 법적 성격 · 지위를 가지는 것으로서, 약식조약에 해당한다"고 지적했다. 박현진, 2013, 「17세기 말 울릉도쟁계 관련 한 · 일 '교환공문'의 증명력: 거리관습에 따른 조약상 울릉 · 독도 권원 확립 · 해상국경 묵시 합의」 『국제법학회논총』 58(3), 대한국제법학회, pp.191~192.

부의 공문서 원본을 편찬한 『공문록(公文録』 을 부가적으로 사용한다.[9]

1624년(寛永 元年) 울릉도에 표착했다가 일본으로 돌아온 돗토리 번의 호키 국(伯耆国)[10] 요나고(米子)의 상인 오야 진키치(大谷甚吉)는 무라카와 이치베(村川市兵衛)와 함께 죽도(울릉도)에서의 어로 활동을 위해 막부에 죽도(당시 울릉도의 일본 명칭) 도해(渡海)허가를 신청한다. 1625년(寛永2) 5월 16일 막부는 돗토리 번(藩, 현재의 현에 해당)에 죽도(울릉도)도해 허가서를 발급하고, 돗토리 번은 이를 근거로 오야와 무라카와 두 집안에 울릉도 도항을 허가했다. 이 허가서를 이용하여 두 집안은 1626년부터 한 해씩 번갈아 가며 울릉도에서 어로활동을 했다.[11] 일본이 17세기에 독도에 대한 영유권을 확립했다고 주장하는 것은 오야와 무라카와 두 집안이 이 때 울릉도에 어로 활동을 하러 가면서 독도에 들른 것을 근거로 하고 있다.

1692년 무라카와 가(家)의 선단이 울릉도에서 많은 조선인과 조우한다. 그들은 숫자도 적을 뿐 아니라 충돌을 우려하여 울릉도에 상륙하지 못한 채 돌아왔다. 울릉도에서의 독점적 어업권이 조선 사람들에 의해 침해될 것을 우려한 그들은, 그다음 해 조선인과의 충돌에 대비하여 무기를 준비하여 울릉도로 간다. 1693년 4월 18일 오야 가(家)의 선단이 울릉도에서 많은 조선인들과 조우했으며, 안용복과 박어둔을 인질로 연행한다.[12] 안용복과 박어둔의 연

9 『공문록(公文録)』은 일본국립공문서관에 소장되어 있으며, 일본공문서관의 디지털 아카이브(http://www.digital.archives.go.jp)에서도 열람 가능하다. 이성환 · 송휘영 · 오카다 다카시, 2016, 『일본 태정관과 독도』, 지성인, 에는 독도관련 공문록의 전체 영인본과 해제, 한글 번역이 실려있다. 『공문록(公文録)』의 중요 문서를 발췌 편찬한 『태정류전(太政類典)』에도 같은 문서가 편철되어 있다. 『태정류전(太政類典)』의 독도 관련 문서는 정태만, 2012, 『(태정관지령이 밝혀주는) 독도의 진실』, 조선뉴스프레스, 에 영인 및 해석이 실려있다.

10 호키국(伯耆国)은 산음도(山陰道)의 구 국명(舊国名)으로 하쿠슈(伯州)라고도 하며 돗토리 번에 속했다. 현재의 돗토리 현 중서부 지역에 해당한다.

11 윤유숙, 2012, 「근세 돗토리번(鳥取藩) 町人의 울릉도 도해」 『한일관계사연구』 제42집, 한일관계사학회, pp.415~461.

행을 보고받은 막부는, 5월 13일, 쓰시마 번에 (1) 인질 두 명을 쓰시마로 보내니 조선으로 송환하고, (2) 앞으로 조선 어민이 울릉도에 오지 못하도록 조선 정부에 강력하게 요구하고, (3) 조선으로부터 답신이 오면 막부의 노중(老中)[13] 아베 붕고노카미(阿部豊後守)에 보고하고 의견을 구하라고 지시한다.[14] 이른바 울릉도쟁계(죽도일건)의 시작이다. 이후 쓰시마는 종래의 한일 간의 관례대로 막부를 대리한 조선과의 교섭 창구 역할을 하였으며, 막부에서는 노중 아베 붕고노카미가 이 문제를 담당하게 된다.

2) 조선의 울릉도와 일본의 죽도

대차사(大差使) 다다 요자에몽(多田与左衛門)은 1693년 12월 10일 부산 초량의 왜관에 도착하여 안용복과 박어둔을 인도하면서 "조선 어민이 최근 일본의 죽도(울릉도)에 와서 몰래 어로를 하고 있다. …… 앞으로 결코 그 섬에 귀국(貴国) 어민이나 어선이 출입하지 못하도록" 조치하라는 취지의 서간(서계)을 조선 측에 전달한다[15]. 막부는 조선 어민의 울릉도 도해 금지를 요구했으나, 쓰시마는 이를 죽도(울릉도)에 대한 영유권 주장으로 확대, 왜곡한 것

12 장순순, 2013, 「17세기 후반 안용복의 피랍 · 도일사건과 의미」 『이사부와 동해』 제5호, 한국이사부학회, pp.161~196.

13 노중은 쇼군(將軍)에 직속하여 장군을 보좌하여 정무를 통할한 막부의 상임최고직으로, 국내 통치는 물론이고 외국과의 관계도 담당하였으며, 3~5명으로 구성된다. 최고실무책임자는 매월 교대하였는데, 이를 월번(月番)이라 한다. 막부의 실질적인 집정관의 역할을 하였다

14 大西俊輝, 2012, 『日本海と竹島 第四部 元禄の領土紛争記録「竹島紀事」を読む』, 東洋出版(전3권으로 되어 있으나 페이지는 연속), pp.36~38(이하 大西 2012, pp.36~38로 표기함); 권정 · 오오니시 토시테루 편역주, 2011, 『죽도기사』 1-1, 한국학술정보, pp.122~135(이하 권정 · 오오니시 1-1 2011, pp.122~135로 표기함); 경상북도독도사료연구회, 2013, 『竹嶋紀事 I 』, 경상북도, pp.15~16(이하 경북 I 2013, pp.15~16로 표기함).

15 大西 2012, pp.81~83; 권정 · 오오니시 1-1 2011, pp.402~417; 경북 I 2013, pp.39~41.

이다. 여기에는 종래 쓰시마가 울릉도 영유를 탐했던 사실을 상기할 필요가 있다. 이에 대해 조선은 다음과 같은 답서(서계)를 전했다.

> ① 조선(弊邦)은 엄중하게 해금(海禁)을 하고 있기 때문에 '폐경지 울릉도(弊境地蔚陵島, 조선 땅 울릉도)'라고 해도 함부로 왕래를 허락하지 않고 있다. ② 어선이 '귀계 죽도(貴界竹島, 일본땅 죽도)'에 들어가 송환의 수고를 끼쳤다. 앞으로 조선 어민의 도해를 엄하게 금지하겠다.[16]

조선과 쓰시마는 울릉도와 죽도가 동일한 섬(一島)이라는 사실을 알고 있었으나, 조선은 일본과의 대립을 피하고자 조선의 울릉도와 일본의 죽도라는 표현을 병용하여 마치 두 개의 섬(二島)이 존재하는 듯한 모호한 답변을 했다. 형식적으로 일본의 요구를 받아들여 분쟁을 피하려는 의도였다. 이에 대해 다다 요자에몽은 '폐경지 울릉도'라는 표현을 삭제해 달라고 요청했으나, 조선은 이를 거부한다. 만약 '폐경지 울릉도'가 삭제되면, '귀계 죽도'라는 표현만 남게 되어 죽도(울릉도)가 일본 영토로 간주될 우려가 있기 때문이다. 쓰시마는 조선 측의 모호한 태도를 이용하여 조선으로부터 죽도(울릉도)를 자국의 영토로 인정받으려고 한 것이다. 여기에서 양국의 의도가 분명히 드러난다. 다다(多田)는 조선 측의 답서를 가지고 쓰시마로 돌아간다.

쓰시마는 '울릉도'라는 명칭을 삭제하기 위한 교섭을 위해 다시 요자에몽을 대차사로 파견한다. 1694년(元禄7) 윤5월 13일에 부산 초량 왜관에 도착한 요자에몽 일행은 "우리가 보낸 서간(서계)에는 울릉도에 대해 언급하지 않았다. 그런데 답서에 울릉도란 이름이 들어 있다. …… 울릉이라는 명칭을 삭제해 주면 고맙겠다"는 내용의 서간을 조선 측에 전달한다.[17] 이 서간은 7월 21일

---

16 大西 2012, pp.129~131; 권정 · 오오니시 1-2 2011, pp.308~313; 경북Ⅰ 2013, pp. 71~72.

17 전문은 大西 2012, pp.170~172; 권정 · 오오니시 1-3, 2011, pp.173~178; 경북Ⅰ 2013, pp.101~102.

쓰시마의 에도 번저(藩邸, 번 주[藩主]의 에도 상설출장소)를 통해 막부에 보고되었다. 쓰시마의 요구에 대해 조선은 이전과는 다르게 강경하고 분명한 입장을 담은, 아래와 같은 서간을 9월 12일 쓰시마 측에 전달한다.

> ① 우리 어민이 어로를 한 땅은 원래 우리나라에서 말하는 울릉도이다. 대나무가 많아 죽도(竹島)라 불리기도 한다. 한 개의 섬(一島)이지만 두 개의 이름이 있는 것이다(一島二名 – 인용자). ② 울릉도는 우리나라의 울진 현에 소속되어 있다. 도해에는 바람과 파도(風濤)의 위험이 있고 예전에 그곳의 백성을 본토로 이주시켜 공도(空島)로 하였다. 이 섬 봉우리의 수림은 본토 쪽에서 역력히 볼 수 있다. 이 섬의 상세한 지형과 거주의 흔적, 토지의 생산물 등은 우리나라의 여지승람(輿地勝覽)이라는 책에 실려 있다. 귀주(貴州, 쓰시마 또는 일본국) 사람들도 또한 이 사실을 알고 있다. ③ 귀국(貴國) 사람은 자신들이 범월하여(自爲犯越) 이 섬에 왔으면서 거꾸로 우리나라 백성 두 명(안용복과 박어둔 – 인용자)을 잡아 구금하고 연행해 에도(江戸, 현 동경, 막부 소재지)에 보냈다. 귀국 사람이 우리나라 국경을 침섭(侵涉我境)하여 우리나라 백성을 연행(拘執)한 잘못(失態)은 논하려고도 하지 않는다. 이것은 성신을 결여(欠於誠信)한 것이 아닌가.[18]

10월 6일 교섭 상대인 조선의 접위관(接慰官)이 한양으로 돌아가면서 교섭은 중단되었다. 그사이 쓰시마 4대 번주 소 요시쓰구(宗義倫)의 사망 소식이 부산 왜관에 전해지고, 쓰시마의 교섭단은 조선의 답서를 부산 왜관에 두고 철수한다(서간을 왜관에 두고 조선에 반환하지는 않았고, 내용은 막부에 보고되었다. 그렇기 때문에 실질적으로는 일본이 수령했다고 봐야 한다. 실제로 이 서한의 내용을 토대로 하여 양국이 합의에 이르게 된다). 이후 막부는 조선과의 교섭을 은거해 있던 3대 번주 소 요시자네(宗義真, 宗義倫의 아버지)가 담당하도록 한다. 은거 후 그는 형부대보(刑部大輔)라는 계명(戒名, 法名)을 사용하고 있었다.[19]

---

18 大西 2012, pp.230~233; 권정 · 오오니시 2-1, 2012, pp.181~195; 경북 I 2013, pp. 145~146.

19 朝日新聞社 編, 1994, 『朝日日本歷史人物事典』, 朝日新聞社.(https://kotobank.jp/

1695년(元綠8) 5월 쓰시마는 조선과의 교섭 재개를 위해 다카세 하치에몽(高瀨八右衛門)을 비롯해 스야마 쇼에몽, 아비루 소베에(阿比留惣兵衛) 등 세 명을 조선에 파견한다. 그들은 종래의 주장을 반복하면서, 조선에 양보를 요구했으나, 조선은 이를 거부하였다. 교섭은 진전이 없었고, 그들은 쓰시마에 돌아간다. 그 후, 쓰시마 번에서는 교섭 과정에서 드러난 조선의 주장을 둘러싸고 논쟁이 벌어진다. 조선의 주장을 받아들여야 한다는 온건파와 쓰시마의 주장을 관철해야 한다는 강경파가 격론을 벌였으나, 결론을 얻지 못했다.[20]

이에 쓰시마는 그간의 교섭 과정을 막부에 보고하고 막부의 의향을 확인하기로 한다. 조선과의 교섭을 담당하던 형부대보(刑部大輔)는 1695년 10월 에도(江戶, 현재의 도쿄)에 도착한 후, 자신의 의견을 담은 구상서와 함께 조선과의 교섭 경위 등을 막부에 제출한다.[21] 형부대보는 형식적으로는 막부의 뜻을 따르겠다고 하면서도 기존의 주장을 거두지 않았다.

3. 조선과 일본 간 '1699년 합의'와 독도 영유권

1) 막부의 울릉도 도해금지령과 '1699년 합의'의 성립 과정

쓰시마의 의견 제시를 계기로, 막부는 노중(老中) 아베 붕고노카미를 중심으로 울릉도 영유권에 대해 면밀히 검토한다. 그 과정에서 아베 붕고노카미는 쓰시마의 의도와 울릉도에 대한 정보를 얻기 위해 조선과의 교섭 과정을 잘 알고 있는 형부대보의 대리인 격인 쓰시마의 가로(家老, 번주를 도와 번정[藩政]을 담당하는 중신) 히라타 나오에몽(平田直右衛門)을 면담한다. 그에

word/%E5%AE%97%E7%BE%A9%E7%9C%9F-1085936(검색일: 2017.3.21.)

20 大西 2012, pp.440~441; 권정 · 오오니시 3-1, 2012, pp.342~349; 경북Ⅱ 2013, pp.42~43.

21 大西 2012, pp.455~456; 권정 · 오오니시 3-2 2012, pp.25~28; 경북Ⅱ 2013, pp.50~51.

게 "울릉도와 죽도는 같은 섬인가. 혹은 다른 섬인데 조선에서 잘못 생각해서 지금처럼 [하나의 섬을 두 개의 이름으로] 말하고 있는 것인가", "그 방향에 또 섬이 있다고 들었는가" 등을 질문한다. 히라타 나오에몽은 조선이 말하는 대로 "죽도는 곧 울릉도"이며, "죽도(울릉도) 근처에는 송도(松島, 독도)라 불리는 섬이 있다. 그곳에도 도해해서 어렵을 한다고 백성들의 소문으로 듣고 있다. 저 쪽 (돗토리 번의 因幡國, 伯耆國 – 인용자)에 문의하면 알 수 있을 것이다"고 답한다(밑줄 – 인용자).[22]

울릉도쟁계(일본명: 죽도일건) 과정을 상세히 기록하고 있는 『죽도기사』에 따르면, 아베 붕고노카미와 히라타 나오에몽의 이 대화에서 처음으로 독도(송도)가 등장한다. 히라타로부터 '독도(송도)'의 존재를 인식하게 된 아베 붕고노카미는 곧바로 돗토리 번의 에도 번저(藩邸)에 죽도(울릉도)와 더불어 송도(독도)에 관해 조회를 한다. 돗토리 번은 다음날 바로, 울릉도로 가는 길목에 송도(松島, 독도)라는 섬이 있으며, 울릉도와 송도(독도)는 돗토리 번에 속하는 섬이 아니라는 회신을 보낸다.[23] 울릉도와 독도에서 어렵을 하는 어민들이 속해있고 울릉도 도해 허가를 관할하는 돗토리 번이 독도와 울릉도는 일본 땅이 아니라고 명확히 밝힌 것인데, 주목할 필요가 있다.

이상과 같이 막부는 조선과 쓰시마의 교환 서간(서계), 쓰시마의 형부대보 및 히라타 나오에몽의 의견, 죽도(울릉도)와 송도(독도)에 대한 돗토리 번의 사실 확인, 등을 종합적으로 검토한다. 그 결과 아베 붕고노카미를 중심으로 한 막부는 울릉도와 독도는 일본의 땅이 아니라는 결론에 도달하고, 최종적으로 일본인의 울릉도 도해를 금지하는 결정을 내린다. 1696년 1월 9일 아베

22 大西 2012, pp.488; 권정 · 오오니시 3-2 2012, pp.224~226; 경북Ⅱ 2013, p.71.

23 막부의 질의와 돗토리 번의 회신은 大西 2012, pp.901~902; 권정 · 오오니시 3-2 2012, pp.194~201; 경북 I 2013, pp.84~87; 鳥取県編, 『鳥取藩史―第六巻 殖産商工志 事変志』 (鳥取県立鳥取図書館, 1971); 『磯竹島覚書』에 기록되어 있다.

붕고노카미는 쓰시마의 히라타 나오에몽을 호출하여 울릉도에 대한 막부의 도해금지 결정을 전하고, 그 이유를 다음과 같이 설명했다. ① 그 섬은 본래 조선의 울릉도이다. 일본보다 조선에 더 가깝다. 일본인은 단지 전복(鮑)을 따러 갔을 뿐이다. ② 섬에서 일본인과 조선인이 섞이면 밀무역이 발생한다. ③ 무력을 사용하여 문제를 해결하려고 하면 조선과의 선린 관계가 깨진다 등이다.[24] 울릉도는 본래부터 조선 땅이며, 밀무역 방지 및 조선과의 관계를 고려하여 일본인의 도해를 금지한 것이다. 핵심은 울릉도는 조선 영토이기 때문에 일본인의 도해가 금지되었다는 점이다. 일본의 도해금지령은 곧 울릉도에 대한 조선의 영유권을 의미하는 것이다.

1696년 1월 28일, 막부는 쓰시마의 형부대보에게 일본인의 울릉도 도해 금지를 통보하고, 이를 조선 정부에 전달한 후 답신을 받으라고 지시한다.[25] 같은 날 돗토리 번에도 일본인의 울릉도 도해를 금지한다는 명령을 내린다. 이로써 일본과 조선 사이에 전개된 울릉도 도해를 둘러싼 논란(울릉도쟁계)은 종결된다. 약 3년 간에 걸친 한일 간의 최초의 국경교섭은 일단락된 것이다.

그러나 쓰시마는 막부의 명령을 곧바로 이행하지 않았으며, 정식 문서가 아닌 구두로 조선에 전달하려 했다. 조선인의 도해금지와 '폐경지 울릉도(弊境之欝陵島)'의 삭제를 요구하며 죽도(울릉도)를 일본 땅으로 만들려고 했던 쓰시마가 막부에 대해 간접적으로 불만을 표시한 것이다. 울릉도의 조선 영유를 인정하고 일본인의 도해를 금지하는 막부의 명령을 정식문서로 조선에 전하는 데에도 쓰시마는 저항감이 있었던 것이다. 쓰시마의 이러한 태도는 울릉도쟁계에 대한 한일 간의 합의를 1699년까지 약 3년이나 지연시키고, 조선과의 사이에 불필요한 갈등을 일으키는 요인이 되었다.

24 『공문록』의 내무성 문서 1호 및 2호 참조. 이성환 · 송휘영 · 오카다 다카시, 2016, 앞의 책, pp.200~235.

25 大西 2012, p.523; 권정 · 오오니시 3-3 2012, pp.163~165; 경북II 2013, p.95.

죽도(울릉도) 도해 금지령이 내려진지 얼마 지나지 않은 1696년 5월 20일, 안용복 일행 11명이 다시 바다를 건너 오키섬(隱岐島)에 도착했으나(안용복의 2차 도일), 8월 6일 조선으로 송환된다. 일본은 이미 울릉도를 조선 땅으로 인정한 이상, 1차 도일 때처럼 그들의 행적을 따질 필요가 없었을 것이다. 일본의 울릉도 도해 금지 결정을 알지 못한 채 도일한 안용복은 조선팔도지도(朝鮮八道之圖)를 지참하여 돗토리 번에 울릉도와 독도의 조선 영유를 강력히 주장한다.[26] 이에 대해 일본은 아무런 대응이 없었다.[27] 이어서 10월 16일 조선에서 건너 온 두 명의 역관(卞延郁同知와 宋裕養判事)에게 쓰시마의 형부대보는 막부의 울릉도 도해금지령을 구두로 전하고, 두 통의 각서를 건넨다.[28]

각서는 도해금지령이 나오게 된 데에는 쓰시마의 공이 컸다는 변명을 겸한 공치사와 함께, 막부에 사의를 표하는 조선 정부의 공식 답서를 요구하는 내용이다. 쓰시마는 조선과 막부 사이의 매개자로서의 역할을 부각시키고 싶었던 것이다. 조선 역관은 일본어로 작성된 구상서(口上之覺)로는 부족하니 한문(真文)으로 쓴 정식 서면을 요구한다. 그래서 쓰시마 번 중신(重臣) 6명의 연서(連署)로 된 두 통의 한문 서면이 조선 역관에게 건네진다.[29] 12월 19일 막부는 조선 역관에게 막부의 도해금지령을 전했다는 쓰시마의 보고를 접수한다. 1697년1월 10일 두 역관이 조선으로 돌아오면서 막부의 죽도(울릉도) 도

26 안용복의 2차 도일이 쓰시마가 도해금지령을 조선 측에 전달하는 것을 재촉했다는 주장이 있다. 안용복을 통해 조선이 도해금지령을 인지할 경우 조선과의 교섭 창구로서의 쓰시마의 역할이 의심을 받게 될 뿐만 아니라, 안용복의 활동에 압력을 느낀 일본이 도해금지령을 내리게 되었다는 오해를 피하기 위해 쓰시마가 서둘러 도해금지령을 조선에 알렸다는 의미이다. 시기적으로 보면 개연성이 있으나, 사실관계를 입증하기는 어렵다.

27 김병렬, 2005, 「독도 영유권과 관련된 일본 학자들의 몇 가지 주장에 대한 비판 – 원록 9년 조사 기록을 중심으로 –」 『국제법학회논총』 50권3호 대한국제법학회, pp.84~92.

28 大西 2012, pp.594~595; 권정 · 오오니시 4-2 2012, pp.23~39.

29 『공문록』의 내무성 문서 2호

해 금지령이 조선에 공식적으로 전해지게 된다. 막부가 도해금지령을 내린 지 약 1년 후였다.

2) '1699년 합의'와 독도 영유권

조선 정부는 일본의 도해금지령을 접수한 후, 예조참의 이선부(李善溥)의 명의로 일본 측의 조치에 사의를 표하며, '울릉도는 여지도에 실려 있는 조선 땅(鬱島之爲我地輿圖所載)'이라는 내용의 답서를 보낸다.[30] 쓰시마는 조선의 답서에 울릉도라는 명칭이 사용된 것을 문제 삼으며 삭제를 강하게 요청했으나, 조선 정부는 이를 거절한다.[31] 쓰시마는 울릉도를 삭제하고 죽도(竹島, 울릉도의 일본명)의 명칭을 남겨 두려 했으나, 조선은 울릉도에 대한 영유권의 근거가 약화할지 모른다는 우려에서 이를 거부한 것이다.

조선의 답서는 7월 17일, 쓰시마의 가로 히라타 나오에몽(平田直右衛門)을 통해 막부에 전달된다. 막부는 조선 정부에서 보내온 문서의 내용을 확인하고, 쓰시마에 조선과의 원만한 해결을 주문한다. 막부의 지시에 따라, 쓰시마의 형부대보는 1699년 3월 21일 조선 예조 참의 앞으로 서간(서계)과 함께 구상서를 보낸다. 서간에는 지난번 조선 정부의 회신을 막부에 보고했으며 막부의 뜻에 따라 답서를 보낸다는 내용으로, 실질적인 내용은 구상서에 담겨 있었다.[32] 구상서에는 울릉도 영유권 문제는 "조선이 원하는 대로 해결되었"

---

30 쓰시마에서 보내온 도해금지령을 통보하는 문서가 정식 외교문서(書契)가 아니기 때문에 외교문서의 형태가 아닌 편지 형태로 답서를 보낸 것이다. 쓰시마에서 보내온 문서에는 도해금지의 사실만 있고 울릉도 영유권에 대해서는 언급이 없기 때문에 조선 정부는 울릉도 영유권에 대한 논란을 종식시켜 영유권을 확고히 하기 위해 답서를 보낸 것이다.

31 『공문록』의 내무성 문서 3호(이성환 · 송휘영 · 오카다 다카시, 2012, 앞의 책, pp. 236~249).

32 『공문록』의 내무성 문서 4호 및 구상서(이성환 · 송휘영 · 오카다 다카시, 2012, 위의 책, pp.250~283).

으며, 울릉도가 조선 영토임은 명확하고 일본인의 도해를 금지한다고 기술되어 있다.[33] 조선의 주장대로 울릉도의 조선 영유가 확인되었으며, 따라서 일본인의 도해를 금지한다는 것이다. 그리고 10월 19일 쓰시마는 위의 내용을 조선 정부에 전달했다는 사실을 막부에 보고한다. 이로써 안용복 납치 사건을 계기로 발생한 조선과 일본 사이의 울릉도를 둘러싼 영유권 귀속 문제는 완전히 종결되었다. 이 합의를 통해 역사적으로 한일 간의 국경(영유권)이 정부 간 합의로 확정되었다는 점에서 그 의미가 매우 크다. 필자는 막부가 울릉도에 대한 조선의 영유권을 인정하고 도해금지령을 내린 양국의 합의를 '1699년 합의'라 명명한다.

앞서 살펴본 바와 같이, 1699년 합의는 조선과 일본 사이에 전개된 울릉도 쟁계의 최종 결착의 산물이다. 그럼에도 이를 '울릉도쟁계합의'라 하지 않는 이유는, 울릉도쟁계합의라 할 경우 이 합의가, 울릉도 영유권에만 관련되는 것으로 잘못 인식될 우려가 있기 때문이다. 뒤에 언급하는 바와 같이, 이 합의에는 조선의 독도 영유권도 포함되어 있는 것이다.

이상으로 『죽도기사(竹島紀事)』와 『공문록』을 기초로 주로 일본의 입장에서 막부의 '죽도(울릉도)도해금지령'이 나오게 된 경위와 울릉도 영유권이 확정되는 과정을 검토했다. 여기에서 문제가 되는 것은 죽도(울릉도) 도해금지령과 울릉도 영유권이 문언 그대로 울릉도(죽도)만을 대상으로 한 것인가, 아니면 울릉도로 가는 항로 중간에 있는 송도(독도)도 포함하는 것인가 하는 점이다. 이것이 중요한 이유는, 현재의 한일 간의 독도(竹島) 영유권 문제의 논란과 직접 관련이 있기 때문이다. 도해금지령에 독도가 포함되었다면, 논리적으로 울릉도와 마찬가지로 독도의 영유권 문제도 이때 완전히 해결된 것이므로, 한일 간의 독도 문제는 원천적으로 존재할 수 없다.

---

33 『공문록』의 내무성 문서 4-1호 및 구상서(이성환 · 송휘영 · 오카다 다카시, 2012, 위의 책, pp.259~283).

이에 대해서는 두 가지의 견해가 존재한다. 1696년의 막부의 '죽도도해금지령'은 울릉도만을 대상으로 하고 독도는 제외된다는 일본 측의 입장과,[34] 울릉도의 항로 도중에 있는 독도도 당연히 도해금지의 대상이라고 보는 한국 측의 주장이다.[35] 최근의 연구에 의하면 후자가 설득력을 가지고 있다. 1696년 막부의 죽도(울릉도) 도해금지령에는 울릉도뿐만 아니라 독도도 포함되어 있었다는 것이다.

1695년(겐로쿠8) 12월 11일 막부의 아베 붕고노카미는 쓰시마의 히라타 나오에몽과의 논의에서 송도(松島, 독도)의 존재를 인식하고, 돗토리 번에 조회하여 송도(독도)가 일본 땅이 아니라는 것을 확인했다는 점에 대해서는, 앞서 언급했다. 이러한 사실은 에도 막부가 송도(독도)가 일본 땅이 아니라는 사실을 전제로 해서 울릉도 도해금지령을 내렸다는 것을 말한다. 이에 대해 이케우치 사토시(池内敏)는 『독도문제란 무엇인가』에서 다음과 같이 설명한다. 막부는 송도(독도)에 대해 별도로 도해면허증을 발급한 적이 없으며, 또 죽도(울릉도) 도해를 금지하면 당연히 송도(독도) 도해도 금지된다는 사실을 알고 도해금지령을 내렸기 때문에 울릉도 도해금지는 독도에 대한 도해 금지를 포함하는 것이다. 그렇기 때문에 "에도 시대 [울릉도와 함께 – 인용자] 송도(독도)는 일본의 판도외(版圖外)였다"고 결론지었다.[36] 도해금지령 이후, 일본인의 독도 및 울릉도 도항은 중단되었다,[37] 그 결과 일본인들 사이에서도 울릉도 및 독도가 일본 땅이 아니라는 인식이 형성된다.

1836년 하마다 번(현 시마네현의 일부) 상인 이마즈야 하치에몽(今津屋八右衛門)이 울릉도에 무단으로 건너간 죄로 처형당하는 이른바 '덴포죽도일건

34 川上建三, 1966, 앞의 책, pp.190~192; 신용하, 1998, 앞의 책, 293, p.300.
35 신용하, 2011, 『독도 영유권에 대한 일본 주장 비판』, 서울대학교출판문화원, pp. 114~117.
36 池内敏, 2012, 『竹島問題とは何か』, 名古屋大学出版会, p.36.
37 池内敏, 2012, 위의 책, pp.59~60.

(天保竹島一件)'이 발생했다. 도해금지령을 위반한 데 대한 처벌이다. 관련자 처벌과 함께 막부는 1837년 2월 "겐로쿠 시기(1690년대)에 조선국에 건네준 이래 (울릉도에) 도해를 금지해 왔는데, 이를 어긴 하치에몽 일행을 엄벌했다. 모든 이국(異國) 도해는 금지하고 있으며 울릉도도 마찬가지이다. 각 지방관은 이를 빠짐없이 알려야 하며, 이를 알리기 위해 표찰에 적어 게시한다"는 내용을 포고했다.[38] 이 포고문은 140여 년이 지난 후에도 '1699년 합의'가 계속 유효하게 유지되었음을 보여준다. 앞서 지적한 바와 같이, 이 포고는 독도를 포함하고 있다.

4. 태정관지령과 독도 영유권

1) 메이지 정부와 태정관

1699년 합의는 메이지(明治) 신정부에도 승계된다. 메이지 정부는 1868년 1월, 수교국들에게 "종래의 조약은 대군(大君, 막부의 쇼군)의 명칭을 사용했으나, 앞으로는 천황의 이름으로 바꾸어야 한다"는 취지의 왕정복고 대호령(大号令)을[39] 전달하여 막부 시대 조약의 승계와 계속성을 밝혔다. 같은 취지로 메이지 정부는 조선과의 외교 관계를 맡고 있던 쓰시마를 통해 조선 정부에게 왕정복고를 알리고 국교 회복을 요청하는 국서를 보냈으나, '칙(勅)', '황(皇)' 등 중국의 천자만이 쓸 수 있는 용어를 사용한 국서의 내용 등이 문제가 되어 거부당한다. 1869년 12월에도 외무성은 사다 하쿠보(佐多白茅)와 모리

38 송휘영, 2016, 「天保竹島一件」을 통해 본 일본의 울릉도 · 독도 인식」 『일본문화학보』 68집, 일본문화학회, pp.10~11; 신용하 1998, 앞의 책, pp.114~117.

39 外務省編, 1949, 「文書九九(明治元年一月十五日)の付属文書」 『日本外交文書』第一巻第一冊, 日本国際連合協会.

야마 시게루(森山茂)를 파견하여 국교 회복을 요청했으나, 역시 거절당한다. 이때 사다 하쿠보와 모리야마 시게루는 조선의 사정을 내탐한 「조선국교제시말내탐서(朝鮮國交際始末內探書)」라는 보고서를 외무성에 제출한다. 이 보고서는 당시 일본의 국가 최고통치기관인 태정관에도 보고된다.[40]

내탐서는 조선이 통신사를 파견한 이유, 조선과 대마도 사신의 왕래 예법, 조선의 군사시설 및 장비 등 조선의 실태를 13개 항목으로 정리하고 있다. 마지막 항목은 "울릉도(죽도)와 독도(송도)가 조선의 부속으로 된 시말"이라는 제목으로, "송도(松島, 독도)는 죽도(竹島, 울릉도)의 이웃 섬(隣島)으로 송도에 관해서는 이제까지 게재된 기록(書留)도 없다. 죽도의 건에 대해서는 겐로쿠(元禄 1688~1704) 때의 (조선과의) 왕복 서함, (조선과의 교섭) 절차 서류의 사본이 있다"는 설명이 부연되어 있다.[41] "겐로쿠 때의 왕복 서함, 절차 서류의 사본"은 1693~1699년의 울릉도쟁계에서 막부와 조선 정부 사이에 오고 간 외교 문서(서계)를 가리킨다.[42] 메이지 정부에 들어와서도 1699년 합의가 유효하며, 외무성 및 태정관도 이를 인지하고 있었음을 알 수 있다.

메이지 정부의 이러한 인식은 1877년 태정관지령(太政官指令)으로 공식화된다. 태정관지령은 한국 학계에서 일본의 독도 영유권을 부정하는 가장 강력한 근거로 제시되고 있다. 그러나 태정관지령이 일본 법제사에서 가지는 의미, 지령을 발령한 태정관의 기능과 성격, 그리고 태정관이 발한 법령에서 '지령'의 위상 등에 대한 연구는 여전히 미흡하다. "독도는 일본 땅이 아니다"

40 박병섭, 2012, 「근대기 독도의 영유권 문제 : 새 자료 및 연구를 중심으로」 『독도연구』 제12호, 영남대학교 독도연구소, p.163.

41 박병섭, 2012, 위의 글, p.164.

42 이 내탐서에는 「쓰시마조선교제취조서(対州朝鮮交際取調書)」가 첨부되어 있는 데, 취조서(取調書, 조사서)에는 울릉도쟁계당시 조선과 일본 사이에 오고 간 6통의 서함이 열거되어 있다. 아세아역사자료센터(http://www.jacar.go.jp) Reference code: B03030124800, 검색일: 2017.6.11.)

라는 취지의 지령문 그 자체만을 무분별하게 활용해온 측면이 있다. 필자는 태정관의 성격과 기능을 밝히고, 태정관이 당시 일본의 입법, 행정, 사법의 삼권을 통할하는 '국가 최고통치기관(The Supreme Council of State)'이었다는 점을 구체적으로 밝힌 바 있다. (이 책 제1장 참조).[43] 태정관은 1885년 근대적인 내각제도가 도입되면서 폐지된다.

그리고 지령은 태정관이 발포하는 법령, 즉 포고(布告), 달(達, 또는 布達), 고시(告示)보다는 하위 법령에 해당하며, 하급 기관의 질의(伺, 문의)에 대해 상급 기관이 "질의한 바와 같이(伺の通, 伺の趣き 또는 書面)"라는 형태로 회신하는 공문서이다. 입법, 행정, 사법이 체계화되지 않은 당시에는 태정관에서 많은 법령이 생산되었는데, 일반적으로 태정관지령이라 일컫는 독도에 관련된 지령은 태정관에서 발령하는 수많은 지령 가운데 하나이다. 1886년 공문식(公文式)이 발포되기 이전에는 법령의 형식이 정비되지 않았기 때문에 태정관에서 생산하는 법령이 반드시 효력의 서열을 가지고 있는 것은 아니었다. 형식적으로는 하위 법령에 속하는 '지령'이라도 내용에 따라서는 포고나 달 등과 같은 효력을 가진 경우도 있다. 독도에 관련된 태정관지령은 전국적 의미를 가진 포고와 같은 것으로 볼 수 있다는 점도 지적했다.[44]

다시 말하면 지령은 기본적으로 하급 기관의 질의에 대한 상급 기관의 회답, 즉 유권해석의 의미를 가진 것이지만, 그렇다고 반드시 해당기관만을 구속하는 것은 아니었다. 예를 들면, 각 현(県)에 지시하는 '달(達)'이 실질적으로는 현(県)을 통해서 전국민에게 침투되는 법률(포고, 포달)의 성격을 가지

43 덧붙여 태정관지령을 총리 훈령으로 번역하는 경우가 있는데, 이는 태정관의 성격을 행정부에만 한정하는 협의의 해석이다. 태정관은 입법, 행정, 사법을 통할하고 아우르는 기능을 가지고 있었기 때문이다. 심지어 태정관지령에 의해 재판소(법원)의 판결이 무효화된 사례도 있었다는 점을 상기할 필요가 있다.

44 이성환, 2016, 「태정관과 '태정관지령'은 무엇인가?」 『독도연구』 제20호, 영남대학교 독도연구소, pp.93~120.

고 있는 것과 같다. 호리우치(堀内節)는 지령을 기본적으로 해당(관련) 관청의 '유권적 해석'이라고 규정하면서, 질의(伺)와 지령(指令)은 "포달, 달의 입법 취지 및 해석에 대한 근본 자료"로서의 성격을 가지고 있다고 설명하고 있다.[45] 즉 포달, 달 등의 상위법령을 해석하는 효력을 가지고 있다는 의미이다. 예를 들면, 이글에서 다루고 있는 독도관련 태정관지령과 같은 해인 메이지 10년(1877)에 발령된 태정관지령에 의해 고등법원의 판결과 민사소송법에 해당하는 소답문례(訴答文例[태정관포고 247호]) 20조의 말항(末項)이 무효화된 사례가 있다.[46] 태정관지령에 의해 태정관포고의 효력이 상실된 것이다. 이처럼 지령은 태정관의 법령체계에서 형식상으로는 하위 법령에 해당하나 내용에 따라서는 포고, 포달 등을 규정하는 법률 이상의 효력과 의미를 가지고 있는 것이다.

2) '1699년 합의'와 태정관지령의 성립

다음으로 독도와 관련한 태정관지령의 성립 과정을 살펴보고, 울릉도쟁계에서의 1699년 합의와의 관련성을 검토한다. 태정관지령 관련 기록의 원문이 실려있는 『공문록(公文録)』에 근거하여 태정관지령의 성립 과정을 간략히 정리하면 다음과 같다.[47]

---

45 堀内節, 1950, 『身分法 第一分冊』, 東洋書館, p.32.

46 1877년 5월 7일 오키 다카토(大木 喬任) 사법경(司法卿)이 이와쿠라 도모미 태정관 우대신(右大臣)에게 상신한 질의(伺)에 대해 태정관은 6월 18일 "질의의 취지와 같이 미야기(宮城) 상등(上等)재판소(고등법원에 해당)의 재판을 무효로 해야 한다"는 지령을 내린다. 이 지령으로 재판 결과는 무효로 되고, 그와 관련된 소답문례 20조 말항이 폐지되었다. 소문답례는 후의 민사소송법에 해당한다. 滝川叡一, 2004, 「訴答文例20条末項の廃止—太政官指令により無効とされた上等裁判所判決—」 『法の支配』 第132号, 日本法律家協会, p.36.

47 『공문록』은 이성환 · 송휘영 · 오카다 다카시, 2016, 『일본 태정관과 독도』, 지성인, 에 해제를 비롯하여 번각 및 번역문이 원문과 함께 실려 있다. 이 장에서 별도의 주를

(1) 1876(메이지 9)년 10월 5일 내무성 지리료(地理寮, 지리국에 해당)는 지적(地積)편찬을 목적으로 시마네현에 울릉도에 관한 조사를 의뢰하는 조회문(照会文) 「을제20호」를 보낸다.

(2) 내무성의 요청을 받은 시마네현은 1876년 10월 16일 부속 문서(참고자료)를 첨부하여 '죽도(울릉도)외 일도(外一島, 독도)'를 산음(山陰)지방의 지적에 편제하기를 희망하는 내용으로 「일본해 내 죽도 외일도의 지적 편찬 방법에 관한 문의(日本海内一竹島外一島地籍編纂方伺)」라는 형태로 내무성에 보고한다. 여기에서 독도를 지칭하는 '외일도'(外一島)라는 표현이 처음 등장하는데, 부속 문서에서 외일도가 독도라는 것이 확인된다. 시마네현이 별지로 첨부한 부속문서는 ① 시마네현의 원유의 대략(「原由ノ大畧」), ② 막부의 「도해허가서」, ③ 시마네현의 「도해금지 경위(渡海禁制經緯)」, ④ 막부의 「도해금지령(渡海禁制令)」, ⑤ 시마네현의 「후기(後記)」, ⑥ 오야가(大谷家)의 「도면(圖面)」 등이다.

시마네현이 내무성에 제출한 부속문서들은 오야(大谷)와 무라카와(村川) 두 집안이 막부의 도해허가를 이용해 울릉도를 왕래하면서 어렵을 한 경위와, 울릉도쟁계를 통해 도해금지령이 내려지고 1699년 합의에 이르기까지의 과정을 담고 있다. 도해금지령이 내려지게 된 경위는 앞서 언급한 『죽도기사』의 내용과 같다. 그리고 ⑤ 시마네현의 「후기(後記)」는 시마네현의 의견서로서, 울릉도는 일본인이 고기잡이를 하던 일본 영토였으나, 막부의 도해금지령으로 조선의 영토가 되어 버렸으나, 울릉도와 함께 독도(外一島)를 일본의 영토에 편입해서 지적에 편제해야 한다는 내용이다.

시마네현이 부속 문서로 첨부한 「원유의 대략(「原由の大略」)」에는 "다음에 또 한 섬이 있다. 송도(독도)라 한다(次二一島アリ松島ト呼フ)"고 기술하

붙이지 않은 것은 이 책에 의한 것이다.

고 있어, '외일도(外一島)'가 송도(독도)임을 명확히 하고 있다. 문서에서 죽도(울릉도)와 송도(독도)라고 하지 않고 굳이 '죽도 외일도(竹島外一島)'라고 표현한 것은 의문이다. 내무성이 죽도(울릉도)에 대해서만 조회를 했기 때문에 하급 기관인 시마네현이 당돌하게 '송도(독도)'라는 명칭을 사용하지 못하고, 죽도(울릉도)의 속도라는 의미도 포함해서, 소극적으로 '외 일도'로 표현했을 것으로 생각할 수 있다. 여기에서 사용된 '외일도(外一島)'라는 용어는 송도(독도)를 가리키는 대용어(代用語)로서 태정관지령이 결정될 때까지 계속해서 사용된다.

(3) 시마네현의 보고를 받은 내무성은 그 이듬해인 1877년 3월 17일 「일본해내 죽도 외일도의지적 편찬 방법에 관한 문의(日本海内一竹島外一島地籍編纂方伺)」를 기안하여 태정관에 품의한다. 이때 내무성은 시마네현이 제출한 자료 외에 자체적으로 조사한 자료를 부속문서(참고자료)로 첨부했다. ① 「1호 구정부(막부 – 필자)평의의 지의(舊政府評議之旨意)」(1696년 1월 28일), ② 「2호 쓰시마가 조선 역관에게 보낸 달서(達書)」(1696년 10월 20일), ③ 「3호 조선국 예조참의가 쓰시마에 보낸 서간(書簡)」(1697년 3월 20일), ④ 「4호 본방 회답(本邦回答) 및 구상서(口上之覺)」(169912년 정월) 등이 그것이다. 이 문서들은 울릉도쟁계의 전말과 1699년 합의가 도출된 과정을 상세히 기록한 『죽도기사(竹島紀事)』에 전적으로 의거한 것이다. 내무성이 1699년 합의를 근거로 해서 울릉도와 독도의 영유권을 판단했다는 것을 명확히 보여주고 있는 것이다.

그렇다면 시마네현의 보고를 받은 내무성이 자체적으로 울릉도와 독도의 영유권 문제를 조사한 이유는 무엇일까? 내무성은 그 이유를 "시마네현으로부터 별지(「日本海内一竹島外一島地籍編纂方伺(明治九年十月十六日)」)와 같이 문의가 있었기 때문"이라 밝히고 있다. 지적 편찬을 위해 시마네현이 제기한 의문을 해소하고 죽도(울릉도)와 송도(독도)의 영유권을 확인할 필요가 있었던 것이다. 만약 이 문제가 지적 편찬에 머물렀다면 이것은 내무성의 판단으로 처리되고 태정관에 품의하는 일도 없었을 것이다.

부속문서 가운데 「1호 구정부(막부~필자) 평의의 지의(舊政府評議之旨意)」(1696년 1월 28일)는 1696년 막부가 도해금지령을 내리는 정책 결정 과정을 기록한 것이다. 그 외 2, 3, 4호는 울릉도쟁계 때 조선 정부와 일본 사이에 오고 간 외교문서이다. 「1호 구정부평의의 지의」는 막부가 쓰시마와 조선의 주장, 돗토리 번에 대한 사실확인, 조선과의 관계 등을 종합하여 도해금지를 결정한 이유를 다음과 같이 정리하고 있다. 먼저 돗토리 번 요나고의 상인(商人) 무라카와와 오야의 두 집안이 오랜 기간 죽도(울릉도)를 왕래하면서 어렵 활동을 해왔으나 일본이 죽도(울릉도)를 자국 영토로 한 적은 없다. 죽도(울릉도)에서 일본인과 조선인이 만나게 되면 밀무역 등의 폐해가 발생할 수 있다. 무엇보다 돗토리 번에 조회를 해 보니, 요나고 사람들이 죽도(울릉도)에서 어렵 활동을 해왔지만, 죽도(울릉도)는 돗토리 번에 속해있는 섬은 아니며, 거리도 조선에 훨씬 더 가깝다 등의 내용이다.

내무성이 첨부한 부속 문서는 17세기 말 조선과 일본 사이에 진행된 울릉도쟁계의 결과 1699년 합의에 이른 과정을 요약 정리한 것이다. 이를 통해 내무성은 "겐로쿠 12(1699)년에 이르러 대체로[조선과 일본 사이에 – 인용자] 문서 왕복이 끝나 [죽도 외일도는 – 인용자] 본방(本邦, 일본)과 관계없는 것으로 듣고 있으나, 판도(영토)의 취사(取捨)는 중대한 사건이기 때문에 …… 만약을 위해 이 건을 (태정관에) 문의한다"고 밝혔다. 바꿔 말하면, 내무성은 17세기 말 조선과 일본 사이에 전개된 '울릉도쟁계(죽도 일건)'에서 양국이 합의하여 1699년 최종적으로 울릉도(및 독도)를 조선의 영토로 확정한 역사적 사실을 그대로 인정, 승계할 것을 태정관에 품의한 것이다. 일본 정부는 독도와 울릉도에 대한 영유권의 연원을 전적으로 울릉도쟁계의 1699년 합의를 근거로 하고 있는 것을 여실히 보여주고 있다.

(4) 내무성의 품의를 받은 태정관 본국(사무국)은 1877년 3월 20일, "서면과 같이 죽도 외일도의 건은 본방(일본)과 관계없음을 명심할 것(書面竹島外一嶋ノ義 本邦関係無之義ト可相心得事)"이라는 지령안(御指令按)(「立案 第20号」)을 작성하여 내무성이 품의한 위의 기안서와 함께 태정관에 결재를 올린다.

(5) 태정관의 우대신(右大臣) 등의 결재를 마친 관련 서류는 1877(메이지 10)년 3월 27일에 태정관 본국으로 돌아온다.

(6) 태정관 본국으로 돌아온 위의 서류에는 '메이지 10년 3월 29일'이라는 날짜와 함께 지령안(御指令按)의 '서면(書面)'이라는 자구(字句)가 붉은색으로 사지취('伺之趣', 질의의 취지와 같이)로 수정된다. 지령의 머리 단어인 서면('書面')이 사지취('伺之趣')로 수정되어도 '지령'의 의미가 달라지는 것은 아니다. 사지취('伺之趣')로 수정된 것은 내무성의 상신(伺) 의견을 존중하여 그에 대해 답을 한다는 의미이다. 3월 29일 결재를 마치고 확정된 '지령'은 내무성에 보내지고, 그 후 시마네현에도 전달된다. 덧붙여 사지취(伺之趣)로 수정된 태정관지령문은 3월 17일 내무성이 태정관에 품의한 기안문서의 말미에 붉고 굵은 글씨로 정서되어 있으며, 이 문서에는 비문(批文)이라는 사각형의 붉은 도장이 찍혀있다. 비문은 상급 기관으로부터 정식 허가나 승인이 난 공식 문서(official document)를 말한다.[48]

이상과 같은 경위를 거쳐 메이지 정부는 막부가 울릉도와 독도를 조선의 영토로 인정한 사실을 확인하고, 태정관의 지령을 통해 이를 승계한 것이다. 덧붙여, 1696년의 울릉도에 대한 도해금지령과 1699년의 조선과의 합의가 독도를 포함한 것이냐 아니냐에 대한 논란은 이 태정관지령으로 해소된다. 태정관지령이 울릉도쟁계의 도해금지령과 1699년 합의를 근거로 하여, 울릉도

48 日本史籍協会, 1986, 『太政官沿革誌 一』, 東京大学出版会, p.206.

와 독도는 일본 영토가 아니라는 취지의 태정관지령을 발한 것은 1696년의 도해금지령과 1699년 합의에 울릉도와 독도가 포함되어 있다는 것을 의미한다. 1699년 합의에 독도가 포함되어 있지 않으면, 이를 승계한 태정관지령에 외일도라는 형태로 독도가 명기될 리가 없을 것이다. 울릉도쟁계에서 막부 내부적으로 검토되고 조선과의 교섭 과정 등 외부적으로 명확하게 표현되지 않았던 독도의 존재가 태정관지령을 통해 외부적으로 명확히 표출된 것이다. 이로써 17세기 이후 조선과 일본 사이에 전개된 울릉도(죽도)와 독도(송도)를 둘러싼 한일 간의 영유권 문제는 메이지 정부에서 완전히 해결, 확정되었다고 할 수 있다.

태정관지령의 성립에서 주목할 점은 다음 세 가지 점이다. 첫째, 반복해서 지적하지만, 태정관지령이 울릉도쟁계의 결과, 즉 일종의 국경조약에 해당하는 1699년 합의를 승계하고 있다는 점이다. 둘째, 일본은 울릉도쟁계에서의 왕복 외교 문서를 근거로 울릉도와 독도에 대한 일본의 영유권을 스스로 부정한 것이다. 이는 1699년의 한일 간의 합의가 효력을 계속 유지하고 있다는 사실을 전제로 한 것이다. 셋째, 태정관지령은 메이지 정부가 1699년 합의를 국내 법령으로 수용(adoption)한 것으로 국제법의 국내 수용이론의 한 형태인 변형(transformation)으로 볼 수 있다.[49] 그렇기 때문에 국경조약의 일종인 1699년 합의가 태정관지령에 의해 일본 국내에서 직접적인 효력(direct application)을 발휘하게 된 것이다.

1877년 1월 7일 이후 시마네현 사족(士族) 도다(戶田敬義)는 동경도지사에게 몇 번에 걸쳐 죽도도해원(竹島渡海之願, 울릉도 도해 신청서)을 제출했으나, 6월 8일 각하되었다.[50] 동경도에 의해 태정관지령이 적용된 첫 사례라 할

49 안홍익, 2009, 「조약의 대한민국 법체계로의 수용 : 조약의 분류와 국내법적 지위」, 부산대학교 석사논문, pp.15~18; 이상현, 1991, 「국제법과 국내법과의 관계에 관한 연구: 이론과 실제를 중심으로」, 건국대학교 석사논문.

수 있다. 이케우치 사토시는 이는 "울릉도 도해금지령이 효력을 발휘하고 있었기 때문이다"고 지적하고 있는 데,[51] 이는 울릉도쟁계의 한일 간의 국경조약이 계속 유효하게 작동하고 있다는 것을 의미한다. 이를 도식적으로 정리하면 태정관지령의 성립으로, 한일 간에는 1699년의 국경조약이, 일본 국내적으로는 태정관지령이 직접 작동하는 체제가 형성되었다고 볼 수 있다. 바꿔 말하면, 일본은 울릉도쟁계에서의 한일 간의 합의를 지켜가기 위한 국내외 법령 체제를 완비한 것이다. 필자는 이를 한일/조일 국경조약체제라 부르며, 후술하는 바와 같이, 이 체제는 1905년 일본의 독도 편입 때까지 유효하게 작동한다.

덧붙여, 태정관지령에서 울릉도와 독도가 일본 땅이 아니라고 명시했지만, 그것이 독도를 조선 영토로 인정한 것은 아니라는 일본 측 주장이 있다.[52] 태정관지령의 문언만을 보면 이러한 주장도 가능하다. 그러나 이 주장은 독도 영유권에 대한 역사적 연원을 간과한 것으로 합당하지 않다. 독도에 대한 영유권의 연원이 조일 간의 1699년 합의에 있고, 태정관지령은 이를 승계하고 있을 뿐만 아니라, 양자가 현실적으로 효력을 유지하고 있는 점을 고려하지 않고, 문언에만 매달린 편협한 견해이다.

---

50 北沢正誠, 1881,『竹島考証』; Web竹島問題研究所,「戸田敬義と竹島渡海之願」 http://www.pref.shimane.lg.jp/admin/pref/takeshima/web-takeshima/takeshima04/takeshima04-1/takeshima04-230728.html(검색일: 2017.6.25.); 北沢正誠, 1996,『竹島考証』, エムティ出版; 동북아의평화를 위한 바른역사기획단 편, 정영미 역, 2006,『독도자료집 II 죽도고증(竹島考証)』, 다다미디어.

51 池内敏 2012, 앞의 책, p.72.

52 이성환, 2013,「독도에 대한 무주지 선점론은 성립하는가」『영토해양연구』 6호, 동북아역사재단 독도연구소, pp.294~297 참조.

5. 태정관지령과 일본의 독도 편입의 모순

1) 태정관지령의 법적 효력

'지령'이 하급 기관의 질의에 대한 회답의 형식을 취하는 점을 감안하면, 지적 편찬을 위한 시마네현의 질의에 대해서는 내무성이 지령(내무성 지령)을 내리는 것이 일반적이다. 그러나 시마네현의 질의는 울릉도와 독도 영유권이라는 국가 주권과 관련된 사안이므로 내무성 독단으로 결정할 수 없다. 내무성은 울릉도와 독도를 일본의 지적에 편제하기 위해서는 울릉도와 독도가 일본의 판도인지 아닌지를 먼저 판단해야 하기 때문에 이에 대한 조사를 실시했다. 여기에서 시마네현의 지적 편찬을 위한 질의가 영토(국경) 문제로 격상, 변용된 것이다. 내무성은 17세기 말 울릉도쟁계의 결과 울릉도와 독도가 조선의 영유로 확정되었음을 확인하고 이를 확정하기 위해 국가의사의 최고결정기관인 태정관에 품의하여 승인을 요청한 것이다. 시마네현의 질의에 대한 회답이 내무성지령이 아니라 태정관지령이 된 이유이다.

이와 같은 맥락에서 보면, 독도 관련 태정관지령은 단순히 질의를 한 기관(내무성과 시마네현)만을 구속하는 행정기관의 내부 규율 성격을 가진 일반적인 '지령'과는 그 내용과 성격이 다르다. 당시 입법권과 행정권은 물론 사법권까지도 통할하고 있는 태정관이 영토(주권적) 문제에 대해 내린 지령은, 그 효력이 해당 기관(내무성, 시마네현)만이 아니라 일본 전체에 효력이 미치는 것으로 보는 것이 합당하다. 영토는 시마네현에 국한되지 않으며, 일본 전체를 아우르는 사안이기 때문이다. 시마네현의 질의에서 시작되어 내무성을 거쳐 최종 결정으로 발령된 태정관지령이 울릉도와 독도는 질의의 주체인 "시마네현과 관계없다"고 하지 않고 "본방(일본)과 관계없다"고 표현한 것이 이를 상징적으로 설명해준다. 메이지 4년(1871) 7월 29일에 발포한 '(태정관) 정원(正院) 사무장정'에는 "전국 일반에 포고[53]하는 제도 조례에 관한 사건 및 칙지(勅旨), 특례 등의 사건은 태정관이 이를 발령(発令)한다"고 되어 있다.[54] 실질적인 내용에 있어서 전국에 해당하는 정치적 중요도가 높은 것은 태정관이 발령하도록 하고 있는 데, 독도 관련 태정관지령이 내무성 지령이 아니고 태정관지령이 된 것도 이 때문일 것이다.

후술하는 바와 같이, 태정관지령이 나온 이후 1880년대 들어와 일본 정부가 울릉도의 일본인 도항자들을 강제 철수시키거나, 태정관이 모든 재판소에 도항자들을 처벌하도록 지시하는 등의 조처를 취한 것은 태정관지령이 전국적 의미를 가진 법령이라는 사실을 보여준다.[55] 태정관지령을 울릉도쟁계와 관련하여 검토하면, 다음과 같은 점이 두드러진다. 1625년 막부의 도해(渡海) 허가서는 돗토리 번주(藩主)에게 발행된 것이며, 돗토리 번주는 이를 다시 오야(大谷)와 무라카와(村川) 양가(兩家)에 도해 면허를 주었다. 돗토리 번의 요청을 받아 막부가 발령한 일종의 '지령'이 오야와 무라카와 두 집안의 울릉도 도해 면허가 된 것이다. 이 도해허가는 돗토리 번뿐만 아니라, 산음(山陰) 지방 일대에 영향을 미쳐 오야와 무라카와 가(家)를 제외 한 전일본인의 울릉도 도해를 금지하게 된다.[56] 돗토리 번에 내린 지령이 산음지방, 나아가 일본 전국에 효력을 미친 것이다.

1696년의 막부의 도해금지령 역시 마찬가지의 의미를 가지고 있다. 막부는 돗토리 번으로부터 과거에 발급된 울릉도(독도 포함) 도해허가서를 회수하

53 여기서 포고(布告)는 법령의 한 종류로서의 포고가 아니라 알린다는 의미이다. 그리고 공문식(公文式)발포 이전에는 법령의 종별과 위계가 명확하지 않았다. 岩谷十郎, 2007, 『日本法令索引(明治前期編)解説 明治太政官期 法令の世界』, 일본국회도서관, p.14.

54 岩谷十郎, 2007, 위의 책, pp.13~14.

55 http://blog.naver.com/cms1530/10015986629(이노우에 문서), 竹島版図所属考(北沢正誠)(검색일: 2017.5.10.)

56 池内敏, 2012, 앞의 책, p.15.

고, 일본인의 울릉도 도해를 금지한다. 중앙정부 막부가 지방정부 번(蕃)에 내린 지령이 해당 번(蕃)만이 아니라 일본 전체에 효력을 미치고 있다는 의미이다. 영토나 국경 관련 문제는 더욱 그러하다.

그리고 조선과의 외교를 담당하고 있던 쓰시마 번에도 도해금지의 명령(지령)이 전달되어[57] 쓰시마 사람들의 울릉도 도해도 금지된다. 또 이 도해금지령은 1836년의 '덴포죽도일건(天保竹島一件)'[58]을 거치면서 전국 법령으로서의 의미를 확인하게 된다.[59] 거꾸로 말하면 덴포죽도일건은 1696년의 도해금지령이 쓰시마와 돗토리 번을 넘어서, 전국적 효력을 가지고 있었기 때문에 이를 어긴 데 대한 처벌이었다. 이에 따라 막부는 그다음 해 재차 전국적으로 도해 금지를 포고한다. 1836년의 도해금지령은 1699년 합의의 연장인 것이다. 이후 메이지 초기까지 울릉도 도해에 대해 언급하는 일본인은 없었다고 한다.[60] 이러한 사실은 울릉도와 독도의 조선 영유를 인정한 도해금지령이 영토에 관련된 것이기 때문에 일본 전체에 효력을 미치고 있었다는 사실을 뒷받침하는 것이다.

이러한 맥락에서 독도 관련 태정관지령은 영토 문제와 관련된 것이므로,

57 『죽도기사(竹島紀事)』의 죽도(울릉도) 도해금지령은 다음과 같다. "口上覚. 先年より伯州米子之町人両人竹島江渡海至于今雖致漁候朝鮮人も彼嶋江参致猟致由然者日本人入交無益之事ニ候間向後米子之町人渡海之儀可差止旨被仰出之松平伯耆守方江以奉書相達候為心得申達候 以上 正月廿八日"(도해금지령은 쇼군의 명령서 형태가 아니라 쇼군의 명령을 받아 노중이 서명한 구상서의 형태를 띠고 있다. "요나고 상인의 도해 금지" 내용과 함께 "(돗토리 번) 마쓰다이라 호키카미(松平伯耆守)에게 봉서로 전한다"고 되어 있다)(大西俊輝 2012, p.916; 경북Ⅱ 2013, p.93).

58 '덴포죽도일건(天保竹島一件)'은 에도 막부가 1696년에 내린 죽도(울릉도)도해금지령을 어겼다는 이유로 하마다 번 마쓰하라우라(浜田藩松原浦)의 이마즈야 하치에몽(今津屋八右衛門) 등이 1836년(天保 7) 6월에 체포되어 하치에몽과 하마다 번사(藩士) 하시모토 산베에(橋本三兵衛)가 사형을 당한 사건이다. 그리고 다음해 1837년(翌天保 8) 2월 막부는 전국에 다시 죽도(울릉도) 도해 금지를 포고한다.

59 池内敏 2012, 앞의 책, p.31.

60 동북아의 평화를 위한 바른역사기획단, 2006, 앞의 책, p.293.

단순히 내무성과 시마네현에만 국한되지 않고 일본 전체에 적용되는 법령으로 볼 수 있다. 역사적으로 봤을 때도, 울릉도쟁계의 도해금지령이 전국적 의미를 가지고 있었으므로, 이를 승계한 태정관지령도 자연스럽게 전국적 의미를 가진 것이 된다. 앞에서 언급한 1877년 6월 동경도 지사가 죽도도해원(竹島渡海之願)을 각하한 것은 태정관지령이 동경도에도 이미 적용되어 효력을 발휘한 것으로 봐야 한다. 그리고 실질적으로 입법적 기능을 가지고 있는 태정관의 결정이라는 점에서는 법령으로서의 의미는 더욱 강조된다. 현대적 의미로 확대 추정을 하면, 영토에 관련된 것은 주권 사항이기 때문에 일반 법률이 아니고 헌법에 명시되는 경우가 많은 점에 비추어 보면,[61] 태정관지령은 현대적인 관점에서 볼 때, 헌법의 영토 조항과 유사한 법적 가치를 가진다고 할 수 있다.

태정관지령은 이후에도 일본 정부의 공식 정책으로 유지되었다. 1881년 11월 12일 시마네현 지사가 내무성에 제출한 '송도개척원(松島開拓願)'에 대한 내무성의 조처에서도 이를 알 수 있다. 개척원을 접수한 내무성은 울릉도쟁계에 관련된 문서(울릉도쟁계에서 울릉도와 독도가 조선 땅이라는 것을 확인하고 일본이 조선 정부에 전달한 서한 및 구상서)를 첨부하여 외무성에 최근에 조선 정부와 새롭게 국경 교섭을 한 사실이 있는가를 조회한다. 이에 대해 외무성은 12월 1일자로 "조선국 울릉도, 즉 죽도 송도(朝鮮国欝陵島即竹島松島)"에 대한 특별한 변경[교섭]이 없다고 회신한다. 외무성의 회신을 기초로 내무성은 1882년 1월 31일자로 시마네현에 "최전 지령(最前指令, 1877년의 태정관지령을 가리킴 – 인용자)과 같이 죽도와 송도(울릉도와 독도)는 본방(本

61 도회근, 2009, 「헌법의 영토조항에 관한 비교헌법적 연구」『法曹』 제58집11호, 법조협회, pp.289~333에 의하면 세계 190개국의 헌법 가운데 약 3분의 2 이상의 국가 헌법에 영토조항이 있다. 헌법의 영토조항은 국가정체성을 확인하고, 영토 범위를 확정하고 이의 수호 의지를 밝히는 의미를 지니고 있다고 지적한다.

邦)과 관계가 없으므로 개척원의 건은 허가할 수 없다"고 각하한다.[62] 내무성은 조선과 새로운 협의가 없었기 때문에 태정관지령은 계속 효력을 유지하고 있으므로 개척원을 받아들일 수 없다고 결정한 것이다. 또 외무성이 '특별한 변경'이 없었다고 한 것은 조일 간의 1699년 합의(국경조약)가 여전히 유효하다는 것을 말한다.

1882년 울릉도 검찰사 이규원의 실태보고서에 의하면 당시 울릉도에는 조선인 140명과 일본인 77명이 거주하고 있었다. 이규원의 보고에 기초하여 조선 정부는 공도(空島)정책을 포기하고 울릉도 개척에 나서게 되는데, 이를 위해 조선 정부는 일본 외무성에 일본인의 울릉도 침입을 항의하고 철수를 요구한다. 일본 정부는 같은 해 12월 일본인의 울릉도 도해를 금지했다는 회답을 조선 정부에 보내고, 그다음 해 1월에 울릉도 도해를 금지하는 유달(諭達)을 발포한다.[63] 유달문에서는 "울릉도(우리나라 사람은 죽도, 또는 송도라 부름 – 원주)가 조선국의 판도임은 이미 원록 연간(1699년 – 인용자)에 우리 정부와 조선 정부 사이에 의정(議定)한 바"이므로 "앞으로 잘못 알고 있는 일이 없도록 (각 지방관은) 관하 인민에게 고유(告由)"하라고 지시한다.[64] 동시에 외무성의 상신을 받은 태정대신은 사법경에게, 울릉도에 도항하는 자들을 형법 제373호(1월 이상 1년 이하의 유기징역)에 따라 처벌하도록 각 재판소에 지시하도록 한다.[65] 유달의 내용에서 ① 태정관의 권한이 사법부까지도 관할하고 있으며, ② 울릉도쟁계의 도해금지령(국경조약)이 1800년대에도 여전히

62 杉原隆, 2011,「明治10年太政官指令 竹島外一島之儀ハ本邦関係無之をめぐる諸問題」竹島問題研究会『第2期「竹島問題に関する調査研究」中間報告書(平成23年2月)』, 島根県, pp.15~16.

63 外務省編, 1996,『日本外交文書』제16권, 巖南堂書店, pp.325~326.

64 일본외교문서(일본외무성외교사료관)「朝鮮国蔚陵島犯禁渡航ノ日本人ヲ引戻処分一件」; 池内敏 2012, 앞의 책, p.73 재인용.

65 http://blog.naver.com/cms1530/100159866629(검색일: 2017.7.25.).

효력을 유지하고 있으며, ③ 도해금지령과 태정관지령이 전국적인 법률의 의미를 가지고 있으며, ④ 이를 어긴 자를 일본 형법에 의한 엄격한 처벌대상으로 삼았다는 등의 사실을 확인할 수 있다.[66]

1885년 태정관이 폐지되고 근대적 내각제도가 도입된다. 그 이듬 해 칙령으로 공문식(公文式)[67]이 발포되면서 근대적 법체계를 만들어 가게 된다. 공문식의 발포로 태정관의 법령체계는 폐지되고 법률, 칙령 · 각령(閣令) · 성령(省令)의 형태를 갖추어 가게 되나, 의회가 성립되기 이전이기 때문에 법률과 명령의 구분 등은 여전히 혼란스러운 측면이 있었다. 이러한 혼란은 다음해 11월에 시행된 메이지(明治) 헌법에서 입법, 행정, 사법의 삼권분립이 이루어져 법률은 의회로, 명령은 행정부로 귀속되면서 일정한 법체계를 갖추게 된다.[68] 그리고 메이지 헌법 제76조는 "법률 규칙 명령 또는 어떠한 명칭을 사용하는가에 관계없이 이 헌법에 모순되지 않는 현행의 법령은 모두 준유(遵由, 믿고 따르다. 지키고 따르다 – 인용자)의 효력을 가진다"는 경과 규정을 두어, 메이지 헌법 발포 이전의 태정관 및 내각에서 생산한 법령의 효력을 계속해서 인정하고 있다.[69]

나아가 메이지 헌법을 기초한 이토 히로부미가 헌법 초안과 함께 추밀원에 제출한 『헌법의해(憲法義解)』(일종의 헌법 설명서)에는 제76조와 관련하여 다음과 같이 설명하고 있다.

---

66 도해금지령이나 태정관지령에는 처벌 조항이 없기 때문에 일본 형법을 적용하도록 한 것이다.

67 공문식은 법률 · 칙령 · 각령(閣令) · 성령(省令) 등의 형식과 공포 방법, 시행 시기, 제정권의 근거 등을 규정하고 있으며, 법률 · 칙령은 천황이 친서(親署)한 후 총리대신이 부서(副署)를 하도록 하고 있다.

68 石井良助, 1979, 『日本法制史概要』, 創文社, p.200.

69 第七十六条　法律規則命令又ハ何等ノ名称ヲ用ヰタルニ拘ラス此ノ憲法ニ矛盾セサル現行ノ法令ハ総テ遵由ノ効力ヲ有ス。

입법 의회 개설 전에는 법률, 규칙, 명령 그 외 어떠한 명칭이나 형식을 취했더라도, 이를 가지고 효력의 경중을 판단하는 척도로 할 수 없다. …… 단 이 헌법에 모순되는 것은 헌법 시행일부터 그 법령의 전문(全文) 또는 어떤 조항에 한해서 당연히 효력을 상실한다. …… 그 가운데 헌법에서 법률로 하고자 하는 것은 법률의 효력을 가지게 하는 것이다. 그래서 법률로서 효력을 유지하는 것은 장래 이를 개정해야 할 필요가 있을 때에는…… 전부 법률로 실행해야 할 필요가 있다.[70]

요약하면 의회 개설 전의 법령은, 이 헌법에 모순되지 않으면 명칭에 관계없이 계속 효력을 유지하고, 법률적 효력을 가지는 이전의 법령을 개정할 경우에는 법률 개정에 준하는 절차를 밟아야 한다는 것이다.

여기에서 문제가 되는 것은 태정관지령을 법률적 효력을 가진 것으로 볼 수 있는가 하는 점이다. 이를 밝히기 위해서는 태정관지령이 울릉도쟁계의 1699년 합의를 승계한 것이므로 양자를 종합해서 살펴봐야 한다. 1699년 합의는 막부와 조선 정부 사이에 전개된 국경교섭에 대한 합의의 결과물(국경조약)이고,[71] 그것을 국내적으로 수용한 태정관지령은 일본 국내에서는 법률로서의 효력과 의미를 가지고 있다고 하겠다. 일반적으로 조약은 국내적으로는 법(률)적 효력을 가지기 때문이다.[72] 또 1699년 합의를 위반한 자를 사형에 처한 사실(1833년의 하치에몽 사건), 그리고 태정관지령 이후의 1883년에는 형법을 적용하여 처벌한 사례(1883년의 유달) 등에 비추어 보면, 1699년 합의 및 태정관지령은 법률로서의 의미를 가진다고 볼 수 있다.

이러한 점을 고려하면, 태정관지령은 이토 히로부미가 『헌법의해(憲法義

70 伊藤博文, 1940, 『憲法義解』, 岩波書店(원본은 1889년), pp.125~126.

71 이에 대해서는 박현진, 2016, 「17세기 말 울릉도쟁계 관련 한・일 '교환공문'의 증명력」 『독도 영토주권 연구』, 경인문화사, pp.301~351에서 상세하게 논하고 있다.

72 안국현, 2016, 「조약의 국내적 수용에 관한 연구 : 조약 체결 및 적용에 관한 대한민국의 관행상 쟁점을 중심으로」, 연세대학교 박사학위 논문, pp.116~117.

解)』에서 지적한 "법률로서 효력을 유지하는 것"으로 간주해야 하며, 이를 변경하기 위해서는 법률 개정의 절차를 거쳐야 한다. 그러나 그 이후 태정관지령이 개정 또는 폐기된 흔적은 없다. 태정관지령은 1890년 11월부터 시행된 메이지 헌법 이후에도 계속 효력을 유지한 것이다(확대 해석을 하면 현재까지도). 설령 태정관지령이 법률이 아닌 명령이라 하더라도, 공식적으로 폐기되지 않은 이상 여전히 효력을 가진다. 실제로 어업 등에 관련되는 태정관지령이 그 후에도 계속해서 효력을 유지하고 있는 사례들이 다수 발견된다.

2) 태정관지령과 1905년 독도 편입의 모순

이상에서 고찰한 바를 정리하고 몇 가지의 문제 제기와 함께 논리적 추론을 하면 다음과 같다. 우선, 태정관지령은 울릉도쟁계를 통해 조선과 일본 간에 확립된 독도 및 울릉도에 대한 조선의 영유권을 메이지 정부(태정관)이 공식적으로 승계하고 재확인한 것이다. 여기에는 다음과 같은 두 가지의 함의가 있다. 첫째, 앞 절에서 살펴본 바와 같이, 1699년 울릉도와 독도를 조선의 영토로 인정한 1699년 합의는 조선 정부와 일본 정부 간의 외교 교섭 과정(울릉도쟁계)을 거쳐서 확정된 것이다. 이러한 사실에 비춰보면, 박현진이 논한 바와 같이,[73] 1699년 합의는 국경조약의 성격을 가진 것이며, 이를 승계한 태정관지령 또한 국경조약의 의미를 내포한 것으로 볼 수 있다.

앞에서 언급한 1881년 시마네현이 제출한 송도(울릉도)개척원을 내무성이 거절한 사례에서도 태정관지령의 이러한 성격을 확인할 수 있다. 송도개척원을 접수한 내무성은, 외무성에 울릉도 도항에 관련하여 조선과 새로운 국경 교섭이 있었는가를 질의했으며, 외무성은 조선과 교섭한 사실이 없다고 회신했다. 외무성의 답신을 근거로 내무성은 1877년의 태정관지령이 계속 유효한

73 박현진, 2013, 앞의 글, 참조.

것으로 판단하고 송도개척원에 대한 허가를 거부한다. 태정관지령이 조약의 의미를 내포하고 있지 않으면, 내무성이 외무성에 조선과의 새로운 교섭 사실의 유무를 확인할 필요는 없을 것이다.

그렇다면 법률과 조약의 의미를 모두 가진 태정관지령이 여전히 유효한 상황에서, 일본 내각이 1905년 1월 28일 독도를 자국 영토로 편입하는 결정을 내릴 수 있었는가 하는 의문이 제기된다. 일종의 행정 명령 내지는 행정 조치에 지나지 않는 내각의 결정(각의 결정)으로 법률적 효력을 가진 태정관지령을 변경할 수 있는가이다. 각의 결정은 어디까지나 "헌법과 법률의 범위 내에서" 이루어져야 한다.[74] 또 메이지 헌법 제9조는 "천황은 …… 필요한 명령을 발하거나, 발하게 할 수 있다. 단, 명령으로 법률을 변경할 수는 없다"고 규정하고 있다. 헌법상 "국가원수로서 통치권을 총람(総攬)하는" 지위에 있는 천황조차도 법률을 위반하는 명령을 발할 수 없는데,[75] 천황을 보필하는 지위에 있는 내각이[76] 독도의 편입을 결정하고 시마네현에 이를 고시하도록 '훈령'한 조치는 태정관지령에 위배된다. 일종의 행정 명령에 해당하는 각의 결정으로 태정관지령을 변경 또는 무효화하는 행위는 상위법을 위반하는 것으로 원인 무효에 해당한다.

나아가 태정관지령이 1699년 합의를 승계한 조약의 성격을 가진다고 볼 경우, 일본은 조약 폐기에 따른 한국 정부에 대한 통고 의무를 이행하지 않은 셈이 된다. 태정관지령은 1699년 합의(국경조약)를 국내법으로 전환한 것이기 때문에 태정관지령 위반은 1699년 합의를 폐기한 것이나 마찬가지의 효과를

74 「閣議決定の有効性に関する質問主意書」, http://www.shugiin.go.jp/internet/itdb_shitsumon_pdf_t.nsf/html/shitsumon/pdfT/b183125.pdf/$File/b183125.pdf(검색일: 2017.7.11.).

75 메이지 헌법 제4조.

76 메이지 헌법에는 내각이라는 용어는 없으며, 내각을 구성하는 대신 "각 국무대신은 천황을 보필한다"고만 규정되어 있다(제55조).

가지는 것이다. 또 국경조약 및 그에 의해 형성된 국경체제는 당사자 간의 새로운 합의가 없으면, 변경이나 폐기를 할 수 없다는 국제법의 일반론에도 어긋난다.

각의 결정문에는 1699년의 합의 및 태정관지령에 대한 언급이 전혀 없어, 당시 내각이 이를 어떻게 인식하고 있었는지는 알 수 없다. 각의 결정문은 "타국이 이를 점유했다고 인정할 형적이 없다."는 무주지 선점론을 내세우고 있다.[77] 이는 1699년 합의 이후 200년 이상 일본이 조선의 영유권을 인정해 왔으며, 1877년 태정관지령을 통해 이를 재확인했음에도 불구하고, 1905년에 독도를 무주지로 선언한 것은, 28년 전에 성립한 태정관지령을 무시했거나 간과한 것으로밖에 볼 수 없다.

비록 태정관지령에 조약이나 법률의 성격을 부여하지 못한다고 하더라도 입법, 행정, 사법의 삼권을 통할하는 태정관에서 발령한 지령을 1905년 1월 28일의 행정부(내각)의 결정으로 변경할 수 있는가에 대한 의문은 여전히 남는다. 단순화하면, 국가권력 구조면에서 보면, 삼권을 통할하는 태정관은 행정부만을 구성하는 내각의 상위 개념이기 때문이다. 나아가서 각의 결정을 근거로 하여 독도를 일본의 영토로 편입한 1905년 2월 22일의 시마네현 고시 제40호에 대해서도 같은 의문이 제기된다. 결론적으로 말하면, 적어도 일본의 각의 결정이 이루어진 1905년 1월 28일 시점까지 태정관지령과 1699년 합의가 효력을 유지하면서 일본이 200년 이상 조선(한국) 땅으로 인정해온 독도에 대한 영유권을 조선(한국)과 아무런 협의 없이 자의적으로, 또 자국의 국내법 체계를 훼손하면서 영토로 편입한 것은 합법적이지도 않으며 정당성도 확보하기 어렵다고 하겠다.

77 『公文類聚』第29篇 明治38年 巻1(일본 국립공문서관 소장).

6. 결론

일본 정부는 17세기말 울릉도쟁계에 의해 확정되고 태정관지령에 의해 재확인된 독도 및 울릉도에 대한 조선의 영유권을 무시한 채 1905년 1월 28일의 각의 결정을 통해 독도를 자국의 영토로 편입하는 조치를 취한다. 이어서 시마네현은 내무대신 요시카와 아키마사(芳川顯正)의 훈령(「内務省 訓令 第87号, 1905.2.15.)을 받아 2월 25일 고시 제40호를 발포하여 독도를 편입한다. 고시 제40호는 주인이 없는(無主地) "이 섬을 다케시마(竹島)라 명명하고 시마네현 오키도사(隠岐島司) 소관으로 한다"는 것이다. 이러한 일본 정부의 조치는 최고통치기관인 태정관이 시마네현에 독도가 일본 땅이 아니라는 지령을 내린 지 불과 28년밖에 지나지 않은 시점에서 이루어진 것이다. 이러한 점을 고려하면, 일본 정부와 시마네현은 독도가 일본 영토가 아니라는 사실을 인지한 상태에서 이를 편입했다고 볼 수밖에 없다. 불법인 것이다.

일본의 독도 편입 사실은 1906년 3월 28일 한국 정부에 알려졌다. 일본 시마네현 사무관(제3부장) 가미니시 유타로(神西由太郎)가 인솔하는 관민 45명으로 구성된 대규모의 독도(다케시마)조사대는 3월 28일 울릉도에 상륙하여 군수 심흥택을 방문하여 독도가 일본 영토로 편입되었음을 알린 것이다. 심흥택은 이 사실을 강원도 관찰사 이명래에게 보고하고, 이어서 내부(内部)에도 보고되었다. 이때 한국 정부가 일본에 항의를 하지 않았다는 점이 지적을 받는다. 이 시기 한국은 을사조약으로 인해 일본에 외교권을 박탈당한 피'보호'국의 상태였다. 당시에는 (북)간도 영유권을 둘러싼 청국과의 외교 교섭권도 일본이 가지고 있는 상황이다. 이러한 점을 고려하면, 일본의 독도 편입에 대한 한국 정부의 항의는 현실적으로 실효성을 가질 수 없으며, 항의를 하지 않은 것을 문제삼는 것은 무의미하다. 대한제국의 외교권과 '보호'권을 가진

한국 통감부가 한국(대한제국)을 대신해 일본 정부에 항의해야 하는 것이 논리적 정합성이 있으나, 실질적 의미는 없다.

지금까지의 논지를 간략히 정리하면 다음과 같다. 울릉도쟁계에서 출발한 한일 간의 일종의 국경분쟁은 1699년 한일 간의 합의(1699년 합의)에 의해 완전히 종결되었다. 일본은 울릉도를 조선의 영토로 인정하고 울릉도 도해금지령을 내린 것이다. 1699년 합의는 독도도 포함한 것이었으므로, 이 시점에서 일본에 의해 울릉도와 독도에 대한 한국의 영유권이 완전히 확인되었다. 양국 간의 이 합의는 1868년의 대호령과 1877년의 태정관의 결정(태정관지령)에 의해 메이지 정부에 승계되었다. 따라서 태정관지령은 일본 국내적으로는 법률의 성격을, 조선과의 관계에 있어서는 조약으로서의 성격을 가진 것으로 볼 수 있다. 이러한 태정관지령은 그 후에도 일본 국내에서 계속 효력을 발휘하고 있었다는 점이 확인되었다. 태정관 시대의 각종 법령이 메이지 헌법에 모순되지 않는 한 그 효력이 계속 유지된다는 1890년의 메이지 헌법의 규정에 따라 태정관지령은 그 이후에도 효력이 계속 유지된다. 즉 적어도 1905년 일본이 독도 편입조치를 취하는 시점까지 태정관지령은 계속 효력이 유지되고 있었다.

동시에 태정관지령의 성립으로 1699년 합의(국경조약)가 효력을 계속 유지하고 있었다는 점이 확인되었다. 이로써 울릉도쟁계에서의 한일 간의 합의를 지켜가기 위한 국내외적 법령체제가 완비되었다. 한일 간에는 1699년의 국경조약이, 일본 국내적으로는 태정관지령이 작동하는 체제(한일/조일 국경조약체제)가 형성되었으며, 이 체제는 1905년 일본의 독도 편입 때까지 유효하게 작동, 유지된다.

이러한 체제에서 일본이 독도를 편입하면 다음과 같은 문제를 야기한다. 첫째, 각의 결정과 시마네현 고시는 법률적 효력을 가진 태정관지령을 위배한다. 상위법 위반의 소지가 있는 각의 결정 및 시마네현 고시는 원천무효인 것이다. 둘째, 1699년의 조선과 일본 정부의 합의를 승계한 태정관지령은 조약의 국내 법령으로의 전환으로 볼 수 있다. 국경조약의 효력을 국내적으로 유지하기 위해 국내법으로 전환된 태정관지령은 조약과 동일한 법적 효과를 가지므로, 행정부의 각의 결정이나 시마네현 고시로 이를 변경할 수 없다. 또 태정관지령이 내포한 조약의 성격을 감안할 경우 이를 변경하기 위해서는 조선 정부에 대한 통고 의무를 다해야 하지만[78] 일본 정부는 조선 정부에 아무런 통보를 하지 않았다. 이와 관련하여, 앞에서 지적한 바와 같이, 1699년 합의가 국경조약으로서 여전히 유효한 상황에서, 사전이나 사후에 조선에 아무런 통보 없이 각의 결정을 통해 이를 일방적으로 폐기한 것은 국제법적 효력을 가지기 어렵다. 일본의 일방적인 독도 편입 조치는 국경 및 국경 체제의 영속성을 우선하는 국제법의 일반론과도 배치된다. 셋째, 1905년 당시에 태정관지령이 효력을 유지하고 있었다는 것은 일본이 독도와 울릉도를 조선 땅으로 인정하고 있었다는 것을 의미하므로, 무주지 선점론을 내세운 일본의 독도 편입은 성립하지 않는다. 이러한 점들을 종합하면, 1905년의 일본의 독도 편입은 합법성과 정당성을 결여한 것이라 하겠다.

[참고문헌]

김병렬, 1998, 『독도: 독도자료총람』, 다다미디어.

______, 2005, 「독도 영유권과 관련된 일본 학자들의 몇 가지 주장에 대한 비판－원록9년 조사 기록을 중심으로－」『국제법학회논총』 50권3호, 대한국제법학회.

김명기, 2016, 「국제법상 태정관지령문의 법적 효력에 관한 연구」『영토해양연구』 11호, 동북아역사재단 독도연구소.

김채형, 2007, 「샌프란시스코평화조약상의 독도 영유권」『국제법학회논총』 52(3), 대한국제법학회.

도회근, 2009, 「헌법의 영토조항에 관한 비교헌법적 연구」『法曹』 제58집11호, 법조협회.

78 조약법에 관한 비엔나협약에 따르면 적어도 12개월 전에 통고하게 되어 있다.

동북아의 평화를 위한 바른역사기획단(정영미 역), 2006, 『독도자료집Ⅱ 죽도고증(竹島考証)』, 다다미디어.
박병섭, 2012, 「근대기 독도의 영유권 문제 : 새 자료 및 연구를 중심으로」『독도연구』 제12호, 영남대학교 독도연구소.
박현진, 2013, 「17세기 말 울릉도쟁계 관련 한 · 일 '교환공문'의 증명력 : 거리관습에 따른 조약상 울릉 · 독도 권원 확립 · 해상국경 묵시 합의」『국제법학회논총』 58(3), 대한국제법학회.
신용하, 2011, 『독도 영유권에 대한 일본 주장 비판』, 서울대학교출판문화원.
______, 1998, 『독도 영유권 자료의 탐구』 제1권, 독도연구보전협회.
송병기, 2005, 『고쳐 쓴 울릉도와 독도』, 단국대출판부.
이석우, 2005, 「1951년 샌프란시스코 평화조약에서 독도의 영토처리 과정에 관한 연구」『동북아역사논총』 7, 동북아역사재단.
이성환, 2016, 「태정관지령과 샌프란시스코 조약의 관련성에 대한 검토」『독도연구』 제21호 영남대학교 독도연구소.
______, 2013, 「독도에 대한 무주지 선점론은 성립하는가」『영토해양연구』 6호, 동북아역사재단 독도연구소.
______, 2016, 「태정관과 '태정관지령'은 무엇인가?」『독도연구』 제20호, 영남대학교 독도연구소.
윤유숙, 2012, 「근세 돗토리번(鳥取藩) 町人의 울릉도 도해」『한일관계사연구』 제42집, 한일관계사학회
정훈식, 2013, 「조선 후기 일본론에서 대마도와 안용복」『역사와 경계』 89, 부산경남사학회.
정태만, 2012, 『(태정관지령이 밝혀주는) 독도의 진실』, 조선뉴스프레스.
장순순, 2013, 「17세기 후반 안용복의 피랍 · 도일사건과 의미」『이사부와 동해』 제5호, 한국이사부학회.
권정 · 오오니시 토시테루 편역주, 2011, 『죽도기사』1-1, 한국학술정보.
경상북도 독도사료연구회, 2013, 『竹嶋紀事 Ⅰ』, 『竹嶋紀事 Ⅱ』, 경상북도.
송휘영, 2016, 「天保竹島一件」을 통해 본 일본의 울릉도 · 독도 인식」『일본문화학보』 68집, 일본문화학회.
안홍익, 2009, 「조약의 대한민국 법체계로의 수용: 조약의 분류와 국내법적 지위」, 부산대학교 석사논문.
이상현, 1991, 「국제법과 국내법과의 관계에 관한 연구 : 이론과 실제를 중심으로」, 건국대학교 석사논문.
안국현, 2016, 「조약의 국내적 수용에 관한 연구 : 조약 체결 및 적용에 관한 대한민국의 관행상 쟁점을 중심으로」, 연세대학교 박사논문.
제성호, 2014, 「1905년 일본의 독도 편입 증거에 대한 국제법적 분석」『중앙법학』 16(1), 중앙법학회.
최철영, 2015, 「대한제국 칙령 제41호의 법제사적 의미 검토」『독도연구』 19호, 영남대학

교 독도연구소.
한국근대사자료연구협의회, 1985,『독도연구』, 문광사.
허영란, 2014,「1905년 '각의 결정문' 및 '시마네현 고시 제40호'와 독도 편입」『독도연구』 17호, 영남대학교 독도연구소.
保坂祐二, 2012,「샌프란시스코 평화조약과 '러스크 서한'」『일본문화연구』 43, 동아시아일본학회.
朝日新聞社 編, 1994,『朝日日本歴史人物事典』, 朝日新聞社.
鳥取県編, 1971,『鳥取藩史一第六巻 殖産商工志 事変志』, 鳥取県立鳥取図書館.
大西俊輝, 2012,『日本海と竹島 第四部 元禄の領土紛争記録「竹島紀事」を読む』, 東洋出版.
池内敏, 2012,『竹島問題とは何か』, 名古屋大学出版会.
外務省編, 1949,『日本外交文書』第一巻第一冊, 日本国際連合協会.
川上建三, 1966,『竹島の歴史地理学的研究』, 古今書院.
堀内節, 1950,『身分法 第一分冊』, 東洋書館.
山主政幸, 1958,『日本社会と家族法徐戸籍法をとおして』, 日本評論新社.
岩谷十郎, 2007,『日本法令索引(明治前期編)解説 明治太政官期 法令の世界』, 일본국회도서관.(http://dl.ndl.go.jp/view/download/digidepo_999194_po_kaisetsu.pdf?contentNo=1&alternativeNo=)
滝川叡一, 2004,「訴答文例20条末項の廃止一太政官指令により無効とされた上等裁判所判決一」『法の支配』第132号, 日本法律家協会.
日本史籍協会, 1986,『太政官沿革誌 一』, 東京大学出版会.
杉原隆, 2011,「明治10年太政官指令 竹島外一島之儀ハ本邦関係無之をめぐる諸問題」竹島問題研究会,『第2期「竹島問題に関する調査研究」中間報告書(平成23年2月)』, 島根県.
外務省編, 1966,『日本外交文書』제16권, 巌南堂書店.,
石井良助, 1979,『日本法制史概要』, 創文社.
伊藤博文, 1940,『憲法義解』, 岩波書店(원본은 1889년)
『公文類聚』第29篇 明治38年 巻1 (일본 국립공문서관 소장)

제5장

태정관지령을 둘러싼 논의의 재검토

—최철영 · 유미림, 「1877년 태정관지령의 역사적 · 국제법적 쟁점 검토」에 대한 반론(1)—

1. 서론

메이지유신(明治維新)을 통해 왕정복고를 이룩한 일본은, 율령제 시대의 태정관(太政官)을 국가 최고통치기관으로[1] 삼았다. 태정대신(太政大臣)을 필두로 하는 태정관은 1885년 근대적 내각제도가 설립되기까지 입법, 행정, 사법을 통할하는 최고 의사결정기구이자 집행기관이었다. 태정관은 1877년 "울릉도와 독도는 일본 땅이 아니라"는 취지의 지령을 내렸으며, 이를 '태정관지령'이라 부른다.[2]

이 태정관지령이 직접 독도를 한국의 영토라고 명시한 것은 아니다. 그러나 일본 국가 스스로 독도를 일본의 영토에서 배제했기 때문에 독도 영유권 주장의 다른 한편에 있는 한국에게 상대적으로 유리한 결정적인 문서로 평가받는다. 한국에서는 이 태정관지령을 독도 영유권 주장의 가장 핵심적인 요

1 이성환, 2016, 「태정관과 '태정관지령'은 무엇인가? —독도문제와 관련하여—」『독도연구』 제20권, 영남대학교 독도연구소.

2 태정관에서 발한 지령(指令)은 매우 많기 때문에 의미 전달이라는 측면에서는 '독도 관련 태정관지령'이라고 하는 것이 더 적절할 수도 있다. 그러나 이미 태정관지령이라는 명칭이 상당한 정도로 일반화되어 사용되고 있으므로 편의상 이를 따른다.

소의 하나로 보고 있다. 반면에 일본은 일본의 땅이 아니라고 했을 뿐이지, 그것이 곧바로 한국의 영유권을 의미하는 것은 아니라고 주장하면서,[3] 태정관지령을 애써 외면하고 있다. 일본 정부가 독도에 대한 영유권 주장의 근거를 공식적으로 제시하고 있는 외무성의 '죽도문제의 10포인트'에는 태정관지령에 대한 언급이 없다. 태정관지령에 대한 한일 간의 이러한 시각 차이는 독도 영유권 문제에 대한 연구와 주장이 자국 중심의 당위론에 치우쳐 있다는 것을 말한다.

태정관지령의 의미를 보다 명확히 하기 위해서는, 이를 중심으로 독도 문제와 관련된 쟁점들을 정리할 필요가 있다. 17세기 일본의 독도 선점 → 1905년 일본의 독도 편입 → 1952년 샌프란시스코강화조약으로 이어지는 일본의 독도 영유권 주장의 구도를[4], 태정관지령을 축으로 하여 일본의 독도에 대한 조선(한국) 영유권 승인이라는 시각에서 재구성할 필요가 있는 것이다. 권원이 상충되는 영유권 분쟁의 경우, 상대 당사국의 권원을 인정하거나, 당사국의 주권 주장의 모순을 입증하는 것은 권원 귀속의 판단에 중요하기 때문이다.[5]

이를 위해서 명확하게 역사적 문서가 남아있고 상대적으로 한일 간에 논란이 적으면서 독도 영유권 문제의 핵심적 사건이라 할 수 있는 1699년의 '울릉도쟁계합의'와 태정관지령을 유기적인 상호 관련성 속에서 논할 필요가 있다. 울릉도쟁계합의는 일본이 울릉도에 대한 조선 영유권을 인정하고, 일본인의 울릉도 도해를 금지하는 내용으로 되어 있다. 이 글에서는 '1699년 합의'(이하 작은따옴표 생략)라 명명한다.[6] 태정관지령은 1699년 합의에 독도가

---

3 이성환, 2013, 「독도에 대한 무주지 선점론은 성립하는가」 『영토해양연구』 6호, 동북아역사재단 독도연구소, pp.294~297 참조.

4 일본 외무성이 2013년도에 제작 배포한 「다케시마를 아십니까」 라는 제목의 동영상. https://www.youtube.com/watch?v=TXg-NGVKuWI(검색일: 2019.5.22.).

5 許淑娟, 2012, 『領域権原論—領域支配の実効性と正当性』, 東京大学出版会, p.164.

6 1693년 안용복 사건을 계기로 조선과 일본 사이에 울릉도(및 독도)의 영유를 둘러싸

포함되어 있다는 점을 소급하여 입증하며, 170여 년이 지난 시점에서도 1699년 합의가 계속해서 효력을 유지하고 있다는 것을 확인해 주고 있다. 그리고 국내 법령으로서의 태정관지령은, 일본의 독도 편입을 결정한 행정명령으로서의 각의 결정과의 법리적 정합성을 재검토하게 하고, 그 연장선상에서 샌프란시스코 평화조약의 해석 문제에도 연결될 수 있다.[7]

지금까지 한국이나 일본에서 태정관지령에 대한 연구와 논의는 활발하지 않으며, 메이지 정부가 독도에 대한 영유권을 부정한 사실로만 다뤄지고 있다. 태정관지령을 처음 소개하여 독도 영유권 연구에 획기적 기여를 한 호리 카즈오(堀 和生) 교수 역시, "당시 일본의 최고국가기관인 태정관은 …… 양도(両島, 울릉도와 독도)를 일본령이 아니라고 공적으로 선언한 것이었다"고[8] 밝혔으나, 이후 추가적인 연구는 이루어지지 않았다.

고 치열한 외교전이 전개된다. 그 결과 일본 막부는 조선의 주장을 받아들여 1696년 1월 울릉도 도해금지령을 내린다. 그 이후 일본은 이 도해금지령을 조선에 통고하고, 이를 조선이 받아들이는 외교적 합의 과정을 거쳐 1699년 양국 간에는 조선의 울릉도 영유를 기반으로 하는 도해금지령의 최종 결착이 이루어진다. 필자는 1699년의 조일 간의 최종 결착을 중요하게 여겨 이를 '도해금지령' 또는 '1699년의 도해금지령', 울릉도쟁계합의', '1699년 합의' 등으로 표현했다.

1696년 막부가 국내 조치로 내린 도해금지령과, 1699년 조일 간 외교적 합의를 통해 확정한 도해금지령을 구별할 필요가 있으나, 실질적 차이는 없다. 필자는 이를 포괄하여 1699년 한일 간에 최종적으로 합의된 것을 '1699년 합의'라 한다. 따라서 '1699년 합의'는 울릉도에 대한 조선 영유권 확인과 이를 기반으로 하는 일본인의 (울릉도) 도해금지라는 두 가지 의미를 다 포괄하는 개념의 용어가 된다. '울릉도쟁계합의'라 하지 않은 것은 이것이 울릉도만에 해당되는 사항으로 오해될 우려가 있기 때문이며, 보다 객관적인 의미로 '1699년 합의'라는 용어를 사용한다.

7 이성환, 2018, 「태정관지령에서 본 샌프란시스코조약」, 동북아역사재단 독도연구소 편, 『일본의 독도영유권 주장의 허상』, 동북아역사재단, pp. 164~190 참조.

8 堀 和生, 1987, 「1905年日本の竹島領土編入」『朝鮮史研究会論文集』 24, 朝鮮史研究会, p. 104.

2. 분석의 전제에 대한 논의

필자는 태정관과 태정관지령과 관련하여 몇 편의 논문을 발표했다. 우선 태정관지령을 발령한 태정관의 성격과 기능 등을 구체적으로 규명하는 것이 필요했다. 나아가 태정관제 하의 법령 체계에서 지령의 의미와 기능, 효력 등을 밝히고자 했다.[9] 이를 바탕으로 1877년 태정관지령을 1699년 합의와 연계하여 그 역사적 의미, 기능, 효력 등을 분석했다. 특히 태정관지령은 독립적으로 해석하기보다 1699년 합의의 연속성 속에서 논해야 한다는 점을 강조했다.

이 과정에서 필자는 박현진의 '울릉도쟁계=약식조약설'을 원용하여 1699년 합의를 국경조약으로 발전시켰다.[10] 울릉도쟁계합의가 당시 울릉도 및 독도 영유권을 확정한 구속력 있는 합의 문서이기 때문에 이를 조일 간의 국경을 획정한 '조약'으로 평가한 것이다. 박현진은 울릉도쟁계에서의 조일 간의 합의 과정 및 교환 문서에 초점을 맞추었으며,[11] 그 연장선상에서 필자는 일본에 의해 이루어진 후속 관행에 주목하였다. 울릉도쟁계합의를 한일 간의 법적 구속력이 있는 외교문서로 보고, 후속(추후) 관행(subsequent practice)을 통해 울릉도쟁계합의의 성격을 밝히고자 한 것이다. 그 과정에서 태정관지령을 일본 정부에 의해 이루어진 1699년 합의의 가장 명확한 후속 관행으로 규정했다. 이러한 관점에서 필자는 "태정관지령 그 자체가 (국경)조약이 될 수는 없으나 1699년의 한일 간의 합의를 국내 법령으로 전환한 것이고 …… 조약으

9 이성환, 2016, 앞의 글.

10 필자는 박현진의 '약식조약설'을 원용하였지만, 해당 합의를 '약식조약' 또는 '조약'으로 직접 규정하는 것에 대한 논의는 차치하고, 도해금지령이 조선과 일본 사이에 구속력 있는 합의라는 점을 강조한다. 또한, 이는 현대 국제법에서 광의의 '조약' 개념에 부합한다고 보고, 그 의미에서 '조약'이라는 용어를 사용한다.

11 박현진, 2013, 「17세기 말 울릉도쟁계 관련 한·일 '교환공문'의 증명력: 거리관습에 따른 조약상 울릉·독도 권원 확립·해상국경 묵시 합의」, 『국제법학회논총』 58(3), 대한국제법학회, pp.131~168.

로서의 성격을 내포하고 있다"고[12] 정의했다. 여기에서 "조약으로서의 성격을 내포하고 있다"는 것은, 태정관지령이 일본의 국내 법령이지만, 1699년 합의(울릉도쟁계합의)와 불가분의 관계에 있다는 점에서 국제법적 함의를 가진다는 의미이다.

태정관지령의 효력에 관해서는, 지령이 태정관제 하의 법령 체계에서는 형식적 정의로는 포고, 달 등의 하위 개념에 속하지만, 법령이 체계화되지 않은 메이지(明治) 초기의 혼란기에 "태정관에서 생산하는 법령이 반드시 효력의 서열을 가지는 것은 아니다. 형식적으로는 하위 법령에 속하는 '지령'도 내용에 따라서는 포고나 달 등과 같은 효력을 가지고 있다"[13]는 점을 밝혔다. 그 연장선상에서 조일 간의 1699년 합의를 승계한 태정관지령은 시마네현에만 국한된 것이 아니라 일본 전국에 효력이 미치는 법률의 의미를 가진 것으로 평가하였다.

또 태정관지령은 일본 정부가 이를 폐기하지 않았기 때문에 그 후 계속 효력을 유지하였으며, 행정명령인 1905년 일본의 독도 편입을 위한 각의 결정이 법률적 효력을 가진 태정관지령을 무효화할 수 없다는 점도 지적했다. 따라서, 1699년 합의를 승계한 태정관지령의 무력화는 실질적으로 조선과 일본 간의 1699년 합의라는 '조약'을 파기하는 것과 같은 의미와 효과를 가진다. 그러나 일본 정부는 조약 파기 사실을 조선 정부에 통고하지 않았기 때문에 1905년 일본의 독도 편입은 조약 파기 통보 의무를 위반한 것이라는 점도 지적했다. (다른 측면에서 보면, 일본이 각의 결정이라는 행정명령으로 독도를 편입했다고 해도 국내적 조치가 국제적 조약의 효력에 영향을 미치지 못하므로, 형식 논리로는, 국경조약의 성격을 가진 1699년 합의는 계속 유효한 것으로 간주해야 한다).

12 이성환, 2017a, 「일본의 태정관지령과 독도 편입에 대한 법제사적 검토」『국제법학회논총』 62(3), 대한국제법학회, p.97.

13 이성환, 2017a, 위의 글, p.86.

이상과 같은 필자의 논지에[14] 대해 최철영 · 유미림은 「1877년 태정관지령의 역사적 · 국제법적 쟁점검토 – 울릉도쟁계 관련 문서와의 연관성을 중심으로 –」라는 논문에서[15] 태정관지령에 대해 필자와 다른 해석과 평가를 제시하였다. (편의상 이 글에서는 최철영 · 유미림의 해당 논문을 '쟁점검토'라 한다. 해당 논문을 인용하는 경우에는 본문에서 괄호 안에 쪽수만을 표기한다). 최철영 · 유미림의 주장은 필자의 논지에 대한 오해 및 오류, 오독(誤讀)이 있다고 생각되어, 필자는 이에 관해 석명을 하고, 보충할 필요가 있다고 판단했다.

'쟁점검토'는 크게 1699년 합의의 약식조약설과 태정관지령에 대한 평가라는 두 부분으로 구성되어 있다. 1699년 합의의 약식조약설은 주로 울릉도쟁계 당시에 생산된 조선과 일본 사이의 왕복 문서에 대한 평가를 둘러싼 것이다. 구체적으로는 서계와 구상서를 기계적으로 분류하여 서계는 정식 외교문서로 인정하고, 구상서는 정식 외교문서가 아닌 것으로 취급하여, 구상서의 내용을 주요 기반으로 하고 있는 조선과 일본 간의 1699년 합의는 약식조약으로 보기 어렵다는 취지의 논지를 전개한다. 필자는 이에 동의하지 않는다. 1699년 합의의 약식조약설은 태정관지령에 대한 평가와도 직결되는 문제이나, 지면상 별도의 논문에서[16](이 책의 제6장) 구체적으로 논하기로 하고, 이 글에서는 후자 즉 태정관지령에 관련된 부분을 중심으로 검토한다.

'쟁점검토'가 제기한 태정관지령에 대한 평가는 주로 그 효력, 유효 기간, 그리고 국내 법령으로의 전환 문제에 관한 것이다. '쟁점검토'는 태정관제 하의 법령 체계에서 태정관지령을 포고, 포달, 달의 하위 법령에 해당하는 행정명

14 이성환, 2017a, 위의 글, pp.73~103.

15 최철영 · 유미림, 2018, 「1877년 태정관지령의 역사적 · 국제법적 쟁점검토 – 울릉도쟁계 관련 문서와의 연관성을 중심으로 –」 『국제법학회논총』 63(4), 대한국제법학회, pp.247~280.

16 이성환, 2019, 「울릉도쟁계의 조일 간 교환문서에 대한 논의의 재검토」 『독도연구』 제26집, 영남대학교 독도연구소.

령(훈령)으로 규정하고, 태정관지령은 법률이 아니기 때문에 1699년 합의를 국내 법령으로 전환한 것으로 보기 어렵다는 논지를 편다. 또 시간적으로는 1886년의 '공문식(公文式, 칙령제1호)' 반포 이후 태정관지령은 사문화되거나 효력을 상실했다고 평가한다. 이는 태정관제 하의 법령 체계에 대한 형식적 정의만을 기준으로 판단하고, 또 '공문식'에 대한 잘못된 이해에서 비롯된 것으로 보인다.[17] 자세한 것은 후술하지만, 최철영과 유미림의 주장대로, 1886년의 공문식으로 태정관지령이 사문화되거나 효력을 상실했다면, 태정관지령으로 1905년 일본의 독도 편입을 비판하는 한국의 주장은 성립하지 않는다. 자칫하면, 일본의 독도 편입을 정당화하는 논리로 이어질수 있는 대단히 위험한 발상이라는 점을 지적해 둔다.

구체적인 검토에 앞서, 먼저 '쟁점검토'가 제기하고 있는 문제(pp.248~249)에 대한 기초 사항을 확인해 두자. '쟁점검토'는 필자의 주장을 "태정관지령=국경조약"이라 전제하고 태정관지령을 "조약과 같은 법적 지위를 갖는 외교문서"로 규정하고 이에 대한 검토를 수행한다고 밝혔다. 이는 필자의 주장을 전혀 다른 관점에서 보고 있는 것이다. 필자는 '태정관지령=국경조약', '태정관지령=외교문서'라는 주장을 하지 않았으며, '쟁점검토'가 인용하고 있는 논문에서도 "태정관지령 그 자체가 조약이 될 수 없으나, …… 조약으로서의 성격을 내포하고 있다"고 밝혔다.[18] 국내 법령인 태정관지령을 국제법상의 국

17 이러한 관점과 해석의 차이는 기본적으로 시제(intertemporal) 문제와 관련된 논란과도 관련이 있다. 이는 사건 당시의 상황과 규범에 따라 해석하고 이해되어야 할 것인지, 아니면 적용시(현재)의 상황과 규범에 맞추어야 할 것인지에 관한 문제로서, 어느 한쪽에만 우위를 두기에는 많은 어려움이 있기 때문이다. 이는 당시의 상황과 사건을 현재적 용어로 표현, 설명하고 이해하는 데서 오는 인식의 한계나 차이 등과 겹치는 문제이기도 하다. 예를 들어, 태정관제 하의 포고를 권리와 의무가 따르는 법률로 볼 것인가, 아니면 일방적 국가 명령으로 볼 것 인가 등에 대해서도 명확하게 정의하기 어렵다. 이러한 점을 감안하여 논지를 전개한다.

18 이성환, 2017a, 앞의 글, p.97.

경조약이나 외교문로 규정하는 것은 납득이 안 간다. 국내 법령인 태정관지령을 국제법인 국경조약과 동일시하거나, 국내 법령을 외교문서라고 하는 것은 넌센스이다. 필자는 다른 논문에서 울릉도쟁계의 결과로 도출된 1699년 합의를 조선과 일본 사이의 구속력 있는 국제적 문서로 보고, 그것이 조선과 일본의 국경에 관련된 것이기 때문에, 광의로 1699년 합의를 국경조약으로 볼 수 있다고 주장했다.[19]

'쟁점검토'는 필자의 주장을 "태정관지령=국경조약"으로 규정한 근거를 명확히 제시하지 않았다. 태정관지령을 외교문서로 규정한 근거에 대해서는 필자가 태정관지령이 "조선 정부와의 연관성을 포함하고 있다"고 했기 때문이라고 기술하고 있으나, 필자는 태정관지령의 내용을 조선 정부와 직접 연관시킨 것이 아니라, 1699년 합의와 연관시켰을 뿐이다. 태정관지령의 내용을 해석할 때, 1699년 합의와의 불가분의 관계를 고려하여 조선 정부와 연관성을 가진 것으로 볼 수 있지만, 이를 직접 언급하지는 않았다

같은 맥락에서 '쟁점검토'는 태정관지령이 "일원론적인 견지에서 조약과 국내법의 지위를 동시에 보유하고 있다는 것은 논리적으로 상충된다"고(p.277) 지적하고 있다. 그러나 필자는 태정관지령이 국내법과 조약이라는 두 개의 법적 지위를 동시에 가지고 있다고 주장하지 않았고, 태정관지령은 1699년 합의를 승계하여 국내적으로 전환한 국내 법령이라고 규정했다. 이는 필자의 견해를 태정관지령=국경조약으로 잘못 인식함으로써 발생한 오류라고 생각된다. 앞의 인용문에서 밝히고 있듯이, 필자는 "일원론적인 견지"를 주장하지 않았으며, 이원론적인 입장에서 '변형이론' 또는 "국내 법령으로의 이행"으로 설명했다. 일원론의 입장에서는 '변형'이나 '국내 법령으로의 이행' 등의 설명 방법은 성립하지 않기 때문이다.

---

19 이성환, 2019, 「독도문제 연구에 대한 주요 쟁점 검토 – 도해금지령과 태정관지령을 중심으로 – 」 『독도연구』 25, 영남대학교 독도연구소, p.258.

'쟁점검토'는 "태정관지령의 폐기를 국경조약의 상대방 국가인 조선 정부에 통고한 바 없으므로 효력이 계속 유지된다고 보았다"(p.265)고 지적하고 있지만, 위에서 언급한 것과 같은 맥락에서의 오류로 읽힌다. 태정관지령은 국내 법령이기 때문에 기본적으로 상대 국가에 통보할 의무가 없다. 이와 관련하여 필자는 다른 논문에서 "태정관지령은 조약의 의미를 내포하고 있기 때문에 이를 무효화 하는 것은 한일 간 국경조약(1699년 합의−인용자)의 폐기로 직결된다. 조약 폐기에 따른 한국 정부에 대한 통고 의무를 이행 …… 하지 않은 것이 된다"고[20] 했는데, 이를 잘못 이해한 것으로 보인다. 부연하면 국경조약으로서의 1699년 합의를 승계한 태정관지령의 폐기는 1699년 합의를 폐기한 것이나 동일한 효과를 낳는다. 따라서 태정관지령의 폐기는 1699년 합의라는 국경조약의 폐기를 조선에 통고해야 할 의무를 다하지 않은 것으로 해석할 수 있다는 의미이다.

이상을 정리하면 다음과 같다. 필자는 태정관지령 그 자체는 조약이 아니며, 1699년 합의의 연장선상에서 해석을 하면, 태정관지령은 국제법적 합의를 내포하고 있다는[21] 취지의 내용을 반복적으로 밝혔다. 이를 필자는 1699년 합의를 승계한 태정관지령은 조약의 성격을 내포한 국내 법령으로서 법률의 성격을 가진 것으로 규정했다.[22] 이를 부연하면, 태정관지령은 일본에 의한 자기 규율적 일방적 행위(unilateral acts)로서 국제법상 의미를 가지는 조치로 이해하는 것이 합당하다는 의미이다. 역외적 효과를 낳는 국내법이라는

---

20 이성환, 2017b「朝日/韓日국경조약체제와 독도 국경체제」『독도연구』23, 영남대학교 독도연구소, 2017, p.218.

21 이성환, 2017a, 앞의 글, p.97.

22 필자는 지금까지 "국내법이지만 조약의 성격을 내포하고 있다"는 표현을 사용해왔다. 이 표현이 필자의 의도를 전달하는 데 충분하지 못한 측면이 있는 것 같으나, 각 논문의 문맥에서는 내용이 충분히 설명되었다고 생각한다. 간단히 말하면, 국내 법령이지만, 국제법적 합의, 즉 역외적 효과가 있다는 의미이다.

뜻이다. 그럼에도 불구하고 '쟁점검토'는 필자의 논지와는 전혀 다른 "태정관지령=국경조약", "태정관지령=외교문서"라는 근본적인 오류를 기반으로 필자의 주장을 왜곡하고 있다. 이상과 같은 내용을 전제로 해서 이하에서는 '쟁점검토'가 제기한 주요 내용을 검토하면서 필자의 견해를 보충하고자 한다.

'쟁점검토'가 주장하고 있는 주된 쟁점은 (1) 태정관지령에 법률적 의미를 부여할 수 없으며, (2) 도해금지령을 국내적으로 이행하기 위해 태정관지령을 발령했다고 보기 어렵고, 변형이론은 법률로의 변형을 전제로 하는데, 태정관지령은 하위 법령이기 때문에 이를 적용할 수 없으며, (3) 공문식을 전후해 태정관지령은 사문화되거나 효력을 상실했다는 3가지이다. '쟁점검토'가 제기한 문제들을 구체적으로 검토하면 이하와 같다.

3. 태정관지령의 법률적 의미에 대한 논의

태정관지령의 법률적 효과에 대해 필자와 '쟁점검토'는 근본적으로 다른 시각을 가지고 있다. '쟁점검토'는 법령의 형식적 정의를 강조하는 반면, 필자는 당시 법령 체계가 정비되지 않은 상황을 고려하여 법령의 의미와 실제적 효과에 중점을 둔다. 필자는 태정관지령을 단순한 내부 훈령의 의미를 뛰어넘는 효력을 가진 것으로 적극적으로 해석한 반면, '쟁점검토'는 태정관지령을 "시마네현의 질의에 대한 상급관청의 훈령"(p.271)으로 한정하여 그 법적 효력을 매우 협소하게 해석하고 있다. 이에 대해 필자는 다른 논문에서 태정관지령이 단순한 내부 훈령을 넘어서는 의미와 효력을 가진다고 설명했다.[23]

23 이성환, 2016, 「태정관과 '태정관지령'은 무엇인가? – 독도문제와 관련하여 – 」『독도연구』 제20권., 영남대학교 독도연구소. pp.93~120.

필자는 태정관지령이 일본의 법적 체계 안에서 국제법적 의미를 갖는 법령이라고 보고 있다.

간략히 정리하면, 당시의 태정관제 하의 형식적인 법령 체계는 실질적인 의미를 가질 수 없는 측면이 강하기 때문에, 태정관지령을 단순히 하위 법령으로 취급해서는 안 된다는 점을 강조했다. 1890년 일본 메이지 헌법을 기초한 이토 히로부미와 그의 측근들은 헌법 심의를 위한 자료로서 각 조문의 해설을 담은 『헌법의해(憲法義解)』를 추밀원에 제출했다. 이 책은 당시 헌법 및 법령 해석의 지침서 역할을 했다. 특히 경과 규정에 해당하는 헌법 제76조는 헌법이 제정되기 이전의 법령에 대한 성격이나 법적 지위 등을 명확히 규정하고 있다. 이에 대해 『헌법의해(憲法義解)』는 헌법이 만들어지기 전의 태정관 및 내각제 하의 법령에 대해 "의회개설 이전의 있어서 법률, 규칙, 명령 그 외 어떠한 명칭을 사용하고, 어떠한 문식(文式, 문장의 형식)을 사용했더라도 이것을 가지고 효력의 경중을 판단하는 척도로 할 수 없다"고 명확히 밝히고 있다.[24]

그렇다면 '쟁점검토'는 태정관지령이 왜 내부 훈령을 뛰어넘는 의미를 가질 수 없으며, 형식적인 태정관제 하의 법령 체계만을 기준으로 태정관지령의 법적 지위 및 효력을 규정해야 하는지에 대한 견해를 먼저 밝혀야 한다. 그러나 '쟁점검토'는 이에 대한 검토 없이 태정관제 하의 형식적인 법령 체계만을 기준으로 태정관지령을 하위 법령으로 규정하고 있을 뿐이다.

태정관지령이 시마네현의 문의 → 내무성의 질의 → 태정관지령 발령이라는 과정을 거쳐 나온 점을 고려하면, 이것이 단순히 시마네현에 국한된 지령이 아님을 쉽게 알 수 있다. 태정관이 내무성에 지령을 내리고, 내무성은 이를 시마네현에 통보한 것이다. 지적 편찬에 관련한 시마네현의 질의가 내무성

24 伊藤博文, 1940, 『憲法義解』, 岩波書店, p.125.

차원에서 새롭게 영토 문제에 관련한 질의로 변용되어 태정관의 지령이 나오게 된 것이다. 이는 도해허가와 어업 문제로 시작된 울릉도쟁계가 울릉도에 대한 조선과 일본의 영유권 문제로 변용된 것과 같다.[25] 그렇기 때문에 태정관지령은 시마네현만을 구속하는 것이 아니라, 적어도 당시 영토 문제를 관장하는 내무성을 구속하는 것이다. 반복하면, 태정관지령은 시마네현에 한정된 법령이 아니라, 일본 전체에 적용되는 법령으로 해석해야 하며, 1696년과 1837년의 도해금지령 사례처럼 그 법적 효력은 일본 전역에 미친다고 볼 수 있다. 지령의 내용이 영토 관련 사항이기 때문에 시마네현만이 아니라 일본 전체에 효력을 미치는 것으로 보는 것은 자연스럽다. 구체적으로는 다음과 같은 사실에서 입증된다. 1696년 막부는 도해금지령을 내린 후 이를 어기는 자들을 처벌하고, 1837년에는 도해금지령을 일본 전체에 대한 법령으로 다시 공포한다.[26] 태정관지령은 이를 승계한 것이라는 점에서 그 효력이 시마네현이 아니라 전국에 미치는 것이라는 점은 명확하다. 게다가 태정관지령이 조약의 성격을 띤 조일 간의 울릉도쟁계합의('1699년 합의')를 승계한 것이라는 점에서 그것이 일본의 국내 법령이지만, 국제법적 의미를 내포하는 법령으로 해석될 수 있다.

『공문록(公文録)』에 편철되어 있는 자료 등으로 태정관지령이 1699년 합

25 박현진은 울릉도쟁계가 정식 영토 문제를 다루는 교섭으로 시작된 것이 아니기 때문에 울릉도쟁계를 일반조약이 아닌 약식조약으로 보았다. 울릉도 및 독도 영유권에 있어서 약식조약이나 일반조약의 효력의 차이는 없을 것이다. 박현진, 2013, 「17세기 말 울릉도쟁계 관련 한 · 일 '교환공문'의 증명력 : 거리관습에 따른 조약상 울릉 · 독도 권원 확립 · 해상국경 묵시 합의」『국제법학회논총』 58(3), 대한국제법학회, p.141, 각주 46; 박현진, 2013, 「영토 · 해양경계분쟁과 '약식조약'의 구속력 · 증거력 – 의사록 · 합의의사록과 교환각서/공문 해석 관련 '사법적 적극주의'(1951~2002)를 중심으로 – 」『국제법학회논총』 58(2), 대한국제법학회, pp.98~103.

26 池内敏, 2012, 『竹島問題とは何か』, 名古屋大学出版会, pp.31~32; 池内敏, 2016, 『竹島 – もうひとつの日韓関係史』, 中央公論社, p.104.

의를 승계했다는 점이 명확히 확인되지만, 다음과 같은 사례에서 태정관지령의 국제법상 의미를 다시 확인할 수 있다. 1881년 11월 12일, 사족 출신 오야 켄스케(大屋兼助)의 송도개척원을 접수한 시마네현은 지사의 이름으로 내무성에 '송도개척원(松島開拓願)'을 제출한다. 개척원을 접수한 내무성은 태정관지령 발령 시 태정관에 상신한 첨부 자료와 함께 외무성에 "울릉도에 대해 최근 조선과 담판이나 약속 등에 관해 협의를 한 것이 있는가"를 조회한다. 이에 대해 12월 1일 자로 외무성은 특별한 변경이 없다고 회신한다. 이를 기초로 내무성은 1882년 1월 31일 시마네현에 "송도(울릉도)의 건은 최전 지령과 같이 본방(本邦)과 관계가 없음을 명심할 것(이라는 태정관지령 – 인용자)에 의해 개척원의 건은 허가할 수 없다"고 각하한다.[27] 외무성이 특별한 변경이 없다고 한 것은, 1699년 울릉도쟁계의 한일 간 합의(1699년 합의)가 여전히 유효하다는 것을 말하며, 여기서 '최전 지령'은 태정관지령을 가리키다.

여기에서 알 수 있는 것은, 태정관지령과 1699년 합의(국경조약)의 관련성이다. 내무성은 개척원을 접수한 후, 외무성에 1699년 합의의 변경 여부를 확인한 뒤, 태정관지령을 근거로 개척원을 각하한 사실을 주목할 필요가 있다. 이는 한일 간 새로운 교섭이 이루어져 1699년 합의가 변경된다면, 태정관지령도 변경될 수 있음을 시사한다. 따라서 1699년 합의와 태정관지령이 불가분의 관계에 있음을 확인할 수 있으며, 필자가 태정관지령에 국제법적 함의를 부여하고, 태정관지령이 국내 법령으로 전환된 것이라고 보는 하나의 이유이기도 하다. 같은 맥락에서, 앞에서 언급한 바와 같이, 1905년 일본의 독도 편입 조치는 태정관지령을 무력화하고, 조약을 파기한 것과 같다고 한 점도

27 杉原隆, 2011, 「明治10年太政官指令 竹島外一島之儀ハ本邦関係無之をめぐる諸問題」 竹島問題研究会 『第2期「竹島問題に関する調査研究」 中間報告書(平成23年2月)』, 島根県, pp.15~16. 관련 문서는 https://www.pref.shimane.lg.jp/admin/pref/takeshima/web-takeshima/takeshima04/takeshima04-1/takeshima04_j.html(검색일: 2019.1.23.).

이와 관련이 있다.

이처럼 태정관지령은 1699년 합의의 내용을 내포하고 있으며, 전국적 의미를 가진다는 점을 필자는 강조한다. 이를 현대적 개념으로 해석하면 법률로 볼 수 있다고 했다. 태정관지령이 "질의한 바와 같이 울릉도와 독도는 일본 땅이 아님을 명심하라"는 내용으로 되어 있는 것도, 이 때문이라는 점도 지적했다. 만약 시마네현이 제기한 질의가 단순한 지적 편찬과 관련된 것이었다면, 태정관지령이 아니라 내무성 지령이 내려졌을 것이다. 또한, 그 내용도 "울릉도와 독도는 시마네현과 관계없으므로 지적 편찬에서 제외한다"는 취지의 내용이 되었을 것이라 추론할 수 있다. 즉 태정관지령의 내용이 '시마네현'에서 '본방(일본 전체)'으로 확대 된 것이다. 또 태정관에 대한 내무성의 상신문에도 시마네현에만 관련되는 사안이 아닌 일본 전체에 해당하는 '판도(영토)' 문제라고 명확히 밝히고 있다. 따라서 태정관지령을 단순한 '시마네현의 질의에 대한 상급관청의 훈령'으로만 볼 수 없다. 태정관제 하에서는 훈령, 회답, 성령, 각령 등이 별도로 존재하고 있다는 점도 상기하고 싶다.

이러한 배경을 바탕으로, 태정관지령은 보다 적극적인 의미로 해석되어야 한다는 것이 필자의 주장이다. 여기에 더하여 당시 태정관제 하의 불안정한 법령 체계 역시 충분히 고려해야 한다. 태정관제 하의 법령을 연도별로 편찬 수록한 『법령전서(法令全書)』에는 40여 종의 법령이 실려 있으며, 심지어 일부 법령이 중복 발령되는 경우도 있을 정도로 당시 법령 체계는 매우 혼란스러웠다. 따라서 이 40여 종의 법령이 명확한 위계와 서열을 가지고 있다고 볼 수 없다.[28] 그렇기 때문에 '쟁점검토'가 "태정관의 법령 체계는 대체적으로 포고, 달(達 또는 布達), 고시, 지령의 순이며, 지령은 결코 높은 수준의 법령은 아니다"라고 평가한 것은 당시의 법령 체계의 실상을 충분히 반영하지 못하

28 伊藤博文, 1940, 앞의 책, p.125.

고, 형식론에 치우친 결과라고 생각된다. 무엇보다 당시 이러한 혼란 상황 속에서 지령은, 때로는 "포달, 달의 입법 취지 및 해석에 대한 근본 자료"로서의 성격을 가지고 있었다.[29] 지령을 기초로 하여 포달, 달의 입법 취지 및 해석이 이루어졌으므로, 지령은 포달, 달 등의 상위 법령으로서의 의미를 가지는 경우도 있었다.

반복해서 언급하지만, 태정관지령이 단순히 시마네현의 질의에 답하는 정도의 하위 법령이라면 내무성이 태정관에 상신하지 않고, 내무성 지령으로 처리했을 것이다. 메이지 4년(1871)년 태정관의 '정원사무장정(正院事務章程)'에는 전국 인민 일반에 알리는 정치적 중요도가 높은 것은 태정관이, 전국 일반에 알리는 것이라도 중요도가 낮은 것은 담당 관성(官省)에서 발령하도록 되어 있다.[30] 이에 비추어 봐도 영토문제에 직결되는, 정치적 중요도가 높은 태정관지령이 단순히 시마네현에 내리는 하위 법령이 아니라는 것을 짐작할 수 있다.

태정관지령의 법적 지위와 관련하여 1879년 사법경의 질의에 답하는 형태로 작성되어 내각에 회람한 '포고 구분의 건에 대해 오키 참의의 하문에 대한 조사결과 대요(布告區分ノ儀二付大木參議卿御下問二因リ審案候處大要如左)' 라는 문서는 시사하는 바가 크다.[31] 이 문서는 원로원의 심의를 거쳐 공포하는 것을 법률로 해야 하며, 법률 사항으로 세법, 징병법, 형법 등과 함께 '국계(國界)의 변경' 등을 열거하고 있다. 이 문서는 국계의 변경을 법률로 해야 하는 이유를 "각국이 건국법에서 반드시 법률로 제정할 것을 요하고 있다"고 설명하고 있다.[32] 즉 국경 관련 사항은 법률로 해야 한다는 것이다. 이 문서는 당시

29 堀内節, 1950, 『身分法 第一分冊』, 東洋書館, p.32.
30 岩谷十郎, 2012, 『明治日本の法解釈と法律家』、慶応義塾大学法学研究会, p.20.
31 稲田正次, 1960, 『明治憲法成立史 上』, 有斐閣, pp.341~351.
32 大日方純夫 · 我部政男編, 1981, 『元老院日誌』 제1권, 三一書房, pp.635~636.

형식적으로는 입법권을 담당하고 있던 원로원과 내각 사이에 입법권이 명확하지 않은 데 대한 원로원의 불만을 반영하고, 메이지 헌법 제정에 의한 입헌정치를 염두에 두고 법령 제정 주체 및 법률 사항을 구분하려는 의도에서 내각 서기관이 작성한 것이다. 그 후 이 문서대로 실현되지는 않았고 여전히 태정관이 대부분의 입법권을 행사했으나, 여기에 나열된 사항들은 대체로 메이지 헌법 제정 후에는 입법(법률)사항으로 수용되었다.[33]

또 법제국 장관으로서 이토 히로부미와 함께 헌법제정을 주도한 이노우에 고와시(井上毅)의 헌법 초안 제16조에는 국경(國疆)의 변경을 가져오는 오는 조약은 의회의 승인을 거쳐 법률의 효력을 가지도록 한다는 내용이 있다.[34]

이 문서들이 의미하는 바는 태정관지령이 나올 즈음에 일본 정부 내에서는 '국계 변경' 사항은 법률로 해야 한다는 의식이 강하게 존재하고 있었다는 것이다. 그럼에도 울릉도와 독도에 대한 영유권 배제 조치가 태정관지령으로 그친 것은 입법체계의 혼란이 계속되고 있었고, 메이지 유신의 마지막 내전인 서남전쟁의 와중에 있었다는 점도 고려할 필요가 있을 것이다.[35] 또 태정관의 지령의 효력을 보여주는 단적인 예로, 필자는 1877년에

33 메이지헌법 이후에도 센카쿠(댜오위다오)나 독도 편입에서 보는 바와 같이 '국계의 변경' 부분은 법률 사항에서 제외 된 것 같다.

34 穎原善徳, 2015, 「大日本帝国憲法起草過程における条約締結権」『立命館大学人文科学研究所紀要』 105, 立命館大学人文科学研究所, pp.48~49; 穎原善徳, 2017, 「初期議会期における条約の国内編入をめぐる問題」『立命館大学人文科学研究所紀要』 111, 立命館大学人文科学研究所, p.200 재인용.

35 영토 문제임에도 불구하고 '포고'가 아니라 '지령'으로 된 것은 어떻게 보면, 내무성의 상신을 받은 태정관 본국(사무국)이 사무정리를 하는 과정에서 '지령안'을 만들어 태정관 참의들에게 회람했기 때문일 것이다. 즉 태정관 본국의 판단이 크게 작용하였으며, 당시 태정관 참의의 다수가 서남전쟁에 참여하는 등 매우 혼란한 상황이었기 때문에 포고 등의 형식을 취하지 못하고 안이하게 본국의 판단을 그대로 수용하였을 것으로 보인다. 내무성의 태정관 상신문(품의서)은 '중대한 영토 문제'를 어떻게 할 것인가에 대해 태정관의 의사 또는 의지를 확인하는 내용이며, 여타의 지령을 요청하는 질의문과는 그 성격이 다르다.

발령된 태정관지령으로 고등법원의 판결과 소답문례(訴答文例[태정관포고 247호], 후의 민사소송법에 해당) 20조의 말항(末項)이 무효화된 사례를 들어 설명하기도 했다.

이상을 종합하면, 법령이 정비되지 않고 혼란스러웠던 당시의 상황을 고려하면 태정관지령은 좁은 의미의 형식적 정의로서의 내부 훈령이 아니라, 광의의 법률적 효력을 가진 것으로 볼 수 있다는 것이 필자의 견해이다.[36]

4. '1699년 합의'의 국내 이행 입법조치로서의 태정관지령

필자는 태정관지령을 '1699년 합의'를 국내적 이행을 위한 입법 조치로 해석했다. 이에 대해 '쟁점검토'는 다음과 같이 문제 제기를 했다.

> (태정관지령을 – 인용자) 변형이론으로 설명하려면 일본에 국제법이 전해진 1862년 이후에 국제법상 국제법과 국내법의 관계에 대한 서구의 국제법 법리로서 이원론의 입장에서 1877년까지 일본이 체결한 국제조약을 국내적으로 이행하기 위해 변형적 입법 조치를 한 사례를 제시할 수 있어야 할 것이다. 더욱이 국제법상 변형이론은 1899년 이후에 등장한 것이므로 일본이 170여 년 전의 조·일 간 합의를 국내적으로 이행하기 위해 1877년에 태정관지령을 공포하였다고 보기 어렵고, 또한 태정관지령이 당시 입법체계상 법률이 아니라 시마네현의 질의에 대한 상급관청의 훈령으로서 발령된 것이므로 입법체계상 지위가 낮다는 점에서 법률로의 변형을 전제로 하는 변형이론의 적용에 부합하지 않는다(p.271).

요약하면, '쟁점검토'는 태정관지령을 1699년 합의(울릉도쟁계합의)의 국내적 이행을 위한 입법 조치로 보기 어려운 이유를 ① 태정관지령이 하위 법

36 이성환, 2016, 앞의 글, pp.109~110.

령이기 때문에 법률로의 변형을 전제로 하는 변형이론을 적용할 수 없다. ② 이원론의 입장에서 1877년까지 일본이 체결한 국제조약을 국내적으로 이행하기 위해 변형적 입법 조치를 취한 사례가 없다. ③ 1899년에 이원론이 등장했기 때문에 170여 년 전의 울릉도쟁계합의(도해금지령)를 1877년에 태정관지령으로 전환했다고 보기 어렵다, 등의 세 가지를 들고 있다. ①과 ②를 종합하여 '쟁점검토'의 논리를 역으로 정리하면, 국제조약을 국내적으로 이행하기 위해 입법 조치를 한 사례가 있으면, 태정관지령은 1699년 합의의 국내적 전환으로 볼 수 있으며, 동시에 태정관지령이 법률임이 입증될 수 있다, 는 것이 된다. 이는 앞에서 언급한 태정관지령의 법적 지위와 관련된 문제이기도 하다.

먼저, 일본이 1699년 합의를 국내적으로 이행하려는 국가적 의지가 없었다면, '쟁점검토'가 지적한 바와 같이, "법적 구속력을 갖는 조약문서인 울릉도쟁계 관련 외교문서"(p.271)를 기반으로 하여 태정관지령을 발령할 이유가 있었을까를 생각해볼 필요가 있다. 또한 설령 '쟁점검토'의 주장처럼 태정관지령이 시마네현에 대한 내부 훈령이라 하더라도, 그것이 1699년 합의를 승계한 것이 분명한 이상, 태정관지령은 1699년 합의를 이행하기 위한 국내적 조치임은 틀림없다. 이와 관련하여 정민정은 "울릉도쟁계 후 합의 결과가 있었다고 하면(이 부분은 '쟁점검토'도 인정하고 있다 - 인용자), 태정관지령은 합의 결과의 해석에 관한 당사국의 합의를 확정하는 그 합의 결과 적용에 있어서의 추후의 관행 또는 일본의 명시적 승인 또는 국내 이행의 증거로 볼 수 있다"는 견해를 밝히고 있다.[37]

일반적으로 제2차 세계대전 이전 일본에서는 국제법과 국내법의 관계가 명문화되지 않았다. 메이지헌법에도 조약 체결권에 대해서만 규정하고 있을

37 「일본의 태정관지령과 독도 편입/19세기 조선의 국제관계」, DILA-KOREA포럼자료집(2019.4), p.81.

뿐이며, 1907년 공식령(公式令, 칙령 제6호)[38] 발포 이전에는 어떠한 법령에도 조약의 국내 이행에 관한 언급이 없다. 따라서 조약의 국내 편입방식에 대해서는 학설상의 논의는 있었지만, 확립된 원칙은 없다고 알려져 있다. 일반적으로는 "정부는 관행상 조약에 국내법상의 효력을 인정하고" 있었으며,[39] 구체적인 내용에 대해서는 주일 네덜란드 공사의 조회에 대해 1907년 5월 21일 일본 정부가 밝힌 공식적인 견해가 자주 인용되고 있다. 즉 "조약은 내용의 여하에 관계없이 제국의회의 참여를 허용하지 않는다. …… 그래서 조약은 국법의 일부로 공포함으로써 일반의 준유력(遵由力)을 가지는 것으로 해석한다. 특히 법률 명령을 제정하여 이를 국법 속에 편입하는 경우는 없고, 조약의 규정에 저촉되는 법률 명령의 규정은 당연히 변경되는 것으로 해석한다"는 것이다.[40]

즉, 일본에서 일원론은 관행에 의해 확립되었으며, 1907년 공식령 제8조에서 천황의 이름으로 조약을 공포한다고 규정한 시점부터 제도화되었다.[41] 이러한 관행이 형성되기 까지는, 태정관제 하에서는 포고, 칙령, 지령, 명령 등을 통해서, 의회개설 후에는 법률제정을 통해서 조약의 국내 이행 조치가 이

38 공식령(公式令)은 메이지헌법에서 정해진 천황의 행위로 작성되는 문서의 양식・기준을 정한 칙령 제6호를을 말한다. 조서(詔書)・칙서(勅書)의 형식, 헌법 개정・황실전범 개정의 공포, 법률・칙령의 공포, 국제조약의 발포, 각령・성령(省令상)의 형식, 국서・친서・조약비준서・전권위임장 등의 외교문서의 형식 등을 규정하고 있다.

39 高野雄一, 1960, 『憲法と条約』, 東京大学出版会, pp.126~132; 樋口陽一・佐藤幸治・中村睦男・浦部法穂, 2004, 『憲法 Ⅳ(第76条~第103条)』注解法律学全集4, 青林書院, pp.345~346.

40 外務省条約局第二課, 1943, 『条約ニ関スル先例研究』(一)(国際法先例研究第一輯, 1943年 1月, 外務省調書条二 27) pp.2~10; 「条約ノ効力ヲ生スヘキ方式ニ関シ蘭国公使ヨリ照会一件」(外務省記録 2.5.1.72 「条約ノ国法的効カニ関シ解釈一件」 일본 외무성외교사료관 소장)

41 籾原善徳, 2018, 「日清戦後における条約の国内実施と憲法典による規制」 『立命館大学人文科学研究所紀要』 115, 立命館大学人文科学研究所, p.44.

루어졌으며, 이러한 조치들이 반복되면서 관행이 확립되었다.[42] 1907년 이후 일본이 형식적, 제도적으로 일원론을 취한 이유는 조약체결권이 헌법상 천황 대권에 속하고, 1907년의 공식령을 통해 천황이 조약 공포권을 가지게 됨으로서 국내 법령으로의 이행 또는 전환 과정에서 불가침의 천황 대권을 손상하거나 침해할 우려가 있었기 때문이다.

그러면 그 이전의 관행은 어떠했는가. 조약의 국내 법령으로의 전환 사례로는 청일수호조규에 근거한 1874년 4월의 '재류청국인민적패규칙'(在留清國人民籍牌規則(太政官達)[43]과, 각국과 맺은 조약에서 외국인의 내지 여행 문제를 구체적으로 실행하기 위해 같은 해 5월에 공포된 '외국인내지여행윤준조례'(外國人內地旅行允準条例)[44] 등이 있다. 그 외 당시에는 태정관지령, 외무성지령 등의 형태로 조약의 실시를 위한 조치들이 취해진 경우도 있다.

그리고 의회가 개설된 후에는 본격적인 입법 조치를 통해 조약의 국내 전환이 이루어지게 된다. 특히 제13회 의회(1898년)를 앞두고는 영일통상항해조약을 비롯해 많은 불평등조약이 개정되면서 이를 국내적으로 이행하기 위해 법률의 제정 및 개정이 필요하게 된다. "정부는 조약의 실질을 법령으로 발포할 필요"에서[45] '개정조약실시준비위원회'(후에 법전조사회 제2부)를 설치하여 구체적인 입법 준비를 한다.[46] 그 결과 제13회 의회에서 조약을 국내에 실시하기 위해 취해진 입법조치, 즉 법률로의 전환은 22건이나 이루어졌다.[47]

---

42 이에 관해서는 穎原善徳, 2018, 「日清戦後における条約の国内実施と憲法典による規制」『立命館大学人文科学研究所紀要』115, pp.43~80에서 상세히 논하고 있다.
43 岩壁義光, 1998, 「'在留清国人民籍牌規則'の成立」, 安岡昭男, 『近代日本の形成と展開』, 厳南堂書店 참조.
44 石井孝, 1977, 「外国人の内地旅行問題」『明治初期の国際関係』, 古川弘文館 참조.
45 『東京日日』 1898년 1월 1일.
46 小林和幸, 1990, 「明治二七年調印の改正条約実施準備について」『『日本歴史』509, 日本歴史学会 참조.
47 小林和幸, 위의 글, pp.74~75, 각주 42.

이러한 관행의 축적과 함께 1907년 공식령의 공포로 천황이 조약 공포권을 가지게 되면서 일원론이 확립되게 된다. 그 결과 전전 일본에서는 조약이 국내법보다 우월적인 지위를 가지게 되었다. 단적으로 말하면, 1907년 공식령 공포 이전은 이원론, 그 이후는 일원론으로 수렴, 제도화되었다.

또 '쟁점검토'는, 변형이론이 법률로의 변형을 전제로 하는데, 지령은 하위 법령이기 때문에 변형이 아니라고 주장한다. 이는 거꾸로 태정관지령이 1699년 합의의 변형이라는 것이 입증되면, 태정관지령은 하위 법령이 아닌 법률임을 의미하게 된다. 변형이론이 반드시 법률로의 변형만을 전제로 한다는 점에 대해서는 약간의 의문이 있지만,[48] 대체로 그러한 경향이 있는 것은 분명하다. 특히 국내법보다 조약의 우월성을 인정하던 당시 일본의 법체계에서는 그러한 경향이 더욱 강한 것으로 보인다.

태정관지령이 1699년 합의를 국내 법령으로 전환하거나 이행한 것으로 봐야 할지의 여부와 관련해서는 태정관지령이 나오게 된 배경도 살펴볼 필요가 있다. 1871년 11월 태정관 우(右)대신과 외무경을 겸하고 있던 이와쿠라 토모미는 구미사절단 파견을 준비하면서 불평등조약 개정의 필요성 등과 함께 "사할린, 죽도(아마 울릉도를 가리키는 듯 - 인용자), 무인도, 류구(오키나와)의 경계"를 조사할 필요가 있다고 밝혔다.[49] 울릉도에 대한 조사도 포함되어 있는 점이 주목된다. 국제적인 측면에서 사절단의 주된 목적은 새로운 국가 일본을 알리고, 불평등조약 개정을 타진하는 것이었다. 이와 함께 이와쿠라

48 예를 들면, 고시 조약은 일반적으로 국내적으로 법률이 아니라 명령의 효력을 가진다고 주장하는 견해도 있으며(이규창, 2006, 「고시류조약의 법적 제문제에 대한 고찰」 『법조』 603호, pp.248~259), 조약의 경우, 국내법 질서 차원의 특별한 관련 법률의 제정이나 입법기관의 동의 또는 행정부의 관보 고시 등으로 이루어질 수도 있다(최태현 · 이재민, 2007, 「국제법(조약, 관습법)의 국내적 적용에 관한 연구」(보고서), p.8).

49 日本史籍協会編, 1969, 『岩倉具視関係文書 7』(復刻版), 東京大学出版会, pp.306~309.

가 경계 조사의 필요성을 제기한 것은 국내적으로는 국경을 확정하여 근대적 영역 국가로의 재편성의 필요성을 지적한 것으로 보인다.

위의 이와쿠라의 '경계'에 대한 구상은 1875년의 카라후토(樺太 사할린)・치시마(千島) 교환조약, 1876년 오가사와라 제도 편입, 1879년의 오키나와 병합 조치 등을 통해 실현된다. 이와쿠라 토모미가 조사의 필요성을 지적한 곳은 경계가 모호한 상태에 있던 지역이었으며, 메이지 정부는 이들 지역을 적극적으로 포섭하여 국경을 획정하고 근대적 영역 국가를 형성해 가는 조치를 취한 것이다.[50] 이러한 조치들은 서양 국가들과의 접촉 속에서 근대 영역 국가의 국경 개념을 의식하면서 근대 국제법에 기초하여 영역 및 국경을 획정해 가는 과정이었다.[51]

일본이 근대 국제법을 기초로 확장적으로 국경을 획정해 간 당시 상황을 고려하면 일본 정부가 1877년 태정관지령을 통해 독도를 일본 영토에서 배제한 것은 매우 예외적인 현상이다. 1882년 조선 정부가 울릉도 개척령을 반포하기 전까지 울릉도와 독도는 거의 무인도에 가까웠으며, 독도에 대해서는 현실적으로 조선의 영토 인식이 강하지 않았다. 이러한 상황과, 당시 일본이 강압적으로 조일수호조규를 체결하는 등, 조선과 일본의 역학 관계를 고려하면 오히려 독도 편입 조치를 취하는 것이 자연스러웠을지도 모른다.

그럼에도 태정관지령을 통해 독도를 일본의 영토에서 배제하는 조치를 취한 것은, 조선과 막부 사이에 형성된 구속력 있는 1699년 합의를 승계하여 국경을 확정하려는 근대 국제법의 영역 개념이 투영된 것으로 볼 수 있다. 여기에는 1699년 이래 효력을 유지해 온 조선과 일본 사이의 국경에 대한 메이지 정부의 강한 자기 집행 의지가 반영되어 있다고 할 수 있다. 태정관지령문에

50 柳原正治, 2012, 「幕末期・明治初期の'領域'概念に関する一考察」『現代国際法の思想と構造 I 』, 東信堂, pp.46~50.
51 柳原正治, 2012, 위의 글, p.59.

"일본 땅이 아님을 명심하라(相心得)"고 강조한 것은, 독도와 울릉도가 일본 땅이 아니라는 조일 간의 국제적 합의를 국내적으로 실행하는 의미가 있다. 실제로 앞서 언급한 바와 같이, 내무성이 태정관지령을 근거로 시마네현의 송도개척원을 각하한 것은 태정관지령이 자기 집행력을 가지고 있다는 것을 보여준다. 태정관지령이 시마네현에 대한 단순한 일회성 훈령이었다면, 내무성이 외무성에 조회를 하고, 태정관지령을 근거로 개척원을 각하하는 등의 복잡한 절차를 거치지 않았을 것이다.

필자는 이러한 측면에서 태정관지령을 1699년 합의의 국내 이행을 위한 입법 조치의 일환으로 본 것이고, 이를 설명하기 위해 변형이론이라는 용어를 원용했다. 이에 대해 '쟁점검토'는 "더욱이 국제법상 변형이론은 1899년 이후에 등장한 것이므로 일본이 170여 년 전의 조일 간 합의를 국내적으로 이행하기 위해 1877년에 태정관지령을 공포하였다고 보기 어렵"다(p.271)고 지적했다. 여기에는 두 가지 의미가 내포되어 있는 듯하다. 하나는 변형이론이 1899년 이후에 등장했기 때문에 그 이전에 성립한 태정관지령은 국내 이행을 위한 변형으로 볼 수 없으며, 또 하나는 170년이라는 시간적 거리가 너무 멀다는 점이다.

전자는 아이작 뉴턴이 만유인력을 발견하기 이전에 사과나무에서 떨어진 사과는 만유인력에 의해 떨어진 것이 아니라는 것과 같은 논법이다. 사과나무가 생긴 이래 사과가 떨어지는 현상이 계속되었으나, 그 이유를 몰랐는데, 뉴턴이 이를 만유인력의 법칙으로 설명했을 뿐이다. 뉴턴이 만유인력을 발견한 이후 우리는 떨어지는 사과를 만유인력의 이론으로 설명한다. 그렇다고 뉴턴의 만유인력이 발견된 이후에 떨어지는 사과만을 만유인력으로 설명하고, 그 이전에 떨어진 사과를 만유인력으로 설명해서 안 되는 것은 아니다. 일반적으로 이론이라는 것은 존재했거나 존재하고 있는 현상을 일반화하여 설명하는 것일 뿐이다, 특히 사회과학이나 인문과학에서는 현상이 존재함으로써 이론이 만들어지며, 이론이 만들어지고 나서 거기에 맞춰 현상이 생기는 것은 아니다. 국제법상 1899년 이후에 이원론이 등장했기 때문에 1877년의 태정관지령은 국내적 이행으로 설명해서는 안 된다는 '쟁점검토'의 주장은 사리에 맞지 않다.

후자, 즉 시간적 거리에 대해서는 두 가지의 점이 간과된 듯하다. 하나는 태정관지령이 나오기까지의 과정을 상세히 기록하고 있는 『공문록(公文録)』을 보면, 시간적 거리와 관계없이 태정관지령이 1699년 합의를 승계한 점이 명확히 드러나기 때문에 더 이상 논란의 여지가 없다. 170여 년 전의 조선과 일본 사이의 합의(1699년 합의)를 승계할 의지가 없었다면, 일본 정부(내무성)가 태정관지령을 내리기 위해, 약 반년에 걸쳐 1699년 합의와 관련된 사항을 면밀히 조사하는 등의 조치를 취하지 않았을 것이다.

또 하나는 1699년 합의는 일종의 국경조약이기 때문에 국가 정체나 사정의 변경, 시간적 거리 등의 영향을 받지 않는 특수성을 가지고 있다는 점이다. 국경은 국가의 본질적 요건으로서 한 번 결정되면 당사국 간의 새로운 합의가 없는 한 변경되지 않는 이른바 국경 신성의 원칙(principle of sanctity of frontier)에 의해 시간적 거리에 영향을 받지 않는다. 따라서 170여 년이 지나도 1699년 합의가 여전히 유효성을 가지고 있었기 때문에, 국내 이행이 가능하다. 예를 들어 1699년 합의와 거의 같은 시기(1712년)에 형성된 백두산 정계비는 300년이 지난 지금에도 한국이 중국에 대해 간도 영유권을 주장하는 근거로 활용되고 있고, 이를 바탕으로 국내에서 다양한 활동들이 전개되고 있는 것도 같은 맥락에서 이해할 수 있다.[52]

덧붙여 좀 더 정확히 말하면, 1699년 합의에 대해 일본이 이때 처음으로 국내적 이행 조치를 한 것은 아니다. 울릉도쟁계합의로부터 약 140년이 지난 1836년 막부는 1699년 합의의 도해금지령을 적용하여 울릉도도항자들을 처

52 이에 대해서는 간도 되찾기 운동본부 사이트(www.gando.or.kr)를 참조.

형하는 등 강력한 조치를 취한다. 이른바 하치에몽 사건 또는 텐포죽도일건(天保竹島一件)이다. 그리고 그 이듬해인 1837년 막부는 일본인의 울릉도 도해를 금지하는 전국 법령을 발포한다.[53] 이후 40년이 지나 발령된 태정관지령은 전근대적인 막부체제에서 근대적인 메이지 정부로 정체가 변경되면서 1837년의 전국법령을 대체 입법한 것으로 볼 수 있다.

시간적 거리라는 측면을 강조한다면, 왜 170여 년이 지난 시점에서(정확히는 40년이 지나서) 국내 이행을 했는가라는 의문은 제기할 수 있다. 이에 대해서는 앞에서 일본의 근대 영역 국가의 형성 과정에서 취해진 조처였다는 점을 간단히 언급했다. 부연하면, 국경은 국가 간 합의에 의해 확정이 되면, 정체의 변경 등에 의한 승계의 경우는 국경조약뿐 아니라 그에 따른 권리 의무 등 국경 체제 자체를 승계하는 것이다.[54] 국제사법재판소(ICJ)는 국경조약이 조약으로서 더 이상 효력을 가지지 않더라도, 해당 조약에 의해 확정된 국경은 여전히 효력을 유지한다고 판시하였다.[55] 1699년 막부체제 하에서 성립된 조선과 일본 사이의 국경을 시마네현의 문제 제기를 계기로 메이지 신정부가 새롭게 태정관지령으로 승계한 것은 지극히 일반론적이라 하겠다.

53 池内敏, 2012, 『竹島問題とは何か』, 名古屋大学出版会, pp.31~32; 池内敏, 2016, 『竹島－もうひとつの日韓関係史』, 中央公論社, p.104.

54 A. P. Lester, 1963, "State Succession to Treaties in the Commonwealth", *International and Comparative Law Quarterly*, Nol.12, p.492; 이현조, 2007, 「조중국경조약체제에 관한 국제법적 고찰」 『국제법학회논총』 52(3), 대한국제법학회, p.193 재인용.

55 *Territorial Dispute(Lybyan Arab Jamahiriya/ Chad)*에서 ICJ는 국경 협정(조약)에 의해 성립된 국경은 지속성을 가지나, 이의 근거가 된 조약의 지속성에 의존하지 않는다고 지적했다. *ICJ reports 1994*, para. 74, *Gabcik-Nagymaros Project(Hungary/ Slovakia), ICJ Reports 1997*. para. 123.(정인섭, 2007, 「통일후 한러 국경의 획정」 『서울국제법연구』 14(1), 서울국제법학회, p.73 재인용).

5. 1886년 '공문식'과 태정관지령 소멸론에 대하여

'쟁점검토'가 지적하는 또 다른 핵심 논점은 태정관지령의 효력 존속 기간이다. 이에 대해 '쟁점검토'는 1886년의 공문식(公文式)이 공포된 이후 태정관지령은 효력을 상실했고, 이로 인해 일본인의 울릉도에서의 권리 요구(거주권 요구 등)가 강해졌다는 논지를 펴고 있다. 이는 공문식에 대한 잘못된 이해에서 비롯된 오류이다. '쟁점검토'는 태정관지령의 소멸과 관련하여 아래와 같이 기술하고 있다.

> 마찬가지 이유에서 겐로쿠 연간에 양국이 의정한 사실(1699년 합의 – 인용자)이 1800년대까지 효력을 미치고 있었다고 보는 것도 형식적 법 논리이다. '태정관지령=국경조약'설의 논지대로라면, 태정관지령은 개정되거나 폐기된 적이 없으므로 근대적 내각제가 도입된 이후는 물론 지금까지 그 효력을 유지하는 것이 된다. 그러나 일본은 1885년에 내각제를 도입하면서 태정관제를 폐지하였고 1886년에는 공문식을 제정하여 법제의 틀을 근본적으로 쇄신하였다. 이 과정에서 태정관제 하에서 공포된 법규범들은 소멸(消滅)하거나 이후 새로운 입법에 의하여 대체되었다. 일본에서 메이지 헌법이 제정되어 동 헌법에 상충되지 않는 이전의 법령에 대한 효력을 인정하는 경과 규정은 공문식에 따라 제정된 법령을 말하는 것이다. 이러한 이유로 1900년대 초기 일본 정부는 울릉도 일본인의 철수를 요구하는 한국 정부에 울릉도 거주권을 요구했다. 이는 태정관지령이 일반 국민 이전에 정부에 대한 구속력을 갖고 있다는 인식이 일본 정부에 일부라도 남아있었다면 하기 힘든 주장이다. 이 시기에 오면 일본에서 태정관지령에 대한 인식은 울릉도 영유 인식과는 분리 혹은 단절되어 있었다. 이는 태정관지령의 시행에 대한 일본 정부의 의지가 약해지면서 공문식의 공포 이후 사문화에 의한 법령의 효력 상실이 이루어졌음을 의미한다(pp.274~275).

먼저, 위 인용문에서 "겐로쿠 연간에 양국이 의정한 사실(1699년 합의 – 인용자)이 1800년대 까지 효력을 미치고 있었다고 보는 것도 형식적 법 논리이다"라는 점에 대해서는, 앞에서 반복적으로 언급한 바와 같이, 태정관지령이 울릉도쟁계합의, 즉 1699년 합의를 승계한 것이 명확하고, 국경의 지속성이라는 일반론에 비추어 보면, 더 이상 논증할 필요성을 느끼지 않는다. '쟁정검토'의 논지가 성립하려면 태정관지령이 1699년 합의를 승계한 것이 아니라는 것이 입증되어야 하는데, '쟁점검토'는 이에 대해 언급하지 않는다. 단지 시간적 거리가 멀다는 이유만으로 효력이 상실되었다고 보는 것은 지나치게 관념적, 인상론적이며, 비논리적이다. 특히 국경이나 영토 관련 국제적 합의가 시간의 경과에 따라 효력을 상실하면 국경은 무질서해지고, 국제사회는 대혼란에 빠질 것이다. '쟁점검토'의 주장은 국경조약에 의해 형성된 국경 및 국경 체제의 안정성과 지속성을 간과한 것이다.

이어서 위 인용문 내용의 사실을 확인하기 위해서는, 당시 일본의 법령을 둘러싼 환경과 공문식에 대한 이해가 필요하다. 위 인용문이 지적한 바와 같이, 1885년 일본에 근대적인 내각제가 도입되면서, 그 이듬해인 1886년 2월 '공문식(公文式)'이 반포되어 율령제 하의 전근대적인 법령 체계도 근대적 형식으로 바뀌게 된다. 이는 일본의 정부 조직이 근대적으로 변화하면서 동시에 법령 체계도 근대적인 형식으로 바꾸려는 시도이다. 이를 위해 반포된 것이 '공문식'이다. 따라서 전근대적인 태정관제가 폐지되고, 태정관제 하의 법령 형식도 더 이상 사용되지 않게 된다.

구체적으로 공문식은 포고, 포달 등의 태정관제 하의 법령 체계를 법률, 칙령, 각령, 성령(省令)으로 정비하고, 반포 방법을 구체적으로 규정하고 있다. 근세 봉건법에서 근대법으로의 이행기에서 발생하는 법령 형식(격식)의 혼란을 정비하기 위해 일본 정부는 1868년, 1873년, 1881년, 1886년, 1907년에 지속적으로 조치를 취한다. 그 가운데 1873년의 결문례(結文例, 태정관포고 제254호) 제정과 1886년의 공문식(公文式, 칙령 제1호), 1907년의 공식령이 중요한 역할을 한다. 특히 공문식이 강조되는 것은 공문식의 시행을 통해서 복고적인 성격이 강했던 태정관제 하의 법령이 현재의 법형식(법률, 명령 등)으로 바뀌었기 때문이다.

1886년 칙령 1호로 반포된 공문식은 17개 조로 구성되어 있으며, 법률과 명령의 제정, 공포 절차, 시행기한, 각령(閣令), 성령(省令) 제정권의 근거 등을 규정하고 있다.[56] 공문식 이전의 법령은 형식이나 종류가 『법령전서』에 수록된 것만도 40여 종에 달했기 때문에 법령의 위계, 효력의 우열, 내용의 중복, 형식 등이 매우 혼란스러웠다. 이러한 혼란을 없애기 위해 앞으로 제정하는 법령은 법률, 칙령, 각령, 성령 등으로 구분하여 제정하도록 하고, 제정되는 법령의 공포 및 연서(連署) 방법 등을 체계화하여 정리하려는 것이 공문식이다. 이 공문식으로 포고의 성격을 가진 법령은 대체로 법률로, 포달과 달은 성령으로 수렴된다.

그러나 고시와 지령은 그 이후에도 그대로 존속한다.[57] 따라서 공문식은 향후 제정될 법령의 격식과 공포 절차를 규정하고 있을 뿐, 기존의 태정관제 하에서 공포된 법령이나 법규범의 효력에 대해서는 언급하지 않는다. 즉, 공문식이 기존 법령에는 아무런 영향을 미치지 않으므로, 태정관제 하에서 제정된 법령은 계속 유효하게 존속하는 것이다. 따라서 "이 과정에서 태정관제 하에서 공포된 법규범들은 소멸(消滅)하거나 이후 새로운 입법에 의해 대체되었다"는 '쟁점검토'의 주장은 성립하지 않는다. 기존 법령이 대체되거나 소멸되기 위해서는 공문식에 기존 법령에 대한 대체 입법의 방법이나 시기, 기존 법령의 효력 등에 관한 경과 규정이 있어야 하나, 공문식에는 그와 관련된 내용이 없다.

1886년의 공문식은 1907년에 새로운 문서의 양식과 기준을 정하는 '공식

56 17개조로 된 공문식은 https://www.digital.archives.go.jp/das/image-j/F000000000000014055에서 원문을 볼 수 있다.

57 岩谷十郎, 2012,『明治日本の法解釈と法律家』, 慶応義塾大学法学研究会, p.35.

령'(公式令, 칙령 제6호)의 반포로 폐지된다(공식령 부칙 2항).[58] '쟁점검토'의 논리대로라면, 1907년의 공식령 반포로 그 이전의 법령은 사멸되거나 대체입법이 이루어져야 한다. 공식령에는 헌법의 개정, 황실전범의 개정, 공포 등의 내용도 담고 있으므로, 이전의 의회를 통과한 법률 및 헌법도 여기에 해당될 수 있다. 그러나 법률과 헌법이 소멸되거나 대체입법이 이루어진 흔적은 없다. 다시 말하면 공문식의 반포는 그 이전에 사용되었던 포고, 포달 등의 형식은 없애고, 새로 만들어지는 법령은 법률, 칙령, 각령, 성령 등의 형식으로 한다는 것을 의미할 뿐이며, 그 이전에 만들어진 법령에 대해서는 영향을 미치지 않는다.[59] 따라서 태정관지령도 아무런 영향을 받지 않고 효력이 계속 유지된다.

참고로 일본 총무성의 '법령데이터 제공 시스템'에 의하면 현재에도 법령으로 작동하고 있는 태정관제 하의 법령이 11개나 있는 것으로 확인된다.[60] 특히 태정관제 하에서 공문식 발포 이전인 1884년에 제정된 '폭발물단속벌칙(爆発物取締罰則)'은 그 후 아무런 개정 없이 현재도 강력하게 법률로 작동하고 있다(폭발물을 사용한 경우 사형, 무기 또는 7년 이상의 징역).[61] 마찬가지로 태정관지령 역시 폐기나 대체입법이 이루어 지지 않았다면 (특히 국경 관련 법령이라는 점도 고려해서), 현재까지도 효력을 유지하고 있다고 봐도 논리적으로 무리가 없다. 아직까지 태정관지령이 폐기되거나 대체 입법된 흔적은 발견하지 못했다.

---

58 21개조로 된 공식령의 전문은 https://www.digital.archives.go.jp/img/161966에서 열람 가능하다. 공식령의 마지막 부칙 2항에서 공문식의 폐지를 규정하고 있다.

59 이성환, 2016, 앞의 글, p.106.

60 일본 총무청 법령데이터제공 시스템(法令データ提供システム, http://www.rilg.or.jp, 검색일: 2019.2.20.)

61 https://ja.wikipedia.org/wiki/%E7%88%86%E7%99%BA%E7%89%A9%E5%8F%96%E7%B7%A0%E7%BD%B0%E5%89%87(검색일: 2019.2.20.)

현실적으로도 경과 규정 없이, 공문식의 반포를 통해 갑자기 4만 건 이상이 되는[62] 태정관제 하의 법령을 일거에 소멸시키거나 대체 입법을 하는 것은 불가능하다. 그렇게 되면, 국가와 사회의 근간을 이루는 법령이 없어지면서 정치 사회적으로 대혼란을 초래하고, 국가의 존립 자체를 위태롭게 할 것이다. 따라서 "일본에서 메이지헌법이 제정되어 동 헌법에 상충되지 않는 이전의 법령에 대한 효력을 인정하는 경과 규정은 공문식에 따라 제정된 법령을 말하는 것"이라는 '쟁점검토'의 주장은 애초부터 성립하지 않는다. 메이지헌법의 경과 규정은 태정관제 하에서 만들어진 법령도 효력을 유지하도록 하고 있다. 앞에서 언급한 『헌법의해(憲法義解)』의 헌법 제76조에 대한 설명에서도 이를 확인할 수 있다. 『헌법의해(憲法義解)』는 헌법 제76조에 대해 이 헌법에 모순되지 않으면 "의회개설 이전의 공령(公令)은 어떠한 명칭을 사용하고 있어도 모두 준유의 효력이 있다. …… 만약 장래에 개정을 요하게 된 경우에는 과거의 칙령, 포고로 공포되었더라도 모두 새로운 법률로 행해야 할 필요가 있다"고 기술하고 있다.[63] 헌법에 모순되지 않으면 공문식과 관계없이 과거의 모든 법령은 계속 효력을 유지하고, 장래 개정이 필요한 경우에는 칙령이나 태정관제 하의 포고 등도 새로운 법률에 의거해야 한다는 것이다.

따라서 '쟁점검토'가 "공문식의 공포 이후 사문화에 의한 법령의 효력 상실이 이루어졌"다고 전제하면서 그 이후의 전개 과정을 논하는 것은 논리적으로 성립하지 않는다. 이러한 이유에서 이 글에서는 '쟁점검토'가 주장하고 있는 "태정관지령과 (1905년 – 인용자) 각의 결정의 효력 상충 여부"는 검토 대

---

62 中川文寿, 2004, 「国立国会図書館の法令遠隔サイン編纂事業ーわが国近代法制の沿革系譜をあきらかにするために」『レファレンス』591, 日本国会図書館, p.7.

63 伊藤博文著他, 1938, 『帝国憲法義解(日本国学振興会 訳註)』日本国学振興会, pp.176~179.

상에서 제외했다. '쟁점검토'는 각의 결정 이전의 공문식 반포 단계에서 이미 태정관지령은 사문화되거나 효력을 상실한 것으로 간주하고 있기 때문에, 그 이후에 이루어진 각의 결정과 태정관지령의 관련성은 논의의 대상이 될 수 없으며, 논의를 해도 공론일 뿐이다.

물론 '쟁점검토'가 지적하듯이, 1890년대 이후 일본인들의 울릉도 도항이 빈번하게 이루어지고 그들이 부당한 요구를 하고, 일본 정부도 태정관지령에 대한 인식이 옅어졌을지도 모른다.[64] 그렇지 않으면 1905년 일본이 독도 편입 조치를 취하기는 쉽지 않았을 것이기 때문이다. 그러나 일본 정부의 태정관지령에 대한 인식이 희박해졌다고 해서 태정관지령이 없어지는 것은 아니며, 또 이것이 일본인들의 울릉도 도항과 직접 관련이 있는 것도 아니다. 1900년도를 전후해서 일본인들의 울릉도 도항이 많아지는 것은 태정관지령이 소멸한 때문이 아니라 다른 차원에서의 분석이 필요하다. 울릉도는 공식 개항장이 아니기 때문에 일본인들의 도항 자체가 불법이며, 청일전쟁 이후 이러한 현상이 두드러진다. 이는 당시 조선과 일본의 역학 관계 등의 차원에서 새롭게 조명되어야 할 문제일 것이다.[65]

64 '쟁점검토'의 인용문에서는 공문식에 의해 태정관지령의 효력이 상실되었다는 점을 강조하려는 것인지, 아니면 그 후 일본 정부가 태정관지령에 대한 실행 의지가 약해지면서 실질적으로 사문화되었음을 강조하려는 것인지 명확하지 않다. "이는 태정관지령의 시행에 대한 일본 정부의 의지가 약해지면서 공문식의 공포 이후 사문화에 의한 법령의 효력 상실이 이루어졌음을 의미한다"는 기술은, 공문식 공포 후 일본 정부의 실행 의지가 약화되면서 대체입법을 하지 않았기 때문에 태정관지령은 사문화되었다고 인식하고 있는 듯하다. 어쨌든 공문식의 공포로 태정관지령이 효력을 상실했다는 주장일 것인데, 이는 전혀 사리에 맞지 않다.

65 박한민, 2017, 「조일수호조규 체제의 성립과 운영연구(1876~1894)」 고려대학박사논문, p. iv.

6. 결론

지금까지의 논의를 요약하면 다음과 같다. 첫째, 태정관지령의 법률적 효력에 대한 평가이다. '쟁점검토'는 태정관제 하의 형식적인 법령 체계만을 근거로 태정관지령을 단순히 시마네현에 대한 훈령으로 매우 편협하게 해석했다. 그러나 이는 태정관제 하의 법령 체계가 비체계적이고 혼란스러웠던 현실을 반영하지 않고 형식 논리에 치우진 결과이다. 따라서 태정관지령이 법률적 효력을 가진 법령이라는 필자의 주장은 타당하다.

둘째, 태정관지령이 울릉도쟁계합의의 국내 이행을 위한 전환이었는가에 대한 문제이다. 『공문록(公文録)』에 편철된 태정관지령 관련 문서를 보면, 태정관지령이 1699년 합의를 승계한 것이라는 점에는 의문의 여지가 없다. 따라서 태정관지령은 1699년 합의를 국내적으로 이행하려는 일본 정부의 의지를 보여주는 조치로 보는 것이 타당하다. 설령 그것이 '쟁점검토'가 주장하는 내부 훈령이라 하더라도, 그것은 법적 지위나 적용 범위가 낮고 좁을 뿐, 국내 이행을 위한 조치라는 사실은 변하지 않는다. 또 '쟁점검토'의 주장대로 변형이론이 반드시 법률을 전제로 한다면, 태정관지령이 1699년 합의의 국내 이행 조치인 이상, 태정관지령이 법률임을 반증한다. 이는 첫 번째 논의와 관련되는 것으로 앞으로 좀 더 심도 있는 논의의 필요성은 있을 것이다.

그리고 '쟁점검토'가 조약을 국내적으로 전환한 사례가 없기 때문에 이를 인정할 수 없다고 지적했으나, 당시 일본에서 실행된 조약의 국내 이행의 사례를 제시했으며, 전전 일본에서의 조약의 국내 이행에 대한 이론적 설명도 자세히 기술했다. 일본은 1907년 공식령 반포 이전까지는 이원론을 따랐으나, 이후에는 일원론으로 제도화 되었다.

셋째, 태정관지령이 언제까지 효력을 유지했는가에 대한 문제이다. '쟁점검토'는 1886년 '공문식'을 근거로 그 이후 태정관지령이 사문화되거나 효력을 상실했다고 주장한다. 그러나 이는 '공문식'에 대한 잘못된 이해에서 비롯된 오류이다. 공문식은 공문식 반포 이후에 만들어지는 법령의 형식과 체제 등을 규정한 것이며, 그 이전의 법령에 대해서는 아무런 영향을 미치지 않는다. 공문식 반포와 관계없이 태정관지령은 계속 효력을 유지한다는 점을 구체적으로 밝혔다. 더욱이, '쟁점검토'의 주장과는 반대로, 메이지 헌법의 경과 규정에 의해 태정관지령은 계속 효력을 유지했으며, 1907년 공식령 제정이후에도 여전히 효력을 유지했다. 그 연장선상에서 확대 해석을 하면, 논리적으로는, 일본 정부가 폐기 조치를 취하지 않은 이상 태정관지령은 현재까지도 효력을 유지하고 있다고 볼 수 있다.

결론적으로, 태정관지령이 1699년 합의와 불가분의 관계에 있다는 점을 고려할 때, 태정관지령은 일본의 일방행위로서 국제법상 의미를 가지는 조치, 즉 역외효과를 낳는 국내 법령의 성격을 가지고 있는 법률로 해석될 수 있다. 그리고 공문식이나 메이지헌법의 공포에 관계없이 태정관지령은 계속 효력을 유지하고 있다. 따라서 최철영과 유미림이 제기한 필자의 주장에 대한 반론이나 부정적 평가는 받아들일 수 없으며, 필자의 주장을 수정할 필요가 없음을 확인했다. 다만, 보다 심도있는 논의와 논지의 보강은 필요할 것으로 사료된다.

[참고문헌]

박한민, 2017, 「조일수호조규 체제의 성립과 운영연구(1876~1894)」 고려대학교 박사논문.

박현진, 2013, 「17세기 말 울릉도쟁계 관련 한 · 일 '교환공문'의 증명력 : 거리관습에 따른 조약상 울릉 · 독도 권원 확립 · 해상국경 묵시 합의」 『국제법학회논총』 58(3), 대한국제법학회.

______, 2013, 「영토 · 해양경계분쟁과 '약식조약'의 구속력 · 증거력 – 의사록 · 합의의사록과 교환각서/공문 해석 관련 '사법적 적극주의'(1951~2002)를 중심으로」 『국제법학회논총』 58(2), 대한국제법학회.

이성환, 2013, 「독도에 대한 무주지 선점론은 성립하는가」『영토해양연구』 6호, 동북아역사재단 독도연구소.
______, 2016, 「태정관과 '태정관지령'은 무엇인가? – 독도문제와 관련하여 – 」『독도연구』 20, 영남대학교 독도연구소.
______, 2017a, 「일본의 태정관지령과 독도 편입에 대한 법제사적 검토」『국제법학회논총』 62(3), 대한국제법학회.
______, 2017b, 「朝日/韓日국경조약체제와 독도 국경체제」『독도연구』23, 영남대학교 독도연구소.
______, 2018, 「태정관지령에서 본 샌프란시스코조약」 동북아역사재단 독도연구소편, 『일본의 독도영유권 주장의 허상』, 동북아역사재단.
______, 2019, 「울릉도쟁계의 조일 간 교환문서에 대한 논의의 재검토」『독도연구』 26, 영남대학교 독도연구소.
______, 2019, 「독도문제 연구에 대한 주요 쟁점 검토 – 도해금지령과 태정관지령을 중심으로 – 」『독도연구』 25, 영남대학교 독도연구소.
이현조, 2007, 「조중국경조약체제에 관한 국제법적 고찰」『국제법학회논총』 52(3), 대한국제법학회.
정인섭, 2007, 「통일후 한러 국경의 획정」『서울국제법연구』 14(1), 서울국제법학회.
최철영 · 유미림, 2018, 「1877년 태정관지령의 역사적 · 국제법적 쟁점검토 – 울릉도쟁계 관련 문서와의 연관성을 중심으로 – 」『국제법학회논총』 63(4), 대한국제법학회.
池内敏, 2012, 『竹島問題とは何か』, 名古屋大学出版会.
______, 2016, 『竹島 – もうひとつの日韓関係史』, 中央公論社.
杉原隆, 2011, 「明治10年太政官指令 竹島外一島之儀ハ本邦関係無之をめぐる諸問題」, 竹島問題研究会, 『第2期「竹島問題に関する調査研究」中間報告書(平成23年2月)』, 島根県.
堀和生, 1987, 「1905年日本の竹島領土編入」『朝鮮史研究会論文集』24, 朝鮮史研究会.
堀内節, 1950, 『身分法 第一分冊』, 東洋書館.
岩谷十郎, 2012, 『明治日本の法解釈と法律家』, 慶応義塾大学法学研究会.
稲田正次, 1960, 『明治憲法成立史 上』, 有斐閣.
大日方純夫, 1981, 我部政男編, 『元老院日誌』 제1권, 三一書房.
穎原善徳, 2015, 「大日本帝国憲法起草過程における条約締結権」『立命館大学人文科学研究所紀要』 105, 立命館大学人文科学研究所.
________, 2017, 「初期議会期における条約の国内編入をめぐる問題」『立命館大学人文科学研究所紀要』 111, 立命館大学人文科学研究所.
________, 2018, 「日清戦後における条約の国内実施と憲法典による規制」『立命館大学人文科学研究所紀要』 115, 立命館大学人文科学研究所.
高野雄一, 1960, 『憲法と条約, 東京大学出版会.
樋口陽一 · 佐藤幸治 · 中村睦男 · 浦部法穂, 2004, 『憲法 Ⅳ(第76条~第103条)』注解法律学全集 4, 青林書院.
外務省条約局第二課, 1943,『条約ニ関スル先例研究』(一) (国際法先例研究第一輯, 1943年 1月, 外務省調書条二 27) 2~10쪽;「条約ノ効力ヲ生スヘキ方式ニ関シ蘭国公使ヨリ照会一件」(外務省記録 2.5.1.72「条約ノ国法的効カニ関シ解釈一件」일본 외무성외교사료관 소장)
許淑娟, 2012,『領域権原論—領域支配の実効性と正当性』, 東京大学出版会.
岩壁義光, 1998,「在留清国人民籍牌規則'の成立」, 安岡昭男,『近代日本の形成と展開』, 厳南堂書店.
石井孝, 1977,「外国人の内地旅行問題」『明治初期の国際関係』, 古川弘文館.
小林和幸, 1990,「治二七年調印の改正条約実施準備について」『日本歴史』509, 日本歴史学会.
日本史籍協会編, 1969,『岩倉具視関係文書 7』(復刻版), 東京大学出版会.
柳原正治, 2012,「幕末期・明治初期の'領域'概念に関する一考察」『現代国際法の思想と構造 I 』, 東信堂.
中川文寿, 2000,「国立国会図書館の法令遠隔サイン編纂事業ーわが国近代法制の沿革系譜をあきらかにするために」『レファレンス』591, 日本国会図書館.
伊藤博文著他, 1938,『帝国憲法義解(日本国学振興会 訳註)』, 日本国学振興会.
伊藤博文, 1940,『憲法義解』, 岩波書店(복각).
佐伯梅友 外 編著, 1985,『例解古語辞典 第2版』, 三省堂.
A. P. Lester, 1963, "State Succession to Treaties in the Commonwealth", *International and Comparative Law Quarterly*, Nol.12.

제6장

울릉도쟁계의 조일 간 교환 문서에 대한 논의의 재검토

— 최철영 · 유미림, 「1877년 태정관지령의 역사적 · 국제법적 쟁점 검토」에 대한 반론(2) —

1. 서론

독도 영유권 문제에 관한 연구는 한일 양국에서 많은 성과를 거두었으나, 연구 성과가 축적될 수록 논쟁은 더욱 첨예화하고 있는 듯하다. 독도 영유권 문제가 객관적인 학술적 논의보다는 자국 중심의 당위론적 연구 경향을 강하게 띠고 있기 때문일 것이다. 또한 한국에서의 독도 문제 연구는 한국의 주장을 능동적으로 체계화하기보다는 일본의 주장을 반박하는 수동적인 경향이 강하다는 비판도 있다.[1] 한국의 독도 연구는 일본 외무성의 '죽도문제의 10포인트'에 대한 반론이나 모순을 지적하는[2] 경우가 많다. 독도 관련 연구가 상당 부분 일본 측 자료에 의존할 수밖에 없는 사정은 있으나, 한국의 관점에서 독도 문제를 보려는 시도가 필요하다.

---

1 최병학, 2010, 「해양영토분쟁과 독도영유권에 관한 연구」 『지방정부연구』 제14권제2호, 한국지방정부학회, p.229.

2 이에 대한 한국의 대표적인 반론으로는 동북아역사재단 독도연구소, 2008, 『일본외무성의 독도홍보 팜플렛 반박문』; 한국해양수산개발원 독도연구센터, 2008, 『독도는 과연 일본 영토였는가?(일본외무성 「독도」 홍보 자료에 대한 비판)』이 있으며, 그 외 다수의 연구 논문이 있다.

이러한 연구 경향을 반영하여 필자는 울릉도쟁계의 결과로 이루어진 1699년의 조일 간의 합의(이하 '1699년 합의')와, 태정관지령(1877년)을 축으로 독도 문제에 관련한 쟁점들을 검토하고, 그 연장선상에서 일본의 독도 편입조치(1905년), 샌프란시스코 평화조약(1951년)의 해석 문제 등에 대한 종합적인 검토가 필요하다고 주장했다.[3] 구체적으로는 17세기 일본의 선점 → 1905년 편입 → 1952년 샌프란시스코강화조약으로 이어지는 일본의 독도 영유권 주장의 구도를[4] 일본의 독도에 대한 조선(한국) 영유권 승인이라는 관점에서 재구성하는 것이다. 각국의 주장과 권원이 상충하는 영유권 문제의 경우, 상대 당사국의 권원을 인정하는 것은 영유권 문제의 판단에 중요한 요소로 작용하기 때문이다.[5] 이를 위해서는 울릉도쟁계에서 이루어진 조일 간의 합의(1699년 합의)에 대한 국제법적 분석과, 이를 승계한 태정관지령의 성격 규정 등이 중요하다. 이는 독도에 대한 한국의 영유권 주장의 주요 기반이 될 수 있기 때문이다.

2. 논의의 쟁점과 문제 제기

오늘날 한일 간의 독도 문제는 17세기 말 울릉도쟁계에서 그 기원을 찾을 수 있다. 1693년 일본의 안용복 납치 사건을 계기로 조선과 일본은 울릉도(독도 포함) 영유권을 둘러싸고 치열한 외교 교섭을 벌였다. 그 결과 최종적으로 1699년 일본이 울릉도와 독도에 대한 조선의 영유권을 인정하고, 일본인의

3 이성환, 2018, 「태정관지령에서 본 샌프란시스코강화조약」, 동북아역사재단 독도연구소, 『일본의 독도 영유권 주장의 허상』, 동북아역사재단.

4 일본 외무성이 2013년에 제작 배포한 「다케시마를 아십니까」라는 제목의 동영상. https://www.youtube.com/watch?v=TXg-NGVKuWI(검색일: 2018.10.20.)

5 許淑娟, 2012, 『領域権原論—領域支配の実効性と正当性—』, 東京大学出版会, p.164.

도해를 금지(도해금지령)하는 것을 내용으로 하는 '합의'가 이루어지게 된다. 이 합의는 울릉도쟁계의 결과물이라는 점에서 '울릉도쟁계합의'라 불러도 좋을 것이나, 필자는 1699년 합의라 명명하고 있다. 울릉도쟁계합의라 하면, 독도 문제와 관련이 없는 울릉도(영유권) 관련 문제로만 인식될 우려가 있기 때문이다. 이 합의에는 독도도 포함되어 있다. 따라서 이 합의가 울릉도에만 관련된 것으로 오인되는 것을 피하기 위해 필자는 이를 '1699년 합의'(이하 작은 따옴표 생략)라 한다.

이 합의 이후 178년이 지난 1877년 일본의 메이지(明治) 정부는 1699년 합의를 태정관지령이라는 국내 법령으로 공식 승계한다. 따라서 1699년 합의와 태정관지령은 불가분의 관계에 있으므로, 양자는 개별적으로 분석될 것이 아니라 상호 연관성 속에서 분석해야 한다. 그러나 지금까지 양자는 독립적으로 연구되고 울릉도쟁계의 전개 과정에 집중하는 경향이 있었다. 울릉도쟁계에 관련된 연구는 역사학 분야에서 많은 성과가 축적되었다.[6]

이와 같은 연구들에 힘입어 2013년 박현진은 처음으로 울릉도쟁계에 대하여 국제법적인 분석을 시도하였다. 그는 「17세기 말 울릉도쟁계 관련 한 · 일 '교환공문'의 증명력 : 거리관습에 따른 조약상 울릉 · 독도 권원 확립 · 해상국경 묵시 합의」라는 논문에서 "1694년 8월 조선의 공문과 1697년 2월 막부가 대마도주(쓰시마 번주 – 인용자)를 통해서 동래부에 전달한 서한은 – ICJ가 확립

6 대표적인 연구 성과로는 岡田卓己, 2018, 「元禄竹島一件(鬱陵島争界)における幕府の政策決定過程に関する研究 – 対馬藩家臣の役割を中心として – 」, 계명대학교 석사논문; 장순순, 2013, 「17세기 후반 '鬱陵島争界'의 종결과 對馬島(1696년~1699년)」 『한일관계사연구』 제45집, 한일관계사학회; 김화경, 2010, 「박어둔과 울릉도 쟁계에 관한 연구 – 한, 일 양국 자료를 중심으로 한 고찰」 『인문연구』 58권 , 영남대학 인문과학연구소; 송휘영, 2017, 「'울릉도쟁계' 관련 사료의 재해석」 『독도연구』 제22호, 영남대학교 독도연구소; 장순순, 2012, 「17세기 조일관계와 '鬱陵島 争界'」 『역사와 경계』 제84집, 부산경남사확회; 池内敏, 2012, 『竹島問題とは何か』, 名古屋大学出版会 등이 있다.

하고 있는 현대 영토·해양 경계 분쟁관련 국제판례에 의하면— 양국 간 합의를 기초로 체결된 국제협정(international agreement)이며, 약식조약(treaty concluded in simplified form)을 구성한다"고 규정했다.[7] (박현진은 1697년의 서한에 초점을 맞추고 있는데, 1697년의 서한에 대부분의 합의 내용이 포함되어 있으나, 실제로 울릉도쟁계에서 최종적인 합의가 이루어지는 것은 1699년이다. 따라서 필자는 울릉도쟁계의 최종 합의를 1699년 합의라 한다).

그리고 그는 조선과 일본의 교환공문은 "사실상 조약 체결 절차를 충족한 것"이었다고 하면서 약식조약이라 했다. 그 이유를 조선과 일본 사이의 교섭이 처음부터 울릉도와 독도 영유권에 관한 조약을 체결하기 위해 시작된 것이 아니라 공문 교환 과정에서 조선과 일본 사이에 영유권에 관한 합의가 이루어졌다는 점에서 "통상의 조약 체결 절차와 다르기 때문"이라고 밝혔다.[8] 이른바 약식조약설이다. 이는 교환공문의 내용에 대한 해석에 따라 일반 국경조약으로 이해할 수 있는 여지를 남긴 것으로 보인다. 일본이 첫 번째에 보낸 서계에서 '본국죽도(本国竹島)'라고 명기했으며 거기에 대해 조선이 '폐경지 울릉도(弊境之蔚陵島)'라 답을 한 것을 보면,[9] 울릉도쟁계는 처음부터 영유권 교섭이었다고 볼 수 있는 측면도 있기 때문이다. 아무튼 박현진의 주장이 논란의 여지가 전혀 없는 것은 아니지만, 울릉도쟁계에서의 한일 간의 교섭 과정과 그 결과에 대해 국제법적 논의를 촉발시키는 계기를 제공하였다는 점에서 큰 의의가 있다.

필자는 박현진의 이론을 원용하여 '울릉도쟁계합의'를 한일 간 '국경조약'으로 발전시켰다. 박현진은 울릉도쟁계에서 조선과 일본이 주고받은 문서를

7 박현진, 2013a, 「17세기 말 울릉도쟁계 관련 한·일 '교환공문'의 증명력: 거리관습에 따른 조약상 울릉·독도 권원 확립·해상국경 묵시 합의」 『국제법학회논총』 58(3), 대한국제법학회, p.141.

8 박현진, 2013a, 위의 글, pp.141~142의 각주 46.

9 이성환·송휘영·오카다 다카시, 2016, 『일본 태정관과 독도』, 지성인, pp.76~80.

국제법적으로 분석하고, '1699년 합의'가 도출되는 과정에 초점을 맞추었다.[10] 필자는 그 연장선상에서, 1699년 합의를 법적 구속력이 있는 외교문서로 보고, 이 합의가 그 후 일본에 의해 어떻게 수용되고 실행되었는가에 초점을 맞추었다. 특히 태정관지령과의 관련성을 중심으로 분석을 시도하였다. 1699년 합의의 강력한 후속(추후) 관행(subsequent practice)인 태정관지령의 분석을 통해서 1699년 합의의 성격을 밝히고자 한 것이다.

그런데 이에 대해 최철영 · 유미림은, 「1877년 태정관지령의 역사적 · 국제법적 쟁점검토－울릉도쟁계 관련 문서와의 연관성을 중심으로－」라는 논문에서[11] 울릉도쟁계합의(1699년 합의)와 태정관지령에 관련하여, 필자의 연구와는 다른 해석과 평가를 시도하였다. (이하 최철영 · 유미림의 해당 논문을 편의상 '쟁점검토'라 한다. 그리고 해당 논문을 직접 인용할 경우에는 본문에서 괄호 안에 쪽수만으로 표기한다). '쟁점검토'는 전반부는 1699년 합의의 약식조약설에 대한 검토, 후반부는 태정관지령에 대한 평가라는 두 부분으로 구성되어 있다. 이 글에서는 전자만을 분석 대상으로 하고, 후자에 대해서는 별도의 논문에서 논했다[12](이 책 제5장). 이 글에서는 '쟁점검토'에 대한 반론을 중심으로 울릉도쟁계(1699년 합의)에 대한 논의를 보충, 심화하고자 한다.

'쟁점검토'는 울릉도쟁계 당시 조선과 일본 사이에서 교환된 왕복 문서(서계)의 형식, 문서 전달 방식, 전달자(messenger) 등에 대한 새로운 평가를 시도하였다. 기존 연구에서는 조선과 일본 사이에 교환된 문서에 대해서는 대

10 박현진, 2013a, 앞의 글, pp.131~168.

11 최철영 · 유미림, 2018, 「1877년 태정관지령의 역사적 · 국제법적 쟁점검토－울릉도쟁계 관련 문서와의 연관성을 중심으로」 『국제법학회논총』 63(4). 대한국제법학회, pp.248~280.

12 이성환, 2019, 「태정관지령을 둘러싼 논의의 재검토－유미림 · 최철영, 『1877년 태정관지령의 역사적 · 국제법적 쟁점검토』에 대한 반론」 『국제법학회논총』 64(2), 대한국제법학회 참조.

체적으로 공식 외교문서로 취급하고, 전달 방식 및 전달자 등에 대해서는 엄밀한 분석을 하지 않았다. 그러나 '쟁점검토'는 울릉도쟁계 관련 문서를 서계와 구상서로 엄격히 구분하여 서계는 정식 외교문서로, 구상서는 정식 외교문서가 아닌 것으로 평가하고, 문서의 전달 방식 및 전달자 등에 대해서도 기존 연구와는 다른 의미를 부여하였다. 그 연장선상에서 조선 역관 또는 부산 왜관의 관수(館守)가 전한 구상서의 내용을 주요 기반으로 한 조선과 일본 간의 합의는 당시의 외교관행에 비추어 정식 외교문서로 보기 어렵기 때문에, "약식조약의 성립을 주장할 수 있는지는 의문이다"(p.263)고 한다. 즉 1699년 합의의 조약설을 부정하는 입장이다.

'쟁점검토'가 지금까지 학계에서 소홀하게 취급했던 문서 형식, 전달 행위, 전달자 등의 요소에 의미를 부여하려 한 점은 나름 의미있는 시도라고 볼 수 있다. 그러나 그러한 형식에 대한 엄격성 추구가 울릉도쟁계에서의 조일 간의 교섭 내용과 의미를 제대로 반영, 평가하고 있는지에 대해서는 의문이다. 조약 등 국제문서(international instrument)의 지위나 효력은 명칭이나 양식 등에 입각한 형식적 정의가 아니라, 그 문서에 구현된 당사자의 구체적 의사가 더 중요한 판단 기준이 되기 때문이다.

형식적 정의에 입각한 '쟁점검토'의 논리대로 라면, 당시 울릉도쟁계에서의 조일 간의 외교 교섭의 성격과, 그 결과로 도출된 합의(울릉도 및 독도 영유권 확인, 일본인에 대한 도해금지령)에 대한 기존 연구는 전면적으로 수정되어야 한다. '쟁점검토'의 주장대로 약식조약설이 성립하지 않으면, 조선과 일본 간의 울릉도쟁계는 사실상 미완의 교섭으로 끝난 것으로 간주될 수 있다. 그렇다면 울릉도 영유권 문제도 미완의 사안으로 남았다는 논리가 성립하게 된다. '쟁점검토'의 논지를 검토할 필요가 있는 이유이다.

요약하면 '쟁점검토'는 울릉도쟁계에 대한 전체적 맥락이나 의미보다는 형식적 정의와 요건에 지나치게 의존하여, 전체적인 이해에 혼란을 초래하고 있다고 판단된다. 물론 법적 · 외교적 측면에서 문서의 형식과 행위의 의미 등을 무시할 수 없으나, 그것이 문서의 지위나 효력에 대한 결정적 지표(conclusive indicator)가 될 수 없으며,[13] 그 문서나 행위가 가지고 있는 맥락과 의미가 더 중요하다고 생각된다. 명칭에 관계없이 서면 형식의 국가 간 합의를 일반적으로 '조약'이라 하고(때로는 구두합의도 포함), 조약의 효력에서 위계질서(hierarchy) 내지 상하 관계가 존재하지 않는 것도 이러한 의미에서 일 것이다.[14]

물론 이러한 차이는 본질적으로 시제(intertemporal) 문제에 관한 논란과 직접 관련이 있음을 인정해야 한다. 울릉도쟁계에서의 교환 문서와 교섭 과정을 당시의 상황과 규범에 따라 해석하고 이해해야 할 것인지, 아니면 적용시(현재)의 상황과 규범에 맞추어야 할 것인지에 대해서는 어느 한쪽에만 우위를 두기에는 많은 어려움이 있다.[15] 당시의 문서와 당사자의 의사 등은 현재의 시점에서 사후적으로 추론할 수밖에 없는 한계를 가지고 있기 때문이다. 당시의 상황과 사건을 현재적 개념과 용어로 설명하고 해석하는 과정에서 발생하는 인식과 합의의 한계 등과 겹치는 문제이기도 하다.

같은 맥락에서 근대 서구 중심 국제법 체계의 영유권, 영역주권, 국경 등의 개념을 그 시대에 직접 투영하거거나, 그 시대의 외교관계나 법령을 현대의 국

---

13 Anthony, Aust, 2013, *Modern Treaty Law and Practice*, Cambridge Univresity Press, p.20; 박현진, 2013b, 「경계 분쟁과 '약식조약'의 구속력 · 증거력: 의사록 · 합의의사록과 교환각서/공문 해석 관련 ICJ의 '사법적 적극주의'(1951~2005)를 중심으로」 『국제법학회논총』 58(2), 대한국제법학회, p.118.

14 I. Sei-Hohenveldern, 1998, "History of Treaty" in Klabbers & Lefeber, eds., *Essays on the Law of Treaties*, Hague/Boston/London:Martinus Nijhoff Publishers, p.18.; 이규창, 2006, 「고시류 조약의 법적 제문제에 대한 고찰」 『법조』 603호, 법조협회, p.226.

15 유희진, 2013, 「조약해석에서 문맥과 함께 참작되어야 하는 추후 합의와 추후 관행의 의미: ILC의 작업내용을 예시적으로 WTO협정의 해석에 적용」 『홍익법학』 제14권 4호, 홍익대학교 법학연구소, p.643.

제법 및 법령과 동일선상의 개념으로 해석하고 적용해도 좋을지에 대한 논의와 검토가 충분히 이루어지지 않은 상태에서, 구체적 사건에 대한 논의가 이루어질 수밖에 없는 한계를 의식하지 않을 수 없다. 울릉도쟁계에서의 조일 간의 합의를 당시에 사용하지 않았던 '조약'이라는 용어로 규정하고, 또 현대적 의미의 조약의 개념을 적용할 수 있는가에 대한 논란도 마찬가지일 것이다. 17세기에 이루어진 조일 간의 문서와 합의를 현대 조약법의 정의에 입각하여 의미를 부여하고 논리를 전개하는 데 무리가 없는가에 대해서는 회의론도 있다. 17세기의 한일 간의 외교 관행과 문서를 현대 조약법의 틀에 맞추기란 쉽지 않으며, 17세기에 조선과 일본 사이에 교환된 문서를 현대 국제법에 대입해 조약 여부를 구분하는 데에도 무리가 있을 수도 있으며, 또 그러한 방법론이 타당한가에 대한 의문도 여전히 해결되지 않고 있다.

17세기의 문서는 17세기의 관행과 법체계에 맞춰, 당시 동북아시아의 국제법을 발견하여 이를 적용 규범으로 해야 한다는 지적이 있다. 그러나 과연 당시에 동북아시아에 국제법이라고 할 만한 것이 존재했는가, 존재했다면 그것이 무엇인가에 대한 의문도 있다. 그럼에도 불구하고, 조약법에 관한 비엔나 협약 및 상설국제사법재판소(PCIJ), 국제사법재판소(ICJ) 판례 등에 비추어 보면 과거 국가 간의 합의는 법적 구속력을 지닌다는 점이 인정된다.[16] 필자는 이점을 중시한다. 서부 사하라 사건, 나미비아 사건, 인도네시아 말레시아 도서 분쟁(Sovereignty over Pulau Ligitan and Pulau Sipadan) 등의 예에서도 과거 국가 간 합의 및 조약상의 권원에 대한 구속력이 인정되고 있음을 확인할 수 있다.

그렇다면, 울릉도쟁계에서 이루어진 조일 간의 구속력 있는 합의를 어떻게

16 과거 국가 간 합의의 법적 구속력은 A. E. Guzman, 2002, "A Compliance-Based Theory of International Law" *California Law*, Vol. 90; 이석용, 2011, 『국제법』, 세창출판사, p.303; 박현진, 2014, 「영토분쟁과 권원간 위계: 조약상의 권원, 현상유지의 법리와 실효지배의 권원을 중심으로」『국제법학회논총』 59(3), 대한국제법학회, pp.118~123 등의 연구에서 확인할 수 있다.

평가해야 할 것인가. 이에 대해 박현진은 "역사적 사건 · 사실이 합법 · 유효하게 성립한, 대항력있는 반대의 증거 없이 유지됨으로써 사실상 동일한 적법한 법률 사실이 지속될 때, 그러한 사실에 현재의 법을 적용하는 것은 불합리하게 부당한 것이 아니다"[17]는 관점에서, 울릉도쟁계 관련 문서(조일 간의 교환 문서)를 현대적 의미의 외교문서로 해석하고, 울릉도쟁계에서 이루어진 조일 간 합의를 약식조약으로 규정했다. 그러나 이러한 주장이 과거의 사실이나 사건에 대해 현재의 법을 소급하여 적용할 수 없다는 법의 일반원칙에 대한 의문까지 해결하는 것은 아니다. 그렇다고 현대 조약법의 정의에 완전히 부합하지 않으니까 조약이 아니라고 무시할 수 있는 것도 아니다. 이러한 의문들에 대해서는 본격적인 논의가 필요하나 이 글에서 다루고자 하는 사항은 아니다. 이상과 같은 점을 염두에 두면서 이 글에서는 최철영 · 유미림의 논문 「1877년 태정관지령의 역사적 · 국제법적 쟁점검토－울릉도쟁계 관련 문서와의 연관성을 중심으로－」에 제시된 내용에 한정하여 논지를 전개한다.

필자는 박현진의 약식조약설을 원용하였지만, 그것이 약식조약 또는 조약이라고 규정해도 좋을지에 대한 논의는 차치하고, 1699년 합의가 조선과 일본 사이에 구속력 있는 합의라는 점을 강조하는 의미로, 그리고 이것이 현대 국제법에서의 실질적인 광의의 '조약'의 성격을 가진 것이라는 의미로 '조약'이라는 용어를 사용한다.

3. 조일 간 교환 문서에 대한 평가 문제

1699년 합의의 약식조약설에 관해서는 이미 박현진이 증명력 등의 법리적

17 박현진, 2013a, 앞의 글, pp.138~139.

측면과 사료적 측면에서 논의를 했다.[18] 여기에서는 '쟁점검토'에서 직접 제기한 주요 내용에 한정하여 살펴보기로 한다. '쟁점검토'에서는 '울릉도쟁계 외교문서=약식조약'에 대해 다음과 같이 기술하고 있다.

> '울릉도쟁계 외교문서=약식조약'설은 이여의 서계를 조선의 2차 개찬 공문 즉 교환공문으로 거론했다. 권해의 서계를 놔두고 이여의 서계만을 교환공문으로 규정한 것인데 그 근거는 밝히지 않았다. …(중략)… 교환공문의 규정 근거로서 거리관습을 제시한 것은 시기적으로 맞지 않으며, 이여의 서계 내용이 그 후 일본 측에 의해 수락되지 않았다면 이를 약식조약을 구성하는 외교공문으로 보기는 어렵다. 더구나 조·일 양국이 왕복한 문서로서 위에서 거론한 것들은 모두 전형적인 서계 형식을 띠고 있으므로 이를 편의상 1차와 2차로 구분할 수는 있지만, 1694년 9월 이여의 서계만을 교환공문에 해당시킬 수 있는 것은 아니다(p.254). (따라서 '울릉도쟁계 외교문서=약식조약'설은 성립하기 어렵다 – 인용자).

위 인용문은 약간 난해하게 읽히나, 요점은 ① 거리관습을 제시한 시기가 맞지 않으며, ② 이여의 서계(2차 서계)는 일본 측에 의해 수락되지 않았을지 모르기 때문에 이여의 서계는 외교공문으로 볼 수 없으며, 따라서 약식조약이 성립했다고 보기 어렵다는 의미인 듯하다. ① 에 대해서는 박현진의 해당 논문에 맡기기로 하고,[19] 여기에서는 ② 에 관해서 논하기로 한다. 이를 위해 울릉도쟁계의 전개 과정을 간략히 언급할 필요가 있다.[20]

1693년 안용복 납치 사건을 계기로 일본은 조선 정부에 조선인의 울릉도 입도 금지를 요청했다. 이에 대해 조선 정부는 예조참판 권해(權瑎)의 1차 서계

18 박현진, 2018, 「17세기 말 「울릉도쟁계」 관련 조·일 교환공문(사본)의 증명력(Ⅱ): 국제재판에서의 입증 책임·기준과 사서·사료의 증명력을 중심으로」 『국제법학회 논총』 63(4). 대한국제법학회,

19 박현진, 2013a, 앞의 글, pp.131~168.

20 이 글에서 울릉도쟁계의 전개 과정에 대한 서술은 대체로 이성환·송휘영·오카다 다카시, 2016, 『일본 태정관과 독도』, 지성인, pp.21~70 참조.

(書契)에서 '폐경지 울릉도(弊境地欝陵島)'와 '귀계 죽도(貴界竹島)'를 병기하여 애매한 내용으로 답하였다(二島二名說). 일본과의 마찰을 피하기 위해서였을 것이다. 일본 측은 이 서계에서 울릉도라는 명칭을 삭제해줄 것(除去欝陵之名)을 요구했다. 이에 조선 측은 울릉도의 영유권을 명확히 하기 위해 1차 서계를 반환받고, 1694년 9월에 예조참판 이여(李畬)의 명의로 "울릉도는 강원도 울진현에 속하고 죽도와 울릉도는 일도이명(一島二名)이다. 이 사실은 조선의 기록에도 있고, 쓰시마번(이하 '쓰시마')도 이런 사실을 알고 있었다"(弊邦江原道蔚珍縣有屬島名曰蔚陵 或稱竹島此之一島而二名也(中略)我國書籍之所記貴州人亦皆知之)는 내용의 이른바 2차 서계(이여의 서계)를 전달한다.[21] 이 서한(서계)은 조선의 주장을 가장 강력하게 피력한 문서로, 이를 기반으로 조선과 일본 막부 사이에 울릉도쟁계에 대한 합의가 이루어졌다고 볼 수 있다.

2차 서계에 대해 일본(쓰시마번)은 반발했으나, 조선 측 접위관은 10월 초에 귀경하고, 이어서 10월 말에 쓰시마 번주 소 요시쓰구(宗義倫)의 사망 소식이 부산 왜관에 전해지면서 교섭이 중단된다. 일본 측은 서계를 조선 측에 반환하지 않고 왜관에 보관해둔 채로 돌아간다. 요시쓰구의 사망 이후, 조선과의 교섭은 은거 후 형부대보(刑部大輔)라 칭하며 섭정을 하고 있던 그의 아버지 소 요시자네(宗義真, 3대 번주)가 담당하게 된다.

다음해 1695년 5월 형부대보는 조선과의 교섭을 재개하기 위해 다카세 하치에몽(高瀬八右衛門)을 비롯해 스야마 쇼에몽, 아비루 소베에 등 3명을 조선에 파견하여 조선의 2차 서계의 내용을 반박하면서 교섭을 시도했으나, 진전을 보지 못했다. 이에 스야마 등은 조선과의 왕복 문서 13통을 베껴 가지고 돌아간다. 그 후 쓰시마에서는 조선과의 교섭방침을 두고 가신들 간에 격렬한 논쟁이 벌어졌으나 결론을 도출하지 못했다. 결국, 형부대보는 3차 교섭단

21 이성환 · 송휘영 · 오카다 다카시, 2016, 위의 책, p.83.

의 파견을 중지하고, 지금까지의 교섭 과정을 막부에 보고하고, 향후 교섭 방향을 협의하기 위해 에도(江戸, 도쿄)로 간다.

형부대보는 10월 초에 에도에 도착한 후, 12월 7일 조선과의 두 차례 교섭 경위와 자료, 그리고 그의 의견(구상서)을 정리하여 막부에 제출한다. 막부에서는 아베 붕고노카미를 중심으로 형부대보의 보고 내용에 대한 검토와 협의를 하고, 돗토리 번에 조회를 하는 등, 자체 조사를 실시한다. 그 결과, 이듬 해인 1696년 1월 28일 형부대보에게 '죽도(울릉도)도해 금지'에 관한 각서(도해금지령)를 전달한다. (같은 날 돗토리 번에도 전달됨). 그리고 이를 조선에게 알리라고 지시한다.

이 과정을 살펴보면 조선의 제2차 서계(이여의 서계)의 내용이 막부에 전달, 수용된 결과, 도해금지령이 나왔다는 것을 알 수 있다. 수용하지 않았다면, 막부는 조선과 다시 교섭을 하라고 지시했을 것이다. 따라서 '쟁점검토'가 주장하는 "이여의 서계(2차 서계 – 인용자) 내용이 그 후 일본 측에 의해 수락되지 않았다면 이를 약식조약을 구성하는 외교공문으로 보기는 어렵다"고 하는 지적은 성립하기 어렵다. 또 '쟁점검토'는 "1694년 9월 이여의 서계만을 교환공문에 해당시킬 수 있는 것은 아니다"고 기술하고 있다. 이는 권해의 서계와 이여의 서계 즉, 1차, 2차 서계를 모두 교환공문에 포함시켜야 한다는 의미인 듯하나, 약식조약설을 부정하는 '쟁점검토'의 전체적인 논지에서 보면, 그렇지 않은 것으로 이해된다. 왜냐하면 1차, 2차 서계를 모두 교환공문에 포함시키면, '쟁점검토'가 유보하고 있는 약식조약설이 성립할 가능성이 있기 때문이다.

이를 전제로 따져보면, '쟁점검토'의 주장은 다음과 같은 점에서 성립하기 어렵다. 우선 1차 서계(권해의 서계)는 조선이 수정된 내용의 2차 서계(이여의 서계)를 전달하기 위해 일본 측으로부터 회수하였다('쟁점검토'에서도 "권해의 서계를 되돌려 주었고"라고 명시하고 있다(p. 254)). 그렇기 때문에 1차 서계는 외교문서로서의 의미를 상실했다고 봐야 한다. 또 '쟁점검토'에서는 "이여 명의의 2차 서계를 (일본 측이) 정식으로 접수를 하지 않은 채"(p.255)라고 적고 있으나, 2차 서계는 일본 측이 개찬을 요구하다가 교섭이 중단되면서 부산의 왜관에 보관해 둔 채로 돌아갔다. 그 후 일본은 이 서계를 조선 측에 반환하지 않았으며, 1695년 5월 사본을 만들어 가져갔다. 일본 측이 가져간 사본은 그 후 형부대보에 의해 막부에 보고되었다. 이에 대해 막부는 반환이나 항의 등의 조처나 지시를 하지 않았으며, 대신 도해금지령을 내렸다. 이러한 점을 감안하면 2차 서계는 실질적으로 일본 측에 수용된 것으로 봐야 한다. 이상의 두 가지 점에 비추어 봤을 때, '쟁점검토'의 주장은 사실을 잘못 인식한 것으로 보인다.

만약 '쟁점검토'의 주장대로, 일본 측이 1차 서계는 반환하였고, 2차 서계는 접수를 하지 않은 것으로 간주하면, 조선이 일본에 전달한 서계(외교문서)는 한 건도 없는 것이 된다. 이러한 관점에서 본다면, 울릉도 영유권을 둘러싼 조일 간 외교 교섭을 울릉도쟁계라고 부를 수 없다 조선의 의사가 일본에 전달되지 않은 '쟁계'는 성립하지 않기 때문이다. 즉 조선 정부의 의사가 공식적으로 일본에 전달되지 않았음에도 불구하고 (실질적으로 내용은 전해졌다), 일본이 도해금지령을 내린 것이 된다. 조선의 공식 항의가 없는 데 일본이 스스로 일방적으로 도해금지령을 내린 것도 사리에 맞지 않을 뿐만 아니라, 논리적으로도 성립하지 않는다.

'쟁점검토'의 주장을 수용한다고 해도, 조선 측이 공식적으로 의견 제시를 하지 않은 상태에서 막부(일본)가 도해금지령을 내린 것은, 조선과 일본의 합의가 아니라 막부(일본)의 일방적 조치 내지는 선언으로 울릉도쟁계가 완결되고, 그 결과를 일본이 일방적으로 조선 정부에 전달했다는 의미가 된다. 그럼에도 '쟁점검토'가 조일 간에 울릉도쟁계는 "완전한 결착", "최종 결착" (247, 253, 259, 264 등) 되었다고 주장하는 것은 사실과 논리의 비약으로 보인다.

4. 외교문서로서의 구상서에 대한 평가 문제

'쟁점검토'는 울릉도쟁계 당시 조선과 일본 간에 교환된 문서를 아래와 같이 평가하고 있다.

> '울릉도쟁계 외교문서=약식조약'설이 교환공문으로 규정한 1697년 2월 막부의 공문은 역관이 귀국하여 조정에 전한 한문 문서를 말한다. 그러나 이 문서를 교환공문으로 보기는 어렵다. 그 이유는 쓰시마번이 막부가 조선 측에 문서를 건네지 말도록 한 사실을 내세워 조선측 답서에 보인 '제봉행의 문자'를 삭제할 것을 집요하게 요구했고, 문서 형식도 구상서였으므로 이를 가지고 막부 혹은 쓰시마번이 정식 외교문서를 건넸다고 보기는 어렵기 때문이다. 쓰시마번이 역관에게 건넨 2통의 구상서는 모두 막부의 지시사항을 따른 것이지만, 서계 형식이 아니었다. 게다가 번이 막부에서 문서를 전달받은 방식도 '다케시마 건' 문서는 다른 노중이 열석한 가운데 형부대보에게 건넨 것이고, '인슈 건'은 다른 노중들이 없는 가운데 따로 형부대보에게 건넨 것이기 때문이다.
>
> 쓰시마번이 막부가 도해를 금지시킨 사실을 전하는 구상서에는[22] 작성일자

22 '쟁점검토' pp.267~268에는 이 구상서 및 1877년 내무성이 태정관에 제출한 문서에 대해 다음과 같이 기술하고 있다. "1877년에 내무성은 이 구상서를 일러 역관에게 내린 달서(達書)라고 했다. 중략 (달서는) '후례에 비해 좁은 범위 즉 관계 기관 내지 관계자에게 전해지는 것을 이른다. 원문은 '구상지각'이므로 본래는 일본 국내 문서인데, 내무성은 이를 조선과 관계된 문서라고 여겨 태정관에 제출한 것이다". "내무성이 태정관에 제출한 부속 문서 가운데는 1696년 막부가 쓰시마 번에 전한 내부 문서도 있지만 대부분은 도해금지령 이후 양국 간 외교문서이다. 다만 내무성은 막부가 도해금지를 결정하기 전 쓰시마 번과 조선 정부가 왕복한 문서 및 박세준의 두 차례에 걸친 서계는 태정관에 제출하지 않았다."

이에 대해 다음과 같은 점을 지적하고 싶다. 내무성이 태정관에 제출한 문서에는 "역관에게 내린 달서"라고 되어 있다고 했으나, 내무성이 태정관에 제출한 문서에는 '2호(二号)'라고 되어 있으며, 달서라는 명칭은 없다. 이는 '달서'는 후대에서 편의상 붙인 명칭일 뿐이다. 아마 이 문서의 내용이 막부가 쓰시마 번에 전한 문서라는 의미에서, 그리고 막부로부터 받은 내용을 쓰시마가 그대로 조선 역관에게 전달하였다는 의미로 "역관에게 전한 달서"라고 했을 것이다. 역관에게 전달한 문서는 국내 문서가

도 발신인도 기재하지 않았으면서 인슈 건 관련 구상서에 대해서만 도시요리가 연명하고 주인(朱印)을 찍은 이유는 자국이 부담을 지는 문서와 조선 조정에 요구를 하는 문서에 각각 다른 외교적 효과를 기대했기 때문일 수 있다. 조선 조정은 문서 형식을 문제 삼아 회답 서계를 거부했지만, 쓰시마번의 계속된 요청 때문에 결국 4월에 박세준 명의의 서계를 전하기에 이르렀다.(p.257)

위 인용문의 요점은 일본(쓰시마 번)이 조선 역관을 통해 보낸 구상서는 서계가 아니기 때문에 "교환공문으로 보기는 어렵"다. 따라서 "울릉도쟁계 외교문서=약식조약"이 성립하지 않는다는 지적인 것 같다. 도해금지라는 중요한 사실을 쓰시마가 서계가 아닌 구상서로 전달했다는 점을 문제 삼는다. 쓰시마가 막부의 지시를 서계가 아닌 구상서의 형태로 격을 낮추어 조선 측에 전달한 것은 사실이다. 여기에는 울릉도의 일본 영유를 강하게 주장했던 쓰시마가 막부의 도해금지령을 수용하여 조선 측에 전달하는 데 대한 강한 불만이 작용했기 때문이다. 같은 맥락에서, 쓰시마가 조선이 보낸 서계에 "귀주(쓰시마) 제봉행이 작성한 문서를 통하여 잘 알게 되었다"[23]는 문장에서 '제봉행(諸奉行)의 문자'를 삭제해 줄 것을 요구한 이유는 명확하지 않으나, 쓰시마가 조선과의 교섭에 대해 막부로부터 추궁을 당할 것을 우려하여, 책임을 회피하기 위한 요구였을 것으로 보인다. 쓰시마가 울릉도에 대한 영유권을 유보해 두기 위한 의도 때문이었다는 해석도 있다.[24]

위 인용문에서 지적하고 있듯이, 일본(쓰시마) 측이 보낸 문서(구상서)는

아니고 외교문서인데, 후대에서 편의상 붙인 '달서'라는 용어를 빌려서 국내 문서로 분류하는 것은 어불성설이다. 그리고 1877년 내무성이 태정관에 품의(제출)한 문서는 울릉도쟁계의 과정을 밝히기 위해서가 아니라, 쟁계의 결과를 태정관에 보고하기 위한 것이기 때문에 그에 관련된 자료만 발췌해서 보낸 것이다. 설령 그것이 국내 문서라 하더라도, 그 의미에는 차이가 없다.

23 이성환 · 송휘영 · 오카다 다카시, 2016, 앞의 책, p.59.

24 大西俊輝, 2012,『第四部 日本海と竹島 元禄の領土紛争記録「竹島紀事」を読む』 제2권, 東洋出版, pp.642~643의 註8.

"모두 막부의 지시사항을 따른 것"이다. 그리고 쓰시마는 이 문서가 조선 조정에 보고되고,[25] "울릉도쟁계의 최종 결착의 증거"가 된다는 것도 알고 있었다.[26] 이러한 점을 감안하면 일본 측이 조선에 전달한 문서의 본질은, 이 문서가 일본의 국가(막부)의사를 담고있는 것이며, 그것을 조선 측에 전달했다는 점이다. 구체적으로 이야기하면, 당시 역관이 교섭 임무를 띠고 쓰시마에 간 것은 아니나 (조문 겸 경축 사절로 감), 그들이 가져온 문서는 막부의 명을 받아 전달하는 쓰시마의 말을 기록한 것이기 때문에 일본의 국가의사를 담은 외교문서로 볼 수 있다.

중요한 것은 문서의 명칭이 아니라, 국가의 의사나 의지가 포함되어 있는지 여부이다. 국가 간 공적으로 행해진 구두 합의는 물론 국가의사가 내포된 일방적 선언, 성명도 국제법상 구속력을 가지는 것도 이 때문이다.[27] 구상서(口上書, note verbale)는 구두로 이루어진 의견 교환이나 대화 내용과 어법(wording)을 기술한 공식기록(a formal record)이라고 정의된다.[28] 이러한 관점에서 볼 때, 막부의 의지가 반영된 쓰시마의 구상서는 공적인 외교문서로 간주될 수 있으며, 따라서 교환공문으로 봐야 한다.

구상서의 외교적, 국제법적 의미에 대해서는 다음과 같은 예를 상기할 필요가 있다. 일본의 오키나와 합병에 대한 중국 정부의 항의에 대해 일본 정부는 1879년 10월에 구상서보다 격이 낮은 각서를 통해 1609년 막부의 오키나와 정벌 사실 등의 조치를 언급하면서, 오키나와에 대한 일본의 영유권을 주장한 예도 있다.[29] 구상서보다 격이 낮은 각서이지만, 일본 정부의 의사가 명확

25 大西俊輝, 2012, 위의 책, pp.632~635.
26 大西俊輝, 2012, 위의 책, p.628.
27 中谷和弘 外, 2017, 『国際法』, 有斐閣, p.99.
28 박현진, 2013b, 앞의 글, p.106.
29 日本外務省編, 1949, 『日本外交文書』 제12권, 日本国際連合協会, pp.191~200; 森川俊孝, 2007, 「条約の承継に関する第二次世界大戦前の日本の実行」『横浜国際社会

히 반영된 문서이므로 정식 외교문서로 인정된다. 샌프란시스코조약 제10조에는 1901년 일본이 중국에 보낸 구상서 및 서간 등(protocol, annexes, notes and documents)을 공식적인 효력을 가진 문서로 확인하고 있다.[30]

또 위 인용문에서는 구상서에 주인(朱印)이 있느냐 없느냐에서도 굳이 차이를 찾고 있지만, 기본적으로 구상서는 구두로 직접 전할 내용을 사자(使者)를 통해 전달하기 위해 문서화한 것이기에 서식도 일정하지 않으며 일자, 서명 등이 없는 경우가 많다. 구상서는 본문서를 보완하거나 구체화하는 내용을 담기도 한다.[31] 이 점을 차치하더라도, 만약 이것이 교환공문, 즉 외교문서가 아니면 무엇이라고 할 수 있을까? 일본(쓰시마)은 조선 정부에 전달될 것을 알면서, 그리고 이것이 울릉도쟁계의 "최종 결착의 증거"가 될 것으로 인식하고 있으면서, 외교문서도 아닌 것을 왜 조선 역관에게 전달했으며, 전달 의도는 무엇인가에 대한 설명이 필요하다. 이에 대해 '쟁점검토'는 "외교적 효과"를 저감시키기 위해서 라고 설명하고 있으나, 납득이 가지 않는다. 또 당시

科学研究』 12권 2호, 横浜国立大学国際社会科学学会, p.205 재인용.

30 박현진, 2013b, 앞의 글, p.106. Japan renounces all special rights and interests in China, including all benefits and privileges resulting from the provisions of the final Protocol signed at Peking on 7 September 1901, and all annexes, notes and documents supplementary thereto, and agrees to the abrogation in respect to Japan of the said protocol, annexes, notes and documents.(日本国は、1901年9月7日に北京で署名された最終議定書並びにこれを補足するすべての附属書、書簡及び文書の規定から生ずるすべての利得及び特権を含む中国におけるすべての特殊の権利及び利益を放棄し、且つ、前記の議定書、附属書、書簡及び文書を日本国に関して廃棄することに同意する).

31 "막부가 도해를 금지한 사실을 전하는 구상서에는 작성일자도 발신인도 기재되하지 않았으면서 인슈 건 관련 구상서에 대해서만 도시요리가 연명하고 주인(朱印)을 찍은 이유는", 다음과 같다. 도해금지령을 전하는 구상서는 막부의 의사를 쓰시마가 구두로 전하는 문서이기 때문에 쓰시마의 도시요리(年寄)가 연명하거나 주인을 찍을 수가 없으며, 인슈 건 관련 구상서는 안용복의 2차 도일에 관한 쓰시마의 의견이 주를 이루고 있기 때문에 연서와 주인(朱印)을 찍었을 것이다.

역관은 단순한 통역자가 아니라 외교 사자(使者)의 자격을 가지고 있었으며, 특정사안에 대한 교섭과 절충을 하기도 하는 등,[32] 전문직 외교공무원의 성격을 가지고 있었으므로,[33] 비록 도해금지령이나 울릉도쟁계 교섭을 목적으로 쓰시마에 간 것은 아니지만, 외교문서를 수령할 만한 지위에 있었다. 따라서 쓰시마도 역관에게 문서를 전달했을 것이다.

위 인용문에서는, "게다가 (쓰시마— 인용자) 번이 막부에서 문서를 전달받은 방식도 '다케시마 건' 문서는 다른 노중이 열석한 가운데 형부대보에게 건넨 것이고, '인슈 건(다케시마 건이 결정난 이후에 발생한 안용복의 소송 건을 가리키는 듯함— 인용자)'은 다른 노중들이 없는 가운데 따로 형부대보에게 건넨 것이기 때문"에 외교문서로 보기 어렵다고 지적하고 있다. 이는 쓰시마가 조선에 문서를 전달하기 이전, 형부대보가 막부로부터 전달받은 문서이므로 당연히 외교문서가 아니다. 또한 쓰시마가 막부로부터 전달 받은 형식의 차이가 조선에 전달된 문서의 가치와 내용에 영향을 미친다고 볼 근거는 없다.

예를 들면 쓰시마가 막부로부터 문서를 대면으로 직접 받았느냐, 간접적으로 전달 받았느냐, 아니면 여러 사람이 있는 가운데 받았느냐, 혼자 일대일로 받았느냐의 차이인데, 이러한 형식의 차이가 내용의 차이를 가져오지는 않는다. 굳이 따진다면, 위 인용문에서 이야기하고 있는 "노중이 열석한 가운데" 받은 것과, "노중들이 없는 가운데 따로" 받은 것의 차이는 무엇인가. 다케시마의 건은 막부가 공개적으로 건넸고, 인슈의 건은 비밀리에 전했다는 의미로 읽힌다. "'다케시마 건' 문서는 다른 노중이 열석한 가운데 형부대보에게 건넨 것"이기 때문에, 즉 공개적으로 전했기 때문에 공적 성격이 약하고, 반면

32 윤유숙 편, 2018, 『조선후기 왜관과 왜학 역관』, 동북아역사재단, 2018, p.6.
33 이훈, 2011, 『외교문서로 본 조선과 일본의 의사소통』, 경인문화사, p.231; 장순순(2018) 「조선후기 한일 양국의 訳官記録과 倭館」 『한일관계사연구』 제59집, 한일관계사학회, p.187.

인슈의 건은 비밀리에 전했기 때문에 공적 성격이 강하다는 뉘앙스로 보인다. 그러나 일반론적으로 보면 '노중이 열석한 가운데' 공개적으로 건넸기 때문에 오히려 공적 성격이 더 강하다고 보는 것이 자연스러울 것이다.

덧붙여, "조선 조정은 문서 형식을 문제 삼아 회답 서계를 거부했지만, 쓰시마번의 계속된 요청 때문에 결국 4월에 박세준 명의의 서계를 전하기에 이르렀다."고 했는데, 비록 일본이 보내온 문서 형식에 하자(違式)가 있었지만, 조선이 서계로 회답함으로써 사후적으로, 그리고 내용적으로 일본에서 보낸 구상서도 서계로서의 의미를 가지게 되었다고 볼 수 있다. 당시 조선 측이 서계가 아님에도 불구하고 서계로 답을 한데에는, 조선 정부는 쓰시마가 막부의 의사를 전하면서도 서계가 아닌 구상서로 전달한 점에서 '불순한 의도'를 의심하였기 때문이며, 이에 따라 문서의 성격을 높여 막부의 의사를 확인하고 공식화하려는 의도가 있었을 것이다.

장순순의 연구에 따르면, 조선 후기 일본에서 보내온 서계에는 절차와 형식을 어긴(違式) 사례가 상당수 존재했다. 그는 분석한 135장의 서계 중에서 149건의 위식(違式)을 확인했다. 이는 위식이 있다고 해서 반드시 외교문서로서의 의미가 상실되는 것은 아니라는 것을 알 수 있다. 구체적으로 보면, 149건의 위식 가운데 45건은 그대로 수용하거나 개찬 요구가 받아들여지지 않았다. 심지어 일본이 서계를 보내지 않고 답서를 요구한 경우도 2, 3건 있었다. 위 인용문에서 쓰시마가 구상서를 보낸 데 대해 조선 정부가 서계를 보낸 것은 이에 해당한다고 볼 수 있다. 특히 시기적으로도 1671년에서 1700년 사이에 위식 사례가 상대적으로 많았다.[34]

34 장순순, 1993, 「朝鮮後期 日本의 書契 違式実態와 朝鮮의 対応 – 『邊例集要』를 중심으로」 『한일관계사연구』 제1집, 한일관계사학회, p.113.

5. 울릉도쟁계의 최종 합의 여부에 대한 평가 문제

'쟁점검토'는 울릉도쟁계에서 일본이 조선에 전달한 최종 문서를 공식 외교 문서로 인정하지 않는다. 그렇다면 조선과 일본 사이에 울릉도쟁계는 최종 합의에 이르지 못한 것으로 평가되어야 한다. '쟁점검토'가 약식조약설의 성립을 부정하는 가장 강력한 논점은 여기에 있는 것 같다. 아래 인용문은 이에 대한 '쟁점검토'의 주장이다. 다소 길지만 아래와 같이 인용한다.

> "'울릉도쟁계 외교문서=약식조약'설은 이 문서를 '막부의 1699년 1월 최종 확인 공문'이라고 했지만, 확인공문이라고 할 만한 것은 형부대보 명의의 서계뿐이고 관수가 전한 구상서는 공문서로서의 형식도 다 갖추지 못했고 서계도 아니므로 확인 공문에 해당시키기는 어렵다."(pp.259~260)

> "이러한 현대 국제법상의 개념으로서 교환각서에 의한 약식조약의 형태를 울릉도쟁계 관련 조 · 일 양국 간 외교문서의 교환에서 찾아 볼 수 있으나, 울릉도의 조선 주권과 이에 따른 도해금지를 최종적으로 확인할 수 있는 일본 측의 <u>최종 문서는 관수의 구상서</u>이다. 막부의 노중이나 쓰시마번 형부대보 등이 아닌 관수의 구상서를 서계로 볼 수 있을 것인가에 대하여는 쓰시마번의 강변에도 불구하고 그 배경을 보면 공식적이며 구체적인 의사를 최종적으로 확인할 수 있는 지위에 있는 관료에 의한 외교문서로서의 형식을 갖추지 못하였다. …(중략)… 이는 구상서가 일본 측의 최종적이며 확고한 의사를 대변하는 문서가 아니므로 이를 이용해서 일본 측이 약속의 내용에 대한 구속을 받지 않겠다는 의도가 저변에 있었음을 말한다. 그래서 일본 측은 외교문서로서 서계에는 수신자를 '예조대인 각하'라고 표시하고 그 내용은 조선이 사정을 잘 살펴 양국의 우호를 통하고 성신의 의리에 힘쓴다는 뜻을 보인 데 대해 감사하며 이를 막부에 전했다는 매우 형식적인 것만을 담았다. 결국 '울릉도쟁계 외교문서=약식조약'설이 약식조약 성립의 근거로 삼은 1699년 3월 최종 확인공문으로서 형부대보 요시자네 명의의 서계는 구체적인 합의의 내용이 없고, 울릉도에 대한 조선 주권 인정과 이에 따른 도해금지의 내용은 관수의 구상서에 변칙적으로 담아 전달하면서 <u>사</u>

신에 의한 전달이나 서계의 형식을 갖추지 않은 이유를 구두로 강변하고 있을 뿐이다. 현대 국제법의 조약에 대한 기본적 정의는 정식이든 약식이든 합의당사자들 사이의 문서에 의한 객관적 합의 내용에 대하여 국제법의 규율을 받도록 한다는 주관적 의사의 존재가 필요하지만, 울릉도쟁계 당시 조 · 일 양국 간의 합의는 이러한 법적 구속력에 대한 합의가 존재했다고 판단할 수 있는 근거가 부족하다. …(중략)… 따라서 울릉도쟁계 관련 조 · 일 양국 간의 외교문서는 현대 국제법적 측면에서 약식조약의 문서 형식을 갖추기는 했지만 동시에 현대 국제법의 약식조약으로는 다룰 수 없는 국경 관련 사항을 다루고 있음을 알 수 있다."(pp.261~262) (밑줄은 인용자)

울릉도쟁계에서 일본 막부는 최종적으로 조선의 주장을 수용하여, 1696년 1월 도해금지령을 내리고, 울릉도에 대한 조선 영유권을 인정하는 한편, 일본인의 도해를 금지한다는 내용의 구상서를 조선 정부에 전달한다. 이에 대해 1698년 4월 조선은 예조참의 이선부의 이름으로 의례적인 감사의 표시와 함께, 울릉도에 대한 조선의 영유권을 한 번 더 확인하는 내용의 서계(답서)를 보낸다. 이 답서는 7월 막부에 전달되었으며, 막부는 더 이상 항의하지 말고 조선에 답서를 보내라고 쓰시마에 지시한다. 이는 막부가 조선의 주장을 그대로 수용하고, 합의가 이루어졌음을 확인하는 것이다. 1699년 3월 쓰시마는 막부의 지시대로 예조참의 앞으로 최종 답신을 보낸다. 이 문서가 마지막으로 전달되면서 울릉도쟁계는 공식적으로 종결된다. 위의 인용문은 이 최종 답신에 관련된 내용이다.

위 인용문에서 중요하게 지적하고 있는 것은 "확인 공문이라고 할 만한 것은 (형식적인 내용의 – 인용자) 형부대보 명의의 서계뿐이고 관수(館守, 왜관의 책임자 – 인용자)가 전한 구상서는 공문서로서의 형식도 다 갖추지 못했고 서계도 아니므로 확인 공문에 해당시키기는 어렵다", "도해금지(1699년 합의 – 인용자)를 최종적으로 확인할 수 있는 일본 측의 최종 문서는 관수의 구상서이다."는 부분이다. 서계는 매우 형식적이고 관수가 전한 구상서는 외교문서가 아니므로 확인 공문에 해당하지 않는다는 점을 강조하고 있다.

'쟁점검토'는 반복적으로 서계는 공식 외교문서이며, 구상서는 공식 외교문서가 아니라는 입장에서 논지를 전개하고 있다. 이점에 대해 근본적인 의문이 제기된다. 이 점에 대해서는 앞에서도 언급했지만, 일반적으로 구상서는 주로 외교 사절을 통해 상대국에 제출하는 정식 외교문서이며, 주(主) 문서 내용이나 설명을 위해 첨부 문서로 사용되기도 한다. 구상서는 당시 쓰시마와 동래부 사이에도 널리 사용되었던 외교문서의 양식이며, 1952년부터 1965년까지 크게 4차례에 걸쳐 독도 영유권을 둘러싸고 한국과 일본이 교환한 외교문서도 각서 또는 구상서의 형식이었다는 점을 상기할 필요가 있다.[35]

위 인용문은 형부대보 명의의 서계는 내용이 없는 형식적인 문서이며, 실질적인 내용을 담고 있는 관수의 구상서는 서계의 형식을 갖추지 않은 '사신(私信)'으로 취급하고 있다. 그리고 구상서에 실질적인 내용을 담은 이유를 "약속의 내용에 대한 구속을 받지 않겠다는 의도가 저변에 있었"다고 해석하고 있다. 여기에서 '사신', 즉 관수의 구상서는 관수 개인의 견해나 의견으로 이해된다. 이를 액면 그대로 받아들이면, 3년 이상 양국이 논쟁을 벌였던 울릉도쟁계 문제를 막부가 최종 확정하여 조선에 통보하고, 조선 정부가 이를 확인하는 외교문서를 보냈음에도 불구하고, 쓰시마(형부대보)가 이를 따르지 않고, 왜관 관수의 구상서라는 변칙적인 방법으로 문서를 조선 측에 전달했다는 의미가 된다.

이러한 해석에 따르면, 조선 측에 전달한 일본의 문서는 막부의 공식적인 의지가 아니라, 쓰시마와 관수의 개인적인 의지가 반영된 문서가 된다. 즉, 일

35 Hyun-jin Park, 2017, "Sovernity over Dokdo as Interpreted and Evaluate from the Korean-Japanse Exchange of Notesand Verbales(1952~1965)", *Chinese Yearbook of International Law and Affairs*, vol.35, pp.47~69.

본이 최종적으로 조선에 보낸 문서는 막부의 공식 입장이 아니라, 쓰시마의 의사가 반영된 관수 개인의 의견이라는 의미로 읽힌다. 이러한 함의에서 "쓰시마 번은 편법으로 번의 의사를 전했다"고(p.260) 적고 있는 것 같다. 과연 쓰시마와 관수가 막부의 결정을 무시하고 자신들의 의사를 전달한 것으로 봐야 하는지에 대해서는 의문이다. 물론 당시 쓰시마는 막부와는 달리 울릉도에 대한 영유권을 집요하게 주장했고, 막부의 결정에 대해 불만을 가지고 있었으며, 이러한 사정이 반영되어 쓰시마가 문서의 격을 낮추어 보냈다는 점에 대해서는 이해가 간다. 그렇다고 막부의 지시를 받고 최종 문서를 보내는 쓰시마가 막부의 뜻과는 관계없이 자기들의 개인 의견을 전했다고 보는 것은 납득하기 어려운 억측이다. 국가 간 외교에서 상상하기 어렵다.

여기에서 보다 중요한 것은 구상서의 취급에 대한 것이다. 형부대보의 서계 말미에는 "말씀하신 뜻은 이미 막부에 문서로 전하였기에 이에 대략을 말씀드립니다. 나머지는 관수가 구두로 말씀드릴 것입니다"고 적혀있다.[36] 서계는 개괄적인 의사를 전달하고 구체적인 내용은 관수가 구상서로 전달한다는 점이 분명히 드러나 있다. 다시 말하면, 구상서는 공문의 본장(本狀)에 해당하며, 구상서는 공문 본장의 내용을 구체적으로 설명하는 첨부 문서(添狀)라는 의미이다.[37] 그렇기 때문에 여기에서 서계와 구상서는 고립된 행위(as an isolated act)로 작성된 별개의 문서가 아니라, 행위의 연속적인 시리즈의 일부(as part of a continuing series of acts)이다. 따라서 서계와 구상서는 연결된 하나의 문서로 보는 것이 타당하다. '쟁점검토'의 주장처럼, 서계는 외교문서로 취급하고 거기에 첨부된 구상서는 외교문서가 아닌 것으로 구분하여 별개의 문서로 취급하는 것은 억지스러운 인식 방법으로서 납득되지 않는다.

36 이성환 · 송휘영 · 오카다 다카시, 2016, 앞의 책, pp.253~255.

37 「口上書」の解説」, https://kotobank.jp/word/%E5%8F%A3%E4%B8%8A%E6%9B%B8-495744(검색일: 2019.3.21.).

설령 '쟁점검토'가 강조하는 대로, 구상서는 외교문서가 아니라는 주장을 받아들인다 해도, 적어도 여기에서 논하는 형부대보의 서계와 관수가 전하는 구상서는 연결된 하나의 문서로서 서계의 성격을 가진 것으로 보는 것이 자연스럽다. '쟁점검토'의 주장은 공문서에 첨부된 보조 문서를 별도로 분리하여, 이를 공문서가 아니라고 주장하는 것과 같은 논리적 오류에 해당한다.

또한 위 인용문에서는 "관수의 구상서를 서계로 볼 수 있을 것인가. (중략) 공식적이며 구체적인 의사를 최종적으로 확인할 수 있는 지위에 있는 관료에 의한 외교문서"가 아니라고 지적하고 있다. 관수가 전한 구상서는 외교문서로 인정할 수 없다는 것이다. 관수가 전한 구상서를 보면, 거기에는 막부가 조선의 주장을 수용한 과정과 이유, 울릉도에 대한 조선의 영유권을 인정하고 도해금지령을 내린다는 등의 내용이 명확히 나타나 있다. (비록 형부대보의 공치사가 많이 들어 있긴 하지만). 이는 관수 개인의 의견이 아니라 막부의 의사를 전하고 있다는 것임을 보여준다. 또 이 내용을 조선 조정에도 전달해 줄 것을 요청하는 내용이 명시되어 있다. 따라서 관수가 전한 구상서는 조선의 주장을 수용한 막부, 즉 일본의 국가의사를 체현한 것이다. 관수가 구상서로 전달했기 때문에 그것을 관수의 개인 견해('사신')로 보는 것, 내용보다 이를 전달한 인물에 초점을 맞춘 매우 형식적이고 자의적인 판단으로 보인다. 납득하기 어려운 주장이다.

또한 "공식적이며 구체적인 의사를 최종적으로 확인할 수 있는 지위에 있는 관료에 의한 외교문서"가 아니다라고 하는 주장도 검토할 필요가 있다. 당시 쓰시마는 조선과 일본 사이의 외교와 무역을 중개하는 유일한 창구였다. 그렇기 때문에 관수는 쓰시마가 파견한 왜관의 관리 책임자일 뿐만 아니라 일본이 조선에 파견한 외교 사절 대표의 성격도 가지고 있었다. 1672년, 동래부사 이복과 왜관 관수는 1683년 계해약조의 토대가 되는 조시약조(朝市約条)를 체결한 바 있다.[38] 1713년과 1716년에는 관수가 서계의 형식을 변경하도록 통보해 온 경우도 있다.[39] 1793년 4월부터 관수 도다 도노모(戸田頼毛)는 역지통신(易地通信)의 교섭에 실질적인 역할을 하였다.[40] 이러한 예에 비추어 보면 관수는 충분히 막부와 쓰시마의 의사를 전달할 수 있는 지위에 있다고 하겠다. 직급이 낮은 공무원의 행위도 국가의 행위로 인정되는 것과도 같다. 단순히 말하면 메신저(messenger)가 중요한 것이 아니라 메시지(message)가 중요하며, 통교자의 지위가 외교문서의 법적 지위에 영향을 미치지 않는다는 점을 고려할 필요가 있다.

'쟁점검토'는 당시 조선과 일본 사이에는 조약에 해당할 만한 것은 '약조(約條)'라는 용어를 사용했으나 울릉도쟁계 관련 문서는 그렇지 않기 때문에 국경조약이라 할 수 없다고 주장하고 있다(p.255). 하지만, 위에서 언급한 바와 같이 1672년 동래부사와 왜관 관수 사이에는 무오절목이라고도 불리는 조시약조(朝市約條)가 체결된 예가 있다. 하나의 예로 일반화하기는 어렵지만, 조시약조의 예는 절목에 해당하는 것도 약조라는 명칭을 사용했다는 것을 보여주고 있다. 문서의 명칭이나 형식이 반드시 그 문서의 성격이나 법적 효력을 결정하는 것은 아니다. 또 '쟁점검토'가 지적하듯이, 약조가 반드시 조약을 의미한다면, 조시약조의 예는 경우에 따라서 관수가 약조(조약)를 체결할 지위에 있다는 것을 의미한다.

또 위 인용문에서는 "공식적 외교문서의 의미가 부여되는 봉행문서로서의 서계와 그에 해당되지 않는 구상서를 구분하고 있다"고 했는데, 여기서 봉행문서란 '쟁점검토'가 설명하는 바와 같이, 쓰시마의 도시요리(年老, 번주를 정무적으로 보좌하는 중신, 가로[家老]라고도 함)가 연명한 문서를 의미하며, 구

38 윤유숙 편, 2018, 앞의 책, p.78.
39 이훈, 2011, 앞의 책, p.65.
40 허지은, 2014, 「근세 왜관 관수의 역할과 도다 도노모의 역할」 『한일관계사연구』 제48집, 한일관계사학회.

체적으로는 1697년 2월 쓰시마가 조선에 보낸 문서로, 당시 6명의 가로가 연명하여 작성한 문서를 가리킨다. 이에 대한 조선 측의 답서에서 이를 '귀주제봉행문자(貴州諸奉行文字)'라 지칭한 것인데, 쓰시마에서는 이 문구를 삭제해달라고 요구했으나, 조선 측은 이를 거부했다. (결국 조선은 이 문구를 삭제해 주었다). 앞에서 언급한 대로, 쓰시마가 삭제를 요구한 의도는 명확하지 않다. 그러나 '쟁점검토'에서 지적하듯이, 이를 외교문서가 아닌 구상서로 격하시키기 위한 것으로 해석하기는 어렵다. 봉행문서, 즉 봉행의 연서가 있고 없고가 서계냐 아니냐를 구분하는 기준이 될 수 없기 때문이다. 앞에서 언급한 형부대보의 서계에도 봉행의 연서는 없다. 쓰시마가 전달한 서계는 쓰시마의 의사가 아니라 막부의 의사를 대리하는 것이기 때문에 쓰시마의 가로(도시요리)의 연서는 불필요하다고 하겠다.

덧붙여 위 인용문에서 "현대 국제법의 약식조약으로는 다룰 수 없는 국경 관련 사항을 다루고 있음을 알 수 있다."고 했는데, 이는 국경 관련 사항은 반드시 격이 높은 일반(정식)조약으로 다루어야 한다는 의미인 듯하다. 국경 관련 사항은 약식조약으로 다룰 수 없는 것인가에 대한 의문이 남는다. 국제관계에서 국가의 의사표시는 형식에 구애 받지 않으며, 구두 합의를 통해서도 법적 효력이 발생할 수 있다. 국제법상 약식조약과 정식(일반)조약의 효력의 차이는 없다. 상설국제사법재판소(PCIJ)는 1933년의 동부그린란드 사건에서 노르웨이 외무장관 이렌이 덴마크에 대해 "이 문제의 처리에 장애를 가져오지 않는다"는 취지로 한 구두 발언이 노르웨이를 구속하는 것으로 판시했다. 1992년, 1992년, 덴마크와 핀란드는 대벨트(Great Belt) 해협의 교량 건설 문제를 두고 분쟁을 겪었으나, 양국 수상이 전화 통화를 통해 이를 해결한 사례가 있다.[41] 이들 사례는 모두 국경 문제와 관련된 합의이다.

41 中谷和弘 外, 2017, 앞의 책, p.99.

이상을 간략히 정리하면, '쟁점검토'의 논지에 따르면, 결국 울릉도쟁계의 최종 합의 내용이 관수의 구상서에 포함되어 있기 때문에 공식 외교문서로 보기 어렵고, 또 국경 관련 사항은 약식조약이 아닌 일반(정식)조약으로 다루어야 하는데, 울릉도쟁계는 약식조약의 요건마저도 갖추지 못하고 끝나 버린 것이 된다. 결국 울릉도쟁계는 공식적으로 합의가 이루어지지 않은 미완의 상태로 종결된 셈이며, 결국 합의에 도달하지 못했다는 의미이다.

이와 같은 '쟁점검토'의 논지를 수용하면, 일반적으로 울릉도쟁계에 의해 울릉도에 대한 조선의 영유권이 확보되었다고 보는 역사적 관점은 성립하지 않는 것으로 이해해야 하는가에 대한 의문이 남는다. 물론 울릉도쟁계 이후 일본 정부가 울릉도에 대한 영유권을 주장한 적이 없고, 조선 영토로 인정한 사실을 부정하지 않기 때문에 현실적으로 울릉도쟁계를 통해 울릉도 영유권 문제는 해결된 것이지만, '쟁점검토'의 주장에 따르면, 적어도 논리적으로는 미완의 교섭으로 끝났다고 봐야 한다. 예를 들면, 1887년 간도 영유권을 둘러싼 정해감계(丁亥勘界)가 결렬됨으로써 오늘 날까지 한국과 중국 간에 간도 영유권은 미해결의 상태에 있으며, 그 연장선상에서 한중 간에 국경회담을 재개해야 한다는 논리와 같은 것이다.[42] 실제로 한국간도학회 등을 중심으로 이러한 주장이 이루어지고 있는 것도 사실이다.

그럼에도 불구하고 '쟁점검토'는 "막부의 지시에 따른 서계가 조선 측에 전달된 1699년 3월의 서계로 양국 간의 교환공문에 의한 의사의 합치가 이루어졌으며, 조선의 예조와 쓰시마 번주 간의 외교 공문을 통한 울릉도의 귀속에 대한 합의교섭에 대하여 쇼군이 최종 결착을 인정"했고, "조 · 일 양국 간 울릉도의 귀속에 관한 외교 교섭의 합의가 효력을 발생한 것으로 간주해야 한다"(p.264)고 기술하고 있다. 이는 앞서 지적한 "울릉도쟁계는 약식조약의 요

42 이화자, 2009, 「광서연간 조청 양국의 을유 · 정해감계에 대한 재평가」 『문화역사지리』 제21권1호, 한국문화역사지리학회, pp.243~259.

건마저도 갖추지 못하고 끝나 버린 것이 된다"는 논지와는 정반대의 견해로, 이해에 혼란을 초래하고 있다. 같은 취지로 '쟁점검토'는 "울릉도쟁계관련 외교문서와 태정관지령은 울릉도와 독도의 조선 영유권을 명시적으로 인정한 일본 정부의 공문서들이다"(p.248), "완전한 결착은 1699년에 12월에 이루어졌다", "법적 구속력을 갖는 조약문서인 울릉도쟁계관련 외교문서" (p.271) 등의 표현을 사용하면서 울릉도쟁계의 공식적 합의를 강조하고 있다. 그 연장선상에서, '쟁점검토'가 주장하듯이, "귀속에 관한 외교교섭의 합의가 효력을 발생한 것"이며, "명시적으로 인정한 문서"이며, "법적 구속력을 갖는 조약문서"로서 "완전한 결착"을 봤다면, 이는 조 · 일 간 국경 교섭이 완결되었으며, 국경조약이 체결되었다는 의미로 해석하는 것이 타당하지 않은가?

만약 '쟁점검토'가 주장하는 논리를 종합하여, 조일 간의 교환공문을 외교문서로 인정하지 않고, 또 정식으로 최종 합의에도 도달하지 못했음에도 불구하고 울릉도쟁계가 결착되었다면, 앞서 언급한 바와 같이, 그것은 일본의 일방적인 조치 내지는 일방적 선언에 의한 것으로 해석될 수 있다. 비약을 하자면, 일방적인 조처나 선언은 일본이 자의적으로 취소할 여지를 남기게 된다. 또 국경 관련 사항은 약식조약이 아닌 일반조약으로 다루어져야 한다는 '쟁점검토'의 입장을 반영하면, 쟁점검토가 "법적 구속력을 갖는 조약 문서인 울릉도쟁계관련 외교문서"라고 기술한 것은, 역설적으로 일반조약으로서의 국경조약(='조약 문서')이 성립하였다는 의미로도 해석될 수 있다.

요약하면, 쟁점검토는 조선과 일본 사이에 오고간 문서를 전부 부정하면서도, 조선과 일본이 최종 합의에 도달했다는, 정반대의 모순된 논지를 펴고 있다. 이 모순을 설명해야 할 필요가 있으나, 보이지 않는다.

6. 야마모토 오사미 복명서의 해석 오류에 대하여

'쟁점검토'는 1883년 야마구치 현의 공무원 야마모토 오사미(山本修身)가 작성한 복명서에 관해 언급하고 있다. 이 복명서는 당시 울릉도의 상황과 1699년 합의의 효력 및 이에 대한 일본의 인식 등을 알 수 있는 매우 중요한 자료이다. 그러나 '쟁점검토'는 이 자료의 문맥을 필자와 정반대로 해석하여 혼란을 초래하고, 사실을 왜곡하고 있다. 이 문제는 기본적으로는 일본어 해석과 관련된 것이나, 내용적으로는 1699년 합의의 국제법적 지위 및 효력의 지속 기간을 확인하는 중요한 근거이다. 이 문서를 활용하는 연구자들을 위해서도 정확한 해석이 필요하다. 이와 관련하여 '쟁점검토'는 다음과 같이 기술하고 있다.

> "도시환("독도 관련 일본 태정관 사료 속 교환공문의 조약성 인식," 『근대 관찬사료 속의 울릉도 · 독도 인식』, (영남대학교 독도연구소 춘계학술대회자료집, 2018.2), p.68은 야마모토 오사미(山本修身)의 「출장복명서」(『明治17年 欝陵島一件録』 수록)의 내용을 인용하여 "조선과 일본 사이에 조약이 있으므로"라고 했으므로 도해금지령을 조약으로 인정하는 내용이 보인다고 했다. 그러나 위 내용을 해석하면 "이 섬이 귀국 영토라는 것이 피차 정부의 조약에 있으면 배편이 있는 대로 떠날 것인데…"(박병섭, 『한말 울릉도·독도 어업』, 한국해양수산개발원, 2009, p.96)가 된다. 이는 1883년 울릉도에 있던 일본인이 조선인에게 울릉도가 조선 땅이라는 사실이 양국 정부의 조약에 있으면 떠나겠다고 말한 것을 가리킨다. 이 복명서는 도해금지령에 관해서는 언급이 없으며 연관성도 없다" (p.274, 각주 95).

야마모토 오사미(山本修身)의 복명서에는 울릉도에 불법으로 들어온 일본 벌목꾼과 이들을 축출하려는 조선 관리 사이의 대화가 수록되어 있다. 대화록은 ① 조선 관리가 울릉도는 조선 땅이기 때문에 오면 안 된다고 하자 ② 일본 벌목꾼은 만국 공법에 의하면 무인도였던 울릉도는 일본인이 발견해서 3년이 지나 일본 땅이 되었기 때문에 벌목을 해도 된다고 강변한다. 이에 ③ 조선 관리는, 그러면 조선 정부가 일본 정부에 조회를 하겠다고 하자 ④ 일본 벌목꾼은 양국 정부 사이에 조약이 있으므로 떠나겠다고 하는 흐름으로 구성되어 있다. 만국공법을 내세워 울릉도에서 벌목을 강행하려던 일본 벌목꾼들이 조선 관리의 퇴거 요구에 따라 물러가는 과정이 묘사된 것이다.

복명서의 대화록에는 일본 벌목꾼이 "이 섬은 귀국(조선)의 영토라는 양국 정부 간 조약이 있으므로, 배가 오는 대로 떠나겠다"(本島ハ貴国之所領ナルコト彼我政府二於て条約がアレハ、便船次第立去ルヘシ)고 한 후, 그들은 앞으로 도항하지 않겠다고 하고 떠났다는 표현이 있다.[43] 여기에서 '조약이 있으므로(条約アレハ)'의 표현에 대한 해석의 논란이 있다. 필자는 이를 "조약이 있으므로"(원인, 이유)로 해석을 했으며, '쟁점검토'는 이를 "조약이 있으면"

---

43 대화록 전문은 아래와 같다.

朝鮮人：本島ハ我國之處領ナレハ、外國人等ハ猥リニ渡航上陸スヘキ筈無之、然ル二斯ク上陸、剰ヘ樹木等ヲ伐採セルハ、日本政府ノ命令カ、又ハ知ラスシテ渡航セシ哉。

日本人：日本政府ノ命令アラザレドモ、万國公法二據ルモ、無人島ハ發見セシ者三年間其地二居住スルトキハ所有ノ権可有之二付、樹木ヲ伐採スル何ノ妨ケカアラン。

朝鮮人：然ラハ我國政府ヨリ貴國政府ヘ照覆スルコトアリ、然シナカラ今ニシテ不残本島ヲ立去リ、將來渡航セサルコトヲ承諾スレハ、敢テ貴國政府ヘ照覆ナスノ煩ヲ省カン。

日本人：本島ハ貴國之所領ナルコト彼我政府二於テ條約アレハ、船便次第立去ルヘシト雖トモ、既二伐採シタル材木ハ如何スヘキカ。

朝鮮人：ソレハ持歸ルモ苦シカラス。

右問答終ハリ日人モ渡航セサル義ヲ承諾シ　互ニ相別レタリト云フ　尤モ本年ハ朝鮮國ヨリ渡航セシ者ハ孰レモ永年移住ノ積リニテ 既ニ従來ノ如キ仮小屋にアラサル家屋ヲ繕ヒシ事四十余戸モ有之由　且ツ土地モ追々開墾シテ耕作地トナシタリトノ風評ニ有之候…… [途中省略]

明治十六年九月三日　　　　十等屬 山本修身

(가정법)으로 해석했다. 필자는 전자의 해석이 타당하다고 봤으며, 도시환도 필자의 해석을 인용하였다.

논란이 되고 있는 문장은 "이 섬은 귀국(조선)의 영토라는 양국정부 사이의 조약이 있으므로 또는 있으면, 배가 오는 대로 떠나겠다"는 부분이다. 요지는 일본인이 울릉도를 떠나겠다는 것이며, 조약이 있기 때문에 떠나겠다는 것인지, 조약이 있으면 떠나겠다는 조건부 의미인지에 대한 해석 차이이다. 전체 맥락을 보면 조선과 일본 정부 사이에 울릉도는 조선 땅이라는 조약이 있기 때문에 떠난다는 의미이다. 실제로 이 문답이 끝나고 그들은 앞으로 도항을 하지 않겠다고 약속하고 떠난다. 만약에 "조약이 있으면 떠난다"로 해석을 하면, 대화록의 앞부분에서 언급하고 있듯이, 만국공법까지 내세우며 강하게 울릉도에 대한 영유권과 벌목권을 주장한 일본 벌목꾼들이 쉽게 떠났을 가능성은 낮아 보인다.

설사 양보를 하여 "조약이 있으면"으로 해석을 하더라도, 이는 완전한 가정법적 표현이 아니라, 조선 관리의 주장을 수용하는 의미로 해석되어야 한다. 구체적으로 살펴보면, 이 문장 바로 앞에는 일본인이 만국공법을 내세워 울릉도에서 벌채를 할 권리가 있다고 주장한 데 대해 조선 관리는 "그렇다면 우리나라 정부로부터 귀국 정부에 조회 하겠다"고 일갈하자, 일본 벌목꾼이 "조약이 있으면 떠나겠다"고 답한 것이다. 이는 "(당신[조선관리]들이 말하는 대로) 조선과 일본 정부 사이에 조약이 있으면 (그 뜻을 수용하여) 떠나겠다"는 의미로서, 조약의 존재를 상정한 대화이다. 또 가정법으로 해석을 하더라도, 그 뒤의 문장과 연결해 보면, "조약이 있으면 돌아가야 하지만, 벌채한 목재는 어떻게 할까요?"라고 해석되는 데, 이는 조약이 있다는 것을 수용하고, 돌아간다는 뉘앙스이다.

이러한 해석상의 혼란이 발생할 경우, 문법적으로 해석하는 것이 바람직하다. 문법적으로는 다음과 같이 설명된다. 접속조사 ば(ba)는 문어문법(文語

文法) 또는 고전문법에서는 ア(a) 단 즉 미연형 접속(未然形接続)이면 '만약~라면'이라는 가정법(もし~なら, ~ならば, たら, 仮定条件)으로 해석되며, え(e) 단, 즉 이연형접속(已然形接続)이면 (현대어의 가정법 연결 형태) 원인이나 이유를 나타내는 '~이므로, ~이니까(から, ので, 確定条件)'로 해석된다.[44] 만약 이 시기의 문법에 비추어 가정의 표현이 되려면, 위에서 설명한 대로 미연형의 'アレハ(areba)'가 아니라 이연형의 'アラハ(araba)'가 되어야 한다.

이 대화록에서도 같은 용례를 찾을 수 있다. 예를 들면 "この島は我が国の処領ナレハ(nareba, 이연형 접속) 外国人等ハ猥リニ渡航上陸スヘキ筈無之"의 문장과, "然ラハ(sikaraba, 미연형 접속) 我国政府ヨリ貴国政府へ照覆スルコトアリ"의 문장이다. 위 문법을 적용하여 해석하면, "이 섬은 조선령이므로 외국인은 함부로 도항, 상륙해서는 안 된다"로 해석된다. 또한 의미상으로도 원인이나 이유로 해석하는 것이 타당하다. 왜냐하면 일본인을 철수시키려는 조선 관리가 "이 섬이 조선령이라면 외국인은 함부로 도항, 상륙해서는 안 된다"는 내용의 가정법으로 표현하지 않을 것이다.

같은 대화록에서의 용례로 '然ラハ(sikaraba, 이연형)'가 있는데, 이는 미연형 접속의 '만약 그렇다면'으로 해석하는 것이 분명하다. '그러므로'가 되기 위해서는 이연형의 しかれば(然れば, sikareba) 형태가 되어야 한다.[45] 이상과 같이, 두 표현의 의미와 형태가 완전히 다른 것을 알 수 있다. 대부분의 연구자들이 문어문(文語文, 고문)의 일본어를 현대 일본어의 감각으로 읽고 해석함으로써 발생한 부주의에 의한 오류라고 판단되나, 의미 차이가 크기 때문에 주의가 필요하다.

이 구절의 해석이 중요한 이유는 다음과 같다. 첫째, 이 구절의 해석에 따라

44 佐伯梅友 外 編著, 1985, 『例解古語辞典 第2版』, 三省堂, pp.685~686.

45 이 원문의 해석에 대한 설명은 필자가 다수의 일본의 어문학 전문가들에게 확인을 받았다.

과거에 조선 정부와 일본 정부 사이에 울릉도 영유를 둘러싼 조약이 존재했느냐, 아니냐를 판단할 수 있다. "조약이 있기 때문에(있으므로)" 떠난다는 말은 과거 조약이 존재했고, 그 조약이 여전히 효력을 유지하고 있다는 것을 보여주는 유력한 근거이다. 그러면 '조약'이 구체적으로 무엇을 가리키느냐인데, 대화록에서 울릉도 영유권에 관련된 것임을 명확히 밝히고 있다. 울릉도 영유권과 관련하여 조선과 일본 정부 사이에 조약이라 할 수 있는 것은 울릉도쟁계의 합의, 즉 1699년 합의가 유일하다. 따라서 여기에서 이야기하는 '조약'은 1699년 합의를 가리키며, 이를 당시 일본에서는 근대적 언어로 '조약'이라는 용어를 사용하고 있었다고 해석할 수 있다. 즉, 일본 스스로 1699년 합의를 조약으로 인식하고 있었다는 것이다.

둘째, 대화록에 등장하는 일본 벌목꾼은 울릉도와 가까운 시마네현이 아닌 에히메 현 사람이며, 기록자가 야마구치현 공무원이라는 사실은 1699년 합의가 시마네현뿐만 아니라 그 외의 지역에서도 근대적 의미의 조약으로 널리 인식되고 있었음을 보여준다. 이러한 점에서 '쟁점검토'가 "이 복명서는 도해금지령(1699년 합의 – 인용자)에 관해서는 언급이 없으며 연관성도 없다"고 단정하는 것은 매우 부적절하다. 도해금지령이라는 단어가 없다고 해서 도해금지령과 관련이 없다고 단정해서는 안 된다. 이 복명서의 대화록은 울릉도와 독도에 대한 조선의 영유권에 기초한 일본인의 도해금지를 축으로 하는 1699년 합의=국경조약설을 뒷받침하는 유력한 증거이다. 180년이 지난 후에도 일본인들 스스로 1699년 합의를 조약으로 인식하고 있었는데, 그런데도 한국 측이 이를 조약이 아니라고 부정하는 것도 자연스럽지 않다.

더 나아가 1877년 일본 메이지 정부는 1699년 합의를 승계하여 독도와 울릉도는 일본 땅이 아니라는 취지의 태정관지령을 발한다. 1699년 합의를 유지하려는 근대 일본의 국가 의지를 반영한 것이다. 따라서 1699년 합의를 승계했다는 점에서 태정관지령은 국내 법령이지만 국제법적 합의를 내포하고 있다. 별고에서 논하는 바와 같이,[46](이 책 제5장 참조) "쟁점검토"는 태정관지령이 내포하고 있는 국제법적 함의를 부정하고 있는데, 이는 논리적으로 납득하기 어렵다.

7. 결론

이상을 간략히 정리하면 다음과 같다. 첫째, 1693년의 예조참판 권해 명의의 이른바 조선의 제1차 서계는 그 후 조선 정부에 의해 회수되었으므로 외교문서로서의 의미를 상실한 것으로 봐야 한다. (이 서계의 내용은 막부에 보고된 것으로 보인다). 그러나 예조참판 이여 명의의 이른바 2차 서계는 일본이 개찬을 요구하는 등의 곡절은 있었으나, 조선에 반환되지 않았고, 그 내용도 막부에 보고되었다. 그러나 막부는 이에 대해 이의 제기를 하지 않았으며, 서계를 조선 측에 반환하지도 않았다. 실질적으로 막부는 조선의 2차 서계의 내용을 수용하여 울릉도 도해금지령을 내리게 된다. 결론적으로 2차 서계는 실질적으로 외교문서로서의 효력을 가지고 있었다.

둘째, '쟁점검토'는 서계와 구상서를 엄격히 구분하여, 서계는 공식 외교문서로 인정하는 반면, 구상서는 공식 외교문서가 아닌 것으로 간주하여 논지를 전개하고 있다. 이러한 관점에서, 울릉도쟁계의 실질적인 내용은 조선 역관이나 부산 왜관의 관수를 통해 구상서로 전달되었기 때문에, 울릉도쟁계의 약식조약설은 성립하기 어렵다고 주장한다. 쓰시마 측이 도해금지령 및 울릉도에 대한 조선의 영유권을 인정하는 등의 주요 내용을 격을 낮춰 구상서로 전한 것은 막부의 결정에 대한 쓰시마의 불만이 반영되었기 때문이다. 그러

46 이성환, 2019, 앞의 글, 참조.

나 이 구상서는 막부, 즉 일본의 국가 의사가 반영된 것이기 때문에 정식 외교 문서로 취급해야 한다는 점을 밝혔다.

셋째, 같은 맥락에서 최종 확인 공문에 대한 평가에서 '쟁점검토'는 서계는 내용이 없는 형식적인 것이며, 관수의 구상서에 울릉도에 대한 조선의 영유권 인정과 그에 따른 도해금지령의 내용이 포함되어 있기 때문에 약식조약설이 성립되기 어렵다고 주장한다. 그러나 필자는 이 확인 공문에서 서계와 구상서를 엄격히 분리하여 별개의 문서로 간주해서는 안 된다는 점을 강조했다. 즉 서계에서 "나머지는 관수가 구두로 말씀드릴 것입니다"고 밝히고 있기 때문에, 여기에서의 서계와 구상서는 분리할 수 없는 행위의 연속적인 시리즈의 부분(as part of a continuing series of acts)으로 봐야 한다. 따라서 최종 확인 공문에서의 서계와 구상서는 연결된 하나의 문서로 보는 것이 타당하다.

넷째. 사료 해석에 관련된 문제로서 접속조사 ば(ba) 의 해석에 대해 자세히 언급했다. 즉 1699년 합의의 조약적 성격 및 효력의 존속 등과 관련성을 가진 야마구치 현의 공무원 야마모토 오사미의 복명서에 나오는 "조선과 일본 정부 사이에 조약이 있으므로(있기 때문에, 彼我政府二於テ条約アレハ)"라는 문장의 해석을 문법적으로 자세히 설명했다. 일본어 고전문법 또는 문어문법에서 접속조사ば(ba)는 이연형(e단)에 붙으면, 현대어와는 다르게, 원인과 이유(~ので, ~から)로 해석된다는 점을 밝히고, '쟁점검토'의 해석은 잘못되었으며, 필자의 해석이 타당하다는 것을 확인했다.

이상을 종합하면. 최철영과 유미림이 제기하는 쟁점들은 받아들일 수 없으며, 따라서 필자의 주장을 변경할 필요도 없다. 문서의 형식과 전달 방법 등에 대해 엄밀성을 추구해야 할 필요성은 인정하나, 전체적인 맥락이나 의미를 훼손하지 않는 범위 내에서 이루어져야 한다는 점을 강조하고 싶다. 지나친 형식적 엄밀성의 추구가 실질적인 의미를 왜곡, 약화시켜서는 안 된다.

[참고문헌]

동북아역사재단 독도연구소, 2008, 『일본 외무성의 독도홍보 팜플렛 반박문』.
이성환 · 송휘영 · 오카다 다카시, 2016, 『일본 태정관과 독도』, 지성인.
______, 2018, 「태정관지령에서 본 샌프란시스코강화조약」 동북아역사재단 독도연구소, 『일본의 독도 영유권 주장의 허상』, 동북아역사재단.
박현진, 2013a, 「17세기 말 울릉도쟁계 관련 한 · 일 '교환공문'의 증명력 : 거리관습에 따른 조약상 울릉 · 독도권원 확립 · 해상국경 묵시 합의」 『국제법학회논총』 58(3), 대한국제법학회.
______, 2013b, 「영토 · 해양경계 분쟁과 '약식조약'의 구속력 · 증거력: 의사록 · 합의의사록과 교환각서/공문 해석 관련 ICJ의 '사법적 적극주의'(1951~2005)를 중심으로」 『국제법학회논총』 58(2), 대한국제법학회.
______, 2014, 「영토분쟁과 권원간 위계: 조약상의 권원, 현상유지의 법리와 실효지배의 권원을 중심으로」 『국제법학회논총』 59(3), 대한국제법학회.
______, 2016, 『독도 영토주권 연구 : 국제법 · 한일관계와 한국의 도전』, 경인문판사.
______, 2018, 「17세기말 '울릉도쟁계' 관련 조 · 일 교환공문(사본)의 증명력(Ⅱ): 국제재판에서의 입증책임 · 기준과 사서 · 사료의 증명력을 중심으로」 『국제법학회논총』 63(4), 대한국제법학회.
김화경, 2010, 「박어둔과 울릉도 쟁계에 관한 연구 – 한, 일 양국 자료를 중심으로 한 고찰」 『인문연구』 58권, 영남대학 인문과학연구소.
송휘영, 2017, 「울릉도쟁계」 관련 사료의 재해석」 『독도연구』 제22호, 영남대핳교 독도연구소.
장순순, 2013, 「17세기 후반 '欝陵島争界'의 종결과 對馬島(1696년~1699년)」 『한일관계사연구』 제45집, 한일관계사학회.
______, 2012, 「17세기 조일관계와 '欝陵島 争界'」 『역사와 경계』 제84집, 부산경남사학회.
______, 2018, 「조선후기 한일 양국의 訳官記録과 倭館」 『한일관계사연구』 제59집, 한일관계사학회.
______, 1993, 「朝鮮後期 日本의 書契 違式實態와 朝鮮의 對應 – 『邊例集要』를 중심으로」 『한일관계사연구』 제1집, 한일관계사학회.
이규창, 2006, 「고시류 조약의 법적 제문제에 대한 고찰」 『법조』 603호, 법조협회.
유희진, 2013, 「조약해석에서 문맥과 함께 참작되어야 하는 추후합의와 추후관행의 의미: ILC의 작업내용을 예시적으로 WTO협정의 해석에 적용」 『홍익법학』 제14권 4호, 홍익대학교 법학연구소.
윤유숙 편, 2018, 『조선후기 왜관과 왜학 역관』, 동북아역사재단.
이훈, 2011, 『외교문서로 본 조선과 일본의 의사소통』, 경인문화사.
허지은, 2014, 「근세 왜관 관수의 역할과 도다 도노모의 역할」 『한일관계사연구』 제48집, 한일관계사학회.

이화자, 2009,「광서연간 조청 양국의 을유・정해감계에 대한 재평가」『문화역사지리』 제21권1호, 한국문화역사지리학회.
최철영・유미림, 2018,「1877년 태정관지령의 역사적・국제법적 쟁점검토－울릉도쟁계 관련 문서와의 연관성을 중심으로－」『국제법학회논총』 63(4), 대한국제법학회.
한국해양수산개발원 독도연구센터, 2008,『독도는 과연 일본 영토였는가?(일본외무성「독도」 홍보 자료에 대한 비판)』.
池内敏, 2012,『竹島問題とは何か』, 名古屋大学出版会.
許淑娟, 2012,『領域権原論—領域支配の実効性と正当性』, 東京大学出版会.
岡田卓己, 2018,「元禄竹島一件(鬱陵島争界)における幕府の政策決定過程に関する研究—対馬藩家臣の役割を中心として—」계명대학교 석사논문.
大西俊輝, 2012,『第四部 日本海と竹島 元禄の領土紛争記録「竹島紀事」を読む』 제2권, 東洋出版.
中谷和弘 外, 2017,『国際法』, 有斐閣.
日本外務省編, 1949,『日本外交文書』제12권, 日本国際連合協会.
森川俊孝, 2007,「条約の承継に関する第二次世界大戦前の日本の実行」『横浜国際社会科学研究』 12(2), 横浜国立大学国際社会科学学会.
佐伯梅友 外 編著, 1985,『例解古語辞典 第2版』, 三省堂.
I. Sei-Hohenveldern, 1998, "History of Treaty" in Klabbers & Lefeber, eds., *Essays on the Law of Treaties*, Hague/Boston/london: Martinus Nijhoff Publishers.
Hyun-jin Park, 2017, "Sovernity over Dokdo as Interpreted and Evaluate from the Korean-Japanse Exchange of Notesand Verbales(1952~1965)", *Chinese Yearbook of International Law and Affairs*, vol.35.

제7장
태정관지령과 독도 문제에 대한 법리 해석을 위한 시론

1. 서론

한일 양국의 독도 연구는 목적성을 가지고 자료를 자국에 유리하게 해석하거나, 맥락을 무시한 일방적 주장을 논리화하는 경우가 많다. 사실에 대한 평가나 해석 기준이 불명확하고, 그것이 당사국에 의해 이루어질 수밖에 없는 국제사회의 특성 때문이다. 그러나 이러한 연구 경향은 자연스럽게 자국에 불리한 자료나 해석을 배척하게 된다. 태정관지령(太政官指令)과 러스크서한(Letter of Dean Rusk)은 대표적인 사례이다. 태정관지령은 1877년 일본정부가 "죽도 외일도(竹島外一島, 울릉도와 독도)는 일본과 관계없다"고 공식 천명한 일본 정부의 법령이며, 러스크서한은 샌프란시스코강화조약 체결에 즈음하여 1951년 8월, 미국 국무부가 독도를 한국 땅으로 인정하기 어렵다는 의사를 밝힌 비공개 문서이다.

일본은 태정관지령의 존재를 인정하면서도, 이에 대한 공식 언급은 하지 않는다. 일본의 독도 문제에 대한 견해를 망라하고 있는 외무성의 "다케시마 문제를 이해하기 위한 10포인트"에는 태정관지령에 대한 언급이 없다. 한국은 태정관지령을 일본 정부가 독도 영유권을 스스로 부정하고, 독도에 대한 한국의 영유권을 인정한 결정적 증거로 본다. 반대로 한국 정부는 러스크서한을 공식적으로 언급하지 않지만, 일본은 러스크서한을 근거로 샌프란시스코강화조약에서 일본의 독도 영유권이 확정되었다고 강변한다.[1]

한국에서 태정관지령에 대한 연구는 미흡하다. 특히 (국제)법적 평가에 대한 논의는 드물다. 김명기는 이에 대해 "국제법학자들이 '태정관지령문'의 역사적 사실의 실체와 그 전후의 역사적 사실의 기록에 접근하기 어렵기 때문"에 "국제법 학자의 (태정관지령) 연구는 전무"하다고 지적하고 있다.[2]

이상과 같은 연구 상황을 반영하여 이 글에서는 태정관지령과 관련하여 법적 관점에서 몇 가지 쟁점을 제기하고 검토하고자 한다. 특히 1699년의 울릉도쟁계합의(이후 '1699년 합의'라 함)[3]가 태정관지령의 기초를 이루고 있음을 강조하고, 양자의 법리적 관계에 초점을 맞춘다. 이 글은 태정관지령에 대한 본격적인 법학적 연구를 위한 시론(試論)이다.

2. 선행연구: 태정관지령과 일본의 고유영토론

1877년 3월 29일 당시 일본의 국가 최고통치기관(supreme council of state)인 태정관(太政官)은 "죽도 외일도(竹島外一島)는 일본과 관계없다(日本海内竹島外一島之義本邦関係無之義ト可相心得事)"는 지령을 내린다. 울릉도와 독도

---

1 日本外務省, 「竹島問題 10 のポイント」, pp.13~14. www.mofa.go.jp/mofaj/area/takeshima/pdfs/takeshima_point.pdf(검색일: 2021.3.30.).

2 김명기, 2016, 「국제법상 '태정관지령문'의 법적 효력에 관한 연구」 『영토해양연구』 11, 동북아역사재단 독도연구소, p.37.

3 울릉도쟁계의 결과 조선과 일본 막부 사이에 성립된 1699년의 최종 합의를 가리킨다. 일본이 울릉도(및 독도)에 대한 조선의 영유권을 인정하고 이를 기초로 하는 일본인의 울릉도(및 독도) 도항 금지를 주요 내용으로 하고 있는 한일 간 일종의 국경조약이다.

는 일본 영토가 아니라는 일본 정부의 공식 결정이다.

이 태정관지령은 1987년 호리 카즈오(堀和生) 교수가 발표한 「1905년 일본의 독도 영토편입」이라는 논문에서[4] 처음 보고되었다. 그러나 기대만큼 큰 반향을 일으키지 못했다. 일본 측에서는, 이 논문은 태정관지령을 본격적으로 연구한 것이 아니라, 당시 독도와 울릉도에 대한 일본 정부의 혼란스러운 인식이 정리되는 과정에서의 내무성의 인식을 보여주는 형태로 정리한 것이라고 평가한다.[5] 다시 말하면, 태정관지령은 당시 일본 정부의 통일된 인식이 아니라, 울릉도와 독도에 대해 서로 다른 인식을 가진 내무성, 해군, 외무성 가운데 내무성의 인식을 태정관이 수용한 것이라는 의미이다.[6] 이러한 관점은 그 후 일본의 독도 연구에서도 유지되고 있으나, 정부, 즉 태정관이 이를 수용, 공표한 이상 일본 정부의 통일된 입장으로 보는 것이 합당하다.

태정관지령이 공개되자 일본에서는 태정관지령에 등장하는 '죽도 외일도(竹島外一島)'와 '일본과 관계없다'는 문구에 대한 해석을 둘러싼 논란이 일었다. 죽도가 울릉도를 지칭하는 데 대해서는 이론이 없다. 그러나, '또 하나의 섬', 즉 '외일도(外一島)'에 대해서는 다른 해석이 제기된다. 한국 측에서는 의심의 여지 없이 '외일도'는 독도라고 해석하고 있으나, 일본 측에서는 '외일도'는 울릉도 주변의 섬(구체적으로는 죽서도)이거나 울릉도의 중복표기라는 주장이 나왔다. 이러한 논란 속에서 2006년 5월 우루시자키 히데유키(漆崎英之) 목사가 일본 국립공문서관을 방문하여 태정관지령 관련 문서가 수록된 『공문록(公文録)』에서 울릉도와 독도가 표기된 '기죽도약도(磯竹島略図)'를 발견하면서 '외일도'가 독도라는 것이 명확해졌다.[7] 기죽도는 당시 일본에

4 堀和生, 1897, 「一九〇五年日本の竹島領土編入」『朝鮮史研究会論文集』 24, 朝鮮史研究会(山辺健太郎 · 梶村秀樹 · 堀和生 저, 임영정 역, 2003, 『독도 영유권의 일본측 주장을 반박한 일본인 논문집』, 서울: 경일문화사에 원문과 번역문이 수록되어 있음).
5 堀和生, 1987 위의 글; 임영정 역, 위의 책, pp.103~104.
6 池内敏, 2012, 『竹島問題は何か』, 나고야: 名古屋大学出版部, p.148.

서 사용한 울릉도의 명칭이다.

그럼에도 불구하고 시마네현 죽도문제연구회의 스기하라 다카시(杉原隆) 등은 태정관지령 이후에 제출된 '송도개간원(松島開墾願)'과 같은 일련의 문서를 사용하여, '외일도'는 "죽도로도, 송도로도 불린 울릉도를 의미한다"고 주장한다.[8] "'죽도 외일도'와 송도는 같은 것을 의미하며 …… 1877년 '태정관 지령'도 마찬가지였다"는 것이다.[9] 이러한 주장은 쓰카모토 다카시(塚本孝)를 비롯한 일본의 독도 영유권 주장론자들에게 계승되었다.[10] 만약 '외일도'가 독도로 확정되면, 17세기 이래 독도가 일본의 고유영토였다는 주장은 무너질 뿐만 아니라, 무주지 선점론을 근거로 한 일본의 1905년 독도 편입 역시 정당성을 잃게 된다. 따라서 그들은 "필사적으로" '외일도'는 독도가 아니라고 강변하고 있는 것 같다.[11] 이러한 주장에 대해 다케우치 타케시(竹内猛)는, 이것은 "사료 해석의 문제 이전에 일본어 능력의 문제"이며, "역사학 연구 방법의 기본을 일탈한 부적절한 사료 취급"이라고 비판한다.[12] 이케우치 사토시(池内敏)는 『공문록』의 관련 문서를 면밀히 검토하여, '외일도'가 독도임을 입증하였다.[13]

다음으로, '일본과 관계없다(外一島之義本邦関係無之)'는 문구의 해석에 대해서이다. 한국 측에서는 일본 땅이 아니라고 한 것은 조선 땅임을 인정한

7 漆崎英之, 2013, 「「太政官指令」付図「磯竹島略図」発見の経緯とその意義」『독도연구』 제14호, 영남대학교 독도연구소.
8 島根県竹島問題研究会, 2011, 『第二期「竹島問題に関する調査研究」中間報告書』, 島根県, p.11.
9 島根県竹島問題研究会, 2011, 위의 책, p.16.
10 塚元孝, 2011, 「竹島領有権問題の経緯 第3版」『調査と情報』 701, 동경: 日本国立国会図書館, p.4.
11 池内敏, 2016, 『竹島—もうひとつの日韓関係史』, 동경:, 中央公論社, p.118.
12 竹内猛, 2011, 「竹島外一島の解釈をめぐる問題について一竹島問題研究会中間報告書「杉原レポート批判一」『郷土石見』 87, 石見郷土研究懇話会, pp.43~44.
13 池内敏, 2012, 앞의 책, pp.147~148.

것으로 해석하며, 태정관(일본 정부)이 독도를 한국 영토로 인정했다고 보고 있다. 다케우치 타케시는 태정관지령이 독도를 조선 땅이라고 하지 않고, 일본 땅이 아니라고 표기한 것은 "상대가 있는 교섭 사안에 관한 결정이 아니고" 태정관이 일방적으로 내린 결정이기 때문이다. 따라서 독도가 조선 땅임을 부정하는 것은 아니다는 견해를 밝히고 있다.[14] 그러나 대부분의 일본 연구자들은 태정관지령이 "울릉도와 독도는 일본의 판도가 아니라"고 했을 뿐,[15] 독도를 조선 땅으로 인정한 것은 아니라는 논리를 견지하고 있다.[16] 독도는 일본 땅도 조선 땅도 아닌 무주지라는 주장이다. '외일도'를 독도로 해석하는 이케우치 사토시조차도 같은 범주에 속한다.

이처럼 지금까지 한일 양국에서의 태정관지령 연구는 주로 문언 해석을 둘러싼 논의에 집중되어 있다. 일본의 이러한 연구 경향은 태정관지령과 이후 전개되는 독도 문제와의 관련성을 분리하려는 의도가 있는 것으로 보인다. 그 이유는 태정관지령이 이후 독도 편입 문제와 직결되기 때문이다. 우선, 후술하는 바와 같이, 태정관지령이 1699년의 울릉도쟁계합의(1699년 합의)를 승계한 것이기 때문에, 태정관지령의 '외일도'가 독도임이 확인되면, 울릉도쟁계 당시의 1699년 합의에서 일본이 울릉도와 함께 독도를 한국 땅으로 인정한 것이 된다. 그러면 일본이 주장하는 고유영토론과, 독도 편입의 근거가 된 무주지 선점론은 근거를 상실하고, 1905년의 독도 편입론도 성립하지 않는다.

그 대신 '외일도'를 울릉도로 해석하면, 태정관지령과 독도는 관련성이 없어지고, 고유영토론의 연장선상에서 독도는 일본 땅으로 남는다. 그러나 이럴 경우, 1905년 편입을 위한 각의 결정에서의 무주지 선점론이 성립하지 않

14 다케우치 타케시 지음, 송휘영 · 김수희 옮김, 2012, 『독도=죽도 문제 고유 영토론의 역사적 검토』, 서울: 선인, p.157.

15 池内敏, 2012, 앞의 책, p.149.

16 池内敏, 2016, 앞의 책, pp.81~82.

는 모순이 생기지만, 영유 의사 재확인 등으로 편입을 정당화할 여지는 남는다. 일본 외무성이 "다케시마 문제를 이해하기 위한 10포인트"에서 "일본은 1905년 각의 결정으로 죽도를 영유할 의사를 재확인했다"고 밝힌 것은 이런 맥락에서이다.[17]

또 '외일도'를 독도로 해석하고, "일본과 관계없다"는 문언을 독도를 조선 영토로 인정한 것으로 이해할 경우에도, 1905년 일본의 독도 편입은 논리적으로 성립하지 않는다. 이케우치 사토시 등의 연구자들이 '외일도'가 독도를 가리키지만 "일본과 관계없다"는 문언이 독도를 조선 땅으로 인정한 것은 아니라고 주장하는 이유이다. 즉, 독도를 일본 땅도 아니고 조선 땅도 아닌 무주지로 남겨 놓음으로써 1905년 각의 결정의 무주지 선점론과 정합성을 가질 수 있게 되는 것이다. 일본이 태정관지령을 메이지 초기 정부의 독도 인식을 보여주는 단편적인 사례로 간주하며, 그 의미를 축소하는 이유이다. 그러나 태정관지령의 전체 문맥으로 볼 때, 이러한 해석은 독도뿐만 아니라 울릉도도 조선 땅이 아니라는 의미가 되어 논리적으로 성립할 수 없다.

같은 맥락에서 나카노 데쓰야(中野徹也)는 이케우치의 주장을 수용하여, "고유영토론이 성립하지 않으면, 1905년의 영토 편입 조치를 '영유 의사의 재확인'으로 간주할 수 없다. 그러나 (독도를 무주지화하면) 선점 행위였다는 가능성은 남는다. 무엇보다도 각의 결정 자체가 …… (독도에 대한 무주지 선점이라고) 기술하고" 있기 때문이라고 밝히고 있다.[18] 고유영토론이 부정되고, 각의 결정의 무주지 선점론과의 정합성을 위해서는, 어떻게든 독도를 무주지화할 수밖에 없다는 논리로 읽힌다. 각의 결정을 합리화하려는 목적론적

17 日本外務省,「竹島問題10のポイント」, p.3, p.11.(온라인). www.mofa.go.jp/mofaj/area/takeshima/pdfs/takeshima_point.pdf(검색일: 2021.3.30).

18 中野徹也, 2012,「1905年日本による竹島領土編入措置の法的性質」『関西大学法学論文集』 제5호, 関西大学法学会, p.132.

이고 결과론적 해석이다.

그러나 태정관이 "울릉도와 독도는 일본과 관계없다"고 한 것은, 일본이 독도에 대한 권리를 포기했다는 것을 의미하는 것은 분명하다. 그들의 주장대로 상대가 없는 포기(遺棄的抛棄)라 하더라도, 포기 대상이 반드시 무주지(*res nullius*)가 되는 것은 아니며, 일반적으로는 이해 관계국에 귀속되는 것이라는 점을 상기할 필요가 있다. 이해 관계국은 조선(한국)뿐이다.

요약하면, 일본으로서는 태정관지령과 독도 편입의 모순을 어떻게 설명할 것인가가 최대 난제이다. 이를 해결하기 위해서는 태정관지령이 독도와 관계가 없다거나, 관계가 있다 하더라도 독도는 조선의 영토가 아닌 무주지로 만들어야 한다. '외일도'가 독도가 아니라거나, '일본과 관계없다'는 문언이 조선 땅을 의미하는 것이 아니라 강변하는 이유이다.

한국에서는 1989년 신용하 교수가 「조선왕조의 독도 영유와 일본제국주의의 독도 침략」이라는 논문을 발표하면서 태정관지령에 관한 연구가 시작되었고,[19] 그 후 각종 자료집과 연구서에서 태정관지령이 소개되었다. 정태만,[20] 유미림 · 박지영 · 심경민 등은[21] 태정관지령의 성립 과정, 내무성의 울릉도쟁계 분석과 인식 등을 검토하고 있다. 이성환 · 송휘영 · 오카다 다카시는[22] 『공문록』의 태정관지령 관련 문서의 원본 이미지 및 해제를 담은 대역(対訳)을 제시하고, 태정관지령의 토대가 되는 울릉도쟁계를 분석했다. 그리고 태정관 및 태정관지령의 개념화를 시도했다. 이처럼 한국에서는 태정관지령 관련 1차 자료가 거의 완벽하게 소개되고, 이에 대한 언급도 빈번하다. 그러나

19 신용하, 1989, 「조선왕조의 독도 영유와 일본제국주의의 독도침략」『한국독립운동사연구』 제3집, 독립기념관 한국독립운동사연구소.

20 정태만, 2012, 『태정관지령이 밝혀주는 독도의 진실』, 서울: 조선뉴스프레스.

21 유미림 · 박지영 · 심경민, 2014, 『1877년 태정관지령에 관한 연구』, 부산: 한국해양수산개발원.

22 이성환 · 송휘영 · 오카다 다카시, 2016, 『일본 태정관과 독도』, 서울: 지성인.

대부분의 연구는 태정관지령의 '외일도'가 독도임을 증명하는 데 집중하고, 메이지 정부의 독도에 대한 영유권 인식의 한 단면을 보여주는 상징적 자료로 활용되는 데 그치고 있는 경향이 있다.

이상과 같이 일본과 한국에서의 태정관지령에 관한 연구는 지령문의 해석을 중심으로 진행됨으로써 다음과 같은 점이 간과되고 있다. ① 태정관지령은 불가분의 관계에 있는 울릉도쟁계합의(1699년 합의)의 연장선상에 있는 것이며, ② 일본의 독도 편입 조치는 각의 결정과 시마네현 고시라는 국내 법령을 통해 이루어졌음에도 불구하고, 선행 법령인 태정관지령과의 관련성이 충분히 검토되지 않으며, ③ 그 연장선상에서, 1905년 일본의 독도 편입을 정당한 것으로 전제하고 있는 1951년 샌프란시스코강화조약 당시의 러스크서한이 일본의 독도 영유권 주장을 정당화하는 근거로 활용되고 있다는 점 등이다. 이 세 가지는 태정관지령과 매우 밀접한 관련이 있다. 이러한 점을 감안하여 태정관지령은 독도 문제 전개의 전체적인 맥락 속에서 확장적으로 연구되어야 할 필요가 있다는 점을 강조한다.

3. '1699년 합의'와 태정관지령의 법원(法源) 문제

1) 태정관지령의 법원으로서 울릉도쟁계의 1699년 합의

일본 국립공문서관이 소장하고 있는 『공문록(公文録)』[23]에는 울릉도와 독도는 일본 땅이 아니라는 취지의 태정관지령이 성립된 과정을 상세히 기록한

23 『공문록(公文録)』은 메이지 원년(1868)부터 메이지 18년(1885)까지, 태정관과 각성(各省)이 주고받은 원본 문서(原議書)를 연차별, 기관별로 편찬한 것으로, 이 시기의 정부 정책 등을 알 수 있는 가장 기본적인 자료이다. 1998년에 국가중요문화재로 지정되었다.

다"는 취지의 지령을 내린다. 이후 4월 9일, 태정관지령은 시마네현에 공식적으로 전달된다.

여기에서 태정관지령은 전적으로 1699년 합의를 근거로 성립된 것임이 확인된다. 이에 대해서는 일본 측도 수긍한다.[27] 그렇기 때문에 내용적으로 1699년 합의와 태정관지령의 동일성이 인정된다. 이러한 측면에서 조선과 일본 간의 1699년 합의는 태정관지령의 법원(法源, sources of the law, title)이며, 태정관지령은 독립적으로 존재하는 것이 아니라, 1699년 합의와의 연관성 속에서 의미를 가지는 것임을 알 수 있다.

이를 통해 다음과 같은 중요한 법적 의미를 도출할 수 있다. ① 태정관지령의 성립으로 울릉도쟁계의 1699년 합의는 계속해서 유효하며, ② 1699년 합의가 유효하면, 후술하는 바와 같이 울릉도쟁계합의 당시 일본이 조선의 독도 영유권을 인정했다는 사실이 확인된다. ③ 그리고 1699년 합의를 승계한 태정관지령이 "울릉도와 독도는 일본과 관계없다"고 한 표현은 일본이 독도를 조선 땅으로 인정했다는 해석과 논리적으로 합치한다. 이러한 점들을 종합하면, 울릉도쟁계의 1699년 합의 때부터 일본은 독도를 조선 땅으로 인정하고 있었으며, 따라서 일본이 주장하는 독도 고유영토론과 무주지 선점론은 근거가 없어진다. 따라서 그 이후 일본이 취한 독도 관련 조치는 위법한 것으로 간주된다. 일본의 독도 편입이 불법임이 명백히 확인되는 것이다.

그러면 태정관지령과 178년 전의 1699년 합의는 법리적으로 어떤 관계를 가지고 있으며, 태정관지령의 법적 지위를 어떻게 해석하고 평가해야 하는지를 살펴볼 필요가 있다.

---

27 塚本孝, 2013,「元禄竹島一件をめぐって—付、明治十年太政官指令」『島嶼研究ジャーナル』2(2), 동경: 海洋政策研究所島嶼資料センター, p.35.

2) 근대적 권원으로서의 태정관지령

앞서 언급한 대로, 태정관지령은 법적 구속력을 가진 국가 간 합의인 '1699년 합의'를 기반으로 하고 있다. 이는 태정관지령이 일본 정부가 1699년 합의의 유효성을 확인하고, 이를 승계하여 국내적으로 실행하기 위한 조처였다는 것을 의미한다. 1699년 합의가 효력이 없거나, 이를 국내적으로 수용(adoption)하여 이행하려는 의지가 없으면, 태정관지령이 발령되지 않았을 것이기 때문이다. 이러한 측면에서 태정관지령은 1699년 합의를 이행하기 위한 일본의 국가 의지를 표현한 입법 조치이다. 이에 대해 178년 전의 울릉도쟁계합의(1699년 합의)를 태정관지령이라는 국내 법령으로 전환했다고 보기에는 시간적 거리가 너무 멀다는 의문이 제기되기도 한다.[28] 봉건 시대의 국가 간의 합의를 근대적 법령으로 전환한 것에 대한 의문이다. 이에 대해서는 앞서 언급한 『공문록』의 관련 기록에서, 시간적 거리에 관계없이 태정관지령이 울릉도쟁계합의를 승계하고 있는 점이 명확히 확인되고, 내용적으로도 양자의 동일성이 확인되기 때문에 의문의 여지가 없다.

울릉도쟁계의 1699년 합의는 일종의 국경조약이기 때문에[29] 국가 정체의 변경이나 사정 변경, 시간적 거리 등의 영향을 받지 않는 특수성이 있다. 국제사법재판소의 판결에서 반복적으로 볼 수 있듯이, 국경은 국가의 본질적 요건으로서 일단 결정되면, 당사국 간의 새로운 합의가 없는 한 변경되지 않는 이른바 국경 신성의 원칙(principle of sanctity of frontier)에 따라 시간적 거리에 영향을 받지 않는다.[30] 국경은, 정체의 변경 등으로 인해 국가가 승계될 경

28 최철영 · 유미림, 2018, 「1877년 태정관지령의 역사적 · 국제법적 쟁점 검토 – 울릉도쟁계 관련 문서와의 연관성을 중심으로 – 」『국제법학회논총』 63(4), 대한국제법학회.

29 이에 대해서는 박현진, 2016, 「17세기 말 울릉도쟁계 관련한 · 일 '교환공문'의 증명력」『독도 영토주권 연구』, 서울: 경인문화사, pp.301~35에서 상세하게 논하고 있다.

30 이근관, 2010, 「통일 후 한중 국경문제에 관한 국제법적 고찰」『국제법학회논총』 55(4), 대한국제법학회, p.135, 각주 90 재인용; ICJ Report 1994, p.37(para. 72). 원문은

우, 조약뿐 아니라 그에 따른 권리 · 의무 등을 포함한 국경 체제 그 자체가 승계된다는 점도 상기할 필요가 있다.[31]

국제관습법의 성문화 성격을 강하게 가지고 있는 1969년의 조약법 협약(조약에 관한 비엔나협약, Vienna Convention on the Law of Treaties) 제62조 2항 (a)는 사정 변경의 원칙에도 불구하고 국경조약은 영향을 받지 않고 국경 체제(boundary regimes)의 계속성의 원칙이 적용된다. 그리고 1978년 조약에 있어서 국가 승계에 관한 비엔나협약(Vienna Convention on Succession of States in Respect of Treaties) 제11조와 제12조에도 이러한 계속성의 원칙이 규정되어 있다. 국가 승계라는 근본적인 사정 변경이 발생해도 국경 체제와 영토 체제에 관한 조약은 영향을 받지 않는다. 따라서 178년이 지나도 1699년 합의와 이 합의에 의해서 창출된 한일 간의 국경 체제는 여전히 유효하며 국내적 이행도 가능하다. 1699년 합의와 거의 같은 시기인 1712년에 성립한 백두산 정계비가 한국의 간도에 대한 영유권 주장의 근거가 되고 있는 것도 같은 맥락이다.[32] (1962년 북한과 중국 사이에 조중변계조약이 체결되면서 지금은 백두산 정계비의 의미가 퇴색된 측면이 있으나, 이는 새로운 국경조약체결에 의한 것이다).

좀 더 정확히 말하면, 울릉도쟁계합의에 대한 국내적 이행 조치가 이때가 처음이 아니다. 울릉도쟁계합의로부터 약 140년이 지난 1836년 막부는 1699년 합의의 도해금지령을 적용하여 울릉도 도항자들을 처형하고(하치에몽 사건

다음과 같다. "The establishment of this boundary is a fact of which, from the outset, has had a legal life of its own, independently of the fate of the 1955 treaty. Once agreed, the boundary stands, for any other approach would vitiate the fundmental principle of the stability of boundaries, the importantance of which has been repeatedly emphasized by the Court".

31 A. P. Lester, 1963, "State Succession to Treaties in the Commonwealth", *International and Comparative Law Quarterly*, Nol. 12, p. 492; 이현조, 2007, 「조중국경조약체제에 관한 국제법적 고찰」『국제법학회논총』 52(3), 대한국제법학회, p.193 재인용.

32 이에 대해서는 간도되찾기운동본부 사이트(www.gando.or.kr)를 참조.

또는 덴포죽도일건(天保竹島一件), 그 이듬해인 1837년, 전국을 대상으로 일본인의 도항을 금지하는 포고를 내린다.[33] 그리고 이 포고로부터 40년이 지나 태정관지령이 발령된 것이다. 봉건적인 막부 체제에서 근대적인 메이지 정부로 정체가 변경되면서, 1837년 막부의 포고가 태정관지령이라는 근대적 법령으로 대체되었음을 알 수 있다.

여기에는 근대 국가로의 이행에 따른 당시 일본의 상황도 반영되었다. 일본 정부는 불평등조약 개정을 위한 구미사절단의 파견에 즈음하여 "사할린, 죽도(울릉도를 가리키는 듯 – 인용자), 무인도, 류큐(오키나와)의 경계"를 조사해야 한다고 밝히고 있다.[34] 불평등조약 개정을 통해 근대 국제체제로의 편입과 함께 국경 확정을 통한 근대 영역 국가로의 전환의 필요성을 강조한 것이다. 메이지 정부는 1875년 가라후토(樺太, 사할린) · 치시마(千島) 교환조약, 1876년 오가사와라 제도 편입, 1879년 오키나와 병합 조치 등을 통해 경계가 다소 모호한 지역들을 적극적으로 포섭하여 국경을 획정한다. 서양 국가들과의 접촉 속에서 근대 영역 국가의 개념을 의식한 일본이 근대 국제법에 기초하여 국경을 획정한 조치들이다.[35] 태정관지령도 그 일환이었다고 볼 수 있다.

당시 일본 정부는 국제법을 기반으로 영유권이 불분명한 지역을 자국 영토로 편입하며 국경을 확장하는 정책을 펼쳤다. 그러나 이와는 대조적으로, 태정관지령을 통해 독도를 일본 영토에서 제외한 것은 주목할 만한 점이다. 조선 정부와 막부 사이에 성립된 1699년 합의의 구속력을 일본 정부가 무시할 수 없었기 때문일 것이다. 이러한 측면에서 태정관지령은 봉건적 권원(feudal

---

33 池内敏, 2012, 앞의 책, pp.31~32; 池内敏, 2016, 앞의 책, p.104.

34 日本史籍協会編, 1969, 『岩倉具視関係文書 7』(復刻版), 동경, 東京大学出版会, pp.306~309.

35 柳原正治, 2012, 「幕末期 · 明治初期の'領域'概念に関する一考察」 『現代国際法の思想と構造 I 』 동경: 東信堂, p.59.

title)인 1699년 합의를 근대적 권원으로 대체하여 승계한 것이며, 이는 근대 국제법 체제로 국경을 획정해간 일본의 근대적 영역 개념(territory)이 투영된 결과로 봐야 한다.

4. 태정관지령의 국제법적 평가: 일방적 행위와 추후 관행

1) 일방적 행위로서의 태정관지령

독도 영유권과 관련해서는 태정관지령의 국제법적 측면이 중요하다. 태정관지령이 국내 법령의 형식을 띠고 있기 때문에, 한일 양국에서 국제법적 측면에서의 논의는 거의 보이지 않는다. 앞서 언급한 바와 같이, 김명기는 2016년 「국제법상 태정관지령문의 법적 효력에 관한 연구」라는 논문에서 처음으로 태정관지령에 국제법적 효과를 부여하려고 시도했다.[36] 그의 주장을 간략히 정리하면 다음과 같다.

"「태정관지령문」 자체는 일본 정부의 국내적 법률행위이고 …… 국제법상 법률행위가 아니다. 그러나 「태정관지령문」을 『태정류전(太政類典)』과 『공문록(公文録)』에 등재한 행위는 국제법상 효력이 있는 법률행위이다"(p.42, 괄호 안의 숫자는 김명기 논문의 인용 페이지). "『태정류전』에 정서하여 기록했다는 것은 오늘날의 관보에 공시(公示)한 것으로 볼 수 있다."(p.39) "『태정류전』과 『공문록』에 의한 공시는 …… 국제법상 (일방적 행위의) 통고에 해당한다. 통고의 대상에 "조선도 포함됨은 물론이다."(pp. 43~44) "통고는 국제법상 금반언(禁反言)과 묵인의 효과가 인정"된다고 주장한다.(p.44) 즉 태정관지령은 공시를 통해 조선에 통고되었기 때문에 국제법

36 김명기, 2016, 앞의 글.

적으로 금반언과 묵인의 효과를 가진다는 것이다.

이러한 주장이 성립하기 위해서는『태정류전』이 관보의 성격을 가지고 있으며,『태정류전』에 등재된 것을 공시로 간주할 수 있어야 한다.『공문록』은 1868년부터 1885년 내각 성립기까지 태정관이 각 성(省)으로부터 접수한 문서 원본(原議書라 함)을 연차별·기관별로 편찬한 1차 자료이다.『태정류전』은 1867년부터 1881년까지의『공문록』,「태정관일기(太政官日記)」,「태정관일지(日誌)」등에서 전례 조규(선례·법령 등) 등을 발췌·정서하여 제도, 관제, 의제(儀制) 등 19개 부분으로 분류하여 연대순으로 유찬(類纂)한 2차 자료에 해당한다. 정태만은『태정관지령이 밝혀주는 독도의 진실』에서 "관보 성격의 태정류전에 그대로 정서하여 옮겨 적은 것은 울릉도와 독도를 일본 영토가 아닌 것으로 '선언'했다고 말할 수 있는 근거가 된다"고 주장한다.[37] 그 후 다수의 연구자들이『태정류전』을 일본 정부의 관보로 간주하고 있으며, 김명기도 그의 주장을 따른 것이다.

그러나『태정류전』을 관보로 간주하고 이를 통해 공시가 이루어졌다는 주장은 오해의 소지가 있다. 일본에서 관보가 처음 발행된 것은 1883년이다. 그 이전 1868년 2월부터 1877년 1월까지는『태정관일지』가 관보의 기능을 했으며,[38] 그 후 약 7년간은『동경일일(日日)신문』의「태정관 기사 및 공보(太政官記事及公報)」난이 관보의 역할을 했다.[39] 즉『태정류전』은 정부의 공문서 보존철이지 관보가 아니다. 형식도『태정류전』은 손 글씨이고,『태정관일

37 정태만, 2012, 앞의 책, p.23; 정태만, 2014,「『조선국교제 시말내탐서』및『태정관지령』과 독도」,『독도연구』17, 영남대학교독도연구소, pp.18~19에는「『태정류전』공시」라는 소제목 하에 "『태정류전』에 정서하여 기록했다는 것은 오늘날의 관보에 공시한 것으로 볼 수 있다"고 적고 있다.

38 内閣印刷局, 1943,『内閣印刷局七十年史』, 동경: 内閣印刷局; 岩波書店編輯部編,『日本近代思想大系 別巻 近代史料解説総目次·索引』, 동경: 岩波書店, p.48.

39 岩波書店編輯部編, 1992, 위의 책, p.50.

지』는 인쇄물이다. 『동경일일신문』에 태정관지령이 게재되었다면 공시로 볼 수 있으나, 아직 확인되지 않고 있다.

다음으로 김명기는, 태정관지령은 일본의 일방적 행위(unilateral acts)에 해당하므로 금반언의 효력을 가진다고 주장하며, 일방적 행위의 법률적 효력을 강조하고 있다. 일방적 행위의 대표적인 사례로 1974년 국제사법재판소의 핵실험 사건(Nuclear Test Case) 판례가 있다. 판례는 "일방적 행위에 의한 선언이 법적 의무를 창설하는 효과를 가지는 경우가 있다. …… [일방적 선언이나 약속이] 공연(公然)히 이루어지고 (행위국이) 구속받을 의사를 가진 경우에는 …… 타국(상대국가)의 수락이나 반응 등은 선언의 효과를 발생시키는데 필요하지 않다"고 적시하고 있다.[40] 일방적 행위가 법적 구속력을 가지기 위해서는 약속이나 선언을 한 행위국의 자기구속 의사와 선언의 공연성(publicly)이 중요하며, 상대국의 반응은 문제되지 않는다는 것이다. 이를 태정관지령에 비추어보면, 1699년 합의를 승계한 태정관지령이 자기구속의사를 가지고 있는 것은 충분히 확인된다. 문제는 공연성이다. 공연성이란 알 수 있게 공개적으로 이루어져야 하는 것으로서, 이해관계국이 일방적 행위를 인지하고, 신뢰할 수 있게 됨으로써 창설된 의무가 지켜지도록 요구할 수 있는 것이다.[41]

여기서 문제가 되는 것은 태정관지령이 공시를 통해 조선에 전달되었으며, 조선이 이를 인지했는지 여부이다. 조선이 이를 알고 있었는지가 핵심인데, 일본이 조선에 직접 통보하거나 조선이 알 수 있을 만큼의 충분한 공시가 이루어졌다고 볼만한 증거를 찾기 어렵다. 조선이 태정관지령을 인지했다는 흔적이 보이지 않는다. 태정관지령이 '관보'로 공시되었고, 조선에도 전달되었다는 주

40 ICJ Reports 1974, p.267(para. 43); 村上太郎, 1995, 「国際法秩序における一方的約束の意義」『一橋研究』 20(1), 一橋大学大学院学生会, p.40.

41 ICJ Reports 1974, p.269(para. 51); 村上太郎, 1995, 위의 글, p.45.

장은 사실이 아닐 것이다. 이러한 측면에서 보면, 태정관지령은 일본의 국내 조치일뿐, 국제법적 효력을 발생한다고 보기 어렵다. 국제법상의 일방적 행위의 효과를 가지거나 그에 따른 금반언의 효과를 입증하기 쉽지 않다.

그러나 다음과 같은 점은 검토할 필요가 있을 것이다. 정부 기관지의 성격을 가진 오늘날과 같은 보편적인 관보가 없고, 공연성이 제한적이었던 당시의 상황에서 공시의 개념을 어떻게 이해해야 하는가에 대해서는 문제 제기가 가능하다. 태정관지령은 태정관과 내무성, 그리고 시마네현 사이에 공개적으로 이루어진 행위로, 비밀이 아니었다. 이러한 정황을 반영해서인지, 일본의 다수 연구자들은 대체로 태정관지령을 일본 정부가 공개적으로 의사표시를 한 '공시'와 같은 의미로 보는 경향이 강하다. (적어도 태정관지령이 비밀이었다고 보는 견해는 없다).

예를 들면, 태정관지령을 처음 소개한 호리 카즈오는, 태정관지령은 일본 정부가 "울릉도와 독도는 일본 땅이 아니라고 공적으로 선언한 것이었다"고 규정하고 있으며,[42] 태정관지령의 '외일도'가 독도임을 실증적으로 규명한 이케우치 사토시는, 일본 정부가 태정관지령이라는 "공식 문서로 [독도를 일본 판도 외라고] 표명했다"고[43] 평가하고 있다. 또 나카 노리오(名嘉憲夫)는 "1877년의 [태정관지령으로 일본의] 국경 획정"[44]이 이루어졌다고 단정한다. 즉 태정관지령을 '선언', '표명', '국경 획정' 등으로 평가하고 있다. 이러한 평가는 태정관지령이 어느 정도 공시성을 가진 것으로 볼 여지가 있다는 것을 의미한다. 법리적으로 이를 보다 명확히 입증한다면, 태정관지령에 대해 공시를 통한 일방적 선언, 통고, 금반언 등이 국제법적으로 효력을 가질 수 있음을 주장할 수 있을 것이다.

---

42 堀和生, 1987; 임영정 역, 2003, 앞의 책, p.104.
43 池内敏, 2012, 앞의 책, p.149.
44 名嘉憲夫, 2013,『領土問題から「国境画定問題」へ』, 동경: 明石書店, p.125.

또한, 일방적 선언이 반드시 상대국에 전달되고, 상대국이 인지하고 있어야만 자기구속성이 확보되는 것인가에 대해서도 검토의 여지가 있다. 일방적 행위는 의무를 지는 행위(acts whereby the state undertakes obligations)와 권리를 주장하는 행위(acts whereby the state reaffirms right)로 나누어 볼 수 있는데, 태정관지령은 전자에 해당한다. 의무를 부담하는 행위는, 상대국의 인지 여부와 관계없이 의무를 부담하는 자기 완결성을 가지는 경우도 있을 수 있다.(이 경우, 상대국이 대항력을 가지기는 어렵겠지만). 예를 들면, 프랑스는 핵실험 중지 선언으로 핵실험 중지 의무를 지게 되고, 핵실험 중지 선언을 인지하지 못한 국가도 핵실험 중지의 혜택을 누리는 것과 같다. 결과적으로, 프랑스의 핵실험 중지 선언을 인지하지 못한 국가들도 동일한 효과를 누리게 된다.

또 핵실험 사건에서 국제사법재판소는, 뉴질랜드와 오스트레일리아가 프랑스의 선언을 법적 약속으로 이해하지 않았음에도 불구하고 선언의 법적 효력을 인정했다.[45] 상대국이 일방적 선언을 구속력 있는 약속으로 인지하지 않더라도 법적 효과가 있다는 의미이다. 여기서 일방적 선언에 대한 상대국의 태도가 수용이나 묵인만을 의미하는 것이 아니라는 것을 알 수 있다. 확대 해석하면, 일방적 행위는 상대국의 인지 여부와 관계없이 의무를 지는 자기 완결적 구속성이 있는 것으로 볼 수 있다. 구속력 있는 약속으로 이해하지 않은 것과, 인지하지 못한 것과는 실제로 차이가 없기 때문이다.

망끼에 · 에크레오(Minquiers and Ecrehos) 사건에서 국제사법재판소는 프랑스 당국자 간 (프랑스 해양장관이 외무장관에게 보낸 서한)에 왕래한 내부문서에서 프랑스가 망끼에제도를 영국령으로 인정한 사실을 프랑스의 공식입장으로 보고, 망끼에에 대한 프랑스의 주권을 인정하지 않았다.[46] 이는 상

45 조성현, 2015,「국제법상 일방적 행위 – 법적 의무를 창출할 수 있는 국가의 일방적 선언을 중심으로 –」 고려대학교 박사논문, p.21.

46 김석현, 2012,「시효(時效)에 의한 영유권 취득」『국제법학회논총』 57(4), 대한국제

대국의 인지 여부와 무관하게, 행위국의 의사만으로 일방적 행위의 법적 효력이 발생한다는 것을 말한다. 이러한 사실들에 비추어보면, 태정관지령은 다소 공시성이 부족하고 조선이 이를 인지하지 못했더라도, 일본 정부의 자기 완결적 구속력을 가진 일방적 행위로 해석될 여지가 있으며, 이에 따른 금반언의 효과도 주장할 수 있다. 이러한 점을 고려하여, 일방적 행위에 대한 기존의 일반론에 얽매이지 않는 발전적 해석(evolutionary interpretation)을 모색할 필요가 있다.

덧붙여 태정관지령이 상대가 있는 영유권 문제에 관련된 것이고, 국경조약을 국내법으로 전환한 것이기 때문에, 내용적으로는 국내법적 효과만을 가지고 있는 것은 아니라는 점도 충분히 고려할 필요가 있다.

2) 추후 관행으로서의 태정관지령

태정관지령의 국제법적 효과를 따지기 위해서는 불가분의 관계에 있는 1699년 합의와의 관련성을 법리적으로 검토하는 것이 중요하다. 반복해서 지적하지만, 태정관지령이 1699년 합의를 승계한 것이라는 점에 대해서는 의문의 여지가 없다. 1699년 합의는 조선과 일본 사이의 일종의 국경조약이며, 태정관지령을 통해 일본 정부는 1699년 합의가 계속 유효하다는 것을 확인하고 있다. 그러면 1699년 합의와 태정관지령의 관련성을 법리적으로 어떻게 이해해야 할까. 두 가지 설명이 가능하다. 하나는 태정관지령을 1699년 합의(국경조약)의 국내법 체계로의 수용(adoption), 전환으로 보는 관점이다.[47] 이에 대

법학회, p.43; 김좌욱, 2003, 「독도영유권 문제에 관한 연구: 망끼에 및 에크레오 도서 분쟁 판례와 독도 문제 비교」, 수원대학교 석사논문, p.24, p.27.

47 안홍익, 2009, 「조약의 대한민국 법체계로의 수용: 조약의 분류와 국내법적 지위」, 부산대학교 석사논문, pp.15~18; 이상현, 1991, 「국제법과 국내법과의 관계에 관한 연구: 이론과 실제를 중심으로」, 건국대학교 석사논문.

해서는 앞서 설명한 대로이다. 또 하나는 태정관지령을 1699년 합의(조약)의 추후 관행(subsequent practice)으로 보는 관점이다.

2018년 유엔국제법위원회(ILC, International Law Commission)가 검토한 「조약 해석 관련 추후합의와 추후 관행」의 초안 제2부 결론3은 "추후합의와 추후 관행은 (조약법 조약) 제31조에 반영된 조약 해석의 일반 규칙의 적용에 있어서 해석의 정식수단이다"고 했으며, 결론4는 "조약법 조약 32조의 해석의 보충수단으로서의 추후 관행은 조약 체결시점 이후 그 조약의 적용에 관하여 하나 또는 그 이상의 당사국의 행위로 구성된다"고 설명하고 있다. 그리고 결론5에서 "추후 관행은 조약의 적용에 있어서 행정, 입법, 사법 또는 여타 기능의 행사를 불문하고 당사국의 행위를 구성할 수 있다"고 규정하고 있다.[48] 여기에서 당사국의 행위는 조약 적용(조약 의무 이행의 존중 또는 확보)을 위한 국내적, 국제적 행위뿐 아니라 조약 해석에 암시를 줄 수 있는 것도 포함된다.[49] 태정관지령은 울릉도쟁계의 1699년 합의를 적용한 국내 입법조치이므로 조약법조약 제32조의 조약 해석의 보충적 수단에 해당한다.

ILC는 추후 관행이 조약 해석의 수단으로서 참작되어야(shall be taken into account) 하지만, 반드시 결정적이거나 법적 구속력을 갖는 것은 아니라고 하고 있다. 이는 조약 해석을 구성하는 요소들은 통합적이어야 하며, 구성 요소 간 위계가 존재하는 것이 아니기 때문에 추후 관행이 다른 요소들에 우선하는 결정력을 가질 수 없다는 의미에서 법적 구속력을 인정하지 않은 것이다.[50] 즉, 어떠한 해석 수단이 법적 구속력을 가지기 위해서는 다른 모든 해석 수단에 우선하는 결정력을 가져야 하나, 추후 관행이 반드시 모든 수단에 우선하

48 박기갑, 2016, 「2018년 제70차 유엔국제법위원회 작업 현황과 제73차 유엔총회 제6위원회 논의결과」 『국제법평론』 52, 국제법평론회, p.113.

49 유희진, 2013, 「조약 해석에서 문맥과 함께 참작되어야 하는 추후합의와 추후관행의 의미」 『홍익법학』 14(4), 홍익대학교 법학연구소, p.642.

50 유희진, 2013, 위의 글, p.634.

는 것이 아니라는 의미일 뿐이며, 추후 관행의 의미를 훼손하는 것은 아니다. 그렇기 때문에 태정관지령이 1699년 합의의 추후 관행에 해당하며, 다른 유력한 해석 수단이 없으므로 태정관지령은 1699년 합의를 해석하는 핵심적 수단이 된다.

조약 체결 후에 이루어진 국가행위, 즉 추후 관행은 조약체결 시의 당사국의 의사를 확인하고, 동시에 체결 후 및 조약 해석 시점에서의 당사국 의사도 확인할 수 있는 수단이 된다. 태정관지령이 성립한 시점에 1699년 합의는 유효하며, 일본은 이를 유지하려는 명확한 국가 의지를 가지고 있었다는 점을 알 수 있다. 또 "울릉도와 독도(외일도)는 일본과 관계없다"는 문언의 태정관지령을 원용하여 1699년 합의를 해석하면, 1699년 합의에는 울릉도뿐만 아니라 독도 영유권도 포함되어 있다는 것을 확인할 수 있다.

이에 대해 일본 측에서는 울릉도쟁계 당시에는 독도에 대한 언급이 없었기 때문에 1699년 합의와 독도는 관련이 없다고 주장한다. 이는 울릉도쟁계의 1699년 합의에는 언급이 없는 독도가 이를 승계한 태정관지령에 등장하는 이유를 어떻게 설명할 것인가 하는 문제이다. 이에 대해 쓰카모토를 비롯한 일본의 일부 연구자들은 내무성의 착각 또는 서양 지도의 영향으로 인한 도명(島名)의 혼란 등을 이유로 태정관이 울릉도를 '외일도(즉 독도)'로 잘못 표기하였다고 주장한다.[51] 그러나 이러한 주장은 설득력이 부족하다.

울릉도쟁계의 1699년 합의와 태정관지령의 정합성을 설명하기 위해서는 1699년 합의 성립 이후의 상황을 검토할 필요가 있다. 1699년 합의 이후 실제로 일본인들의 울릉도 및 독도 도항은 전면적으로 금지되었는데, 이러한 사실은 1699년 합의의 주요 내용의 하나인 울릉도 도항 금지가 독도 도항 금지를 포함하고 있었음을 의미한다. 이는 근대 이전 일본에서 독도가 단독으로

51 塚本孝, 2013, 앞의 글, pp.50~53.

취급된 적이 없고, 항상 울릉도와 셋트로, 일체로 취급되었으며,[52] 울릉도 즉 울릉도와 독도(欝陵島即竹島松島)라는 형태로 울릉도가 독도를 포괄하는 지명으로 사용된 사례도 있었다는 점도 반영되었을 것이다.[53] 울릉도쟁계의 1699년 합의에서 울릉도 도항금지는 울릉도에 대한 조선의 영유권을 전제로 하는 것이었기 때문에, 일본인의 독도 도항 금지는 조선의 독도 영유권을 인정하는 것으로 해석된다. 그렇지 않았다면, 일본이 독도 도항을 금지할 이유가 없었을 것이다.

1978년 조약에 있어서 국가 승계에 관한 비엔나협약(Vienna Convention on Succession of States in respect of Treaties 1978) 제11조와 제12조의 채택 과정에서 치열하게 논의된 바와 같이, "국경조약은 (체결과 동시에 이행되는 처분적 조약으로서) 그 이행에 따라 사실적 및 법적 상황을 창출하는데, 이 상황은 조약 자체와는 별도의 존재를 영위"하는 것이기 때문에,[54] 국경조약은 조약 그 자체가 아니라, 그 조약으로 인해 창출된 상황(국경 체제)이 승계되는 것이다. 1699년 합의에 독도에 대해 직접 언급이 없음에도 일본(막부)이 독도 도항을 금지한 것은 1699년 합의의 이행에 따른 "객관적인 법적 상황의 창출(creative of objective juridical situation)", 즉 1699년 합의에 기초하여 조선과 일본 사이에 형성된 국경레짐(regime of a boundary)으로 간주해야 한다.[55]

설령 1699년 합의에 독도가 명시적으로 포함되어 있지 않았다 하더라도, 일본이 1699년 합의를 이행하는 과정에서 독도를 포함했다면, 이는 1699년 합

52 池内敏, 2016, 앞의 책, pp.108~109.

53 예를 들면 1881년의 송도개척원(松島開拓願)에는 "欝陵島即竹島松島"(欝陵島である。すなわち竹島と松島である), "竹島, 松島則欝陵島"와 같은 표현이 나온다. 杉原隆, 2011, 「明治10年太政官指令 竹島外一島之儀ハ本邦関係無之 をめぐる諸問題」『第2期「竹島問題に関する調査研究」中間報告書』, 島根県.

54 이근관, 2010, 앞의 글, p.132.

55 이순천, 2012, 『조약의 국가 승계』, 서울: 열린책들, p.76, 재인용; Okon Udokang, 1972, *Succession of New State to International Treaties*, Newyork, p.380.

의의 이행에 따른 사실적 상황이 창출된 것으로 봐야 한다. 1699년 합의를 승계한 태정관지령에 1699년 합의에 명시적으로 나타나 있지 않은 독도를 명시적으로 표현한 것은 이때문일 것이다. 따라서 일본은 1699년 합의에 독도가 포함되었다고 인식하고 이를 실행한 것으로 볼 수밖에 없다. 최근 연구는 울릉도만 표기된 1699년 합의에 실질적으로 독도가 포함되어 있었거나, 이행과정에서 독도가 포함된 것으로 보이는 사실이 실증적으로 밝혀지고 있는 점도 이를 뒷받침하고 있다.[56]

이상과 같은 점을 고려하면, 태정관지령은 울릉도쟁계 당시 다소 모호하게 취급되었던 독도의 존재를 1699년 합의에 의해 창출된 조선과 일본 사이의 국경레짐의 승계를 통해 독도의 존재를 명확히 드러낸 것으로 봐야 한다.[57] 이는 일본이 울릉도쟁계 이후 1699년 합의를 어떻게 인식하고 이행해왔는가를 보여주는 것이다. 태정과지령이라는 추후 관행이 1699년 합의라는 조약을 발전적으로 해석할 수 있게 하는 증거로 볼 수 있는 대목이다.[58] 태정관지령을 근거로 하여 1699년 합의를 해석할 수 있게 됨으로써, 1699년 합의라는 봉건시대의 국제적 합의를 근대 국제법적으로 재해석할 수 있는 기반을 제공하고 있다. 이러한 의미에서 태정관지령은 울릉도쟁계의 1699년 합의에 근대 국제법적 의미를 부여하게 된다. 연장선상에서 독도 영유권 문제는 1905년 일본

56 内藤正中, 2011,「1905年の竹島問題」『北東アジア文化研究』34, 鳥取短期大学北東アジア文化総合研究所, pp.6~8; 박지영, 2017,「일본 산인(山陰)지방민과 '울릉도·독도 도해금지령'에 대하여」『독도연구』26, 영남대학교 독도연구소, pp.384~385; 池内敏, 2016, 앞의 책, p.82.

57 1994년 국제사법재판소는 리비아와 차드 사건에서, 국경은 원 조약의 유효기간이 경과하였어도 항구성을 지니게 된다고 판시하였는 데, 이는 국경조약에 의해 창출된 국경레짐은 조약과 관계없이 항구성을 가진다는 의미이다. 강정민, 2013,「간도 영유권 소송의 당사자 문제에 관한 법이론적 고찰」, 경희대학교 석사논문, pp.25~26.

58 Lee, Byungchan, 2018,「条約解釈における'後の合意及び後の慣行': '時間'及び'意思'、そして'発展的解釈'との関係」『立命館国際研究』30(3), 立命館大学国際関係学会, pp.121~122.

의 독도 편입이 아니라 1699년 합의로 소급하여 논해야 한다는 것이, 필자의 주장이다.

일본은 1699년 합의를 폐기하거나 효력을 정지시키는 조치를 취한 적이 없다. 1699년 합의는 적어도 1905년 일본의 독도 편입 때까지 유효하게 작동하고 있었다. 그 연장선상에서 보면, 일본의 독도 편입은 조약 위반에 해당한다. 한번 합의되면 지속되는(once agreed, the boundary stands) 안정성과 영속성(stability and permanence)을 중시하는 국경이 가진 속성을 반영하여 근본적인 사정 변경의 원칙조차 적용되지 않는 국경(영토)에 관련한 국제관습법에 비춰보면[59] 태정관지령에 의해 확인된 조선과 일본 사이의 1699년 합의는 여전히 유효하다. 태정관지령의 국제법적 효과는 바로 여기에 있다.

5. 태정관지령과 일본의 독도 편입의 모순

그렇다면 태정관지령과 1699년 합의가 여전히 효력을 유지하는 상태에서 이루어진 일본의 독도 편입을 어떻게 평가할 것인가? 일본은 일종의 행정명령 또는 행정조치에 지나지 않는 독도 편입의 각의 결정과 시마네현 고시로 태정관지령과 1699년 합의를 무효화하고 새로운 국경을 설정할 수 있는가? 이에 대해 일본은 독도 편입과, 태정관지령 및 1699년 합의와의 관련성을 분리해서 설명하고 있다. 한국의 연구에서는 양자의 관련성보다는 편입 절차의 불법성에 초점을 맞추어 왔다. 그러나 태정관지령 및 1699년 합의와 일본의 독도 편입은 불가분의 관련성을 가지고 있다.

먼저 각의 결정 및 시마네현 고시의 유효성을 검토할 필요가 있다. 각의 결

59 이근관, 2010, 앞의 글, p.135.

정은 반드시 "헌법과 법률의 범위 내에서" 이루어져야 하며,[60] 메이지 헌법 제9조는 "천황은 …… 필요한 명령을 발하거나, 발하게 할 수 있다. 단, 명령으로 법률을 변경할 수는 없다"고 규정하고 있다. 헌법상 "통치권을 총람(総攬)하는" 지위에 있는 천황조차도 법률에 반하는 명령을 발할 수 없는 데,[61] 천황을 보필하는 지위에 있는 내각이[62] 독도 편입을 결정하고 시마네현에 이를 고시하도록 '훈령'한 조치는 1699년 합의와 태정관지령에 위반된다. 1699년 합의는 국경조약에 해당하며, 이를 국내 법령으로 전환한 태정관지령은 법률에 해당하기 때문이다.[63] 당시 효력을 유지하고 있는 1699년 합의를 위반한 것일 뿐만 아니라, 나아가 1699년 합의를 국내 법령으로 전환한 태정관지령의 무효화는 사실상 1699년 합의라는 조약을 폐기한 것이나 마찬가지의 효과를 가진다. 그렇다면, 일본은 한국 정부에 조약 폐기의 통고 의무를 이행하지 않았으며, 이는 무효 사유가 될 수 있다.

태정관지령에 관해 논의를 단순화하면, 입법, 행정, 사법의 삼권을 통할(統轄)하는 태정관에서 발령한 지령을 행정부(내각)의 결정이나 지방정부인 시마네현의 고시로 변경할 수는 없을 것이다. 국가 권력 구조의 측면에서 보더라도, 입법 · 행정 · 사법의 삼권을 통할하는 태정관은 행정부만을 구성하는 내각보다 상위 개념이기 때문이다. 각의 결정에 근거한 시마네현 고시 제40호에 대해서도 마찬가지다.

다음으로 무주지 선점론에 대해서이다. 일본이 독도 편입을 결정한 '각의

60 「閣議決定の有効性に関する質問主意書」, www.shugiin.go.jp/internet/itdb_shitsumon_pdf_t.nsf/html/shitsumon/pdfT/b183125.pdf/$File/b183125.pdf(검색일: 2021.3.11.).

61 메이지헌법 제4조.

62 메이지 헌법에는 내각이라는 용어는 없으며, 내각을 구성하는 대신 "각 국무대신은 천황을 보필한다"고만 규정되어 있을 뿐이다(55조).

63 이성환, 2017, 「일본의 태정관지령과 독도 편입에 대한 법제사적 검토」 『국제법학회논총』 62(3), 대한국제법학회, pp.91~96.

결정문'에는 태정관지령이나 1699년 합의에 대한 언급이 전혀 없으며, 대신 무주지 선점론을 내세우고 있다.[64] 독도를 조선령으로 하고 있는 태정관지령과 무주지 선점론의 모순 관계를 어떻게 설명할 것인가? 이케우치 사토시가 실증했듯이, 일본은 1699년 합의, 1837년의 덴포죽도일건(天保竹島一件)을 계기로 한 도해금지포고, 그리고 태정관지령 등을 통해 세 번이나 독도를 "일본의 판도 외"라고 천명했다.[65] (이 기간 동안 일본은 독도를 자국의 영토로 간주한다는 의사표시를 한 적이 없다). 이러한 조치는 이해 당사국인 한국(조선)을 상대로 한 1699년 합의의 연속선상에서 이루어진 것이기 때문에, 그 이후에 일본이 "일본과 관계없다", 라고 한 것은 독도가 조선의 영토임을 인정한 것으로 간주된다. 같은 맥락에서 편입 당시 독도가 조선 땅이었음을 시사하는 일본 측의 기록도 있다.[66]

그럼에도 불구하고, 일본 연구자들은 태정관지령에서 "판도 외"라고 한 것이 조선의 영유권을 인정한 것이 아니므로, 독도는 무주지였으며, 시마네현의 공식 고시를 통해 일본의 편입이 합법적으로 이루어졌다고 주장한다.[67] 더 구체적으로는 "독도가 1877년의 태정관지령의 대상이었으며, 일본 정부가 이 시점에서 영유 의사를 가지고 있지 않았다는 것이 알려졌다고 해도 (태정관지령은 일본의 국내 조치였기 때문에 – 인용자) 후에 영유의사를 가지고 국

---

64 『公文類聚』 第29篇 明治38年 巻1(일본 국립공문서관 소장).

65 池内敏, 2012, 앞의 책, p.305.

66 中井養三郎, 1909, 『事業経営概要』; 김수희, 2015, 「일본의 독도강점을 '기록화'한 『나카이 요자부로 문서』 해제와 자료 소개」 『독도연구』 17, 영남대학교 독도연구소, p.414, p.416. 또 태정관지령 발의 주체인 내무성도 한국령의 가능성이 있는 독도를 편입할 경우 다른 나라가 "한국 병탄(倂呑)의 야심이 있다"고 의심할 것을 우려해 영토 편입을 반대한 기록도 있다. 中井養三郎, 1909, 위의 책, 및 김수희, 2015, 위의 글, p.415, p.416.

67 名嘉憲夫, 2013, 앞의 책, p.132; 塚本孝, 2014, 「竹島領土編入(1905年)の意義について」 『島嶼研究ジャーナル』 3(2), 島嶼資料センター, pp.53~55.

제법상의 영토 취득 방법에 의해 독도를 영유할 수 있다"고 강변한다.[68]

이처럼 일본은 독도 편입과 태정관지령의 법적 효과를 분리하려 하지만, 양자는 불가분의 관계에 있다는 점은 반복해서 언급한 대로이다. 설령 일본이 태정관지령 및 1699년 합의를 무시하고 일방적으로 편입조치(일방적 요구/행위)를 취했다 하더라도, 독도에 대한 조선의 영유권이 존재하는 상황에서는, 상대국(조선)의 동의가 없으면 그 위법성은 조각되지 않는다.[69]

6. 일본의 태정관지령 연구

일본 학계에서는 태정관지령에 대한 논의를 피하고 있다. 독도를 조선의 영토로 간주하는 태정관지령과 일본이 독도 편입의 근거로 삼은 무주지 선점론은 양립할 수 없기 때문이다. 거의 동시대에 이루어진 태정관지령과 독도 편입의 논리적 모순에 대한 합리적 설명이 없으면, 일본의 독도 편입은 성립하지 않는다.

이러한 상황에서, 최근 시마네현의 죽도문제연구회에서는 태정관지령에 대한 연구를 진행하고 있다. 독도에 대한 일본의 영유권을 강력하게 주장하고 있는 죽도연구회의 결과물은 정식으로 학계에 보고된 경우는 없으며, 내부 보고서의 형태를 띠고 있다. 따라서 그들의 주장을 학술 논의의 대상으로 삼기에는 다소 저급한 측면이 있다.

일본 외무성 산하의 (재)일본국제문제연구소(JIIA)가 2022년 펴낸 『죽도 자료 공부회 보고서 – 명치 10년 태정관지령의 검증(竹島資料勉強会報告書

68 塚本孝, 2013, 앞의 글, p.54.

69 中谷和弘, 1992,「言葉による一方的行為の国際法上の評価(一)」『国家学会雑誌』105(1, 2), 国家学会, p.55.

「明治10年太政官指令」の検証)』을[70] 중심으로 일본에서의 태정관지령 관련 연구를 간략히 살펴보자. 죽도자료연구회는 주로 시마네현의 죽도문제연구회 회원으로 구성되어 있다. 그들은 태정관지령과 1699년 합의의 관련성, 즉 태정관지령의 본질과 법률적인 측면에 대해서는 언급을 하지 않는다. 그들의 주장은 ① 태정관지령의 문언을 왜곡하여 해석하거나, ② 태정관지령의 효력을 평가절하하는 방식을 주로 사용하고 있다.

①의 경우는 태정관지령의 '죽도 외일도(竹島外一島)'는 당시 섬의 명칭이 혼란스러웠기 때문에 울릉도와 독도를 지칭한 것이 아니라고 주장한다. 태정관의 착오로 울릉도를 잘못 표기했다는 것인 데, 매우 궁색하다. 또 태정관지령이 1699년 합의를 승계했으나, 울릉도쟁계와 독도는 관련이 없기 때문에 태정관지령의 외일도는 독도가 아니라고 한다. 이에 대해 이케우치 사토시(池内 敏)는 "사료 해석의 문제 이전에 일본어 능력"의 문제이며 "역사학 연구 방법의 기본을 일탈한 부적절한 사료 취급"이라고 신랄하게 비판하고 있다. 그들의 주장이 사실이라면, 태정관지령에 '외일도'가 표기된 된 경위와 이유를 합리적으로 설명해야 하나, 그들은 이에 대해 언급하지 않고 있다. 그들의 죽도(울릉도)의 중복 표기 주장을 받아들이면, 태정관지령은 "울릉도와 울릉도는 일본과 관계가 없다"가 되는데, 시마네현, 내무성, 태정관을 거친 공문서에 이러한 오류가 있을 가능성은 극히 낮다. 사실이라면 당시 일본 정부를 비롯한 공적기관의 문서 작성 및 업무처리 능력을 의심할 수 밖에 없으며, 당시 이루어진 정부의 모든 공적 행위의 신뢰성이 붕괴될 것이다.

그리고 태정관지령의 "일본과 관계없다"는 문언에 대해서는, 울릉도와 독도가 일본령이 아니라고 한 것일 뿐, 독도를 조선 땅으로 인정한 것은 아니라고 주장한다. 이는 일본 학계에서도 어느 정도 받아들여지고 있으나, 그들의

70 公益財団法人 日本国際問題研究所, 2022,『竹島資料勉強会報告書「明治 10 年太政官指令」の検証』

주장을 액면 그대로 받아들여 위 문장을 분석하면, 독도뿐만 아니라 울릉도도 조선 땅으로 인정하지 않은 것이 된다. 일본과 관계없다는 슬부의 주부는 독도와 울릉도가 다 해당되기 때문이다. 1699년 합의에서 일본이 울릉도를 조선 땅으로 인정한 것은, 그들도 인정하고 있는 명백한 사실이기 때문에, 이러한 해석은 성립하지 않는다. 그럼에도 위와 같은 주장을 펴는 이유는 1905년 일본의 독도 편입을 정당화하기 위해서이다. 독도를 일본령도 조선령도 아닌 무주지로 해야 무주지 선점론에 입각한 1905년의 독도 편입을 정당화할 수 있다. 이러한 주장은 결과론적 해석이라는 비판을 피하기 어렵다.

일본이 조선 땅임을 인정하는 의미로 "일본 땅이 아니다, 또는 일본과 관계없다"와 같은 표현을 사용한 경우는 여러 차례 발견된다. 일종의 일본적 언어 습관이라 볼 수도 있을 것 같다. 예를 들면 안용복의 1차 도일에서 받았다고 하는 관백의 서계에는 "울릉도 비일계(欝陵島非日本界)"라고 표현되어 있으며,[71] 막부가 1696년 1월 도해금지령을 작성하기 직전에 돗토리 번으로부터 받은 문서에는 "송도(독도)는 이 나라(일본)에 속하는 섬이 아니다(松島は因幡・伯耆(日本)いずれの国に属するものでもない)"고 기술되어 있다.[72] 조선과의 교섭 결과가 아니고 일본의 일방적 결정이기 때문에 굳이 조선 땅이라고 표현할 이유가 없고, 일본 땅이 아니라고 표현하는 것이 자연스러운 것이다. 무엇보다 중요한 점은, 일본이 이렇게 무리한 해석을 하는 데에는 태정관지령이 1699년 합의를 승계한 것이라는 본질을 간과하고 있기 때문이라는 점을 지적하지 않을 수 없다.

②에 대해서 살펴보면 다음과 같다. 그들은 태정관지령 관련 1차 자료인 『공문록』에 편철된 '기죽도약도'는 시마네현의 자료이며, 내무성의 판단 자료가 아니기 때문에 태정관지령과 직접 관련이 없다. 그리고 내무성이나 시

71 신용하, 1996, 『독도의 민족영토사 연구』, 서울: 지식산업사, p.31.
72 이성환・송휘영・오카다 다카시, 2016, 앞의 책, p.30; 池内敏, 2012, 앞의 책, p.27.

마네현, 태정관 문서의 제목에만 독도(外一島)가 기록되어 있을 뿐 본문 등에는 독도에 대한 언급이 없기 때문에, 이는 독도와 관련이 없는 자료라고 주장한다. 제목은 중요한 내용을 표현하고 있는 것이기 때문에 본문에 언급이 없다고 이것을 독도와 관련이 없다고 보는 것은 매우 편협하다. 1870년의 외무성보고서인 「조선국교제시말내탐서」에도 제목에만 "독도와 울릉도가 조선에 부속된 시말(始末)"이라고 되어 있고, 본문에는 독도에 대한 언급이 없다. 그렇다고 이 문서를 독도와 관련없는 문서라 하지 않는다. 무엇보다 중요한 것은, 그들의 주장대로, '기죽도 약도' 등이 태정관지령과 관련이 없다면 태정관지령 관련 문서를 모아놓은 『공문록』에 편철되어 있을 이유가 없다.

또 태정관지령은 시마네현에 내린 내부 훈령이나 시마네현의 질의에 대한 회답에 지나지 않으며, 법적 구속력이 있는 법령이 아니라고 주장한다. 지령의 효력을 시마네현에만 한정시키고, (자기)구속력을 약화시키려는 것이다. 그러나 이 지령이 시마네현에만 귀속되는 것이 아니라는 사실은 명확하다. 예를 들면, 1877년 8월 내무성이 나가사키 현에 보낸 통지문, 1881년 11월 1881년 11월 내무권대서기관(内務權大書記官) 니시무라 스테조(西村捨三)가 외무서기관(外務書記官)에게 보낸 공문 등에서 구속력있는 법령임을 알 수 있다.[73] 태정관지령은 형식적으로는 시마네현에 대한 훈령의 형태를 띠고 있으나, 영토에 관한 사항이므로 그 효력은 시마네현에만 국한되지 않으며 국가 전체적으로 영향을 미친다는 점을 유념할 필요가 있다.

그 외에도 일부 참의 및 천황의 서명 누락, 비문(批文)이라 찍힌 주인(朱印) 등을 근거로 태정관의 결정을 평가절하하려는 시도가 있으나, 이는 합당하지 않다. 간단히 언급하면, 당시 일본에서는 서남전쟁 중이었기 때문에 전쟁과 관련하여 다수의 참의가 동경을 떠나 있었으나, 이 기간 중에도 태정관은 여

73 박한민, 2022, 「1870년대 일본 기록에 나타난 울릉도 개척 청원과 나가사키현」 『영토해양연구』 제23호, p.40.

러 결정을 하고 있었으며, 정상적으로 작동하고 있었다. 그들의 주장대로라면, 서남전쟁 기간 중 정부(태정관)는 아무런 결정도 하지 못하는 기능이 정지된 상태였다고 보아야 하는데, 이는 납득하기 어렵다. 특히 독도 관련 태정관 지령에 대해서만 선택적으로 일부 참의 및 천황의 서명 누락을 문제 삼아 폄훼하고 있다. 천황은 모든 정부 문서에 서명을 하지는 않는다. 단적으로 1905년 일본의 독도 편입 각의 결정문에도 천황의 서명이 없는 점을 상기할 필요가 있다. 천황의 서명은 1886년의 공문식(公文式) 이후 제도화된다. 비문(批文)은 상급기관의 회답 공문서(official approval document)라는 의미이다. 그 외 지엽말단적인 점들에 대해 언급하고 있으나, 논의의 필요성이 없을 것 같다.

7. 결론

지금까지 국내 법령인 태정관지령은 국제법적 효과에는 한계가 있으며, 국제법적으로 정당하게 취해진 1905년 일본의 독도 편입은 태정관지령과는 관련이 없는 것으로 평가되었다. 이는 태정관지령이 1699년 조선과 일본 사이에 성립한 국가 간 합의(국경조약)를 승계한 것이며, 양자가 불가분의 관계에 있다는 점을 간과했기 때문이다. 구체적으로 태정관지령은 울릉도쟁계에서의 1699년 합의의 추후 관행(subsequent practice)이며, 동시에 1699년 합의를 국내 법령으로 전환한 일방적 행위(unilateral acts)로서의 국제법적으로 효과를 가지고 있음을 밝혔다. 또 일본은 태정관지령과 1699년 합의에 대해 지금까지 아무런 조치를 취하지 않았기 때문에, 이 두 가지는 이론적으로 여전히 유효하다.

또한, 추후 관행이라는 관점에서 태정관지령은 1699년 합의를 해석하는 데 있어 유력한 보조수단으로서의 법적 효과를 가지고 있으며, 이를 통해 일본이 1699년 합의에서 조선의 독도 영유권을 인정했다는 사실이 확인된다.

이러한 상황을 종합적으로 고려해 판단하면, 태정관지령과 1699년 합의를 무시한 1905년 일본의 독도 편입은 국제법상 위법 행위이며, 상대국인 대한제국의 동의가 없으면 그 위법성은 조각되지 않는다. 따라서 독도 영유권 문제에 대한 논의는 1905년 일본의 독도 편입이 아니라, 태정관지령과 울릉도쟁계의 1699년 합의에 초점을 맞추는 방향으로 패러다임 전환이 이루어져야 한다. 태정관지령은 독도 문제 연구의 패러다임 전환을 뒷받침하는 강력한 증거이다.

[참고문헌]

강정민, 2013, 「간도 영유권 소송의 당사자 문제에 관한 법이론적 고찰」, 경희대학교 석사논문.

김석현, 2012, 「시효(時效)에 의한 영유권 취득」 『국제법학회논총』 57(4), 대한국제법학회.

김수희, 2015, 「일본의 독도강점을 '기록화'한 「나카이 요자부로 문서」 해제와 자료 소개」 『독도연구』 17, 영남대학교 독도연구소.

김좌욱, 2003, 「독도영유권 문제에 관한 연구: 망끼에 및 에크레오 도서분쟁 판례와 독도 문제 비교」, 수원대학교 석사논문.

김명기, 2016, 「국제법상 '태정관지령문'의 법적 효력에 관한 연구」 『영토해양연구』 11, 동북아역사재단 독도연구소.

다케우치 타케시 지음, 송휘영 · 김수희 옮김, 2012, 『독도=죽도 문제 고유영토론의 역사적 검토』, 서울: 선인.

박기갑, 2016, 「2018년 제70차 유엔국제법위원회 작업현황과 제73차 유엔총회 제6위원회 논의결과」 『국제법평론』 52, 국제법평론회.

박지영, 2017, 「일본 산인(山陰)지방민과 '울릉도 · 독도 도해금지령'에 대하여」 『독도연구』 26, 영남대학교 독도연구소.

박한민, 2022, 「1870년대 일본 기록에 나타난 울릉도 개척 청원과 나가사키현」 『영토해양연구』 제23호.

박현진, 2016, 「17세기 말 울릉도쟁계 관련한 · 일 '교환공문'의 증명력」 『독도 영토주권 연구』 서울: 경인문화사.

안홍익, 2009, 「조약의 대한민국 법체계로의 수용: 조약의 분류와 국내법적 지위」, 부산대학교 석사논문.
이근관, 2010, 「통일 후 한중 국경문제에 관한 국제법적 고찰」 『국제법학회논총』 55(4), 대한국제법학회.
조성현, 2015, 「국제법상 일방적 행위 – 법적 의무를 창출할 수 있는 국가의 일방적 선언을 중심으로 – 」, 고려대학교 박사논문.
신용하, 1989, 「조선왕조의 독도 영유와 일본제국주의의 독도침략」 『한국독립운동사연구』 제3집, 독립기념관, 한국 독립운동사연구소.
유미림 · 박지영 · 심경민, 2014, 『1877년 태정관지령에 관한 연구』, 부산: 한국해양수산개발원.
이성환 · 송휘영 · 오카다 다카시, 2016, 『일본 태정관과 독도』, 서울: 지성인.
______, 2017, 「일본의 태정관지령과 독도 편입에 대한 법제사적 검토」 『국제법학회논총』 62(3), 대한국제법학회.
이순천, 2012, 『조약의 국가 승계』 서울: 열린책들.
이현조, 2007, 「조중국경조약체제에 관한 국제법적 고찰」 『국제법학회논총』 52(3), 대한국제법학회.
이상현, 1991, 「국제법과 국내법과의 관계에 관한 연구: 이론과 실제를 중심으로」, 건국대학교 석사논문.
유희진, 2013, 「조약해석에서 문맥과 함께 참작되어야 하는 추후합의와 추후관행의 의미」 『홍익법학』 14(4), 홍익대학교 법학연구소.
정태만, 2012, 『태정관지령이 밝혀주는 독도의 진실』, 서울: 조선뉴스프레스.
______,2014, 「『조선국교제 시말내탐서』 및 『태정관지령』과 독도」 『독도연구』 17, 영남대학교 독도연구소.
최철영 · 유미림, 2018, 「1877년 태정관지령의 역사적 · 국제법적 쟁점 검토 – 울릉도쟁계 관련 문서와의 연관성을 중심으로」 『국제법학회논총』 63(4), 대한국제법학회.
山辺健太郎 · 梶村秀樹 · 堀和生 저, 임영정 역, 2003, 『독도 영유권의 일본측 주장을 반박한 일본인 논문집』, 서울: 경일문화사.
堀和生, 1987, 「一九〇五年日本の竹島領土編入」 『朝鮮史研究会論文集』 24, 朝鮮史研究会.
池内敏, 2012, 『竹島問題は何か』, 나고야: 名古屋大学出版部.
______, 2016, 『竹島—もうひとつの日韓関係史』, 동경: 中央公論社.
漆崎英之, 2013, 「「太政官指令」 付図 「磯竹島略図」 発見の経緯とその意義」 『독도연구』 제14호, 영남대학교 독도연구소.
島根県竹島問題研究会, 2011, 『第二期「竹島問題に関する調査研究」 中間報告書』, 島根県.
塚元孝, 2011, 「竹島領有権問題の経緯 第3版」 『調査と情報』 701, 동경: 日本国立国会図書館.
塚本孝, 2013, 「元禄竹島一件をめぐって—付、明治十年太政官指令」 『島嶼研究ジャーナル』 2(2), 동경: 海洋政策研究所島嶼資料センター.

______, 2014,「竹島領土編入(1905年)の意義について」『島嶼研究ジャーナル』3(2), 島嶼資料センター.

竹内猛, 2011,「竹島外一島の解釈をめぐる問題について一竹島問題研究会中間報告書「杉原レポート批判一」『郷土石見』87, 石見郷土研究懇話会.

中野徹也, 2012,「1905年日本による竹島領土編入措置の法的性質」『関西大学法学論文集』제5호, 関西大学法学会.

日本史籍協会編, 1969,『岩倉具視関係文書 7』(復刻版), 동경: 東京大学出版会.

柳原正治, 2012,「幕末期・明治初期の'領域'概念に関する一考察」『現代国際法の思想と構造 I』, 동경: 東信堂.

内閣印刷局, 1943,『内閣印刷局七十年史』, 동경: 内閣印刷局.

岩波書店編輯部編, 1992,『日本近代思想大系 別巻 近代史料解説総目次・索引』, 동경: 岩波書店.

村上太郎, 1995,「国際法秩序における一方的約束の意義」『一橋研究』20(1), 一橋大学大学院学生会.

名嘉憲夫, 2013,『領土問題から「国境画定問題」へ』, 동경: 明石書店.

内藤正中, 2011,「1905年の竹島問題」『北東アジア文化研究』34, 鳥取短期大学北東アジア文化総合研究所.

Lee, Byungchan, 2018,「条約解釈における「後の合意及び後の慣行」:「時間」及び「意思」、そして「発展的解釈」との関係」『立命館国際研究』30(3), 立命館大学国際関係学会.

『公文類聚』第29篇 明治38年 巻1(일본 국립공문서관 소장).

中谷和弘, 1992,「言葉による一方的行為の国際法上の評価(一)」『国家学会雑誌』105(1, 2), 동경: 国家学会.

日本外務省,「竹島問題 10 のポイント」, www.mofa.go.jp/mofaj/area/takeshima/pdfs/takeshima_point.pdf(검색일: 2021.03.30).

A. P. Lester, 1963, "State Succession to Treaties in the Commonwealth", *International and Comparative Law Quarterly*, Nol.12.

Okon Udokang, 1972, *Succession of New State to International Treaties*, Newyork.

제2부

일본의 독도 연구와 샌프란시스코강화조약

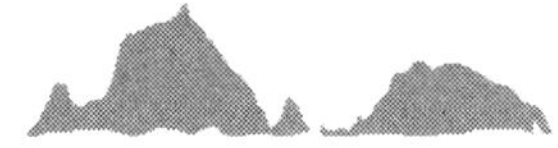

제8장

독도 문제에 대한 일본의 국제법적 연구

—'실효적 지배'를 중심으로—

1. 서론

독도는 누구의 땅인가. 한일 공동 또는 제3국의 것도 아니고 영유권 미정인 땅도 아니다. 한국령이거나 일본령일 수밖에 없다. 제2차 세계대전 이후 지금까지도 한국이 실효적으로 지배하고 있음에도 불구하고, 한일 간에 독도 영유권 논란은 지속되고 있다. 한일 간의 논란의 쟁점은 독도에 대한 역사적 · 시원적 권원(ancient or original title), 즉 고유영토론, 태정관지령의 의의와 해석, 1905년 일본의 독도 편입의 불법/합법론, 제2차 세계대전 중의 카이로선언에서부터 샌프란시스코강화조약에 이르기까지의 일련의 조치에 대한 의의와 해석에 관한 문제[1] 등이다. 이들 쟁점에 대해 한일 양국의 주장은 정면으로 대립된다.

영유권 분쟁은 영토 주권에 대한 서로의 주장 경합을 의미하며, 이는 영유권에 대한 국제법적 합법성과 정당성에 대한 평가 문제로 이어진다. 독도 영유권 도발자에 해당하는 일본은 한국의 독도 점유를 "국제법상 근거가 없는" 불법으로 규정하며,[2] 한국은 독도를 역사적, 지리적 "국제법적으로 명백한 고

1 塚本孝, 2012,「対日平和条約と竹島の法的地位」『島嶼研究ジャーナル』2(1), 海洋政策研究所島嶼資料センター, p.44.

유영토"로 규정하고 있다.[3] 한일 양국이 모두 법률적 근거를 들어 독도에 대한 주권을 주장하고 있으므로, 독도에 대한 역사적 사실이나 경위 등에 대한 국제법적 평가가 요구된다.

국제법적으로 주권의 권원을 결정하는 데에는, 해당 지역에 대해 일정 기간 동안 주권자의 자격으로서 "계속적이고 평화적인 국가 권한의 행사"(continuous and peaceful display of state authority)가 이루어 졌는지가 중요하다. 즉, 역사적 '주장'보다는 '실제적 주권행사'를 뜻하는 실효적 지배(effective control) 원칙이 적용되는 경우가 많다.[4] 실효적 지배의 관점에서 역사적 권원이 상대적으로 어느 쪽에 더 유리하게 전개되어 왔는가 하는 것이다. 이에 대해서는 1928년의 팔마스 섬 사건(Island of Palmas Case), 1933년의 동부그린란드 사건(Case concerning the Legal Status of Eastern Greenland), 1953년의 망끼에 · 에끌레오(Minquiers-Ecrehos)사건 등을 통해 구체적인 기준이 제시되어 왔으며, 그 이후 영유권 귀속의 국제적 규범으로 강조되고 있다.

이 글에서는 한일 간의 독도 영유권 문제에서 실효적 지배론의 전개 과정과 이에 대한 평가를 분석한다. 일본 국제법학계에서 독도 영유권 주장의 유력한 논리로 제기하고 있는 실효적 지배론이 어떻게 논의되어 왔는지를 비판적으로 검토하고, 동시에 한국에서의 논의도 살펴본다.[5] 이를 통해 독도 영유

2 일본내각관방 영토 · 주권대책기획조정실 홈페이지 「일본의 기본적인 입장」 www.cas.go.jp/jp/ryodo/taiou/index.html#takeshima(검색일: 2021.12.24.).

3 「독도에 대한 정부의 기본 입장」, ttps://dokdo.mofa.go.kr/kor/dokdo/government_position.jsp(검색일: 2021.12.24.).

4 실효적 지배(effective control), 실효적 소유(effective posession), 실효적 점유(effective occupation), 그리고 실효적 지배 또는 주권 행사를 구성하는 행위를 의미하는 실효적 지배를 함축적으로 표현하는 이펙티비테(effectivite) 등을 엄격히 구분하여 사용해야 한다는 주장이 있으나. 이 글에서는 구분 없이 사용한다.

5 한국에서의 연구로는 김현수 · 박성욱, 2007, 『독도 영유권과 실효적 지배에 관한 연구』, 한국해양수산개발원; 김영수, 2011, 「독도의 '실효적 지배'에 관한 국제법 판례와 사료적 증거」 『독도연구』 14, 영남대학교 독도연구소; 김명기, 2018, 「독도 학술

권에 대한 논의를 심화하고자 한다. (참고로 일본에서 국제법과 관련한 독도 문제 연구는 한국에서의 연구와 비교할 때 양적으로 매우 적다).

2. 1950년대 한일 간 구상서 논쟁과 독도에 대한 실효적 지배

1952년 1월 18일 한국이 '인접 해양에 대한 주권에 관한 선언', 즉 평화선(the Peace Line)을 선포하자, 일본 정부는 1월 28일 이에 항의하는 구상서(Note Verbale)를[6] 한국 정부에 송부한다. 그 후 한일 정부 간에는 독도 문제와 관련하여 1965년까지 56번(일본 32회, 한국 24회)의 구상서를 주고받는다.[7] 일본 정부는 1953년 7월 13일, 1954년 2월 10일, 1956년 9월 20일, 1962년 7월 13일 등 네 차례에 걸쳐 '죽도에 관한 일본 정부의 견해'(Japanese Government's Views Concerning Takeshima)를 한국 정부에 전달하였다. 이에 대해 한국 정부는 1953년 9월 9일, 1954년 9월 25일, 1959년 1월 7일, 1965년 12월 17일에 "독도(죽도)에 관한 일본 정부의 견해에 대한 한국 정부의 반박서"(The Korean

---

연구 조사에 의한 한국의 독도에 대한 실효적 지배」『국제법학회논총』 63(1), 대한국제법학회; 박기갑, 2000,「도서 영유권 분쟁관련 국제판례에서 나타난 実效的 支配 내지 占有개념과 독도 영유권 문제」『국제법학회논총』 45(2), 대한국제법학회; 서형원, 2009,「독도 영유에 관한 권원 논쟁과 실효적 지배」『일본공간』 5, 국민대학교 일본학연구소; 박현진, 2013,「독도 영토주권과 격지 무인도에 대한 상징적 병합 · 가상적 실효지배」『국제법학회논총』 58(4), 대한국제법학회; 이용희, 2013,「국제판례상 실효적 지배의 개념과 독도에 관한 고찰」『Ocean and Polar Research』 35(4), 한국해양과학기술원 등이 있다.

6 구상서의 원문은 영어로 되어 있으며, 외무부, 1977,『獨島關係資料集1 往復外交文書(1952~76)』, 외무부, 에 수록되어 있다. 이 글에서는 외교통상부 국제법률국 편, 2012,『(전면개정판) 독도 문제 개론』, 외교통상부 국제법률국 영토해양과를 사용함.

7 内閣官房, 2018,『(平成29年度内閣官房委託調査)竹島に関する資料調査報告書』, ストリームグラフ, p.15.

Government's Refutation of the Japanese Government's Views Concerning Dokdo ["Takeshima"])를 일본 정부에 발송한다. 독도에 관한 한국과 일본 정부의 기본적 입장은 1953년 7월 13일부터 1954년 9월 25일 사이에 주고받은 4번(한일 정부 각 2회)의 구상서에 집약되어 있다. 그 이후 양국이 교환한 구상서는 보충적 성격이 강하다.[8] 이하에서는 구상서를 중심으로 한일 양국의 주장을 살펴본다.

1953년 7월 13일 일본 정부는 역사적으로 한일 정부 간에는 독도에 대한 논의가 없었고, 1905년 편입 이후 독도는 일본에 의해 개발되었으며, 샌프란시스코강화조약에서 독도가 일본 영토로 확인되었다는 내용의 구상서를 보냈다. 특히 1905년의 독도 편입은 일본이 국제법적으로 "영토의 일부로 하고자 하는 의사"를 표시한 것이며, 1905년 이후의 행위는 국제법에 입각한 "효과적인 관리"를 위한 것이었다는 점을 강조했다.[9] 그 연장선상에서 일본은 샌프란시스코강화조약에서 독도에 대한 영유권을 인정받았다고 주장한다. 일본은 독도를 합법적으로 편입한 후 실효적으로 지배를 하였으며, 샌프란시스코강화조약을 통해 국제적으로 독도 영유권을 확립했다는 것이다.

이에 대해 한국 정부는 1905년 이전의 한국과 독도의 관련성을 강조하면서 일본의 편입 조치는 불법이며, 샌프란시스코강화조약은 독도를 한국의 영토로 인정한 연합국 최고사령관 지령, 즉 SCAPIN 677호의 연장선상에서 해석되어야 한다는 취지의 반박 구상서를 보낸다. "독도는 한국인에 의해 발견되고 점유되고 한국 영토의 일부로서 소유하는 견지로서 매우 효과적으로 계속적인 한국 정부 당국에 의한 관리를 받고"있으며,[10] 세종실록지리지, 동국여지

8 김현수 · 박성옥, 2007, 『독도 영유권과 실효적 지배에 관한 연구』, 한국해양수산개발원, p.1.

9 외교통상부 국제법률국 편, 2012, 앞의 책, pp.88~93.

10 외교통상부 국제법률국 편, 2012, 위의 책, p.97.

승람, 숙종실록, 1906년 울릉군수 심흥택의 보고 등에서 이를 알 수 있다.[11] 그리고 일본의 독도 편입은 "(러일)전쟁의 혼란한 순간에 불터에서 도적질하듯 한 …… 국제법의 명백한 위반으로서 시행한 소위 시마네현의 관리하에 그 도서를 둔 기간에 결코 독도는 무주지가 아니었다"라고 강조했다.[12] 독도 발견 이후 한국은 계속해서 독도를 실효적으로 점유·관리해왔으며, 일본의 독도 편입 이후에도 한국의 권원은 유지되고 있었다는 것이다. 양국의 주장에서, 일본은 1905년 이후의 실효적 지배를 강조하는 반면, 한국은 1905년 이전부터의 역사적 권원을 부각하고 있는 것이 특징적이다.

일본 정부는 1954년 2월 10일의 구상서에서 "한국이 그의 영토의 일부로서 다케시마를 인식하였고 옛날에 이용하였다는 것을 확증하는 것이 아무(것)도 제시되지 않는다. 한국 정부가 울릉도에 관하여 이조(李朝) 초기 이래 장기간 공광책(空曠策)을 계승하였다는 사실에 조감하여 한국은 울릉도보다 더 떨어진 고도(孤島, 즉 독도 – 인용자)에 행정적 또는 기타 지배를 확장하였다고 생각할 이유가 없다"며, 한국 정부의 주장을 반박한다.[13] 울릉도에 대해 쇄환정책을 시행한 조선은 그 외곽에 있는 독도를 인식조차 못 했을 것이기 때문에 한국 정부가 제시한 1905년 이전의 고문헌과 사적은 근거가 없으며, 실효적으로 지배했을 가능성이 없다는 주장이다. 반면에, 일본 정부는 다양한 고문서와 지도 등을 근거로 독도는 옛날부터 일본 영토의 일부로 취급되었고, 조선과 영토권 논의를 한 적이 없으므로 독도는 일본 영토라고 결론짓고 있다.[14]

이상의 논의에서 보듯이, 한일 양국은 서로의 주장을 전면적으로 부정하

11 외교통상부 국제법률국 편, 2012, 위의 책, pp.95~97.
12 외교통상부 국제법률국 편, 2012, 위의 책, pp.98~99.
13 외교통상부 국제법률국 편, 2012, 위의 책, p.114.
14 외교통상부 국제법률국 편, 2012, 위의 책, pp.112~114.

며, 각자 자국에 유리한 논리만을 강조하고 있다. 따라서 독도에 대한 원시적 또는 역사적 권원에 대해서는 어느 쪽도 상대를 설득할 수 있는 결정적인 증명력을 확보하기가 쉽지 않다. 전반적으로 한국 측은 조선왕조실록 등 관찬자료(authentic literature)를 중심으로 제시하고 있으며, 일본 측은 장생죽도기(長生竹島記) 등 민간인의 활동을 기록한 사찬(私撰, private essay) 자료를 많이 활용하고 있다. 자료의 신뢰성 면에서는 한국 측이 상대적으로 우위에 있다고 할 수 있다.

구상서에서는 어느 쪽이 독도에 대해 실효적으로 지배권을 행사하고 있었는가를 부각시키려는 경향이 강하게 엿보인다. 한국 측에서는 숙종실록(권30)을 인용하여, 안용복 등이 독도를 방문하여 독도의 조선 영유를 확인하고 일본인을 축출한 기록을,[15] 일본은 독도를 울릉도 도항을 위한 기항지나 어장으로 이용했다는 기록을 제시하고 있다.[16] 안용복이나 울릉도를 기항지로 이용한 일본 어부는 모두 민간인이라는 점은 동일하다. 그러나 안용복이 독도의 조선 영유를 분명히 하고 그곳에 있던 일본인을 내쫓았다는 사실과, 독도를 울릉도 항행의 중간 기항지로 이용했다는 일본인들의 행위에는 분명한 차이가 있다. 일본은 기항지 이용을 실효적 지배라고 주장하고 있는데, 이러한 관점에서 보면, 기항지인 독도보다는 어장으로 더 활발히 이용한 울릉도에 대해 영유권을 주장하는 것이 더 설득력이 있다. 그러나 일본은 울릉도에 대해서는 영유권을 주장한 적이 없고, 독도에 대해서만 영유권을 주장하고 있다.

일본 측은 안용복에 관한 기록을 해금정책을 어긴 범법자의 '위증(僞証)'이라 폄훼하고,[17] 일본 측 자료에는 그의 활동이 확인되지 않는다고 한다.[18] 행

15 외교통상부 국제법률국 편, 2012, 위의 책, pp.122~123.

16 외교통상부 국제법률국 편, 2012, 위의 책, p.113.

17 下条正男, 2017,『安竜福の供述と竹島問題: 知っておくべき竹島の真実』, 島根県総務部総務課, pp.30~31.

18 외교통상부 국제법률국 편, 2012, 앞의 책, pp.106~107; 下条正男, 2017, 위의 글, pp.

위자의 신뢰성을 문제 삼아 행위 자체를 부정하거나 평가 절하하는 비논리적 방식이다. 비록 안용복이 민간인이기는 하나, 1차 도일과 2차 도일에서 일관성 있게 독도 영유권을 주장한 사실을 주목할 필요가 있다. 일본 정부는 안용복의 진술은 "조선 정부로부터 위임을 받은 것이 아니기 때문에 지배권 행사로 볼 수 없다"고 주장하고 있으나,[19] 이는 조선의 독도에 대한 영유 의식이 안용복과 같은 민간인에게까지 체현되어 있었다는 방증이기도 하다. 그의 행위는 독도에 대한 조선 정부의 영유 의식이 개인에 의해 발현된 것으로 볼 수 있는 것이다.

안용복의 활동이 공적 기록물에 남아있다는 점은 그의 행위가 국가적 행위로 간주되었음을 시사한다.[20] 해금정책을 위반한 범법자를 처벌하기 위한 것이거나, 안용복이 처벌을 면하기 위해 거짓 진술을 한 것이었다면, 독도 및 울릉도 영유권에 관련된 그의 행적을 상세히 기록하지 않았을 것이다. '범법자'인 안용복의 진술을 상세히 등재한 것은 그것이 영토, 즉 주권 문제에 관련된 중요 사항이라고 조선 정부가 인식했기 때문일 것이다. 안용복의 활동 및 진술은 세계 유네스코 기록유산으로 등재된 조선왕조실록에 근거하고 있다는 점에서 자료의 신뢰성이 높다.

이러한 역사적 권원의 불확실성을 감안한 듯, 일본은 1954년 2월 10일의 두 번째 구상서에서 현대 국제법의 영토 취득론을 주장하기 시작한다. 이 주장이, 후술하는 바와 같이, 국제사법재판소의 망끼에 · 에끌레오 섬 사건의 판결(1953년 11월) 직후에 나왔다는 점을 눈여겨볼 필요가 있다. 일본 정부가 역사적 권원보다 근대 이후의 실효적 지배를 중시하는 망끼에 · 에끌레오 섬 사

29~30.

19 太寿堂鼎, 1966, 「竹島紛争」『国際法外交雑誌』 64(4), 日本国際法学会, p.114; 「竹島研究 · 解説サイト江戸時代の竹島と安竜福の供述」, https://www.youtube.com/embed/DSUrAy6CIdU (검색일: 2022.1.15.).

20 이한기, 1969, 『한국의 영토』, 서울대출판부, p.248.

건의 판결을 의식적으로 원용했는지는 명확하지 않으나, 그 이후 지금까지 일본은 국제법적인 관점에서 망끼에 · 에끌레오 섬 사건을 독도 문제 해결의 가장 유력한 해결방안으로 원용하고 있는 점은 시사적이다.[21]

구상서에서 일본 정부는 현대 국제법에 따른 영토 취득 요건으로서 ① 영토를 획득하려는 국가의 의사(Intention of State to acquire territory), ② 해당 의사의 공적 발표(Public announcement of the intention), ③ 영토를 지배하는 적절한 세력의 수립(Establishment of adequate power to control the territory)이라는 세 가지를 제시하고 있다.[22] 대체로 망끼에 · 에끌레오 섬 사건(Minquiers and Ecrehos Case)의 판결을 원용한 내용이다. 이를 바탕으로 일본 정부는 1905년 독도 편입의 합법성과 그 이후의 실효적 지배를 강조한다.

1905년 1월 28일의 각의 결정에서 일본은 영토 취득에 대한 국가의사를 확인했으며, 2월 22일의 시마네현 고시를 통해 국제법상의 공시 요건을 만족시켰다. 그 후 독도를 시마네현 오키 도사(隱岐島司) 관할로 편입하고, 1905년 5월에 독도를 관유지 대장에 등록했으며, 8월에는 시마네현 지사가 독도를 시찰하고 현지 조사를 하는 등의 사실을, 독도에 대한 실효적 지배의 예로 열거하고 있다.[23] 일본 정부는 1905년 편입 이후의 실효적 지배에 초점을 맞추고 있다는 점을 알 수 있으며, 이러한 기조는 지금까지 지속되고 있다.

---

21 예를 들면, 내각관방(Cabinet Secretariat) 영토주권대책기획조정실(Office of Policy and Coordination on Territory and Sovereignty), 2019, 『죽도에 관한 자료 조사 보고서(竹島に関する資料調査報告書)』의 「영토로 인정받기 위해 필요한 것」이라는 논설에는 망끼에 · 에끌레오 섬 사건을 예시로 제시하고 있는 데, 이는 일본 정부의 공식 견해로 봐야 할 것이다. 보고서는 정부의 공식 견해가 아니라고 명시하고 있으나, "유식자(有識者)의 조언을 얻은 것"이라 밝히고 있는 것에서 이를 알 수 있다. 여기에서 유식자는 2013년 내각관방 '영토 · 주권대책기화조정실'의 「영토 · 주권을 둘러싼 내외발신에 관한 유식자 간담회」를 가리키는 것으로 보인다. 「竹島 研究 解説サイト」, https://www.cas.go.jp/jp/ryodo/kenkyu/takeshima/index.html(검색일: 2021.9.10.).

22 외교통상부 국제법률국 편, 2012, 앞의 책, pp.112~224.

23 외교통상부 국제법률국 편, 2012, 위의 책, p.115.

이에 대해 한국 정부는 1954년 9월 25일 자의 구상서를 통해, 일본이 제시한 세 가지의 영토 취득 요건을 반박하며, ① 독도는 무주지가 아니었으므로 선점의 대상이 될 수 없으며, ② "암암리에 시행된" 시마네현 고시는 국가의사의 공표로 인정될 수 없고, ③ 1905년 이후일본의 독도 지배는 '침략'행위에 불과하다고 주장한다.[24] 또한, 일본 정부가 우산도를 울릉도의 이칭(異稱)이라고 주장한 것에 대해, 증보문헌비고(增補文獻備考, 권 310)의 "여지지(輿地志)에 이르되 울릉도와 우산은 다 우산국 땅이다. 우산은 소위 왜가 이르는 송도이다"는[25] 기록을 제시하며, 우산도와 독도가 동일한 섬임을 강조했다. 안용복의 활동에 대해서도 우산도(독도)에서 일본인을 축출한 사실을 들고, 이를 계기로 발생한 울릉도쟁계에서 일본은 1696년 도해금지령을 통해 울릉도와 부속 도서인 독도에 대한 조선의 영유를 인정하고 일본인의 출어를 금지했다는 사실도 상기시켰다.[26] 울릉도쟁계를 통해 독도와 울릉도에 대한 조선의 영유권이 인정되었다는 주장은 특기할 만하다.

거기에 더해, 1904년 나카이 요자부로가 한국 정부에 독도 대여를 신청하려 한 사실,[27] 1906년 4월 "본군 소속 독도"라고 기술한 울릉 군수 심흥택의 보고서, 1905년 이전 매년 여름 울릉도 주민이 독도에서 어렵(漁獵)을 했다는 사실 등도 제시하고 있다.[28] 이러한 사실로 미루어 봤을 때, 일본의 무주지 선점은 성립하지 않으며, 편입 후의 실효적 지배도 한국의 주권을 무시한 불법 행위에 해당하며, 독도에 대한 한국의 권원은 계속 유지되고 있었다. 연장선상

---

24 외교통상부 국제법률국 편, 2012, 위의 책, pp.134~135.

25 외교통상부 국제법률국 편, 2012, 위의 책, p.123. 『증보문헌비고(增補文獻備考)』에는 "여지지에 이르기를 '울릉과 우산은 모두 우산국 땅인데, 우산은 바로 왜인이 말하는 송도이다'라고 하였다."로 되어 있음.

26 외교통상부 국제법률국 편, 2012, 위의 책, pp.123~124.

27 외교통상부 국제법률국 편, 2012, 위의 책, p.127.

28 외교통상부 국제법률국 편, 2012, 위의 책, p.130.

에서 제2차세계대전 후 연합국이 SCAPIN 677호에서 독도가 한국령임을 확인했다고 결론지었다.

이상과 같은 논의가 반복되는 가운데, 1962년 7월 13일의 일본 정부의 구상서에 대해 한국 정부는 1965년 12월 17일의 구상서에서 "독도는 역사적으로도 국제법적상으로도 우리(한국 – 인용자) 영토이다. 일본의 주장은 고려의 여지가 없다"며[29] 일본의 영유권 주장에 대한 추가 논의를 배제했다. 1965년 6월 22일 한일기본조약의 조인과 함께 '독도밀약'을 통해 독도에 대한 한국의 실효적 지배가 묵인된 상태가 되었으며,[30] 일본의 주장도 종래와 다른 것이 없었기 때문에 한국 정부는 구체적인 논박의 필요성을 느끼지 않았을 것이다. 이후 양국 정부는 구체적인 논쟁 없이, 역사적 · 국제법적으로 독도는 자국의 영토라는 원론적 입장을 반복하고 있다.

이러한 구상서 논쟁과 함께 일본 정부는, 1954년 9월과 2012년 8월 구상서를 통해, 그리고 1962년의 외무장관 회담에서 독도 문제를 국제사법재판소 회부할 것을 제안했으나, 한국 정부는 한일 간에 영토 분쟁은 존재하지 않으며, 이는 국제사법재판소의 판단 대상도 아니라는 입장을 고수하며 일관되게 일본의 제안을 거부한다.

3. 독도 문제에 대한 국제법적 논의와 실효적 지배

위와 같은 일본 정부의 주장을 뒷받침하는 형태로 일본에서는 1960년대에

29 외무부, 1977, 『독도관계자료집 – 왕복외교문서(1952~76) – 』, p.282.

30 "현재 대한민국이 '점거'한 현상을 유지한다"고 하는 이른바 독도 밀약은 일본이 한국의 독도지배를 용인한 것으로 간주할 수 있다. 노 다니엘, 2012, 『독도밀약』, 한울아카데미(ロー・ダニエル[Roh Daniel], 2008, 『竹島密約(Yhe takeshima Secret Pact)』, 草思社).

들어 실효적 지배론을 중심으로 국제법적 관점에서 독도 문제에 대한 논의가 본격화되었다.[31] 1963년 미나가와 타케시(皆川洸, 후에 일본 국제법학회 이사장)의 「독도 분쟁과 국제 판례」라는 논문은 일본 국제법 학계에서 본격적으로 독도 문제를 다룬 최초의 연구로 평가받는다. 그는 영토 분쟁 관련 각종 국제 판례를 예시하면서 "일본은 17세기 초 독도를 발견하고, 그것을 현실적 점유의 대상으로 하여 원시적 권원을 가지고 있었으며, 1905년 독도를 정식으로 편입하여 확정적 권원으로 대체하였다. …… (독도에 대한) 주권은 확실히 일본에 속한다고 결론"지었다.[32] 또, 그는 한일 양국은 오랜 기간 독도를 영유하고 있었으나, 양국 사이에 영유권 귀속에 관련한 조약이 존재하지 않는 점에서 독도 문제는 1953년의 망끼에 · 에끌레오 섬 사건과 유사하다고 주장했다.[33] 역사적으로 한국과 일본의 실효적 지배를 비교해 일본이 상대적으로 우월하다는 것이다.

동시에 그는 망끼에 · 에끌레오 섬 사건에서 특수한 사정에 의해 결정적 기일 이후의 증거도 재판에서 검토 대상이 될 수 있다는 점을 언급하면서, 1945년 이후 한국의 독도에 대한 실효적 지배에 대해 우려를 표하고 있는 점은 시사적이다.[34] 그는 1966년 「독도 분쟁과 그 해결 방법」이라는 논문에서[35] 독도 문제의 해결 방법으로 국제사법재판소 제소를 제안한다. 이러한 그의 연구는 구상서에서 밝힌 일본 정부의 공식 견해에 부합하며, 구상서에서 제시된 범위

31 坂本悠一, 2014,「竹島／独島領有権論争の研究史的検討と課題—戦後日本における近現代史分野を中心に—」『社会システム研究』29, 立命館大学社会システム研究所, pp.183~184.

32 皆川洸, 1963,「竹島紛争と国際判例」前原光雄教授 還暦記念論文集刊行委員会『国際法学の諸問題』, 慶応通信.

33 皆川洸, 1963, 위의 글, p.352.

34 皆川洸, 1963, 위의 글, pp.370~371.

35 皆川洸, 1965,「竹島紛争とその解決手続—日韓条約の批判的検討」『法律時報』37(10), 日本評論社, p.44.

를 벗어나지 않는다. 이를 시작으로 일본 국제법학회는 망끼에 · 에끌레오 섬 사건을 전범으로 삼아 독도 문제에 대한 실효적 지배를 이론적으로 뒷받침해 간다.

한편 우에다 카쓰오(植田捷雄)는 1905년의 독도 편입을 중심으로, "본래 무주지였던 독도에 대해 일본이 이를 영토로 하는 명확한 국가 의사를 표하였으며, …… (그 이후) 현실적 점유, 효과적인 지배를 지속했다"고 주장하며,[36] 무주지 선점론을 근거로 1905년 이후의 실효적 지배를 강조한다.

이러한 논의는 영유권 분쟁의 권위자로 평가받는 다이쥬도 카나에(太寿堂鼎, 후에 국제법학회 이사장)의 「죽도분쟁」(1966년)이라는 논문으로 이어지면서 실효적 지배에 대한 논의는 더욱 구체화한다.[37] 그는 독도 문제를 다루기 전에 「국제법에서의 선점에 대하여 – 역사적 연구 –」(1955년)에서 국제법상의 선점의 일반론을 분석했다. 선점론은 유럽 국가들의 식민지 쟁탈과 비유럽 지역에 대한 지배의 정당성 확보를 중심으로 전개되어 왔는데,[38] 스페인, 포르투갈 등의 식민지 확대 과정에서 우선시 되던 '발견 우선의 원칙'이 18세기 말에는 영국, 프랑스, 네덜란드 등이 주장하는 '선점 우선의 원칙'으로 바뀌었으며, 19세기의 아프리카 분할을 계기로 선점에 현지에서의 지방적 권력의 확립을 통한 '실효적 점유'가 추가되었다고 정리하고 있다.

그는 '실효적 점유론'을 1966년의 「죽도분쟁」이라는 논문에 적용하고, 독도 문제는 망끼에 · 에끌레오 섬 사건 판결을 기준으로 해결되어야 한다고 주장한다. 한일 양국이 원용하는 역사적 사실이 국제법적으로 어느 정도 의

36 植田捷雄, 1965, 「竹島帰属をめぐる日韓紛争」『一橋論叢』 54(1), 一橋大学一橋論叢編集所.

37 太寿堂鼎, 1966. 「竹島紛争」『国際法外交雑誌』 64(4), 日本国際法学会, pp.105~136; 太寿堂鼎, 1998, 『領土帰属の国際法』, 東信堂, pp.125~156; Taijyudo kanae, 1968, "The Dispute between Japan and Korea respecting Sovereignty over Takeshima", *The Japanese Annual of International Law*, No.12.

38 太寿堂鼎, 1955, 「国際法上の先占について―その歴史的研究―」『法学論叢』 61(2), 京都大学法学会, p.99.

미를 갖는지를 검토하고, 어느 쪽이 실효적 지배라는 현대적 요건에 합치하고 있는가를 비교하여 상대적 우열을 판정할 수밖에 없다는 것이다.[39] 15세기 초부터 450년 동안 울릉도를 방치한 조선이 독도에 대한 인식을 가졌는지 의문을 표하며, 독도에 대한 한국의 역사적 권원을 부정한다. 반면에 일본은 막부 시대의 쇄국 정책에도 울릉도 도해를 금지하지 않았고, 독도를 기항지(중계지 또는 표지)나 어장으로 활용한 점에서 상대적으로 우위에 있다고 평가한다. 설령 한국이 역사적 권원을 가지고 있다고 하더라도 망끼에 · 에끌레오 섬 판결에서 보듯이, 불확실한 '원시적 봉토권(original feudal title)'은 실효적 점유에 기초한 권원으로 대체되어야만 법적 효과를 가질 수 있다. 그러나 한국은 이에 대해 별다른 대응 조치를 취하지 않았다. 반면에 일본은 1905년의 편입 조치와 그 이후의 지속적인 국가기능의 발현을 통해, 17세기에 확립된 권원을 현대 국제법이 요구하는 새로운 권원으로 대체하였다고 강조한다.[40]

동시에 한국이 1905년 이전에 독도를 실효적으로 지배하고 있었다는 사실을 입증하지 못하면, 한국이 일본의 편입 조치가 무효라고 주장해도 법적 효과는 없다. "한국은 (일본인의 – 인용자) 강치잡이를 단속할 필요가 있었음에도 이를 방치했다"는 것이다. 또 "1905년 이후 (한국이) 일본의 행위에 대해 항의할 수 있는 지위가 아니었다고 해도 그것으로 곧바로 일본의 조치가 무효로 되는 것은 아니다"며, 독도 편입에 대한 한국의 항의 부존재와 일본의 실효 지배를 강조한다.[41] 이어서 샌프란시스코강화조약에는 한일병합 이전 일본의 영토였던 독도를 일본이 할양한다는 의미는 포함되어 있지 않기 때문에, 독도에 대한 주권은 일본에 있다고 했다. 그의 논의를 요약하면, 일본은 1905년

39 太寿堂鼎, 1966, 앞의 글, pp.140~141.
40 太寿堂鼎, 1966, 위의 글, p,123.
41 太寿堂鼎, 1966, 위의 글, p.125; 太寿堂鼎, 1998, 앞의 책, p.145.

독도 편입을 통해 역사적 권원을 근대 국제법에 따라 확립하였으며, 이후 실효적 지배를 통해 영유권을 확고히 한 반면, 한국은 이에 대해 별다른 대응을 하지 않았다는 것이다.

이러한 과정을 거치면서 실효적 지배론은 독도 연구에 있어서 일본 국제법 학계의 주류적 관점으로 자리 잡았으며, 일본 정부의 주장을 이론적으로 뒷받침하고 있다. 일본 내에서 이에 대한 반론이 존재하지만, 극히 소수에 불과하다.[42] 그 후 독도에 대한 국제법적 연구는 시마네현의 죽도문제연구회의 쓰카모토 다카시(塚本孝), 나카노 테쓰야(中野徹也, 関西大学 교수) 등으로 이어진다. 최근에는 나카노 테쓰야의 연구가 두드러진다. 그는 시마네현 죽도문제연구회 위원이며, 2013년부터 6년간 진행된 내각관방(内閣官房) 위탁조사 사업의 연구위원으로 활동했다, 그의 연구는 일본 정부의 입장을 반영한 것으로 평가된다. 이하에서는 그의 연구를 중심으로 독도 문제와 실효적 지배론을 검토한다.

4. 나카노 테쓰야의 독도에 대한 실효적 지배론

나카노 테쓰야는 죽도문제연구회의 제2기 중간보고서(2011년)에 발표한

42 독도 문제와 망끼에 · 에끌레오 섬 사건은, 근대 국제법과 시제법의 차이뿐만 아니라 망끼에 · 에끌레오 사건에서 양국이 주장하는 역사적 문건에는 망끼에와 에끌레오라는 섬의 명칭이 직접적으로 언급되지 않는다는 점에서 차이가 있다. 해금 정책은 당시 동아시아에서는 일반적인 국가정책이었으나, 일본은 근대 국제법을 원용하여 울릉도에 대한 조선의 공도정책을 해당 섬의 포기라고 해석하고 있다. 일본도 오가사와라제도에 대해 오랫동안 공도정책을 취했다는 지적도 있다. 따라서 당시의 실효적 지배를 현재의 서구 국제법의 요건에 맞추어 판단하는 것이 바람직하지 않다는 비판이 있다. (浜田太郎, 1997,「竹島(独島)紛争の再検討—竹島(独島)紛争と国際法、国際政治(二)」『法学研究論集』(7), 明治大学大学院, pp. 131~134).

「죽도 영유권을 둘러싼 전후의 동향에 대해」라는[43] 논문에서부터 줄곧 망끼에 · 에끌레오 섬 사건에 대한 국제사법재판소 판례를 독도 영유권 문제에 직접 적용하고 있다. (한국에서는 망끼에 · 에끌레오 섬 사건과 독도 문제는 지리적 여건과 분쟁 당사국의 입장에 차이가 있다는 견해도 있다)[44].

망끼에 · 에끌레오 섬 사건에 대한 국제사법재판소 판결은 영유권과 관련하여 다음의 네 가지 기준을 제시하고 있다.[45] ① 원시적 권원은 '간접적 추정'이 아닌 직접적 증거에 의해 입증되어야 한다. 과거 봉건 시대의 불확실한 역사 논쟁에서 추론되는 간접적 추정이 아니라, 해당 섬의 실효적 점유에 직접적으로 관련이 있는 증거가 중요하다는 것이다. 바꿔 말하면 섬에 대한 지배권 확립을 통한 국가 기능의 발현, 즉 실효적 점유의 유무가 중요하다는 의미이다. 그러나 판결에서 직접적 증거에 대한 기준이나 요건을 명확히 제시하지는 않았다.

② 권원을 확립하려면 장기적이고 지속적인 실효적 점유가 필요하며, 원시적 권원은 해당 시기의 법에 따라 새로운 유효한 권원으로 대체되지 않으면 법적 효력을 가질 수 없다.[46] 불확실한 원시적 권원에 대한 역사적 논쟁을 피하고, 이를 뒷받침할 수 있는 실효적 점유나 지배가 수반되어야 권원이 확립될 수 있다는 것이다. 이는 실효적 점유의 소급 적용을 의미하는 점에서 영유

43 中野徹也, 2011,「竹島の領有権をめぐる戦後の動向について」, 竹島問題研究会,『竹島問題研究会 第2期 中間報告書』, 島根県, pp.29~47.

44 정갑용, 2005,『독도 영유권의 역사적 권원에 관한 연구』, 한국해양수산개발원, p.41.

45 동북아역사재단 독도연구소편, 2017,『영토해양 국제판례 연구』, 박영사, pp.35~46; 전순신, 1988,「망끼에 · 에크레호도 사건」『동아논총』25, 동아대학교, pp.143~162; 김좌욱, 2003,「독도 영유권 문제에 관한 연구」, 수원대학교 석사논문, pp.26~28; 사단법인 해양법포럼, 20005,『국제해양분쟁사례연구III 국제사법재판소판례』, 해양수산부, pp.43~70. available on the website of the ICJ at https://www.icj-cij.org/en/case/17.

46 전순신, 1988, 위의 글, pp.146~158; 엄정일, 2011,『독도특수연구』, 법서출판사, pp.88~89.

권 취득에 있어 실효적 점유를 강조한 것이다.[47]

③ 영토와 직접적인 관련이 없는 어업협정 등은 영토 주권에 영향을 미치지 않는다.

④ 영유권 주장이 공식적으로 제기되어 분쟁이 결정화(結晶化, crystallized)된 시점이 결정적 기일(critical date)이다. 그러나 분쟁 이후의 행위라도 당사국의 합법적 지위를 강화하기(with a view to improving the legal position) 위한 목적이 아니고, 분쟁이 발생하기 이전부터 점진적으로 발전하여 이후에도 동일한 방법으로 지속된 국가적 행위는 법적 효력을 가지며 증거로 채택될 수 있다. 이러한 원칙은 조건부이지만, 사건의 특수성을 고려하여 분쟁 이전과 이후의 행위를 종합적으로 판단함으로써 결정적 기일의 절대성을 상대화하고 있다는 점에서 주목할 만하다.

이와 같은 망끼에 · 에끌레오 섬 사건의 법리를 바탕으로, 나카노는 독도 문제와 망끼에 · 에끌레오 섬 사건의 유사성을 다음과 같이 정리하고 있다.[48]

> (한일 간에는) 죽도(독도)의 영유권을 명확히 정한 조약이 없으며, 양국은 서로 자국이야말로 오래전부터 죽도를 평온히 계속 영유해 왔다고 하는 '고유영토론'을 주장하고 있다. 이른바 '원시적 또는 역사적 권원'을 영유의 근거로 하는 주장이다. 이처럼 분쟁국이 역사적 사실을 원용하여 서로 경쟁적으로 주장을 하고 있다는 의미에서 본건은 국제사법재판소(이하 ICJ)의 망끼에 · 에끌레오 섬 사건과 유사하다. 이 사건에서 ICJ는 "결정적으로 중요성을 가지는 것은 중세의 사건에서 추출되는 간접적인 추정이 아니라 망끼에 · 에끌레오 섬의 점유에 직접 관련되는 증거이다"라고 한 후, 분쟁 당사국 (영국 및 프랑스)에 의한 주장의 우열을 상대적으로 평정(評定)했다. 죽도 문제를 해결하기 위해서는 이 판결을 따라 어느 쪽이 보다 '우월적인 주장'을 제시하고 있는가를 판정할 수밖에 없다.

47 전순신, 1988, 위의 글, p.158.
48 中野徹也, 2011, 앞의 글 pp.36~37.

요약하면 ① 한일 간에는 독도 영유권을 결정한 조약이 없고, ② 한일 양국이 역사적 권원을 영유의 근거로 주장하고 있기 때문에, ③ "섬의 점유에 직접 관련되는 증거"에 대한 주장의 우열을 상대적으로 평가해야(appraise the relative strength of opposing claim) 한다는 점에서, 망끼에 · 에끌레오 섬 사건과 유사하다는 것이다. 한일 간에는 독도 영유권을 결정한 조약이 없다는 것을 전제로 섬의 점유에 직접 관련되는 증거의 상대적 우월이 독도 영유권을 결정한다는 논리이다. 1905년 독도 편입 이후의 실효적 지배가 상대적으로 우위에 있다는 일본의 입장을 반영한 주장으로 보인다.

이를 기초로 그는 1905년 이전과 이후로 나누어 일본의 독도에 대한 점유의 실행을 논한다. 먼저 1905년 이전의 실행에 대해서는, 일본은 항행의 목표와 울릉도로 가는 항로의 정박지로서 독도를 이용한 정도였는 데, 이것이 독도 영유권 확립의 근거가 될 것인가에 대해서는 회의적인 견해를 밝혔다. 망끼에 · 에끌레오 섬 사건에서 영국이 원시적 권원의 존재를 입증하기 위해 제출한 증거와 비교해도 매우 빈약하다고 평가하고 있다.[49] 망키에 에끌레오 섬 판결에서는 1861년 이후 75년 넘게 영국의 항의를 받지 않고, 망끼에의 조명 관리, 항행의 안전을 위한 부표 설치, 1881년의 신호대 건립 행위들이 프랑스의 주권 행사나 국가기능(state function)의 발현으로 인정받지 못했다.[50] 이러한 사실에 비추어 볼 때, 일본이 간헐적으로 독도를 이용한 것만으로 주권을 확립했다고 보기는 어렵다는 견해이다. 이에 대해서는 앞서 언급한 다이쥬도 역시 같은 관점에서, 일본 정부(막부)가 독도에 대한 영유 의사를 명확히 한 것도 아니고, 국가 권능이 표시된 것도 아니기 때문에 일본 정부의 약점으로 작용할 수 있다고 지적하고 있다.[51]

49 中野徹也, 2019, 『竹島問題と国際法』, ハーベスト出版, p.56.
50 전순신, 1988, 앞의 글 p.156.
51 太寿堂鼎, 1998, 앞의 책, p.142.

그럼에도 불구하고, 그들은 "현 단계에서 한국 측이 이보다 설득력 있는 역사를 서술할 수 없다고 생각하기 때문에 이 정도의 설명으로도 한국에 비해 상대적으로 유리하다. 따라서 일본의 '원시적 권원'이 인정될 가능성이 있다"고 주장한다.[52] 나카노는 2008년 말레이시아와 싱가포르 사이의 페드라 브랑카(Case concerning Sovereignty over Pedra Branca [Pulau Batu Puteh], Middle Rocks and South Ledge) 사건의 판례를 원용하여, "독도가 널리 알려져 있었으며, 동시에 어느 나라도 독도에 대해 주권을 주장하지 않았다는 것을 입증하면" 일본의 독도에 대한 원시적 권원이 인정받을 수 있을 것이라고 덧붙이고 있다.[53] 독도는 한국과 일본 모두에 알려져 있었으며, 한국이 독도에 대한 주권을 명확히 주장하지 않았을 뿐만 아니라, 일본이 독도를 기항지로 활용한 데 대해 한국의 항의가 없었기 때문에, 일본의 권원이 인정될 수 있다는 의미로 읽히는 데, 그의 주장은 다소 모호하다.

1905년 이전, 일본이 독도와 관련하여 직접적으로 수행한 유일한 행위는 독도를 항로 상의 일시적인 기항지로 사용한 것이다. 그러나 이러한 행위는 조선 정부의 쇄환(공도)정책으로 감시가 없는 틈을 이용하여 간헐적으로 독도를 무단 사용한 것 이상의 의미는 없다. 실질적인 영유권 행위로 보기 어려운 것이다. 이에 대해 일본은 한국이 1905년 이전에 독도를 실효적으로 지배했다는 명확한 근거를 제시하지 못하고 있다고 주장한다.[54] 일본의 권원도 불확실하지만, 한국이 아무 증거를 제시하지 못하고 있다는 점을 강조함으로써 일본의 입장이 상대적으로 우월하다는 점을 부각시키려는 의도로 해석된다.[55] 앞서 언급한 바와 같이, "송도는 즉 우산도(독도)라 또한 조선 땅이라

52 中野徹也, 2019, 앞의 책, p.56.

53 中野徹也, 2019, 위의 책, pp.56~57.

54 「竹島の領有権に関する日本の一貫した立場」, https://www.mofa.go.jp/mofaj/area/takeshima/index.html(검색일: 2021.8.10).

55 芹田健太郎, 1999, 『島の領有と経済水域の境界画定』, 有信堂; 池内 敏, 2011, 「竹島/

…… 큰소리로 꾸짖으니 왜 등이 걷어서 모아 배에 싣고 돛대를 올려 돌아가다",[56] 라고 묘사된 안용복의 행위는, 독도를 기항지로만 이용한 일본에 비해, 독도에 대한 관할권을 추정하는 실효적 지배로 인정될 가능성이 상대적으로 크다.

이상과 같은 한일 간 논란의 핵심은 양국 모두 독도에 대한 직접적인 국가행위를 명확히 입증하기 어렵다는 점에 있다. 일본은 민간 어부의 독도 이용 사례를 근거로 들고 있는 반면, 한국은 안용복이 독도 영유권을 천명하고 이를 실행한 점을 강조한다. 이러한 불확실성을 의식하여 일본 국제법 학계에서는 1905년 독도 편입과 그 이후의 일본의 국가 실행을 강조한다. 일본은 앞서 열거한, 1905년 2월 시마네현의 편입 고시, 5월 독도를 토지대장에 관유지로 등록한 사실, 6월 죽도어렵합자회사에 대한 강치어업 면허 발급, 1906년 3월 시마네현 조사단의 독도 실태조사 등을 실효적 지배의 근거로 제시한다. 그리고 이 조치들은 "망끼에 · 에끌레오 섬 사건에서 점유에 직접 관계되는 증거로서 중요하게 취급된 지방 행정의 실시와 입법 관련 행위라고 할 수 있다"고 평가하고,[57] "이러한 일련의 조치로 독도에 대한 영역 주권이 확립되었다는 일본의 입장은 충분한 근거에 기초한 것으로 해석된다"는[58] 것이 일본 국제법 학계의 기본적인 견해이다.

일본 국제법 학계의 견해를 종합하면, 독도 점유와 관련된 증거에서 일본이 1905년 이전과 이후 모두 한국보다 상대적으로 우위를 점하고 있다는 주장

独島論争とは何か—和解へ向けた知恵の創出のために」『歴史評論』733, 校倉書房, p.32(注42), 등 다수가 이설을 주장하고 있다.

56 외교통상부 국제법률국 편, 2012, 앞의 책, pp.122~123. 숙종실록 22년 9월 25일 조에는 "송도는 바로 자산도(子山島)로 이 또한 우리나라 땅인데 너희들이 감히 거기에 사는가? 라고 하였습니다. …… 큰 소리로 꾸짖었더니 왜인들이 거두어 배에 싣고서 돛을 올리고 돌아가므로 제가 배를 타고 뒤쫓았습니다"고 되어 있다.

57 中野徹也, 2019, 앞의 책, p.54.

58 中野徹也, 2019, 위의 책, p.54.

이다. 1905년 이전의 실효 지배에 대해서는 다소 '불안'이 있으나, 1905년 이후의 실효적 지배에 대해서는 높은 평가를 하고 있다. 일본의 독도에 대한 실효적 지배론은 1905년 편입 조치 이후의 독도에 대한 실효 점유에 주로 의존하고 있는 것을 알 수 있다. 일본의 주장을 액면 그대로 받아들이면, 1905년 이후 일본의 조치는 독도 점유에 대한 직접 증거로 인정될 수 있으며, 망끼에 · 에끌레오 섬 사건에서 영국 측의 주장을 인정한 논리에 어느 정도 부합한다고 볼 수 있다.

그러나 이러한 주장에 대해서는 보다 면밀한 논의가 필요하다. 1905년 이후 일본이 취한 일련의 조치가 법적 증명력(probative force)을 가지려면, ① 1905년 2월 일본의 독도 편입이 합법적이고 정당한 것이어야 하며, ② 1905년 이후의 일본의 실효적 지배가 새로운 권원을 확립할 정도로 안정적이고 지속적인 것이어야 하며, ③ 결정적 기일(critical date)이 제2차세계 대전 이후여야 한다는 전제가 성립해야 한다. 일본의 국제법 연구가 1905년 독도 편입의 합법성을 입증하는 데 집중하는 이유이다.[59] 특히 1905년 이후의 일본의 실효적 지배에 대해서는 독도 편입의 시효 문제와 조선(한국)의 권원 포기 여부가 동시에 검토될 필요가 있다.

5. 일본의 독도 편입과 그에 따른 실효적 지배와 시효 문제

독도 문제의 핵심은 1905년 일본의 독도 편입의 합법/불법의 문제이다. 특히 일본이 1905년 이전의 불완전한 역사적 권원을 보완하고,[60] 또한 1905년 이

59 中野徹也, 2012a,「1905年日本による竹島領土編入措置の法的性質—"無主地先占"説をめぐって」『竹島問題研究会 第2期最終報告書』, 島根県.

60 塚元孝, 2007,「領有権紛争の焦点ー国際法の見地から(平成19年度島根県高等学校

후의 실효적 지배를 인정받기 위해서는 편입 조치에 대한 국제법적 합법성이 전제되어야 한다. 나카노 테쓰야는 「1905년 일본에 의한 죽도 편입 조치의 법적 성질」이라는 논문에서[61] 독도 편입의 경위를 개괄한 후, 무주지 선점론의 입장에서 해당 편입의 합법성을 분석한다. 그가 고유영토론이 아니라 무주지 선점론에 초점을 맞춘 것은, 1905년 이전의 일본의 독도에 대한 권원이 불확실하기 때문으로 보인다. (그렇다고 일본의 역사적 권원을 완전히 포기한 것은 아니며, 상대적 우월성의 입장은 견지하고 있다).

나카노 테쓰야는 역사학 분야의 이케우치 사토시(池内 敏)의 연구를[62] 원용하여 독도 편입 시점의 독도의 지위를 "에도(江戸) 막부는 원록(元禄, 1699년 – 인용자)·천보(天保, 1837년 – 인용자) 두 번에 걸쳐 도해금지령으로 울릉도를 조선령으로 확인하고, 또 죽도/독도를 일본 영토 외로 판단한 것은 분명"하기[63] 때문에 독도는 무주지라고 규정했다. 바꿔 말하면, 막부가 울릉도를 조선 땅으로 인정하고 도해금지령을 내렸으나, 독도에 대해서는 '일본 영토 외'라고 했을 뿐, 독도를 한국 영토로 인정하지 않았다는 의미이다.[64] '일본 영토 외'라는 문언을 조선 영토로 해석해서는 안 된다는 논리인데, 일본은 자국의 최고 통치기관인 태정관(太政官)이 "울릉도와 독도는 일본 땅이 아니다"고 공식 천명한 1877년의 태정관지령도 같은 논법으로 해석하고 있으나, 논리적

地理·公民科教育研究会研究大会 講演メモ)」, p.6, https://www.pref.shimane.lg.jp/admin/pref/takeshima/web-takeshima/takeshima04/takeshima04-1/index.data/tsukamoto071017.pdf?site=sp (검색일: 2021.9.12.).

61 中野徹也, 2012b, 「1905年日本による竹島領土編入措置の法的性質」 『関西大学法学論文集』 5, 関西大学法学会, pp.113~166. 이 논문은 中野徹也, 2012a 앞의 글(각주 59)에 고유영토론을 추가하여, 1905년의 독도 편입을 보다 포괄적으로 다루면서, 독도 편입을 합법화하고 있다.

62 池内 敏, 2012, 『竹島問題とは何か』, 名古屋大学出版会; 池内 敏, 2016, 『竹島―もうひとつの日韓関係史』, 中央公論新社.

63 中野徹也, 2012a, 앞의 글, p.131.

64 池内 敏, 2011, 앞의 글, p.33; 中野徹也, 2012a, 앞의 글, p.131.

설득력은 약하다.[65] 이는 문언의 의미를 교묘하게 왜곡해서 해석하는 것으로, 도해금지령과 태정관지령의 발포 경위를 살펴보면 "일본 땅이 아니라"는 명시적 문언이 조선 땅임을 의미한다는 것은 명확히 드러나기 때문이다.[66]

이어서 그는 "고유영토론이 성립하지 않는다면, 1905년 편입 조치를 '영유 의사의 재확인'으로 볼 수 없다. 그러나 이는 무주지 선점 행위로 볼 가능성이 남아 있다. 무엇보다도 각의 결정 자체가 …… (무주지 선점으로) 기술하고" 있기[67] 때문이다고 밝혔다. 고유영토론이 성립하지 않고 각의 결정에서 편입의 근거로 삼고 있는 무주지 선점론을 정당화하기 위해서는 독도를 무주지화할 수밖에 없다는 의미로 읽힌다.

그는 무주지 선점론을 전제로 1905년 편입 당시 독도가 무주지였는지를 검토한다. 이케우치 사토시의 연구에 기초하여 1905년 편입 시점에 독도가 조선의 영유였을 가능성과 흔적은 있으나, "각의 결정이 이루어진 1905년 직전의 시기에 죽도/독도가 대한제국령이었다는 논증이 아직 이루어지지 않았다는 사실이 결정적으로 중요"하므로,[68] 독도를 "무주지로 간주할 수 있다"는 논지를 편다.[69] 그는 독도가 조선 영토였음을 완전히 배제할 수는 없지만, 한국이 이를 명확히 입증할 공식 문서와 같은 증거를 제시하지 못하기 때문에 독도를 무주지로 간주해야 한다고 주장하는 것이다. 독도가 무주임을 적극적으

65 이러한 논법은 1696년의 도해금지령, 1877년의 태정관지령의 해석에도 똑같이 나타난다. 도해금지령은 울릉도만을 대상으로 한 것으로 해석하고, 태정관지령에서 "울릉도와 독도는 일본의 판도외이다"고 천명한 것은 독도가 일본 영토가 아니라는 의미이며, 독도를 조선의 영토로 인정한 것은 아니다라고 해석하고 있다(中野徹也, 2012a, p.135). 문맥 그대로 해석하면 독도뿐만 아니라 울릉도조차 조선의 영토가 아닌 것이 된다는 점에서 납득하기 어려운 해석이다.

66 이성환 · 송휘영 · 오카다 다카시, 2016, 『일본 태정관과 독도』, 지성인 참조.

67 中野徹也, 2012a, 앞의 글, p.132.

68 中野徹也, 2012a, 위의 글, p.156.

69 中野徹也, 2012a, 위의 글, p.152.

로 입증한 것이 아니라, 조선 땅이라는 공적 기록 등의 증거가 발견되지 않았으므로 무주지로 한다는 것이다. 한국이 한국령임을 입증하지 못하기 때문에 무주지로 간주한다는 논리이다. 한국 측에 입증 책임이 있지만, 한국 측이 이를 입증하지 못한다고 해서 그것이 일본의 이익(편입의 근거)으로 돌아가는 것은 아니다. 일본은 이를 인정하지 않지만, 한국 측에서는 독도의 한국 영토 귀속이 충분히 입증되었다고 판단하고 있다는 점도 고려해야 한다.

이러한 상황을 고려하여, 그는 다음과 같이 일본의 독도 편입의 정당성을 강조한다.[70]

> 잠재적 분쟁국(한국 – 인용자)을 식민지화한 상황에서 무주지 선점을 주장하는 것은 침략이나 마찬가지라고 받아들여져도 불가피한 측면은 분명히 있다. 이러한 의미에서 결코 (일본이 – 인용자) 자신있게 무주지 선점론을 주장할 수는 없다. 그러나 적어도 당시의 국제법에 비추어 보면 잠재적 분쟁국을 식민지화했다고 해서 선점의 완성이 방해받는다고 할 만한 충분한 근거는 없다. 그것이 당시 구미 제국의 식민지 지배를 정당화하는 근거로 원용되었고, '강자의 법'이라 불리는 근대 국제법의 특질이다.

요약하면, 당시가 제국주의 시대였다는 점을 고려하면, 독도를 무주지로 간주하여 편입하는 것이 식민지화 과정의 일환으로 정당화될 수 있다는 일종의 상황론이다. 과연 그럴까. 이러한 논리가 정당화될 수 있을까? 제국주의 시대라도 불법은 여전히 불법이다. 현재의 시점에서 당시의 제국주의적 상황을 어떻게 정의하고, 어느 정도의 침략이 '합법'으로 허용될 수 있는지에 대한 의문은 여전히 남는다. 이러한 점을 의식하여 그는 일본의 무주지 선점이 "자칫하면 '침략'이라고 해석될 위험한 근거에 기초하고 있다"고 우려를 표한다.[71] 한국을 독도 영유권에 대한 '잠재적 분쟁국'으로 보고, 편입이 '침략'으로

70 中野徹也, 2012a, 위의 글, p.156.

해석될 수 있다고 언급한 것은, 독도에 대한 한국의 영유권을 배제하지 않고 있음을 함의한다.

그렇다면, 일본의 무주지 선점은 언제, 어떻게 성립되는 것인가? 편입의 선언만으로는 무주지 선점이 완성되지 않는다. 일본이 독도를 편입하는 각의 결정문에는 "1904년부터 나카이 요자부로(中井養三郎)가 독도에 이주하여 어업에 종사한 것(을) …… 국제법상 점령의 사실로 인정하고 이를 일본 소속으로 한다"고 명시되어 있다.[72] 그러나 여기에서 언급된 나카이 요자부로의 '이주'는 사실상 어업을 위한 일시적 체류에 해당한다. 원래 나카이는 독도를 한국령으로 인식하고 있었다. 그는 한국(조선) 정부에 임대 허가를 신청하는데 협조를 구하기 위해 농상무성과 해군성의 관리를 만났는데, 거꾸로 그들은 나카이에게 독도를 일본 영토로 편입하는 청원을 하도록 설득한다.[73] 이것이 나카이가 일본 정부에 독도 편입을 청원한 경위이다. 이러한 과정을 살펴보면, 독도가 한국령이라는 인식을 가지고 있던 나카이가 어업을 위해 일시적으로 '이주'한 사실을 일본에 의한 점령으로 치환하는 것은 논리적으로 무리가 있다.

설령 나카이가 민간인으로서 국가를 대신하여 독도에 대한 영유 의사를 가지고 있었다고 하더라도, 일본의 편입 조치는 단순한 '선점'의 선언으로 얻어

---

71 中野徹也, 2012a, 위의 글, p.164.

72 「閣議決定文」, https://www.mofa.go.jp/mofaj/area/takeshima/pdfs/g_hennyu02.pdf (검색일: 2021.9.02.).

73 中井養三郎, 1909, 『事業経営概要』; 김수희, 2014, 「일본의 독도 강점을 '기록화'한 「나카이 요자부로 문서」 해제와 자료 소개」 『독도연구』 17, 영남대학교 독도연구소, pp.414~416; 内藤正中·金柄烈, 2007, 『史的検証竹島·独島』, 岩波書店, p.84; 奥原碧雲, 2005, 『竹島及鬱陵島[復刻版]』, ハーベスト出版, pp.55~56. 같은 시기에 출간된 葛生修亮, 1903, 『韓海通漁指針』, 黒竜会; 岩永重華, 1904, 『韓国実業指針』, 宝文館; 田淵友彦, 1905, 『韓国新地理』, 博文館 등에도 당시 일본인 사이에서 독도를 한국령으로 간주하는 기술이 보인다.

진 불완전한 미성숙 권원(inchoate title)에 지나지 않는다. 따라서 무주지 선점을 완성하여 권원을 취득하기 위해서는 "계속적이고 평화적인 국가 권한의 행사", 바꿔 말하면 일정 기간의 실효적 지배, 즉 시효를 필요로 한다.

선점이나 점령에서 점유 대상이 무주지인가, 타국의 영토인가에 대해 이론적 구분은 가능하나, 실질적으로는 차이가 없다.[74] 또 국내법에서는 일회의 점유로 선점이 가능하지만, 영토 취득을 위한 선점은 상당 기간 지속적 점유가 필요하므로, 결국 취득 시효와의 구별이 의미를 상실하게 된다. 취득 시효는 본질적으로 원 소유국의 주권을 침해하는 것이기 때문에 선점보다 더 엄격하고 오랜 기간의 점유를 필요로 하나,[75] '일정 기간'의 실효 점유를 요한다는 점에서 선점과 시효는 큰 차이가 없다고 하겠다. (일본의 선점론은 무주지에만 해당되기 때문에 1905년 이전에 존재하는 한국의 권원과는 양립하지 않으나, 법적 효과에는 큰 차이가 없기 때문에 구분없이 논한다). 이러한 측면에서, 1905년 이후 독도에 대한 실효적 점유가 인정받지 못하면, 선점에 의한 일본의 독도 편입은 성립하지 않는다.

선점 후 "일정 기간의 평온한 점유"란, 일정 기간 동안 관련국이 이를 묵인하거나 공식적으로 항의가 없어야 한다는 뜻이다. 어느 정도의 기간 동안 항의가 없으면, 그것이 묵인 또는 승인으로 추정되는가에 대해서는 구체적 사정에 따라 결정될 문제이다. 그러면 한국이 일본의 독도 편입 사실을 인지한 1906년 4월부터 1910년 8월 한일병합 때까지의 약 4년여 동안 한국 정부가 일본에 항의를 하지 않았다/못했다고 해서 일본이 독도에 대한 영유권을 확보했다고 할 수 있을까. 일본 연구에서는 이에 대해 검토한 흔적을 찾을 수 없으

---

74 M. Shaw, 2003, *International Law*, 7th ed, Cambridge Univ. press, p.426.

75 이춘선, 2018, 「국가 행위로서 항의(protest)에 대한 국제법적 검토: 영토 문제를 중심으로」 『국제법학회논총』 63(3), 대한국제법학회, p.29; D.H. N. Johnson, 1952, "Acquisitive Prescription in International Law," *The British Yearbook of International Law*, London: H. Frowde. p.349.

며, 한국의 항의가 없었다는 점만을 강조하고 있다.[76] 또한 한국은 일본의 독도 편입 조치가 국제법상 선점의 요건을 갖추지 못했다고 비판하고 있다. 그러나 한국은 선점의 법적 기준에 대해서는 명확히 언급하지 않기 때문에, 한국이 일본의 선점 그 자체를 부정하는 것은 아니라는 주장도 제기되고 있다.[77]

이와 관련하여, 1905년 이후 한국이 독도에 대한 주권을 포기했는지가 중요한 쟁점이 된다.[78] 1906년 4월 울릉군수 심흥택이 대한제국 정부에 "본군 소속 독도"의 일본 편입 사실을 보고하고,[79] 이에 대해 의정부 참정대신 박제순은 일본의 독도 편입은 전혀 근거가 없으니, 섬의 형편을 다시 조사하여 보고하라고 지시한다.[80] 심흥택의 보고와 박제순의 지시는 대한제국의 독도 관할에 대한 의지와 행위가 작동하고 있음을 보여주는 것이다. 일본에 대해 직접적으로 항의를 표하지는 못했으나, 독도에 대한 권원을 포기하지 않았음은 명확히 확인된다.

이러한 상태, 즉 한국의 관할권이 작동하고 있는 상태에서 일본이 독도를 편입하여 실효 지배를 하게 된 상태를 어떻게 평가해야 할 것인가?[81] 조선의

76 이성환, 2020, 「일본의 독도 편입과 한국의 항의 부존재에 관한 검토—나가시마 히로키(永島広紀) 『'내정'화하는 한일의 '외교'』에 대한 반론」 『독도연구』 29, 영남대학교 독도연구소 참조.

77 太寿堂鼎, 1998, 앞의 책, p.152.

78 영유권 변경에 있어서 취득시효와 소멸시효는 표리일체의 관계이나. 양자의 공통기반으로서 권원의 포기에 해당하는 묵인을 사실로서 확인하는 것이 합리적이라는, 즉 소멸시효론을 강조하는 경향이 있다. 一又正雄, 1963, 「国際法における時効と黙認の法理」 前原光雄教授 還暦記念論文集刊行委員会, 『国際法学の諸問題』, 慶応通信, p.103.

79 홍성근, 2020, 「울도군수 심흥택의 치적과 '독도 보고서'의 법 · 역사적 의미」 『이사부와 동해』 16, 한국이사부학회, p.208.

80 의정부 참정대신 지령 3호, 홍성근, 2020, 위의 글, p.213.

81 이에 대해 허영란은 "일본이 독도를 소유자가 없는 토지로 규정하고 편입한 한편, 한국 정부는 독도를 울릉도의 관할 하에 두고 있었다는 것은 사실이다. 충돌하는 두 가지의 사실이 규명되지 않은 채로 그 이후에까지 계속 논쟁의 불씨로 남은 이유는 한국이 일본의 식민지가 되었기 때문이다. 일본 제국주의가 한국인의 의사에 반해 한국을

권원이 확인되면, 이론적으로 일본의 무주지 선점론은 근거를 상실하게 된다. 그러나 일본이 불법으로 점유했더라도, 적대적 점유(adverse posessino)의 사실 자체는 무시할 수 없기 때문에, 한국의 주권과 일본의 실효 지배가 상충하는 형태로 양립하게 된다. 따라서 이에 대한 평가가 중요하다. 이 경우 시효(acquisitive/positive prescription, time effect)와 묵인(acquiesce)이 중요한 요소가 된다. 한국이 주권을 포기했는가, 일본이 주권자로서 일정 기간 평온하고 공연하게 점유를 계속했는가 이다. 이에 대해 일본은 조선이 항의하지 않았기 때문에, 주권자로서 공연(평온)하게 점유를 지속했다고 주장한다. 조선의 항의 부재를 조선의 주권 포기 및 일본 주권의 승인으로 간주하는 것이다. 구체적으로는 "해당 지역에 대한 국가 기능의 계속적이고 평온한 표시는 영역 주권의 구성요소"라고 판시한 1928년의 팔마스 섬 사건을 원용하여, 독도에 대한 일본의 주권이 확립되었다고 주장한다.[82]

그러나 조선이 일본에 항의하지 않았다는 사실이 존재하더라도, 일본의 점유를 승인하거나 조선이 주권을 포기했다는 증거는 발견되지 않는다. 주권의 포기는 추정이 아니라, 주권을 포기했다고 간주될 정도로 "한 점의 의문도 없이 명확히 입증"되어야 묵인에 의한 주권 이전(移転)이 성립한다.[83] 한국이

침략한 것이 지금 현재 문제가 되어 있는 독도 문제의 근본 배경이다"고 분석했다.(中野徹也, 2012b, 앞의 글, p.154, 재인용)

82 中谷和弘, 「尖閣諸島, 竹島, 国際裁判」, 内閣官房領土・主権対策企劃調整室, https://www.cas.go.jp/jp/ryodo/kenkyu/senkaku/chapter01_column_01.html(검색일: 2021.10.1.).

83 中野徹也, 2019, 앞의 책, p.106. 中谷和弘는 한국의 독도 관할에 대해 일본이 주권을 포기하지 않았다는 점을 강조하기 위해 다음과 같이 주장한다. "국제법상 포기는 추정될 수 없으며, 포기자에게 유리한 협의(狭義)로 해석되어야 한다. Campbell 사건의 중재판결에서 '포기는 결코 추정되어서는 안 된다는 것은 모든 국가의 법에서 인정하고 있다. 포기는 권리, 능력 또는 기대까지도 유기(遺棄)를 구성하기 때문에, 항상 협의의 해석에 따르게 된다.' …… 포기의 효과는 권리의 소멸이기 때문에 그 의도는 협의로 해석되어야 하며, 의문이 있을 경우 포기자에게 유리한 의미로 해석되어야 한

일본의 독도 편입을 인지한 1906년부터 한일 병합이 이루어진 1910년 사이의 한국의 묵인이 주권 포기에 해당할 것인가에 대해서는 회의적이다. 1904년의 제1차 한일협약과 1905년의 을사조약 등으로 일본에 의해 한국의 주권이 제한되어 있었으며, 한국의 독도 관할 의사가 명확히 확인되는 상황에서 한국의 묵인을 주권의 포기나 일본 주권의 승인으로 보기는 어렵다.

예를 들어, 2002년 카메룬 · 나이지리아 간의 영유권 분쟁(Case concerning the Land and Maritime Boundary between Cameroon and Nigeria)에 대한 국제사법재판소의 판결을 상기할 필요가 있다. 나이지리아는 약 20년간 바카시(Bakassi) 반도에 대해 보건, 교육, 조세 등의 분야에서 점유에 의한 실효적 지배를 하였다. 그러나 이 기간 동안 카메룬은 "주권의 권한으로 행동할 수 없었으며" 항의를 하지 않았지만, 카메룬이 바카시반도에 대해 주권을 포기한 것은 아니었다. 이러한 이유로 국제사법재판소는 바카시반도에 대한 나이지리아의 점유에 의한 실효적 지배에 대해 법적 의미를 부여하지 않고, 그 이전부터 조약상의 권원을 가지고 있는 카메룬의 주권을 인정하였다.[84] 조약 등에 의해 영유권이 명확한 경우, 이를 능가하는 실효적 지배는 인정될 수 없으며, 설령 시효를 인정한다고 하더라도, 주권 이전을 위해서는 20년은 너무 짧다(in any event far too short, even according to the theory relied on by it)는 것이 판시의 요지이다.

비록 직접적인 비교는 어렵지만, 독도 문제에서 시효 및 실효적 지배와 관

다"(中谷和弘, 2021, 위의 글, 「尖閣諸島, 竹島, 国際裁判」).

84 김채형, 2009, 「카메룬과 나이지리아 간 Bakassi반도의 주권에 관한 분쟁해결의 분석 및 평가」 『국제법학회논총』 54(3), 대한국제법학회, p.391; 이근관, 2010, 「탈식민주의적 관점에서의 국제영토법리의 비판」, 서울국제법연구17(1), 서울국제법연구원, pp.7~8; J. G. Merrills, 2003, "Land and Maritime Boundary between Cameroon and Nigeria(Cameroon V Nigeria), Merits, Judgment of 10 October", *International and Comparative Law Quarterly*, Vol.52, No.3, pp.788~797.

련하여 다음과 같은 논의가 가능하다. 제2차 세계대전 종결 직후 일본 영토 처분의 일환으로 1945년 연합국군 최고사령부(GHQ)가 SCAPIN 677호를 공표한 후 독도는 줄곧 한국 관할 하에 있다. 적어도 1952년 한국이 평화선을 공포하고, 일본이 항의 구상서를 보내기까지의 약 7년 동안 일본은 한국에 대해 아무런 항의를 하지 않았다. 이 사실을 객관화하여 해석하면, 해방 후 한국의 독도 관할은, 다소 시간적 지체는 있지만, 1905년 일본의 독도 편입에 대한 적극적 항의 행위에 해당한다고 볼 수 있다. 또한 일본 측의 논리에 따르면, 해방 후 한국의 독도 관할에 대한 일본의 항의 부존재는 독도에 대한 한국의 권원과 실효적 지배를 묵인하거나 인정한 것이라 해석될 수 있다.

이상을 종합하면, 일본의 독도 편입 조치는 '선점'의 선언에 의해 얻은 미성숙 권원(inchoate title)에 불과하며, 그것으로 무주지 선점론이 확립되었다고 볼 수는 없다.

6. 결정적 기일과 실효적 지배

일반적으로 결정적 기일(critical date)이란 특정 지역을 소유하지 않은 당사국의 요구로 주권에 관한 분쟁이 구체화된 시점을 가리키며, 결정적 기일이 확정되면 그 이후 발생한 행위는 고려 대상이 아니다. 즉, 결정적 기일은 분쟁 당사국들의 활동이 더 이상 그 쟁점에 대해 영향을 미칠 수 없는 이후의 일자(the date after which the action of the parties can no longer affect the issue)라고 정의되고 있다.[85] 그러나 망끼에 · 에끌레오 섬 사건에서는 특수한 사정 하에서 당사국의 법적 지위를 유리하게 만들기 위한 것이 아니라면, 결정적 기일

85 G. Fitzmamaurice, 1955, "Law nad Procedure of the International Court of Justice", *British Yearbookof International Law*, Vol.32, pp. 20~24

이후에 발생한 행위도 고려 대상이 될 수 있다고 판시했다. 또 결정적 기일을 정하지 않고 국경조약 등과 같은 명확한 법적 권원에만 의존한 판결도 있으며, 장기간에 걸친 영토 분쟁에서는 하나 이상의 결정적 기일이 정해지는 경우도 있다.[86] 이처럼 결정적 기일은 사건의 특성에 따라 달라질 수 있다.

독도 문제와 관련하여 일본에서는 결정적 기일을 5가지로 상정하고 있다. ① 1905년 일본이 독도 편입을 위해 시마네현 고시 제40호를 공포한 날(1905년 2월 22일), ② 샌프란시스코강화조약 체결일(1951년 9월 8일), ③ 평화선 선포 후 일본이 정식 항의한 날(1952년 1월 28일), ④ 일본이 국제사법재판소 제소(부탁)를 제안한 날(1954년 9월 25일), ⑤ 미정이지만, 한일 양국이 국제사법재판소 제소에 합의하고 정식으로 절차가 시작되는 날 등이다. 이 가운데 일본이 1905년 이후의 실효적 지배를 인정받기 위해서는 ①은 반드시 피해야 하고, 또 제2차 세계대전 이후의 한국의 독도에 대한 실효적 지배를 무력화하기 위해서는 ⑤도 피해야 한다. 일본은 ③ 평화선 선포에 대해 정식으로 항의한 날(1952년 1월 28일)이 결정적 기일로 채택될 가능성이 높다고 전망한다.[87]

일본의 주장대로 1952년 1월 28일이 결정적 기일이 되면, 1906년 한국이 일본의 독도 편입을 인지한 이후 약 4년간(1910~1945년의 식민지 기간은, 전쟁 기간 중 시효가 중단되듯이, 청구자가 제소 불가능한 경우에 해당되어 시효가 중단된다)에[88] 행해진 일본의 독도에 대한 실효적 지배를 인정받기 위해서는 편입의 합법성을 입증해야 한다. 그렇지 못할 경우 일본의 실효적 지배는 불법으로 간주될 것이다.[89]

---

86 김원희, 2020,「영토 분쟁에서 결정적 기일(Critical Date) 개념의 증거법적 재구성과 독도 문제에 대한 함의」『국제법학회논총』 65(2), 대한국제법학회, p.24.

87 中野徹也, 2011, 앞의 글, p.40.

88 一又正雄, 1963, 앞의 글, pp.115~116.

89 河錬洙, 1999,「独島紛争再考ー領域権原をめぐる国際法の観点からー」『竜谷法学』 32(2), 竜谷大学法学会, pp.270~271.

가능성은 낮지만, 다음과 같은 시나리오도 고려할 필요가 있다. 한일 양국이 편입에 대한 합법/불법을 충분히 입증하지 못할 경우, 국제사법재판소는 이에 대한 결정을 하지 않고 한일 양측의 실효 지배에 대한 경중(정도)으로 영유권 귀속을 판단할 가능성도 배제하지 못한다는 것이다. 이 경우, 1905~1910년과 1945~1952년 사이의 독도에 대한 한국과 일본의 실효적 지배에 대한 상대적 우월성이 평가의 대상이 될 수 있다. 예를 들면 2007년의 니카라과 · 온두라스 카리브해 영토 및 해양 분쟁 사건에서 보듯이, 당사국 중 어느 쪽도 이 섬에 대한 주권 주장을 명확히 입증하지 못하는 경우, 양국이 원용하는 권원의 상대적 평가(relative strength)에 따라 결정이 이루어질 수밖에 없다고 밝힌 것과 같은 맥락이다.[90]

1905년 이후의 일본의 실효적 지배에 대해서는 앞서 언급한 대로이다. 한국의 경우는 1906년 심흥택 울(릉)도 군수가 일본의 편입 사실을 알리는 보고서에서 "본군 소속 독도"라고 명확히 밝혔듯이, 당시 독도는 한국의 울릉군 관할 하에 있음이 입증되고, 그 이후 심능익이 새로운 군수로 부임하는 등 이전과 마찬가지로 울릉군의 행정력이 존재했음이 인정된다.[91] 조선의 권원과 일본의 실효 지배가 양립하는 형태로 볼 수 있다. 1945년 8월 이후부터 1952년의 결정적 기일까지의 약 7년간의 한국의 실효적 지배와 1905년 이후의 일본의 실효 지배에 대한 상대적 우월에 대한 평가가 필요하게 된다.

연장선상에서 망끼에 · 에끌레오 섬 판결에서 보듯이, 결정적 기일 이후의 한국의 독도에 대한 실효적 지배에 대한 평가 문제도 변수로 작용할 수 있다. 앞서 지적한 바와 같이, 망끼에 · 에끌레오 섬 판결은 특수한 사정 하에서는 결

90 I.C.J. Reports 2007, p.712, para. 174. "Sovereignty over minor maritime features, such as the islands in dispute between Honduras and Nicaragua, may therefore be established on the basis of a relatively modest display of State powers in terms of quality and quantity".

91 영남대학교 민족문화연구소, 2007, 『울릉군지』, 울릉군청, p.628.

정적 기일 이후의 행위도 고려되어야 한다고 밝히고 있기 때문이다. 결정적 기일 이전부터 점진적으로 전개되어 왔으며, 이후에도 중단되지 않고 지속된 행위는 제외해야 할 정당한 이유가 없는 한, 실효적 지배로 인정되어야 한다는 것이다.[92] 특수한 사정은 사건별로 다를 수 있다. 문제는 일본이 제시하는 결정적 기일 이후의 한국의 독도 점유가 특수한 사정에 해당할지 여부이다. 근대 이후의 한일 관계의 특수성 및 연합국군 최고사령부 지령(SCAPIN 677호)에 의한 한국의 독도 관할 등의 점을 고려하면, 인정될 가능성을 배제할 수 없다.

또 해방 이후 한국의 실효적 지배는 영유권 취득의 시효와도 관련이 있다. 앞서 지적한 바와 같이, 일본 국제법 학계의 독도 관련 연구자들은 일찍부터 이에 대한 우려를 표했다.[93] 이 점은 중요한 시사점을 제공한다. 실효적 지배에 의한 영유권 취득 시효에 대해서는 확립된 이론이 없으나, 나카노 테쓰야는 1897년 영국과 미국 사이에 체결된 조약에 "50년간의 적대적 보유 또는 시효는 유효한 권원이 된다"고[94] 명시된 것에 비추어 보면, 한국이 독도를 '불법적으로' 실효 지배하고 있다고 가정하더라도, 이 상황이 일본에게 유리하지 않다고 지적한다.[95] 다이쥬도 카나에는 아르헨티나의 계속된 항의에도 불구하고 영국의 무력 점령이 시간의 경과와 함께 세계적으로 포클랜드에 대한 영국의 주권이 인정된 예를 들면서, 한국의 실효적 지배에 대해 우려를 표했다.[96] 불법으로부터는 권리가 창출되지 않는다(Ex injuria non oritur jus)는 원칙이 있지만, 현실적으로 사실의 규범력을 무시할 수 없다는 현실론에 기반

92 https://www.icj-cij.org/public/files/case-related/17/017-19531117-JUD-01-00-EN.pdf, p.16(검색일: 2021.9.11.); 皆川洸, 1963, 앞의 글, p.353.

93 皆川洸, 1963, 앞의 글, pp.370~371; 中野徹也, 2011, 앞의 글, pp.42~43.

94 中野徹也, 2011, 앞의 글, p.42.

95 D. H. N. Johnson, 1950, "Acquisitive Prescription in International Law" *The British Yearbook of International Law*, 22, London: H. Frowde, pp.344~348.

96 太寿堂鼎, 1998, 앞의 책, p.153.

한 주장이다. (1905년 이후의 일본의 독도에 대한 실효 점유도 마찬가지로 볼 여지가 있다). 이러한 사정을 감안하여, 일본은 장기간의 '불법'점유로 인해 한국의 권원 취득 가능성을 우려한다. 따라서 한국의 장기간에 걸친 독도 점유로 인한 일본의 권원 이전이나 상실의 가능성을 방지하기 위해 보다 강력한 항의가 필요하다는 입장을 견지하고 있다.

그렇다면 시효를 중단시킬 수 있을 정도의 '강력한 항의'란 구체적으로 어떠한 형태의 항의를 의미하는가? 1911년의 엘 차미잘(El-chamizal) 분쟁이라고 불리는 미국과 멕시코 간의 국경 분쟁에서 1899년에 설립된 국제국경위원회(International Boundary Commission)는 "국내 사법에서는 소송 제기로 시효가 중단된다. 그러나 국가 간의 관계에서는 이러한 목적을 위한 국제재판소가 설립되어 있지 않는 한 소송을 통한 시효 중단이 불가능하다", 하지만 멕시코는 (무력 점령을 제외하고) 가능한 모든 항의를 다 했으며, "국제국경위원회가 활동을 개시한 이후 타당한 기간 내에 소송을 제기했으므로 시효는 성립하지 않는다"며, 차미잘의 멕시코 영유를 인정했다.[97] 망키에 · 에끌레오 섬 사건에서도 프랑스가 반세기 이상에 걸쳐 형식적 항의(paper protest)만 반복하고 분쟁 해결을 위한 재판소 제소를 제안하지 않은 점이 문제로 지적되었다.[98] 이는 형식적 항의나 반복적인 외교적 항의만으로는 시효가 중단되지 않을 수 있으며, 소송제기와 같은 보다 강력한 항의가 있어야 시효가 중단될 수 있다는 의미이다. 일본이 의례적인 외교적 항의가 단순한 형식적 항의(paper protest)로 평가되지 않도록 해야 한다고 강조하는 것도 이러한 맥락에서 비롯된 것이다.

여기에서 중요한 쟁점은 일본이 세 차례에 걸쳐 한국 정부에 대해 국제사

97 中野徹也, 2019,「韓国による不法占拠の長期化は国際法上いかなる法的効果も生じない―現代国際社会における外交上の抗議と国際裁判への付託提案がもたらす法的効果―」, 内閣官房, 2020,『竹島に関する資料調査報告書(平成31年度)』, ストリームグラフ, pp.105~106.

98 皆川洸, 1963, 앞의 글, pp.370~377.

법재판소 부탁 제의를 한 것에 대한 평가이다. 이에 대해 일본은, 당사자 간의 합의가 없으면 국제재판소에 제소하기가 쉽지 않은 상황을 고려하면, 국제재판소에의 제소를 제안한 것만으로도 시효가 중단될 수 있다고 주장한다. 제소를 제안한 것만으로도 일본이 독도에 대한 권원 포기나 권원 이전에 동의하지 않았다는 점이 분명하기 때문이라는 것이다.[99]

일본의 국제사법재판소 부탁 제의가 단순히 형식적인 외교적 항의인지, 아니면 실제로 독도 문제를 국제사법재판소에 제소할 의지를 가진 행위인지에 대해서는 불확실하다. 일본이 지금까지 단 한 번도 일방적으로라도 국제사법재판소에 제소하지 않았다는 점에서 추론하면, 형식적 항의에 지나지 않는다고 볼 여지도 있다. 따라서 일본의 국제사법재판소 부탁 제안은 시효를 중단시키기 위한 실효적 조치로 보기 어렵다. 이를 어떻게 평가할지는 일본의 국가 의사를 어떻게 해석하느냐에 달려있다. 이에 대한 평가에 따라 시효의 법적 효과는 달라질 수 있다. "외교 경로를 통해 적절한 시기에 항의를 하고 있으면 (일본의 묵인으로 독도에 대한 영역 권원이 한국에) 이전되는 일은 없을 것이다"는 일본의 주장은 검토의 여지가 있다. 외교적 항의는 당사국이 행동 가능하고, 동시에 계속해서 그 지위를 완전하게 하려는 유일한 합법적 수단을 구성하는 것이 아니면 권리를 무한으로 지속할 수 있거나 시효의 진행을 막을 수 없다는 견해도 있다.[100]

7. 한국의 독도 주권과 일본의 실효적 지배의 우열 문제

일본 국제법 학계의 독도 실효적 지배론은 ① 한일 간에는 독도의 영유권

---

99 中野徹也, 2019, 앞의 글, pp.105~106.

100 一又正雄, 1963, 앞의 글, p.119.

을 결정한 "조약이 존재하지 않는다", ② 1905년 이전에 한국이 독도를 인식하거나 실효 지배한 기록이 없으며, ③ 1905년 일본의 독도 편입은 합법적이고 그 이후의 실효적 지배로 영유권을 취득했으며, ④ 제2차 세계대전 이후의 한국의 실효적 지배는 불법이다는 논리이다. ①, ②를 전제로 하여 ③의 결과를 도출하고 그 연장선상에서 ④의 현재 한국의 독도에 대한 실효적 지배를 부정하는 논법을 사용하고 있다. "과거 봉건 시대의 불확실한 역사 논쟁에서 추론되는 간접적 추정이 아니라, 해당 섬의 실효적 점유에 직접적으로 관련이 있는 증거가 중요하다"는 망끼에 · 에끌레오 섬 사건 판결을 논리적 전거로 삼고 있다. 여기에서 주의할 점은, 망끼에 · 에끌레오 섬 사건에서 역사적 또는 원시적 권원을 배제한 이유가 "과거 봉건 시대의 불확실한 역사" 때문이라는 점이다. 거꾸로 역사적 사실을 논리적으로 설득력 있게 설명하면, 역사적 권원이 인정될 수 있다는 의미이다. 실제로 망끼에 · 에끌레오 섬 사건에서 양국이 주장하는 역사적 문건에는 망끼에와 에끌레오라는 섬의 이름이 등장하지 않을 정도로, 망끼에와 에끌레오 섬의 옛 역사는 불투명하다.

그러면 일본이 전제로 삼고 있는 ①, ②가 역사적 사실에 부합하는가를 따져야 한다. 전제가 잘못되었다면, 이후의 논의는 무의미해지며, 일본의 주장은 '이유 없이 전제를 내세우는 허위'(petitio principii)나 증거 없는 독단적 주장(ipse dixit)이 된다.

한일 간에는 1693년 안용복 납치 사건을 계기로 울릉도 영유권을 둘러싸고 '울릉도쟁계'라는 외교 교섭이 전개된다. 최종적으로는 1699년 조선과 일본 정부 사이에, 울릉도(독도)의 조선 영유를 인정하고 일본인의 (울릉도 및 독도) 도해를 금지하는(渡海禁止令) 내용의 합의가 이루어졌다.[101] (이 합의는 도

101 성립 과정에 대해서는 이성환 · 송휘영 · 오카다 다카시, 2016, 앞의 책, pp.22~69; 이성환, 2019a, 「울릉도쟁계의 조일 간 교환문서에 대한 논의의 재검토」『독도연구』26, 영남대학교 독도연구소, pp.189~227 참조.

핾금지령 또는 울릉도쟁계합의, '1699년 합의' 등으로 불릴 수 있는데, 이 글에서는 '1699년 합의'라 한다). 이때의 합의에 대한 평가는 논란의 여지가 있을 수 있으나, 명칭에 관계없이 서면 형식으로 국가 간에 체결된 합의를 조약이라 한다는 조약법에 관한 비엔나협약 제2조 1항 a에 따르면, 이는 한일 간 (국경)조약에 해당한다.[102] 쟁점은 이 합의에 독도가 포함되었는지 여부이다. 다음과 같은 점에서 독도가 포함되었음이 확인되고 있다. 이 합의에 도달하기 위한 과정에서 막부는 독도가 일본 땅이 아니며, 독자적으로 활용되지 못하고 울릉도 도항을 위한 기항지(중계지)로만 이용되고 있다는 사실을 확인한다.[103] 막부가 이러한 인식을 바탕으로 울릉도 도해를 금지한 것은, 당연히 독도 도항 금지도 포함된다는 의미이다. 독도 영유권을 결정한 조약이 존재하지 않는다는 일본의 주장은 사실이 아니다. 이를 보다 구체적으로 살펴보면 다음과 같다.

기존 일본의 연구에서는 1699년 합의를 울릉도에만 국한된 것으로 해석하려는 경향이 강했으나,[104] 최근에는 1699년의 합의에 독도가 포함되어 있었다는 것이 실증적으로 밝혀지고 있다.[105] 실제로 울릉도 도항금지령이 발효한

102 조약법에 관한 비엔나협약(Vienna Convention on the Law of Treaties) 제2조.

103 이성환 · 송휘영 · 오카다 다카시, 2016, 앞의 책, pp.85~102 참조; 塚本孝, 2007, 「竹島領有権紛争の焦点—国際法の見地から」, p.4. https://www.pref.shimane.lg.jp/admin/pref/takeshima/web-takeshima/takeshima02/takeshima05/rennkeidanntaigyouji.data/tukamoto071017.pdf (검색일: 2021.8.10.)

104 塚本孝, 2013, 「元禄竹島一件をめぐって—付、明治十年太政官指令」『島嶼研究ジャーナル』 2(2), 笹川平和財団 島嶼資料センター, pp.41~48; 塚本孝, 2015, 「'独島連'の島根県知事に対する質問書"独島20問"について」 『第3期"竹島問題に関する調査研究"最終報告書』, 島根県総務部総務課, p.229; 塚本孝, 2016, 「竹島領有権をめぐる韓国政府の主張について：政府広報資料韓国の美しい島、独島の逐条的検討」『東海法学』 52, 東海大学法学部, pp.83~87.

105 内藤正中, 2011, 「1905年の竹島問題」『北東アジア文化研究』 34, 鳥取短期大学北東アジア文化総合研究所, pp.6~8; 박지영, 2017, 「일본 산인(山陰) 지방민과 '울릉도 · 독도 도해금지령'에 대하여」『독도연구』 26, 영남대학교 독도연구소, pp.384~385. 池内敏, 2016, 앞의 책, p.82.

이후 19세기 말까지 일본인들의 울릉도 및 독도 방문은 없었다. 이러한 사실은 법적으로 1699년 합의가 실행되었음을 의미한다. 2005년 베냉과 니제르 간 분쟁과 2013년 부르키나파소와 니제르 간 사건에서 국제사법재판소는 법적 권원이 모호하거나 결함이 있는 경우 이펙티비테(effectivité, 사실성, 실효성)로 이것이 보완될 수 있다고 판결했다.[106] 같은 의미로, 1699년 합의 이후 일본인의 울릉도 및 독도 도해금지 사실은 울릉도만 표기된 1699년 합의에 독도가 포함되어 있음을 이펙티비테를 통해 보완하는 것이라 볼 수 있다.

이와 관련하여 무엇보다 중요한 점은 1699년 합의가 근대 메이지(明治) 정부에 의해 1877년 태정관지령이라는 국내 법령으로 승계되었다는 점이다. 울릉도와 독도는 일본 땅이 아니라는 취지의 태정관지령이 전적으로 1699년 합의를 승계한 것이라는 데에는 의문의 여지가 없다.[107] 이러한 사실은 1699년 합의는 태정관지령의 법원(法源, sources of the law, title)임을 의미하며, 따라서 태정관지령은 단독으로 존재하는 것이 아니라 1699년 합의와의 연관성 속에서 그 의미를 갖는다는 것을 알 수 있다. 1699년 합의와 독도의 권원에 관련해서는 다음과 같은 함의가 내포되어 있다.[108](이 책 제7장 참조)

첫째, 1699년 합의를 승계한 태정관지령에 "울릉도와 독도(竹島外一島)"라고 명시한 것은, 1699년 합의에 독도가 포함되어 있음을 소급하여 입증하는 것이다. 이는 태정관지령의 발단이 된 시마네현의 내무성 보고서에서도 확인된다. 1876년 10월 시마네현은 1699년 막부(와 조선정부)의 결정에 따라 조선 영토로 확정된 울릉도와 독도를 일본 영토로 편입하기를 희망하는 내용의 보

106 I. C. J. Reports, 2005, p.149, para 141; I. C. J. *Reports*, 2013, p.79, para, 78; 김석현, 2020, 「영유권 귀속에 있어서의 'effectivité(s)'」『국제법평론』 56, 국제법평론회, pp.39~40, 재인용.

107 塚本孝, 2013, 앞의 글, p.35.

108 이에 대해서는 이성환, 2021, 「태정관지령과 독도 문제에 대한 법리 해석을 위한 시론」『대한정치학회보』 29(2), 대한정치학회 참조.

고서를 내무성에 제출했으며, 이것이 태정관지령의 배경이 되었다.[109] 둘째, 1877년의 태정관지령은 1699년 합의를 일본의 근대 국내 법령으로 대체한 것이므로, 이는 1699년 합의의 추후 관행(subsequent practice) 또는 후속 행위로 인정될 수 있다. 1999년 보츠와나와 나미비아 간의 카시키리 · 세두두 도서 분쟁(Kasikili and Sedudu Island Case)에서 보듯이,[110] 당시 일본의 태정관이 1699년의 합의를 충분히 인지하고 있었는지, 이에 대한 믿음이 있었는지가 관건이나, 태정관지령은 이를 충분히 만족하고 있으며, 일본 연구자들도 1699년 합의와 태정관지령의 동일성 내지 일체성에 대해서는 인정하고 있다.[111] 태정관이 인지하지 못했거나 이에 대한 확신이 없었다면, 이를 승계하여 지령을 공표하지 않았을 것이다. 조약법에 관한 비엔나협약 제31조 3항 b에 의하면 추후 관행은 조약(여기에서는 1699년 합의) 해석의 보조 자료로서의 법적 의미를 가진다.

셋째, 가장 중요한 점은, 태정관지령이 1699년 합의를 승계했다는 사실이 1699년 합의가 지속적으로 효력을 유지하고 있었음을 입증한다는 것이다. 1699년 합의가 유효하지 않다면, 다시말해 무효였다면, 이를 승계하여 태정관지령을 공표할 이유가 없기 때문이다. 이는 1699년 합의(조약)로 성립한 독도에 대한 한국의 권원이 일본에 의해 계속 유지되고 있었으며, 태정관지령은 이를 준수하려는 일본의 국가적 의지를 반영한 것이다.

이러한 사실에도 불구하고, 봉건적 권원에 대해 판단을 하지 않은 망끼에 · 에끌레오 섬 판결을 의식하여, 1699년 합의를 봉권적 권원에 해당하는 것으로 보고, 1699년 합의에 의미 부여를 주저하는 경우도 있는 것 같다.[112] (이

109 「(島根県)日本海内一竹島外一島地籍編纂方伺」 및 「(島根県)後記」(이성환 · 송휘영 · 오카다 다카시, 2016, 앞의 책, pp.146~154, pp.191~195.

110 https://www.icj-cij.org/en/case/98/judgments, Para.74(검색일: 2021.9.12.).

111 塚本孝, 2013, 앞의 글, p.35; 坂本悠一, 2021, 『歴史からひもとく竹島/独島領有権問題』, 清水書院, p.87.

112 이에 대해서는 이성환, 2019b, 「태정관지령을 둘러싼 논의의 재검토—최철영 · 유미

책 제5장 참조). 그러나 국제사법재판소가 망끼에 · 에끌레오 섬 사건에서 역사적 권원을 배제한 것은, 중세 시대의 역사적 자료나 조약에 망끼에와 에끌레오 섬의 귀속에 대한 명확한 언급이 없고, 불투명했기 때문이다. 하지만 1699년 합의는, 앞서 언급한 바와 같이, 태정관지령이라는 일본의 근대 국내법령으로 승계되었고, 내용적으로도 울릉도와 독도의 귀속에 대해 명확히 언급하고 있는 점을 주목해야 한다.

이와 관련해서는 1883년 야마구치현 관리 야마모토 오사미(山本修身)가 외무성에 보고한 복명서도 주목할 필요가 있다. 복명서에는 울릉도에 불법으로 들어온 일본 벌목꾼과 이들을 축출하려는 조선 관리 사이의 대화가 수록되어 있는데, 대화록에는 일본인들이 1699년 합의를 '조약(條約)'으로 지칭하는 표현이 있다. 당시 울릉도를 왕래하는 일본인들이 1699년 합의를 조약으로 인식하고 있었으며, 그때까지 이 조약이 유지되고 있었다는 사실을 보여주는 강력한 증거이다.[113]

이러한 사실들에 기초하면, 1699년 합의와 태정관지령이 작동하고 있는 상태에서 취해진 일본의 독도 편입은 한일 간의 조약 및 일본의 국내법을 위반한 불법 행위이다.[114] 지금까지 일본 측은 태정관지령이나 1699년 합의 핵심 요소인 도해금지령 등을 일본의 내부 결정이라 주장하며, 국제법적 논의를 회피하고 독도 편입과는 관련이 없는 것으로 치부해 왔다. 그러나 설령 그것이 일본의 내부적인 자체 결정이라 하더라도, 일본의 국가 의사가 반영된 일방적 행위로서의 자기 구속력을 가진다.[115] 일본 측에서 자주 원용하는 망키

림, 『1877년 태정관지령의 역사적 · 국제법적 쟁점 검토』에 대한 반론—」『국제법학회논총』 64(2), 대한국제법학회, pp.147~175 참조.

113 이에 대해서는 이성환, 2019a, 앞의 글, pp.189~227 참조.

114 이에 대한 상세한 논의는 이성환, 2017, 「일본의 태정관지령과 독도 편입에 대한 법제사적 검토」『국제법학회논총』 62(3), 대한국제법학회 ; 이성환, 2019a, 앞의 글, 참조.

115 이성환, 2021, 앞의 글, pp.189~210 참조.

에 · 에끌레오 섬 사건에서도, 망끼에를 영국령으로 인정한 프랑스의 내부 문서를 프랑스의 공식 입장으로 간주하여 자기 구속력을 인정했다.[116] 1699년 합의에 대한 국제법적 평가 없이, 1905년을 중심으로 '섬의 점유에 직접 관련되는 증거'에 대해서만 국제법적 평가를 하고, 이를 기초로 일본이 독도 영유권 확립했다고 주장하는 것은 매우 자의적인 해석이다. 1699년 합의와 1877년의 태정관지령을 매개로 조약에 의한 독도에 대한 한국의 권원이 확인되면,[117] 1905년 일본의 독도 편입은 물론이고, 그 이후의 실효적 지배 또한 법적 의미를 가질 수 없음은 분명하다. 반면에 독도에 대한 한국의 법적 권원의 확인은 1905년 이후는 물론 현재의 한국의 독도 관할권에 대해 합법성과 정당성을 부여하게 된다.

8. 결론

국제사법재판소 규정 제59조에 따르면, 국제사법재판소의 판례에는 선례구속의 원칙(stare decisis)이 적용되지 않는다. 판례는 판례로서(qua decision) 그 사건과 당사자에게만 구속력을 가지며, 일반적인 법적 선례로 작용하지 않는다. 그러나 지금까지의 예를 보면, 재판소가 재판의 논리적 기초로서 일정한 국제법적 기준의 존재를 확인하고 그 내용이 분명할 경우에는, 이후 유사 사건에서 동일한 기준이 적용되는 경향이 있다. 이러한 상황을 고려하면, 기존의 판례를 중요하게 여겨야 하지만, 반드시 그것에 구속될 필요는 없으며, 한국의 입장을 잘 변호할 수 있는 합리적이고 창의적인 법리 개발이 중요

116 김석현, 2012, 「시효에 의한 영유권 취득」『국제법학회논총』 57(4), 대한국제법학회, p.43; 김좌욱, 2003, 앞의 글, pp.24~27.

117 이에 대해서는 이성환, 2017, 2019b, 2021 등, 앞의 글 참조.

하다.

현대 국제법에서 영유권 확정의 기본 원칙으로 적용되고 있는 실효적 지배의 기준이 반드시 명확하지 않다는 점도 – 특히 독도와 같이 고립되고 사람의 거주나 왕래가 극히 희소한 경우에는 – 염두에 두고, 이에 대한 법리적 설명과 논리 구조의 개발이 필요하다. 예컨대, 이 글에서 강조하고 있듯이, 지금까지 간과해 온 1699년 합의와 태정관지령에 적극적으로 의미를 부여하고, 국제법적 평가를 할 필요가 있다. 1699년 합의와 태정관지령에 대한 국제법적 평가가 선행된 후에, 1905년 일본의 독도 편입에 대한 법률적 평가를 논하는 것이 정합성 있는 분석 방법이다.

지금까지 살펴본 바와 같이, 일본 국제법학계는 망끼에 · 에끌레오 섬 사건을 기준으로, 특히 1905년 이후의 실효적 지배를 강조하고 있으나, 고유영토론과 무주지 선점론에 대한 입장이 명확하지 않다. 고유영토론의 입장을 강조하면 독도 편입을 위한 각의 결정의 무주지론과의 정합성이 없어지고, 무주지론의 입장에 서게 되면, 1905년 이전의 실효적 지배론은 근거가 없어지는 모순이 발생한다. (한국은 일관되게 고유영토론을 유지하고 있기 때문에 이러한 모순은 발생하지 않는다). 이러한 모순을 해결하기 위해 일본 외무성은 17세기 중반에 확립된 독도 영유권을 1905년 1월에 각의 결정을 통해 '재확인'했다고 주장한다.[118] 이를 일본 국제법 학계에서는 역사적 권원을 근대 국제법적 권원으로 대체하였다거나, 실효적 지배를 통해 보강하였다는 논리를 펴고 있다. 그러나 이러한 주장은 각의 결정의 무주지 선점론과 논리적으로 모순되며, 여전히 괴리가 존재한다."

다른 한편으로 일본의 역사학 및 국제법 학계에서는, 이러한 모순을 해소하기 위해, 무주지 선점론을 강조하는 경향을 보이고 있다. 불확실한 역사적

118 일본 외무성, 「竹島問題フライヤー」(PDF), https://www.mofa.go.jp/mofaj/area/takeshima/pdfs/takeshima_flyer.pdf (검색일: 2021.9.12.).

권원을 주장하기보다는 독도 편입의 법적 정당성 여부와 관계없이 1905년 이후의 실효적 지배를 강조하려는 의도로 보인다. 이것이 성립하기 위해서는 1905년 이전의 독도에 대한 한국의 권원을 부정해야 한다. 1905년 이전 한국의 독도에 대한 인식과 안용복의 활동을 전면적으로 부정하는 것은 그 일환이다. 1699년 합의와 태정관지령 등에 대해 일본 국제법 연구자들이 언급을 하지 않는 가장 큰 이유도 이 때문이다.

또 선점으로 영유권 취득을 완성하기 위해서는 선점에 따른 일정 기간의 평화적인 실효적 지배가 필요하다. 일본 국제법학계가 실효적 지배론을 강조하는 결정적 이유이다. 그러나 이에 대해 일본 연구에서는 한국의 항의 부존재만을 강조하고 '일정 기간'에 대한 논의, 한국의 주권 포기나 이전에 해당하는 묵인의 정도(extent) 등에 대한 논의는 찾기 어렵다. 결정적 기일과 관련하여 제2차 세계대전 이후 현재까지 한국의 독도에 대한 실효적 지배를 평가할 필요가 있지만, 이에 대한 논의는 충분히 이루어지지 않고 있다.

이상의 점들을 종합하여, 1699년 합의에 대한 법적 평가, 안용복의 행위에 대한 국제법적 의미 부여 및 평가, 1905년 이후 양립하는 한일의 실효적 지배에 대한 국제법적 분석 및 평가, 결정적 기일과 관련하여서는 제2차 세계 대전 이후의 한국의 독도에 대한 실효적 지배에 대한 현실적 평가 등에 대한 다층적인 검토가 필요하다.

마지막으로 한국에서의 독도 문제 연구는 주로 일본의 주장이나 연구를 반박하는 데 집중함으로서 역설적으로 일본의 논리를 보강시키고, 한국 논리의 부재를 초래하는 경향이 있는 듯하다. 보다 중요한 것은 한국의 관점에서 독도에 관련된 역사와 자료를 종합적으로 정합성 있게 설명하고 국제법적 평가를 수반하는 작업이 있어야 한다. 영유권 분쟁은 사실관계가 복잡, 다양하고 주장하는 영역 권원이 절대적이지 않으므로 권원에 대한 주장의 경합으로 이루어지는 경우가 많기 때문이다.[119] 따라서 독도 문제에서는 누가 절대적인 소유자인가보다는 누가 보다 좋은 유력한 권원을 가지고 있는가가 중요하다. 일본 국제법 학계에서 "한국 측이 역사를 보다 설득력 있게 설명할 수 있을 것인가라는 측면에서는 일본이 상대적으로 유리하다"고[120] 판단하고 있는 점을 유의할 필요가 있다.

쇄환(공도)정책에 따라 한국(조선)은 독도 왕래를 원천적으로 금지했다. 이러한 점에서 한국은 일본에 비해 독도를 실효적으로 점유하고 있었다는 사실에 기초한 권원을 입증하는 데 상대적으로 어려움이 있을지 모른다. (한국에서는 조선 정부의 공도정책을 독도 영유권을 방기한 것이 아니라, 국가적 차원의 영유 의지를 보여주는 정책으로 해석한다). 일본의 독도 편입에 즈음해서는 주권이 제약당한 상태에 있었기 때문에 적절히 대처할 수 없었다. 이러한 제약을 극복하고 영유권을 확보하기 위해서는, 독도에 관련된 역사적 사실을 정합성 있게 설명하고, 논리를 일관성 있게 구성하는 것이 필수적이다.

무엇보다 중요한 것은, 독도 영유권에 대한 조약이 존재하지 않는다는 전제에서 출발하고 있는 일본의 실효적 지배론과 관련해서는, 일본의 정당한 독도 실효 지배가 1699년 합의 및 태정관지령과는 양립불가능하다는 점을 강조하고 싶다.

[참고문헌]

김석현, 2020, 「영유권 귀속에 있어서의 'effectivité(s)'」 『국제법평론』 제56권, 국제법평론회.
______, 2012, 「시효에 의한 영유권 취득」 『국제법학회논총』 제57권 4호, 대한국제법학회.
김원희, 2020, 「영토 분쟁에서 결정적 기일(Critical Date) 개념의 증거법적 재구성과 독도 문

119 許淑娟, 2012, 『領域権原論—領域支配の実効性と正当性—』, 東京大学出版会, pp. 17~18.

120 中野徹也, 2019, 앞의 책, p.56.

제에 대한합의」『국제법학회논총』 제65집 2권, 대한국제법학회.
김현수 · 박성옥, 2007, 『독도 영유권과 실효적 지배에 관한 연구』, 부산: 한국해양수산개발원.
김영수, 2011, 「독도의 '실효적 지배'에 관한 국제법 판례와 사료적 증거」『독도연구』 제14권, 영남대학교 독도연구소.
김명기, 2018, 「독도학술연구조사에 의한 한국의 독도에 대한 실효적 지배」『국제법학회논총』 제63권1호, 대한국제법학회.
김수희, 2014, 「일본의 독도강점을 '기록화'한 「나카이 요자부로 문서」 해제와 자료 소개」『독도연구』 제17권, 영남대학교 독도연구소.
김좌욱, 2003, 「독도 영유권 문제에 관한 연구」, 수원대학교 석사논문.
김현수 · 박성옥, 2007, 『독도 영유권과 실효적 지배에 관한 연구』, 부산: 한국해양수산개발원.
노 다니엘, 2012, 『독도밀약』, 서울: 한울아카데미(ロー・ダニエル[Roh Daniel], 2008, 『竹島密約(Yhe takeshima Secret Pact)』, 東京: 草思社).
김채형, 2009, 「카메룬과 나이지리아 간 Bakassi반도의 주권에 관한 분쟁 해결의 분석 및 평가」『국제법학회논총』 제54권 3호, 대한국제법학회.
동북아역사재단 독도연구소편, 2017, 『영토해양 국제판례 연구』, 서울: 박영사.
박기갑, 2000, 「도서 영유권 분쟁관련 국제판례에서 나타난 実效的 支配 내지 占有개념과 독도 영유권문제」『국제법학회논총』 제45권 2호, 대한국제법학회.
서형원, 2009, 「독도 영유에 관한 권원 논쟁과 실효적 지배」『일본공간』 제5권, 국민대학교 일본학연구소.
박지영, 2017, 「일본 산인(山陰) 지방민과 '울릉도 · 독도 도해금지령'에 대하여」『독도연구』 제26권, 영남대학교 독도연구소.
박현진, 2013, 「독도 영토주권과 격지 무인도에 대한 상징적 병합 · 가상적 실효지배」『국제법학회논총』 제58권4호, 대한국제법학회.
영남대학교민족문화연구소, 2007, 『울릉군지』, 울릉군: 울릉군청.
이근관, 2010, 「탈식민주의적 관점에서의 국제영토법리의 비판」『서울국제법연구』 제17권 1집, 서울국제법연구원.
이용희, 2013, 「국제판례상 실효적 지배의 개념과 독도에 관한 고찰」, 『Ocean and Polar Research』 제35권4집, 부산: 한국해양과학기술원.
이성환, 2017, 「일본의 태정관지령과 독도 편입에 대한 법제사적 검토」『국제법학회논총』 제62집 3권, 대한국제 법학회.
______, 2019a, 「울릉도쟁계의 조일 간 교환문서에 대한 논의의 재검토」『독도연구』 제26권, 영남대학교 독도연구소.
______, 2019b, 「태정관지령을 둘러싼 논의의 재검토 – 최철영 · 유미림, 「1877년 태정관 지령의 역사적 · 국제법적 쟁점검토"에 대한 반론 – 」『국제법학회논총』 제64권 2집, 대한국제법학회.

______, 2020, 「일본의 독도 편입과 한국의 항의 부존재에 관한 검토 나가시마 히로키(永島広紀) '내정'화하는 한일의 '외교'에 대한 반론」 『독도연구』 제29권, 영남대학교 독도연구소.

______, 2021, 「태정관지령과 독도문제에 대한 법리 해석을 위한 시론」 『대한정치학회보』 제29권 2호, 대한정치학회.

______ · 송휘영 · 오카다 다카시, 2016, 『일본 태정관과 독도』, 서울: 지성인.

이춘선, 2018, 「국가 행위로서 항의(protest)에 대한 국제법적 검토: 영토 문제를 중심으로」 『국제법논총』 제63집3호, 대한국제법학회.

이한기, 1969, 『한국의 영토』, 서울: 서울대출판부.

엄정일, 2011, 『독도특수연구』, 서울: 책과사람들.

외교통상부 국제법률국편, 2012, 『(전면개정판) 독도문제 개론』, 서울: 외교통상부 국제법률국 영토해양과.

외무부, 1977, 『獨島關係資料集1 往復外交文書(1952~76)』, 서울: 외무부.

정갑용, 2005, 『독도 영유권의 역사적 권원에 관한 연구』, 부산: 한국해양수산개발원.

전순신, 1988, 「망끼에 · 에크레호도 사건」 『동아논총』 제25권, 동아대학교

해양법포럼, 2005, 『국제해양분쟁사례연구Ⅲ 국제사법재판소판례』, 서울: 해양수산부.

홍성근, 2020, 「울도군수 심흥택의 치적과 '독도 보고서'의 법 · 역사적 의미」 『이사부와 동해』 제16호, 한국이사부학회.

内閣官房, 2018, 『(平成29年度 内閣官房委託調査)竹島に関する資料調査報告書』, 東京: ストリームグラフ.

________, 2020, 『竹島に関する資料調査報告書(平成31年度)』, ストリームグラフ.

下条正男, 2017, 『安竜福の供述と竹島問題: 知っておくべき竹島の真実』, 松江: 島根県総務部総務課.

太寿堂鼎, 1966, 「竹島紛争」 『国際法外交雑誌』 64(4), 日本国際法学会.

坂本悠一, 2014, 「竹島/独島領有権論争の研究史的検討と課題―戦後日本における近現代史分野を中心に―」 『社会システム研究』 第29号, 立命館大学社会システム研究所.

皆川洸, 1963, 「竹島紛争と国際判例」, 前原光雄教授 還暦記念論文集刊行委員会, 『国際法学の諸問題』, 東京: 慶応通信.

______, 1965, 「竹島紛争とその解決手続―日韓条約の批判的検討」 『法律時報』 37(10), 日本評論社.

植田捷雄, 1965, 「竹島帰属をめぐる日韓紛争」 『一橋論叢』 54(1), 一橋大学一橋学会一橋論叢編集所.

太寿堂鼎, 1966, 「竹島紛争」 『国際法外交雑誌』 64(4), 日本国際法学会.

________, 1955, 「国際法法上の先占について―その歴史的研究―」 『法学論叢』 61(2), 京都大学法学会.

________, 1998, 『領土帰属の国際法』, 東京: 東信堂.

浜田太郎, 1997, 「竹島(独島)紛争の再検討—竹島(独島)紛争と国際法、国際政治(二)」『法学研究論集』(7), 明治大学大学院.
芹田健太郎, 1999, 『島の領有と経済水域の境界画定』, 東京: 有信堂高文社.
塚元孝, 2007, 「領有権紛争の焦点ー国際法の見地から」(2007年度島根県高等学校地理・公民科教育研究会研究大会講演メモ(https://www.pref.shimane.lg.jp/admin/pref/takeshima/web-takeshima/takeshima04/takeshima04-1/index.data/tsukamoto071017.pdf?site=sp)
池内 敏, 2012, 『竹島問題とは何か』, 名古屋: 名古屋大学出版会.
______, 2016, 『もうひとつの日韓関係史』(中公新書), 東京: 中央公論新社.
______, 2011, 「島論争とは何か—和解へ向けた知恵の創出のために」『歴史評論』733, 校倉書房.
内藤正中・金柄烈, 2007, 『史的検証竹島・独島』, 東京: 岩波書店.
奥原碧雲, 2005, 『竹島及鬱陵島[復刻版]』, 松江: ハーベスト出版.
一又正雄, 1963, 「国際法における時効と黙認の法理」, 前原光雄教授 還暦記念論文集刊行委員会, 『国際法学の諸問題』, 東京: 慶応通信.
河錬洙, 1999, 「独島紛争再考ー領域権原をめぐる国際法の観点からー」『竜谷法学』32(2), 竜谷大学法学会.
中谷和弘, 「尖閣諸島, 竹島, 国際裁判」, 内閣官房領土・主権対策企劃調整室, (https://www.cas.go.jp/jp/ryodo/kenkyu/takeshima/chapter01_column_03.html 검색일: 2021.09.21)
中井養三郎, 1909, 『事業経営概要』.
中野徹也, 2019, 『竹島問題と国際法』, 松江: ハーベスト出版.
________, 2019, 「韓国によるよる不法占拠の長期化は国際法上いかなる法的効果も生じない—現代国際社会における外交上の抗議と国際裁判への付託提案がもたらす法的効果」, 内閣官房, 『竹島に関する資料調査報告書(平成31年度)』, 東京: 内閣官房.
________, 2012, 「1905年日本による竹島編入措置の法的性質」『関西大学法学論文集』5, 関西大学法学会.
________, 2012, 「1905年日本による竹島領土編入措置の法的性質—"無主地先占"説をめぐって)」『竹島問題研究会 第2期最終報告書』, 松江: 島根県.
________, 2011, 「竹島の領有権をめぐる戦後の動向について」『竹島問題研究会 第2期中間報告書』, 松江: 島根県.
塚本孝, 2012, 「対日平和条約と竹島の法的地位」『島嶼研究ジャーナル』2(1), 海洋政策研究所島嶼資料センター.
______, 2013, 「元禄竹島一件をめぐって—付、明治十年太政官指令」『島嶼研究ジャーナル』2(2), 笹川平和財団 島嶼資料センター.
______, 2015, 「"独島連"の島根県知事に対する質問書"独島20問"について」『第3期"竹島問題に関する調査研究"最終報告書』, 島根県総務部総務課.

______, 2016,「竹島領有権をめぐる韓国政府の主張について: 政府広報資料韓国の美しい島、独島の逐条的検討」『東海法学』52, 東海大学法学部.
内藤正中, 2011,「1905年の竹島問題」『北東アジア文化研究』34, 鳥取短期大学北東アジア文化総合研究所.
許淑娟, 2012,『領域権原論―領域支配の実効性と正当性―』, 東京: 東京大学出版会.
坂本悠一, 2021,『歴史からひもとく竹島／独島領有権問題』, 東京: 清水書院.
https://www.icj-cij.org/en/case/17
D. H. N. Johnson, "Acquisitive Prescription in International Law" *The British Yearbook of International Law*, 22, London: H. Frowde. 1950.
G. Fitzmamaurice, "Law nad Procedure of the International Court of Justice", *British Yearbookof International Law*, Vol.32. 1955.
J. G. Merrills, "Land and Maritime Boundary between Cameroon and Nigeria(Cameroon V Nigeria), Merits, Judgment of 10 October", *International and Comparative Law Quarterly*, Vol.52,No.3. 2003.
M. Shaw, *International Law*, 7th ed. Cambridge Univ. press. 2003.
Taijyudo kanae, "The Dispute between Japan and Korea respecting Sovereignty over Takeshima", *The Japanese Annual of International Law*, No.12, 1968.

제9장

일본의 독도 편입과 한국의 항의 부존재에 관한 논쟁

－나가시마 히로키 「'내정'화하는 한일의 '외교'」에 대한 반론－

1. 서론

한일 간의 독도 연구에는 다양한 쟁점이 존재하며, 공방도 치열하다. 나가시마 히로키(永島広紀, 九州大学 한국연구센터 교수)의 「'내정'화하는 일한의 '외교'－공문서의 왕래 상황에서 보는 통감부 '보호' 하의 대한제국－」[1]이라는 논문은 여러 쟁점 가운데, 일본의 독도 편입 후 한국(당시의 국호는 대한제국이나 편의상 한국이라 함)이 일본에 항의(protest)를 할 수 없었던, 또는 항의하지 않은 점에 대해 논하고 있다.

이 문제는 일본의 독도 편입에 대한 합법성과 정당성 문제와 관련하여 한일의 주장이 첨예하게 대립하고 있다. 한국은 일본에 의해 외교권을 박탈당한 상태였기 때문에 항의를 할 수 없었다는 입장이다. 이에 대해 일본은 "편입이 당시 양국의 힘의 관계로 봤을 때 한국의 입장에는 동정(同情)의 여지는 있다. (그러나) …… 1905년 2월 이후 일본의 행위에 대해 (한국이) 항의할 수 있는 위치에 있지 않았다고 해서, 그것이 곧바로 (일본의 독도 편입이) 무효가

1 永島広紀, 2020, 「『内政』化する日韓の外交－公文書の往来状況に見る統監府「保護」下の大韓帝国－」『第4期「竹島問題に関する調査研究」最終報告書』, 竹島問題研究会, pp.93~106.

되거나" 한국의 묵인(acquiesce)이 정당화되는 것은 아니라고 주장한다.[2] 일본은 당시의 한일관계는 무시한 채, 한국의 침묵을 묵인 내지는 묵시적 승인(implicit recognition)으로 해석하고 있다. 나가시마 논문은 여기에서 더 나아가 한국은 통감부 지배 하에서도 일본의 독도 편입에 대해 충분히 항의할 수 있는 상황에 있었다고 강조하며, 한국의 주장을 반박한다. 구체적으로 통감부 통치하에서 한국 정부와 통감부 사이의 문서 왕래 상태를 검토하여, 당시 한국은 충분히 항의를 할 수 있는 상황에 있었음을 부각시키고, 그 연장선상에서 항의할 수 없었다는 한국의 주장을 부정하고 있다.

독도 문제와 관련하여 나가시마의 논문이 위와 같은 주장을 하는 데에는, 다음과 같은 함의가 있다. 첫째, 일본이 독도 편입에 대한 한국의 항의의 유무를 문제 삼는 것은, 1905년 2월 일본의 독도 편입을 기정사실화 하기 위한 것으로 보인다. 논리적으로는 독도 편입의 정당성과 합법성을 먼저 따진 후, 그 이후에 항의의 존부(存否)를 검토하는 것이 순서라는 점에서, 이는 본말이 전도된 것이다. 그럼에도 나가시마가 한국의 항의의 부존재를 논하는 이유는, 독도 편입에 대해 한국이 항의를 하지 않았다는 점을 입증함으로써, 한국이 일본의 독도 편입을 묵인 또는 승인(approval)한 것으로 간주할 수 있고, 나아가 소급하여 일본의 독도 편입을 합법적인 것으로 정당화할 수 있기 때문이다.

일본의 독도 편입에 대해서는 한일 간에 치열한 국제법적 논쟁이 전개되고 있는데, 나가시마 논문은 오히려 독도 편입에 대한 법적 결함이나 무효(defective or invalid)를 한국의 항의의 부존재(absence of protest)를 통해 치유하려는 목적을 강하게 내포하고 있다. "일말의 불안을 가지고 있는"[3] 독도 편

2 太寿堂, 1998,『領土帰属の国際法』, 東信堂, p.45.
3 中野徹也, 2012,「1905年日本による竹島領土編入措置の法学性格」『関西大学法学論集』61(5), 関西大学法学会, p.56.

입 조치를 사후적으로 치유하려는 이러한 노력은, 오히려 일본의 독도 편입 조치의 불법/부당성을 드러내는 것으로 볼 수 있다.

둘째, 나가시마 논문은 한국이 항의를 하지 못할 상황이 아니었다는 점에 초점을 맞추고 있다. 이는 일본의 독도 편입과 함께 그 이후의 실행 조치가 국제법적으로 어떻게 평가받을 것인가가 독도 문제에서 중요하기 때문이다. 만약 1905년 이후의 일본의 조치가 한국의 주권을 제약한 상태에서 이루어진 것이라면 그것이 정당한 평가를 받기 어려우며,[4] 독도 편입에 대한 불완전성도 제거되지 않는다. 독도 편입 조치와 마찬가지로 그 이후의 일본이 취한 조치도 독도에 대한 정당한 관할권 행사로 인정받지 못할 가능성이 있다. 이를 보완하기 위해서는, 1905년 한국이 형식적으로는 외교권이 박탈되었지만, 실질적으로 한일 간에는 자유로운 접촉과 소통이 이루어지고 있었다는 점을 입증해야 한다. 그러한 상황에서 한국이 항의를 하지 않았다는 점을 들어 1905년 이후 일본의 조치가 정당한 것으로 평가받아야 할 필요가 있다.

셋째, 이 문제는 통감부 통치에 대한 평가에도 직결된다. 나가시마의 주장이 성립하면, 통감부의 한국 지배는 일본의 한국에 대한 선의의 '보호'정치였다고 평가할 수 있게 된다. 통감부의 한국 지배는 식민지화를 지향하는 억압체제가 아니라 말 그대로 한국을 보호하기 위한 조처로 해석되는 것이다. 일반론적인 측면에서, 영국의 이집트나 인도 지배에서 보듯이, 당시 제국주의 시대에 타국에 대한 선의의 보호정치는 성립하기 어려운 것이라는 점을 먼저 지적해 두고자 한다.

이상의 논의를 전제로 해서 이 글에서는 나가시마의 글을 비판적으로 분석하고, 이와 관련하여 한국의 항의 부존재가 독도 문제에서 어떠한 의미를 가지는가에 대해서도 검토한다.

---

4 中野徹也, 2012, 위의 글, p.62.

2. 나가시마 논문의 요약과 논점

나가시마 논문의 내용과 논점을 간략히 정리하면 다음과 같다. 1906년 7월 13일자 ≪황성신문≫과 ≪대한매일신보≫ 잡보(雜報)란에는 '울도군(鬱島郡, 울릉군)의 배치 전말'과 '이케다 공함(池田公函)'이라는 제목의 기사가 각각 실려 있다. ≪황성신문≫의 기사는 통감부가 한국의 내부(內部)에 울도군의 설치 시기와 관할 도서에 대해 조회를 하고, 내부(內部)가 회답한 내용이다. ≪대한매일신보≫ 기사는, 통감부의 통신관리국장 이케다 쥬사부로(池田十三郎)가 "강원도 삼척군으로부터 분설한 울도군의 면명(面名)과 동호(洞号) 및 설치 연월일을 소상(하게) 녹교(録交)하라"고 조회한 사실만을 보도하고, 내부(內部)의 회답 내용에 대한 언급은 없다.

두 신문의 보도 내용을 종합하면, 통신관리국장 이케다 쥬사부로가 울도군의 설립 시기와 관할 도서를 조회하고, 이에 대해 내부(內部)가 답변하였다는 것이다. ≪황성신문≫ 기사에는 통감부의 조회에 대해 내부(內部)가 울도군의 관할 도서를 "죽도 석도"로 회답한 것으로 되어 있다. 즉 내부(內部)는 대한제국 칙령 41호를 회답의 근거로 삼은 것이다. 여기에서 나가시마는 ≪황성신문≫ 기사에 언급된 '석도'가 어느 섬인지, 즉 독도인지에 대해 의문을 제기하고 있으나(p.93, 본문 괄호 안의 숫자는 나가시마 논문의 페이지), 더 이상의 구체적 논의는 하지 않는다. 그 직전에 심흥택이 '본군 소속 독도'라고 정부에 보고했음에도 불구하고, 독도가 아닌 석도가 왜 다시 등장하는가라는 의문과 함께 칙령 41호의 석도와 독도가 일치하지 않는다는 것을 지적하려는 것으로 추측된다.

통감부가 울도군의 설립 시기와 관할 도서를 공식 조회하자, 내부(內部)는 공식적인 칙령 41호로 답하였다. 만약 내부(內部)가 관할 도서를 '죽도 석도'

라 하지 않고 '죽도 독도'라 했으면, 칙령 41호가 문제가 될 수 있을 것이다. 내부의 관할 범위와 칙령이 일치하지 않는다고 볼 수 있기 때문이다.

또한 나가시마는 이 신문 기사가, 시기적으로 일본의 독도 편입을 인지한 심흥택의 보고를 받은 이명래 강원도 관찰사 서리가 1906년 4월 29일 정부에 보고한 사실이 1906년 5월 9일 ≪대한매일신보≫와 ≪황성신문≫에 보도된 직후에 나왔다는 점을 들어, 기사가 일본의 독도 편입 조치와 관련이 있을 수 있다고 추측하면서도 직접적인 관련성은 부정하고 있다(pp.97~98). 즉, 음모론적인 시각에서 통감부가 일본의 독도 편입에 대한 한국 정부의 반응을 파악하기 위해 울릉군의 설치 시기 및 관할 범위 등을 조회했을 가능성이 있다고 추론한다. 일본 정부가 한국 정부에 독도 편입을 정식으로 통고도 하지 않은 상황에서, 그의 지적대로 우회적으로 한국 정부의 반응을 탐색하려 했다면, 일본 정부(통감부)의 이러한 태도는 부적절하다.

독도는 낙도(落島)이기 때문에 통신 관련 업무와는 무관한 지역이다. 그렇기 때문에 통감부가 독도를 염두에 두고 통신 관련 업무를 위해 울릉군의 설립 시기 및 관할 범위를 문의하는 것은 자연스럽지 않다. 이러한 점에서 보면 통신 관련 업무를 빙자하여 울릉군의 관할 범위에 독도가 포함되는가를 간접적으로 확인하려는 의도가 있었다고 보인다. 한국령인 독도를 편입한 데 대한 한국의 반응에 일종의 불안감을 가지고 있었기 때문일까. 음모론적인 시각에서 보면, 만약에 이러한 탐색을 통해 일본의 독도 편입에 대해 한국 정부가 일본에 항의할 의사가 있다는 것이 탐지되면, 한국 정부의 항의를 사전에 차단하려는 목적이 있었던 것은 아니었을까라고 생각해볼 수 있다.

논문에서 나가시마의 관심은, 당시 통감부 통신관리국장인 이케다 쥬사부로가, 울릉군에 대해 한국 정부에 조회한 사실을 단서로 하여, 당시 보호국 하의 대한제국과 통감부(일본 정부)의 교섭 상태를 검증하려는 데 있다. 그 검증 목적은 1905년 을사('보호')조약으로 외교권을 박탈당했기 때문에 일본의 독도 편입에 대해 외교적 항의를 할 수 없었다는 한국 측 주장의 진위를 따져 보기 위해서이다. 이를 위해 나가시마는 1905년 4월 1일 조인된 '한국통신기관위탁에 관한 결정서(取極書)'에 의해 한국의 통신기관을 관할하고 있는 통감부 외국(外局)인 통신관리국의 조직과 운영을 분석한다. 통신관리국이 관할하는 지방의 우체소(郵逓所)는 한국의 지방관리들이 운영과 관리의 주체였으며, 그 관리들은 한국 정부(내부, 内部) 소속이다. 그렇기 때문에 통신관리국을 비롯한 통감부 외국(外局)은 "독자적인 카운터파트(한국의 내부 – 인용자)를 가지고 있었으며, 관청 간의 사무 연락에 관한 것은 반드시 통감부 본부(本府)를 통하지 않고 직접 담판을 할 수 있었다."고 지적한다(p.96).

이어서 그는 이러한 상황을 감안하면, "보호국 하에서 한국은 외교권을 박탈당했기 때문에 일본 정부에 항의하는 것이 불가능했다"는 '상투적인' 주장은 "실체와는 완전히 정반대이며, 오히려 카운터파트끼리는 더욱더 긴밀한 연락 관계를 구축하고 있었다고 하지 않을 수 없다"고(p.96), 다소 성급한 결론을 내리고 있다. 즉 한국의 외교권을 장악한 통감부 본부 외에도 통신관리국과 같은 다양한 연락 루트가 존재했으며, 한국이 외교권을 박탈당했기 때문에 항의를 하지 못했다, 또는 하지 않았다는 주장은 사실에 부합하지 않을 뿐 아니라(p.96), "사료적인 근거도 결여된 매우 궁색한 변명임이 분명하다"(p.103)고 단정 짓는다.

이를 전제로 나가시마는 이후의 기술에서, 규장각 소장의 『통감부래안(統監府来案)』(목록번호: 奎17849)과 『통감부래거안(統監府来去案)』(목록번호: 奎17850)을 사용하여 양국 정부의 기관 간 "긴밀한 연락 관계를 구축하고 있었다"는 예를 제시한다. 『통감부래안(統監府来案)』과 『통감부래거안(統監府来去案)』에는 1906~1908년경에 통감부 총무장관과 한국 정부의 내부(内部) 사이의 왕복 문서 파일이 있다.

우선 그는 문서 파일에는 "적어도 통감부 본청(나가시마는 本庁과 本府를 혼용하고 있음)과 한국의 의정부(내각) 사이에 영토 문제로서 울릉도나 독도를 논의한 흔적은 없다"(p.99)고 지적한다. 그리고 통감부와 한국 정부 사이에 많은 문서를 주고받았는데, 국가로서 가장 중요하다고 할 수 있는 영토 문제가 빠진 이유는 무엇일까라는 의문을 제기한다. 이에 대해서는 다음과 같은 해석이 가능하다. 하나는 통감부의 총무장관과 한국 정부의 내부(内部)는 기본적으로 한국 내정 관련 업무를 취급하는 기관이며, 영토 문제에 대한 항의 등 외교 문제를 다루지 않는다. 그렇기 때문에 『통감부래안』이나 『통감부래거안』은 대부분 한국 통치, 즉 내정에 관련된 비정치적이며 기술적, 실무적인 내용이 대부분일 것이다. 또 하나는 을사조약의 강압적 체결 등의 예에 비추어 봤을 때, 한국의 국정을 장악하고 있는 통감부에 대해 일본 정부의 방침을 정면으로 반박하는 영토 문제를 제기하여도 의미가 없을 것이라는 한국 정부의 판단이 작용했을 가능성도 있다. 이는 영토 문제가 쉽게 다루어질 문제가 아니었거나, 그러한 민감한 문제를 다룰 수 없을 만큼 통감부의 한국 지배가 위압적이었다는 것을 보여주는 것이라고 할 수 있다.

실제로 당시 한국에게는 독도 문제보다 더욱 중대한 문제였으며, 외교권을 박탈한 일본이 한국을 대리하여 중국과 치열하게 외교 교섭을 벌이고 있던 간도 영유권 문제에 대해서도 통감부와 한국 정부가 상의한 흔적은 거의 보이지 않는다. 덧붙이자면, 통감부와 한국 정부 사이의 간도 문제 관해서는 한국시정개선에 관한 협의회의 기록과[5] 『구한국외교문서 부속문서 8 간도안』[6] 등에 남아 있다. 이 기록들을 살펴보면, 통감부의 일방적인 지시나, 간도의 한인 정황을 알리는 간도파출소의 보고서 등이 대부분이며, 영유권에 관련된 내용은 없다. 심지어 통감부는 1909년 9월 4일에 체결된 간도 협약을 약 2개월이

5 金正明編, 1967, 『日韓外交資料集成』 第5, 6巻, 巌南堂書店,
6 아세아문제연구소, 1972, 『旧韓国外交関係附属文書. 第8巻 : 間島案』, 高麗大学校出版部.

지난 11월 1일에, 협약체결에 대한 경위 설명도 없이, 조선 정부(내각 총리대신 이완용)에 통고하고 있을 뿐이다.

이러한 사실을 통해 당시 한국의 영토 문제는 일본의 일방적인 조치로 이루어졌으며, '외교' 행위라는 이유로 한국의 개입이 허용되지 않은 상황이었음을 추측할 수 있다. 반대로 통감부가 설치되고 한국 정부와 많은 문서를 왕복했음에도 불구하고 일본은 독도 편입 사실을 공식적이나 비공식적으로 한국 정부에 왜 알리지 않았는가, 간도 영유권 문제를 왜 긴밀히 협의하지 않았는가 등에 대한 의문도 있다. 나가시마의 추론 범위를 벗어나지 못하지만, 통감부(일본 정부)가 울릉군의 관할 범위, 즉 독도가 한국령인가의 여부에 대해 의문을 가지고 있었다면, 후술하는 바와 같이, '내정'의 일환으로 한국 정부에 대해 충분히 조회하고 확인할 수 있었을 것이다.

또 논문에서는, 하와이에서 한국인 살인 사건이 발생했을 때, 통감부가 주호놀룰루 영사관을 통해 피의자 감형을 위해 노력했으며, 일정한 성과도 거두었다고 지적하고 있다. 이는 "일본 정부가 한국을 보호국으로 한 이상 일본은 방인(邦人, 한국인) 보호라는 국제법적 책무를 지고 있었으며, 한국에서 주장하는 '외교권 상실'은 실은 대외적인 방인(邦人) 보호 의무와 그 이행 의무가 이관되었다는 의미를 포함하는 것이다"고(p.99) 기술하고 있다. 그런데 이 주장이 무엇을 의미하는지 다소 불분명하다. 나가시마 논문의 전체 논지로 봤을 때, 일본 정부(통감부)는 이렇게 '친절하고 충실하게' 또는 '선한 의지'를 가지고 한국의 외교권을 대리하고 있었다는 점을 부각시키려는 것으로 보인다. 따라서 이렇게 '친절하고 선의를 가진' 통감부에 대해 왜 독도 문제를 항의하지 않았느냐고 말하고자 한 것으로 이해할 수 있을 것 같다.

이와 관련해서는 추가적인 논의가 필요하다. 해외에서 일본의 "방인(邦人, 한국인) 보호"는 국제법적 책무라기보다는 을사조약 제1조에 명시된 사항이며, 해외 한인 보호 조치는 국제 사회와 한국 정부를 향해 일본이 한국의 외교권과 보호권을 '성실'히 이행하고 있다는 점을 과시하기 위한 형식적인 조처에 불과하다. 한국의 보호국화를 국제적(표면적)으로 정당화하기 위한 과시적인 행동에 지나지 않는 것이다. 당시 일본의 한국 지배 정책에 대한 국제적 평가를 매우 우려하고 있던 이토 히로부미 통감을 비롯한 일본 정부로서는 지극히 당연한 행동이다.[7] 이를 독도 편입에 대한 항의 문제와 연결하는 것은 논리적 비약이다. 한인 '보호' 같은 것은 부각시키고, 영토(독도)문제는 표면화되지 않게 하는 것이 일본에게 유리하다.

통감부와 한국 정부 사이의 문서 왕복을 보여주는 또 다른 사례로, 한국의 법부(法部)가 강원도 평창군의 우체소 주사를 겸한 향장을 체포한 데 대해 통감부가 항의한 문서를 제시하고 있다. 통감부의 통신관리국장은 한국 법부 대신에게 우체소의 한국인 관리를 체포한 경위를 설명하라고 요구하며, 이를 사전에 통고하지 않은 데 대해 항의하는 문서이다. 이러한 항의를 나가시마는 "일본 측이 한국 관리의(를) 보호"한 사례로 제시하고 있다(p.103). 이는 한국 관리를 보호하기 위한 조치라기보다는, 나가시마도 적고 있듯이, 한국인 직원의 체포로 인해 우체소의 "업무에 심각한 지장을 초래"할 것을 우려한 실무적인 조치로 봐야 한다. 또 "일본 측이 한국 관리의 보호" 조치를 취하는 것은 내정 간섭에 해당하며, 당시 통감부가 한국의 내정을 장악하고 있었음을 보여주는 증거이기도 하다. 통감부 외국(外局)이 통감부 본부(本府)를 거치지 않고 법부 대신에게 직접 항의 공문을 보내는 것도 이례적인 일이다. 통감

7 이토는 보호정치에 대한 국제적 평가를 의식하여 1906년에 영자신문『서울 프레스(The Seoul Press)』를 매수하여 통감부 기관지로 만들었다.『서울 프레스(Seoul Press)』는 국제적으로 친일 여론 형성에 크게 기여한 것으로 평가받는다. 李修京・朴仁植, 2008,「『セウル プレス』(The Seoul Press)と朝鮮植民地統治政策の一考察」『東京学芸大学紀要』, 社会科学系Ⅰ, 59호, 東京学芸大学. 그리고 통감부는 1907년부터 한국 개혁에 대한 영문 보고서(Annual Report on Reforms and Progress in Chosen)를 작성해서 서구의 공사관에 배포하고 있었다.

부와 한국 정부의 실질적인 위계를 보여주는 사례라고 할 수 있다.

마지막으로 나가시마는 『덕수궁 이태왕 실기(德寿宮李太王実紀)』에 나오는 고종의 외국 사절(일본 공사, 통감 등 포함) 접견 기록을 이용하여 고종의 '활발한' 황실 외교를 소개하고 있다. 통감부 설치 이후에도 고종은 통감, 일본 공사를 빈번히 접견하고 있었으며, 미국 및 독일 공사, 전 청국 공사, 이탈리아 함장 등도 접견하면서 다양한 외교활동을 하고 있었다는 것이다. 이를 두고 나가시마는 "대한제국의 '외교권 상실'은 일본 정부 또는 제3국에 대한 연락 루트가 두절된 것을 의미하는 것은 아니며, …… 일본뿐만 아니라 각국 사절들에 대해 황제(황실)는 빈번하게 알현을 하고 있었다는 것이 확인된다"고, 묘사하고 있다(p.103). 일본을 비롯해 공사관은 철수했지만 영사를 존치하고 있는 외국과의 연락은 자유로웠기 때문에 독도 문제를 비롯해 한국이 외교적 항의를 하는 데에는 제한이 없었다고 추론하는 것이다.

고종은 이지용(内部大臣), 이재완(完順君) 등을 일본 황실에 특사로 파견하는 등 황실 간에도 다양한 루트가 있었다는 지적도 한다. 이를 나가시마는 "일본 측, 특히 메이지 천황은 한국 황실에 대해 각별한 배려를 하고 있었다는 것은 알려져 있다. 그렇다면 '황실 간 외교'라는 측면을 고려하면, 보호국화로 일한(日韓) 간의 연락 파이프는 오히려 강화되었다고까지 할 수 있을 것이다. 바로 외교가 '내정'화하고 있었다고 할 수 있는 것이다"고 평가한다(p.103). 메이지 천황의 '각별한 배려'가 있었기 때문에 한국 황실은 자유로이 일본 황실에 일본의 독도 편입에 대한 부당함을 호소하거나 항의를 표할 수 있었을 것이라는 함의이다. 나가시마의 다른 표현을 빌리면, 위와 같은 고종의 활발한 외교활동에 비추어 보면, 고종은 한국 정부(내각)의 의지 또는 통상적인 외교 루트를 통하지 않고도 황실 "외교가 가능"했기 때문에(pp.100, 103), 고종이 의지만 있었다면 일본의 독도 편입의 부당성에 대해 충분히 문제 제기를 할 수 있었다고 추측하는 것이다.

3. 나가시마의 논지에 대한 평가

나가시마의 논지가 성립하기 위해서는 통감부 통치의 본질이 긍정적으로 평가되어야 한다. 이에 대해 나가시마는 “통감부가 어떠한 인적 규모를 가지고 어떠한 업무를 행했는가에 대해서는 놀라울 정도로 연구가 진행되지 않았”고, 통감부 시대를 총독부 시대의 전사(前史)정도로 취급하고 있다고 지적한다(p.94). 한국과 일본에서의 연구가 총독부의 식민지 지배에 집중되어 있다는 나가시마의 지적에 일정 부분 동의할 수 있지만, 이는 또 다른 의미로는 통감부 시대나 총독부 시대에 있어서의 일본의 한국 지배가 본질적으로 큰 차이가 없었기 때문에 ‘전사’(前史) 정도로 취급되고 있다고 볼 수 있다. 차치하고, 통감부와 총독부 시대에 대한 평가는, 이토 히로부미에 대한 양국에서의 평가가 상징하듯이, 양국의 견해 차이가 현격하다. 이에 대한 논의는 본 논문의 주된 대상이 아니기 때문에 자세한 언급은 생략한다. 단 논지 전개를 위해 통감부 통치의 본질을 파악할 필요가 있으므로, 사실에 입각해 다음의 사항을 간략히 정리해 둔다.

우선 러일전쟁 직후 한국은 거의 일본의 전시군사체제 하에 있었다는 점을 지적해 두고 싶다. 러일전쟁이 끝났음에도 불구하고 일본은 한국 주둔군을 더욱 강화했다. 1905년 10월에는 종래 의 후비병 위주였던 조선주차군을 철수시키고, 전시 중 새로 편성한 13사단과 15사단을 한국에 파견하여, 함흥과 평양에 각각 사령부를 설치한다.[8] 그리고 전시 중에 실시된 군율도 계속 유지한다.[9] 한국에는 러일전쟁기의 전시 체제가 계속되고 있었던 것이다. 이러한

8 金正明, 1967, 『朝鮮駐箚軍歷史 : 日韓外交資料集成、別冊1』, 巖南堂書店, pp.87~96; 大江 志乃夫, 2001, 『世界史としての日露戦争』, 立風書房, pp.701~702.

9 서민교, 2018, 「일제강점기 용산기지의 군사전략적 기능에 대하여 – 1904년 러일전쟁에서 1930년대 만주사변기의 ‘조선군’의 역할과 기능 – 」 『서울과 역사』 98호, 서울역사편찬원, p.241.

상태에서 일본은 1905년 11월 강압적으로 을사('보호')조약을 체결하여 한국의 외교권을 박탈하고 보호국화 했다. 일본군에 의한 전시 체제 하에서 한국 정부가 무엇을 할 수 있었을지는 미루어 짐작할 수 있다.

일반적으로 통감부 시대는 일본이 한국의 외교권만을 박탈한 것으로 인식되고 있다. 을사조약 제3조는 "통감은 전적으로 외교에 관한 사항을 관리함을 위하여 경성에 주재"한다고 통감과 통감부의 역할을 한정하고 있다. 그러나 나가시마 논문에서 통감부의 통신관리국이 한국의 통신 업무를 장악하고 있는 것을 지적한 것처럼, 통감부는 한국의 외교뿐만 아니라 '내정도 외교에 관련이 있다'는 논리로 실질적으로 내정까지 장악하고 있었다.[10] '통감부 및 이사청 관제'(1905년 12월 20일, 칙령 제267호)에는 통감은 외교권과는 전혀 관련이 없는 "한국 수비군의 사령관에 대하여 병력의 사용을 명할 수 있다"고 규정되어 있다.

또 중앙정부의 외교권만을 대리하기 위해서는 각 지방의 이사청은 필요하지 않다. 이사청은 외교와 전혀 관계없이 일본군의 출병을 요청할 수 있으며, 이사청령을 발포하여 벌금, 구류 또는 과료의 벌칙을 부과할 수 있는 권한을 가지고 있었다(통감부 및 이사청 관제 제25조). 이는 이사청이 실질적인 지방 통치 기구였다는 것을 의미한다.[11] 1906년 6월부터 시작된 제1기 경찰 강화정책을 통해 13도 관찰부 소재지에 경무(警務) 고문 지부를 설치하고, 전국 26곳에 분견소, 122곳에 분파소를 두었다.[12] 이는 규모는 다소 작지만, 한국의 경찰과 유사한 조직 형태를 갖추고 있는 것이다. 일본이 실질적으로 한국 경찰

---

10 外務省編, 1958, 『日本外交文書』, 日本国際聯合会, p.506, p.517; 이성환 · 이토 유키오, 2010, 『한국과 이토 히로부미』, 선인, p.238.

11 한지헌, 2017, 「1906~1910년 통감부 이사청 연구」, 숙명여자대학교 대학원 박사논문.

12 金正明, 1964, 『日韓外交資料集成』 제8권, 巖南堂書店, pp.137~139, p.145; 松田利彦, 2009, 『日本の朝鮮植民地支配と警察』, 校倉書房(이종민 · 이형식 · 김현 옮김(2020), 『일본의 조선 식민지 지배와 경찰』, 경인문화사).

을 '지도' 감독했음을 보여준다.

중앙정부에서는 이토 통감이 한국의 각의에 "직접 참여하여 이를 '지도'"하고 있었으며,[13] 통감 관사에서 한국의 각부 대신이 참여하는 '한국 시정 개선에 관한 협의회'를 개최하여 한국의 내정을 장악하고 있었다.[14] 이토 히로부미가 재임한 3년 6개 월 동안 77회의 시정개선협의회가 개최되었는데, 이는 한 달에 두 번 꼴이다. 이토 히로부미 자신도 1905년 11월과 12월의 연설에서 "한국 국민에 대해 외교권 및 국방권을 일본에 '양보'하도록 하여 독립을 유명무실하게 만들었다"고 공언하고 있다.[15] 통감부에 외교와 무관한 총무장관, 농상공무총장, 경무총장 등을 두고 있었던 것은 한국의 내정을 장악하고 있었다는 의미이다.

고종에 대해서는, 기무라 칸(木村 幹)이 지적하듯이, 이토 히로부미는 고종이 외국 공사와 접견할 때 하세가와 요시미치 한국주재 군 사령관을 배석시키도록 요구했으며, 왕궁의 경비 또한 일본의 고문 경찰이 담당하도록 했다.[16] 1906년 7월 7일에는 궁금령(宮禁令)을 내려 궁궐의 육문(六門)에 일본인 순사를 배치하여 출입을 통제했다.[17] 이토 히로부미는 1905년 11월 15일 을사조약 체결을 위한 특사로 한국에 왔을 때, 고종에게 반일 성향의 유학자와의 접촉을 경고하면서 일거수일투족을 "일본군이 탐지하고 있다"고 위협한 바 있다.[18] 이러한 상황은 고종이 상시적으로 일본의 감시와 위협 하에 있었다는

13 기무라 간, 김세덕 옮김, 2017, 『대한제국의 패망과 그림자』, 제이엔씨, p.381.
14 伊藤之雄, 2010, 「이토 히로부미와 한국통치」, 이성환 · 이토 유키오, 2010, 앞의 책, p.32.
15 博文館編集局編, 1910, 『伊藤博文演全集』, 博文館, pp.277~281.
16 기무라 간, 2017, 앞의 책, pp.380~381.
17 金正明, 1964, 『日韓外交資料集成』 제6권(상), 巖南堂書店, pp.242~244; 같은 책 8권 pp.123~133.
18 春畝公追頌会, 1940, 『伊藤博文伝〈下巻〉』, 春畝公追頌会, p.689; 伊藤之雄, 2010, 앞의 글, p.33.

것을 말한다. 이러한 상태에서는 나가시마가 말하는 자율적인 황실 외교는 가능하지 않았다고 보는 것이 자연스럽다.

위와 같은 상황을 고려하면, 당시 한국이 일본 정부(통감부)를 향해 자유롭게 항의의 목소리를 내는 것은 불가능했을 것으로 보는 것이 합리적 추론이다. 을사조약 체결 당시 한규설 등이 강하게 반대했음에도 불구하고 이토 히로부미는 위압적으로 조약을 성립시켰던 사실에 비추어 보면, 어느 정도 추론이 가능하다. 그 연장선상에서 생각하면, 한국 정부가 일본의 독도 편입에 대해 항의를 하여도 그것이 정상적으로 받아들여 질리 없었을 것이라는 점도 사실에 가까울 것이다. 이러한 위압적인 상황을 조성해놓고 한국이 항의를 하지 않았다는 것을 문제 삼는 것은 납득하기 어렵다. 따라서 나가시마의 분석은 통감부 통치의 본질에 대한 잘못된 이해나, 형식만을 보고 실질적인 의미를 외면한 일방적 해석에서 오는 오류로 보인다. 2008년 국제사법재판소(ICJ)는 페드라 브랑카, 미들락스 및 사우스레지의 영유권 판결에서 영국의 피보호령이었던 말레시아가 영국에 대해 반대의견을 내기가 어려웠을 것이라는 점도 고려해야 한다는 의견을 표명했다.[19]

통감부와 한국 정부 사이에 왕복 문서가 있었다는 것만으로, 통감부 통치=보호 정치가 긍정적으로 작용하여 한국의 자율성을 강화한 것처럼 해석하는 것은, 당시 표면적으로는 한국의 '문명화'를 표방하면서 실질적으로는 한국의 식민지화를 추진한 것과 같은 이율배반적인 논리이다. 통감부와 한국 정부 사이에 왕복 문서가 있었다는 부분적이고 형식적인 현상을 가지고 통감부 통치의 본질을 긍정적으로 평가하는 인식의 오류로 보인다. 이는 부분으로 전체를 설명하는 방식이며, 표면적이고 형식적인 것으로 실질적 내용을 규정하는 논

19 *The Pedra Branca Case, Declaration of Judge Ranjeva*. para. 2.; 김용환, 2008, 「페드라 브랑카, 미들락스 및 사우스레지의 영유권에 관한 ICJ 판례 분석」『국제법학회논총』 53(2), 대한국제법학회, p.25 재인용.

리이다. 그러나 부분의 합이 반드시 전체를 규정하지 않으며, 형식과 내용이 반드시 일치하는 것은 아니라는 일반론을 벗어난 과도한 해석이다.

이상의 논의를 전제로 나가시마가 제시하는 사항에 대해 구체적으로 검토하면 아래와 같다. 우선 그가 지적하고 있는 고종의 외교활동은, 앞서 언급한 바와 같이, 대체로 통감부의 통제 하에서 이루어진 의례적인 것들이 대부분이었으며, 황실 방문 등에는 이토 히로부미를 비롯한 일본 측 인사가 동행하고 있었다. (나가시마가 논문에서 제시한 일본 황실의 특사 파견은 대부분이 독도 편입 사실이 한국에 알려지기 전에 이루어진 것이다). 때문에 독도 편입과 같은 일본 정부의 정책에 정면으로 반발하는 항의 등은 어려웠을 것이다. 그렇게 했을 경우, 고종의 지위마저 위협받았을 것이다. 나가시마는 1907년의 헤이그 밀사 사건을 고종의 적극적인 외교 활동의 예로 들고 있으나(p.102), 이 사건을 빌미로 고종은 일본에 의해 강제로 퇴위당했다는 것은 널리 알려진 사실이다. 사전에 러시아의 초청을 받아서 헤이그 만국평화회의에 밀사를 파견한 것이 왕위 퇴위로 연결되는 상황에서[20] 자유로운 외교활동이 가능했다고 보는 것은 비상식적이고, 잘못된 해석이다. 시간차는 있지만, 헤이그 밀사 사건에 비추어 보면, 일본 정부의 정책에 정면으로 반발하는 독도 편입에 대한 항의가 어떠한 결과를 초래했을 것인가는 미루어 짐작할 수 있다.

나가시마는 한국이 외교권을 박탈당하고 보호국이 된 후에는 관청 간의 연락 관계와 일본과 한국 왕실의 관계는 오히려 밀접해졌으며 (나가시마가 말하는 '황실 간 외교'), 이러한 측면에서 보호국 하에서 한일 간의 연락 통로는 오히려 강화되었다고 한다. 또 "메이지 천황의 한국 황실에 대한 각별한 배려"를 언급하고 있다. '연락 통로의 강화'와 '각별한 배려'를 어떤 의미로 사용했는지 의아스럽다. 예를 들면 한일병합조약 제3조와 제4조에는 일본 황제는

---

20 한성민, 2015, 「제2회 헤이그 만국평화회의의 特使에 대한 일본의 대응」 『한일관계사연구』 51, 한일관계사학회, pp.366~368.

한국 황제와 황족들에게 상당한 명예와 대우를 향유하게 하고 필요한 자금을 공여한다고 되어 있는데, 이를 "각별한 배려"로 보고, 한일병합 후 한국 황실의 '업무'를 관장하기 위해 일본 궁내성 관할 하에 이왕직(李王職)을 설치한 것을 '연락 통로의 강화'로 해석하는 것과 같다. 이러한 표면적이고 형식적인 '연락 통로의 강화'와 '각별한 배려'가 자유로운 의사 표출과 전달로 이어진다고 보는 것은 무리한 해석이다. 각별한 배려는 회유책의 일환이었으며, 이왕직의 설치는 한국 왕실에 대한 통제기구였을 뿐이다.

나가시마는 외교권 박탈 이전의 한국 외교가 일본의 보호국이 된 이후 일본의 내정으로 흡수되었고, 그 결과 한일 간의 외교는 '내정화(内政化)' 되었다는 논리를 전개하고 있다. 그의 논지에 따르면, 외교의 내정화는 국가 간의 의례나 절차 없이도 외교 문제를 소통이 훨씬 쉬운 내정 문제로 다룰 수 있게 되었기 때문에, 독도 편입 문제도 자유롭게 취급되고 한국의 항의도 가능했다는 것이다. 당시 한국이 독도 문제에 대해 일본에 항의할 수 있는 기회와 루트는 훨씬 많아지고 '강화'되었다는 것을 강조하는 것이다. 가능한 이야기인가? 국가 간의 경계가 무너진 식민지 하에서는 모든 것이 제국의 '내정'으로 수렴되고 접촉과 소통의 기회가 많아진다. 그렇기 때문에 피식민국의 항의가 훨씬 쉬워진다는 논리와 같지만, 현실은 정반대이다.

나가시마의 표현에 의하면, 외교가 내정화함으로써 "연락 파이프가 오히려 강화되었다"는 것은(p.103), 실질적으로는 지배구조가 강화되고 수직적 통제 파이프가 긴밀해졌다는 의미이다. 나가시마가 주장하는 표면적이고 형식적인 한일 간 외교의 '내정화'는 실질적으로는 일본의 한국 '예속화(隷属化)' 일 뿐이다. 따라서 외교의 내정화가 결코 원활한 항의나 수평적 소통의 강화를 의미하지는 않는다. 오히려 그 반대로 해석하는 것이 더 타당하다. 내정화는 지배 체제 강화의 일환으로 봐야 하며, 지배 체제 강화는 억압의 상시화를 초래하여 소통과 항의를 불가능하게 한다고 이해하는 것이 정합성이 있다.

나가시마의 논문에 의거해 그의 결론을 비판적으로 해석하면 다음과 같다. "통감부를 통하지 않고 카운터파트인 내부(內部)와 사무 연락 등이 가능했"다는 점을 들어서, "한국은 외교권을 박탈당했기 때문에 일본 정부에 항의하는 것이 불가능했다"는 것은 사실이 아니며, 성립하지 않는다는(p.96), 그의 논법은 비약이다. 통신관리국이 한국 정부의 내부(內部)와 소통을 할 수 있었기 때문에 독도 편입에 대해서도 한국 정부 또는 내부(內部)는 일본 정부에 충분히 항의할 수 있었다는 주장인 듯하다. 여기에서 말하는 '사무 연락' 등은 '한국통신기관위탁에 관한 결정서(取極書)'에 근거한 통신 업무의 실무나 기술적 부분에 관련된 것을 의미할 뿐이다. 이러한 긴밀한 연락을 통해 일본은 통감부 통치의 효율성을 높이기 위해 통신 업무를 더욱 원활하게 운영할 필요가 있다. 통신 업무에 관련된 실무나 기술적 연락이 가능했다고 해서, 일본의 독도 편입에 대해 외교적 항의가 가능했다고 해석하는 것은 너무 무리한 추론이다.

실무나 기술적 업무를 위한 연락과, 고도의 정치성을 띠는 외교적 항의는 전혀 다른 레벨의 사항으로, 같은 수준에서 논하는 것 자체가 합리적이지 않다. 예를 들면, 총독부 내의 한국인 공무원이 총독부의 일본인 직원과 업무 연락이 긴밀하게 이루어진다고 해서, 한국인 공무원이 총독부의 일본인 직원이나 총독부를 향해 한국의 독립에 대해 자유롭게 논의나 항의를 할 수 있었을 것이라고 예단하는 것과 같다. 현실적이지 않다. 총독부 하에서는 한일 간의 내정화가 더 강화되었는데, 왜 한국은 일본에 자유롭게 독립 요구를 하지 않았는가를 묻고 있는 것과 같다.

4. 영유권 문제에서 항의 부존재에 대하여

주관적인 해석을 일부 가미하여, 나가시마 논문의 논지와 의미를 정리하면 다음과 같다. 일본의 통감부 통치는 한일 간 외교를 내정화하여 정부 간 연락 통로를 강화했다. 따라서 한국 정부의 의사가 일본에 전달될 수 있는 기회와 가능성은 오히려 커졌다. 그럼에도 불구하고 한국 정부가 일본의 독도 편입에 항의를 하지 않은 것은, 한국 정부가 일본의 독도 편입을 묵인하거나 승인한 것으로 볼 수 있다. 따라서 일본의 독도 편입은 합법적이고 정당하다고 주장하는 것이 나가시마 논문의 요지이다. 나가시마는 한국이 항의를 하지 않은, 또는 항의를 할 수 없었던 '침묵'을 '묵인'으로 치환하고 있다. 침묵과 묵인의 법적 효과에 대해서는 논란이 있다. 침묵은 의사표시를 하지 않은 것에 불과하고, 묵인은 암묵적 승인을 의미한다.

나가시마의 논지는 당시 일본의 독도 편입 상황을 지극히 정상적인 것으로 간주하고 출발한 것이다. 그의 논지를 이해하기 위해 당시 상황을 간단히 정리하면 다음과 같다. 시마네현 제3부장 진자이 요시타로(神西由太郎)와 나카이 요자부로(中井養三郎) 일행은 독도 조사를 위해 1906년 3월 26일 오키(隠岐)를 출발했다. 그리고 독도 조사를 마친 후 풍랑을 만나 '우연히' 3월 27일 울릉도에 도착한다.[21] 일행은 다음날 심흥택 울릉군수를 방문하여, 일본 영토가 된 독도를 시찰하고, 여기에 왔다는 취지의 이야기를 한다. 이를 전해 들은 심흥택은 다음날, 진자이 일행이 와서 "독도가 일본 영지로 되었다(独島가 今為日本領地)"고 하기에, 이를 보고하니 살펴주기 바란다고 이명래 강원도 관찰사 서리에게 보고한다.[22] 이명래의 보고(5월 7일 접수 제325호)를 받은 참정대신 박제순은 5월 20일 자 지령 제3호로 "독도 영지설(領地說)은 전혀 근거 없으니, 해당 섬(該島, 독도)의 형편과 일본인이 어떻게 행동하는가를 다시 조사하여 보고하라"(来報閲悉이고 独島領地之説은全屬無根하나, 該島形便과日人如何行動을更爲査報할사)고 지시한다.[23]

---

21 ≪山陰新聞≫ 1906년 4월 1일.

22 http://blog.naver.com/isoword/110140364870(검색일: 2020.10.23.).

여기에서 확인 할 수 있는 것은, 심흥택이 일본의 독도 편입 사실을 '우연히' 알게 되었다는 것이다. 만약 독도 시찰을 나온 진자이 일행이 풍랑을 만나지 않았으면 독도에 들르지 않았을 것이고, 심흥택도 일본의 독도 편입 사실을 알지 못했을 것이다. 또 하나는 박제순이 독도 영지설(領地說)은 전혀 근거가 없으니 독도의 형편과 일본인의 동향을 다시 조사하여 보고하라고 한 것에서, 한국 정부가 일본의 독도 편입을 승인하거나 묵인할 의사가 없다는 것을 공식적으로 확인할 수 있다. 이를 종합하면, 일본의 독도 편입 사실을 우연히 알게 된 한국 정부는 일본의 독도 편입을 부정하고 사실 조사를 지시했으나, 일본 정부에 공식항의를 하기 까지는 이르지 못한 것이다. 추론하자면, 일본 정부로부터 공식 통보를 받지 못한 조선 정부는 일본의 독도 편입을 확정적 사실로 인식하지 못하고 '설'(独島領地之說)로 받아들인 듯하다. 이에 대한 확인을 위해 "섬의 형편과 일본인의 행동을 살펴 보고하라"고 지시했다. 조선 정부의 이러한 조치는 일본의 독도 편입을 확인하고 항의를 하기 위한 준비 작업이었다고 볼 수 있다. 좀 더 나아가면 항의를 위한 준비를 진행했으나, 앞서 언급한 바와 같이 통감부 하에서 조성된 정치적 상황 때문에 공식적인 항의를 하지 못했다고 보아도 무리가 아니다.

일본은 편입 사실을 관보에 게재하지 않는 등 편입에 대한 공시가 충분하지 않았다. 무엇보다 중요한 것은 한국이 알지 못하게 편입을 했다는 점이다. 일본이 주장하는 대로, 무주지 선점의 경우에 주변국 또는 관련국에 대한 통고 의무에 관해서는 논란이 있다. 그러나 후술하는 것처럼, 독도가 한국의 영토일 가능성을 인지하고 있었으면서 인접 국가인 한국에 대해 통고를 하지 않은 점 등에 비추어봤을 때, 일본의 조치가 충분하지 않았다는 점에 대해서는 비난의 여지가 있다. 이에 대해서는 일본 연구자들도 일부 인정하고 있다.[24]

23 엄찬호, 2007, 「개화기 독도의 연구 성과와 쟁점」『한국사학보』28, 고려사학회, p.310;『各観察道案』第1冊, 光武10年4月29日条, 「報告書号外에 대한 指令 第3号」.

이를 나가시마의 논문과 관련하여 말하면, 한일 간의 외교가 내정화한 통감부 하에서도, 일본은 한국에 대해 독도 편입 사실을 공식적으로 알린 적이 없다는 점을 지적할 필요가 있다. 영국과 노르웨이 사이의 직선기선 문제를 다룬 1951년의 국제사법재판소의 판결에서 보듯이, 묵인을 주장하기 위해서는 "상대방 국가가 충분히 인지하고 있는 상황(공연성)"이어야 하는데,[25] 박제순의 지시로 볼 때, 공연성이 있다고 보기 어렵다. 다시 말하면, 일본이 직접 통고하지도 않았고, 한국이 우연히 알게 된 사항을 두고 항의하지 않았다는 사실만을 강조하는 것은, 일본이 정식으로 통고할 의사가 없었음에도 불구하고, 충분하지도 않고 우연하게라도 인지를 하게 된 한국은 즉시 항의를 했어야 한다고 강변하는 것과 같다. '우연'에 편승하여 영토 편입을 정당화하려는 의도로 볼 수 있다. 일본이 정식으로 통고를 하고 한국의 주권이 제약되지 않았다면, 한국 정부가 항의했을 가능성이 높다는 점은 박제순의 지령에서도 충분히 확인할 수 있다.

일본이 정식으로 통고를 했으며, 진자이가 풍랑을 만나지 않았다면, 독도 문제는 어떻게 전개되었을까? 아마, 시효문제가 쟁점이 되었을 것이다. 나가시마를 비롯해 일본 측이 한국의 침묵을 문제 삼는 데에는 다음과 같은 함의가 있다. 영토 문제에서 침묵이나 묵인이 문제가 되는 경우는 선점과 시효취득(acquisitive prescription)이다. 선점의 경우에는 선점의 합법성과 정당성이 핵심이며, 묵인은 실효적 지배를 강화하는 요소로, 법적 권리 주장을 위한 본질적 요소를 구성하지 않는다. 그러나 시효취득의 경우는, 점유가 평화적으로 '일정 기간' 지속되는 것이 권원 주장을 위한 불가결의 핵심 요소이다. 묵인의 존재가 인정되지 않으면, 취득 시효를 주장할 수 없다.[26]

24 浜田太郎, 1997,「竹島(独島)紛争の再検討—竹島(独島)紛争と国際法、国際政治—(二)」『法学研究論集』, 亜細亜大学大学院法学研究科, pp.135~136.

25 http://m.blog.daum.net/1life1love/2038100(검색일: 2020.11.3.).

여기서 문제가 되는 것은 일본의 독도 편입이 무주지 선점인가, 시효취득인가이다. 일본은 독도 편입을 위한 각의 결정에서 무주지 선점을 표방했으나, 이후 일본 정부는 고유영토론과의 모순을 피하기 위해서인지, 한국 정부에 보낸 구상서 등에서 공식적으로는 무주지 선점(occupation)이라는 용어를 사용하지 않았다.[27] 이러한 측면에서 일본의 주장은 실질적으로는 시효취득을 염두에 둔 것이며, 묵인을 중시하는 것 또한 시효취득을 상정한 논의로 봐야 한다. 일본이 시효취득을 염두에 두고 한국의 항의 부존재를 강조하는 것은 독도가 무주지가 아니었다는 것을 말하며, 각의 결정에서의 무주지 선점론이 합당하지 않다는 점을 드러내는 것이다.

독도에 대해 한국과 일본이 공통으로 고유영토론과 역사적 권원을 주장하고 있는 상황에서 독도가 무주지일 가능성은 거의 없다. 독도가 한국 영토가 아니라면 일본 영토이거나, 한일 공동 소유일 가능성이 있다는 뜻이다. 어느 경우든 독도는 무주지가 아니다. 독도가 무주지가 아니고, 일본이 한국의 항의 여부에 초점을 맞추는 것은 독도가 한국의 영토였다는 것을 전제로 하는 것이나 마찬가지이다. 일본이 주장하는 대로, 독도가 일본의 고유영토이고, 역사적 권원을 강화하거나 의문의 여지를 없애기 위해, 영유의사를 재확인하려는 의도로 1905년의 편입 조치를 통해 보다 확실한 근대국제법적 권원으로 대체했다고 한다면,[28] 한국의 항의 여부는 부차적인 문제이다. 그 대신 일본은 역사적 권원이나 편입의 합법성을 입증해야 하나, 어느 것 하나 완전하지

---

26 김석현, 2012, 「시효에 의한 영유권 취득」 『국제법학회논총』 57(4), 대한국제법학회, p.47.

27 이춘선, 2018, 「국가행위로서 항의(protest)에 대한 국제법적 검토 : 영토 문제를 중심으로」 『국제법학회논총』 63(3), 대한국제법학회, p.35.

28 朴培根, 2006, 「日本による島嶼先占の諸先例―竹島/独島に対する領域権原を中心として」 『国際法外交雑誌』 105(2), 日本国際法学会, p.35; 皆川洸, 1963, 「竹島紛争と国際判例」, 前原光雄教授還暦記念論文集刊行委員会編, 『国際法学の諸問題』, 慶応通信, p.363.

않기 때문에, 한일 간에 논쟁이 계속되고 있는 것이다.

독도가 무주지가 아니고 한국의 영토였음을 시사하는 일본 기록들도 존재한다. 일본의 독도 편입에 결정적 계기를 제공한 나카이 요자부로(中井養三郎)가 일본 정부의 알선을 받아 대한제국 정부에 독도 어업 독점권을 청원하려 한 사실이 있으며,[29] 또한, 한국령일 가능성이 있는 독도를 편입할 경우, 타국이 "한국 병탄(併呑)의 야심이 있다"고 의심할 것을 우려하여, 일본 내무성이 영토 편입을 반대했다는 기록도 있다.[30] 내무성은 일본이 독도 편입 조치를 취하기 불과 28년 전인 1877년에 "울릉도와 독도는 일본 땅이 아니다"고 천명하여 독도를 한국 영토로 인정한 태정관지령을 발한 주체이기도 하다.[31] 이러한 기록들은 일본이 독도가 무주지가 아니었음을 내부적으로 충분히 인지하고 있었음을 보여준다.

물론 일본의 각의 결정대로 무주지 선점을 주장하더라도, 한국의 침묵이나 묵인이 전혀 의미가 없는 것은 아니다. 점유의 대상이 무주지인가, 타국의 영토인가에 대해서는 이론적으로 구분이 되나, 실질적으로는 차이가 없다.[32] 국내법상에서 선점은 일회적 점유로 완성될 수 있으나, 영토취득에서의 선점은 상당 기간에 걸친 평온한 점유의 지속을 요구하기 때문에 결국 (취득) 시효와의 구별이 모호해진다. 시효는 본질적으로 원 소유국의 주권을 침해하는 행위이므로 선점보다는 더 엄격하고 오랜 기간의 점유가 필요하다는 견해가 있으나,[33] 일정 기간의 실효 점유를 요한다는 점에서 선점과 시효는 차이가

29 中井養三郎, 1909,『事業経営概要』; 김수희, 2014,「일본의 독도강점을 '기록화'한 「나카이 요자부로 문서」 해제와 자료 소개」『독도연구』17, 영남대학교 독도연구소, p.414, p.416.

30 위의 자료 및 김수희, 2014, 위의 글, p.415, p.416.

31 이성환 · 송휘영 · 오카다 다카시, 2016,『일본 태정관과 독도』, 지성인 참조.

32 "Malcolm. N. Shaw, 2003, *International Law*, 7th ed., Cambridge Univ. press, p. 426.

33 이춘선, 2018, 앞의 논문, p.29; D.H. N. Johnson, 1952, "Acquisitive Prescription in International Law" *The British Yearbook of International Law*, p. 349.

없게 된다.

그러면 나가시마가 강조한 대로, 한국이 (자의적으로) 항의를 하지 않았다는 점이 입증되면, 일본의 독도 영유권이 확인되는 것일까? 이에 대해서는 다음과 같은 사항을 따져야 한다. 첫째, 나가시마 논문과 같은 맥락에서, 일본 정부는 1953년 7월 13일 한국에 보낸 구상서에서 "한국이 독도에 대해 역사적 · 행정적으로 정당한 권한을 보유하고 있었다면, 일본 정부에 항의하는 것을 방해할 이유가 없었다"고 지적하고 있다.[34] 일본이 주장하듯이, 당시 한국은 아무런 방해나 장애가 없는 상황에서 일본에 항의를 하지 않았는지 여부이다. 이에 대해서는 앞서 반복해서 서술한 대로이다.

둘째, 영유권 취득을 위해서는 "일정 기간 평온한 점유"를 유지해야 하는데, 이는 일정 기간 동안 항의가 없어야 한다는 의미이다. 지금까지 이 점에 대해서는 항의의 존부(存否)만을 따졌고, '일정 기간'에 대한 논의는 거의 없었다. 다시 말하면 어느 정도의 기간 안에 항의를 하지 않거나 침묵을 하면 그것이 묵인 또는 승인으로 추정될 수 있는지에 대해서는 논의가 없었다. 그 이유는 항의의 표시를 언제까지 해야 한다는 시한에 대한 확립된 이론이 없으며, 이는 구체적 사정에 따라 결정될 문제이기 때문이다.[35] 묵인을 추정할 수 있는 충분한 장기간을 의미한다고 볼 수 있다.[36]

위의 첫째와 둘째의 사항을 종합적으로 고려하면, 한국 정부가 불완전하게 또는 간접적으로나마 일본의 독도 편입 사실을 인지한 (적어도 일본이 공식

34 Korean Government's Refutation of the Japanese Government's Views concerning Dokdo (Takeshima) dated July 13, 1953.(September 9. 1953).

35 E. de Vattel, 1916, The Law of Nationsor Principles of Natural Law Applied to the Conducted and to the Affairs of Nations and Sovereign, vol. Ⅲ, translation of the Edition of 1758 by Charles G. Fenwick, Washington: Carnegie of Washington, pp,156, 158~159; 김석현, 2012, 앞의 글, p.15, 재인용.

36 시효의 완성 기간에 대해서는 100년, 80년, 50년, 30년 등 다양한 견해가 존재한다. 김석현, 2012, 위의 글, p.50.

적으로 한국 정부에 통고한 적은 없고, 울릉군수 심흥택의 보고로 이를 인지하게 되었다) 1906년 5월 이후부터 1910년 8월 한일병합 때까지의 약 4년여 동안 한국 정부가 항의를 하지 않고 침묵했다고 해서, 이를 한국이 일본의 독도 편입을 묵인 또는 승인했다고 단정할 수는 없다. 더욱이, 심흥택의 보고 직후 참정대신 박제순이 즉각 내린 지령 제3호에서 확인되듯, 한국 정부는 일본의 독도 편입을 부인하는 명확한 의사를 가지고 있었다는 사실이 분명히 확인된다. 따라서 주권이 제한되거나 박탈된 상태에서 약 4년 동안 침묵한 사실만으로 일본의 독도 편입을 정당화하기는 어렵다. 앞서 반복해서 언급한 바와 같이, 당시 일본은 외교와 내정에서 한국의 주권을 제약해 놓고 즉시 항의를 하지 않았다는 사실을 독도 영유권 획득의 근거로 삼으려는 발상은 합당하지 않다. 단순화 하면, 앞서 지적한 바와 같이, 상대를 전시 체제와 같은 항거 불능 상태로 만들어 놓고, 왜 자기 주장을 하지 않느냐고 반문하는 것과 같은, 기만적인 주장이다.

연장선상에서 다음과 같은 논의도 가능하다. 1945년 해방 후 연합국군 최고사령부(GHQ)는 SCAPIN 677호(1946년 1월)와 1033호(1946년 6월)로 독도를 한국의 영토로 인정했으며, 이후 독도는 계속해서 한국의 관할 하에 있었다. 적어도 1952년 평화선이 공포되기 이전까지의 약 7년간 일본은 한국의 독도 관할에 대해 아무런 항의를 하지 않았다. 일본은 미국에 대해서는 외무성의 팸플릿이나 시볼드의 의견서 등을 통해 독도 영유 의사를 표했으나, 연합국군 최고사령부(GHQ)에 대해 SCAPIN 677호에 대한 공식적인 불복 항의는 하지 않았다. 이러한 사실을 객관화하여 해석하면 다음과 같다. 해방 후 한국의 독도 관할은, 1905년 일본의 독도 편입에 대한 항의의 행위에 해당할 수 있으며, 해방 후 일본이 한국의 독도 관할에 대해 항의를 하지 않은 것은, 한국의 실효적 지배를 묵인 또는 인정한 것이라고 할 수 있을 것이다. 이러한 측면에서는 오히려 일본의 항의 부존재에 대한 문제 제기가 가능하다. (굳이 비유를 하면, 한국에 대한 일본의 통감부지배나 GHQ 점령 하의 일본이나 유사하다고 볼 수 있다는 점도 고려해야 할 것이다).

5. 일본의 독도 편입에 따른 점유와 한국 주권의 상충

이와 더불어 다음과 같은 논의도 필요하다. 필자는 1699년 울릉도쟁계합의(1699년 합의)와 1877년 태정관지령을 근거로 독도에 대한 한국의 법적 권원을 강조한 바 있다.[37](이 책 제4장 및 제5장). 1699년 합의는 17세기 말 울릉도쟁계(일본에서는 竹島一件이라 함)를 통해 조선과 일본 사이에 독도와 울릉도의 조선 영유와, 일본인의 울릉도 도해 금지를 합의한 외교문서를 말한다. 울릉도쟁계라는 명칭에서 보듯이, 일본에서는 울릉도쟁계합의가 울릉도의 영유권만을 다루었으며 독도에 대한 언급이 없다는 주장을 펼친다. 일본 외무성 홈페이지에도 "울릉도 도해는 금지했으나 독도 도해는 금지하지 않았다"고 기술하고 있다.[38] 그 후 한국과 일본의 여러 연구에서 울릉도쟁계합의(1699년 합의)에 독도가 포함되어 있었다는 사실이 입증되고 있다.[39] 즉, 일본 정부 (막부) 는 울릉도뿐만 아니라 독도에 대해서도 조선의 영유권을 인정하

37 이성환, 2017, 「일본의 태정관지령과 독도 편입에 대한 법제사적 검토」『국제법학회논총』 62(3), 대한국제법학회; 이성환, 2019, 「태정관 지령을 둘러싼 논의의 재검토－최철영, 유미림, "1877년 태정관 지령의 역사적 · 국제법적 쟁점검토"에 대한 반론－」『국제법학회논총』 64(2), 대한국제법학회.

38 https://www.mofa.go.jp/mofaj/area/takeshima/pdfs/takeshima_point.pdf(검색일: 2020.10.13.).

39 内藤正中, 2011, 「1905年の竹島問題」『北東アジア文化研究』 34, 鳥取短期大学北東アジア文化総合研究所, pp.6~8; 池内敏, 2012, 『竹島問題とは何か』, 名古屋大学出版会, p.30; 박지영, 2017, 「일본 산인(山陰) 지방민과 울릉도 · 독도 도해금지령에 대하여」『독도연구』 26, 영남대학교 독도연구소, pp.384~385.

고 도해를 금지했으며, 실제로 그 이후 일본인의 독도 도해는 없었다.

태정관지령은 1877년 일본 정부, 즉 태정관이 독도와 울릉도를 일본 영토에서 배제한다고 천명한 문서이다. 태정관지령이 일본 정부의 일방적인 결정이라 하더라도, 이는 당시 일본의 공식적인 의사를 명확히 확인할 수 있는 문서임이 분명하다. 또한 태정관지령이 1699년 합의를 승계했다는 점에서, 이는 일방적 행위로서의 국제법적 함의를 지닌다.[40] 태정관지령은 조약적 성격을 지닌 1699년 합의를 승계하여 국내 법령으로 전환한 것이며, 따라서 일방적 행위로서의 국제법적 효과를 가진다.[41] 일방적 행위란 국가의 대외적 선언을 통해 스스로의 의무를 부담하거나, 권리를 포기하는 것으로 타 법주체의 의사와 관계 없이 일정한 법적 효과를 발생시키는 것을 말한다.[42] 태정관지령이 대외적 선언에 해당하느냐의 논의는 있을 수 있으나,[43] 일본 정부가 독도와 울릉도를 일본 땅이 아니라고 천명함으로써 독도에 대한 한국의 영유권을 인정한 것은 틀림없는 사실이다. 예를 들면, 망끼에 · 에끌레오 케이스(Minquiers and Ecrehos case)에서 국제사법재판소는 프랑스 당국자 간에 왕래한 내부 문서에서 망끼에제도가 영국령이라고 인정한 사실을 프랑스의 공식적 입장으로 인정했다.[44]

필자는, 다른 글에서, 1699년 합의와 태정관지령을 합쳐 한일/조일국경체

40 이성환, 2019, 앞의 글, p.149.

41 위와 같음.

42 김석현, 2006, 「국가의 일방적 행위의 법적 지위－UN국제법위원회의 작업을 중심으로－」『국제법평론』 23호, 국제법평론학회, pp.108~110.

43 이에 대해서도, 태정관지령은 독도와 울릉도가 일본 땅이 아니라고 했을 뿐 독도가 한국 땅이라고 한 것은 아니라는 주장도 있다. 이는 태정관지령이 전적으로 울릉도쟁계합의, 즉 1699년 합의를 승계한 것이라는 역사적 연원을 간과한 해석이다. 또 태정관지령이 울릉도와 독도를 같이 취급하고 있는 것은 독도와 울릉도의 귀속처를 동일하게 간주했기 하고 있기 때문이다.

44 김석현, 2012, 앞의 글, p.43.

제라 명명했다.[45] 1699년 합의와 태정관지령은 그 이후 효력을 정지하거나 소멸시키는 조치가 취해진 흔적이 없고, 현재까지 유효하게 유지되고 있다. 따라서 1905년 일본이 독도 편입 조치를 취한 시점에도, 1699년 합의와 태정관지령은 여전히 유효하게 작동하고 있었다.(이 책 제3장 참조)

다음과 같은 사례에서도 이를 입증할 수 있다. 1881년 11월 12일 시마네현 지사가 제출한 '송도개척원(松島開拓願)'을 접수한 내무성은, 허가 여부를 결정하기 위해 울릉도쟁계 관련 문서를 첨부하여 외무성에 국경관련 문제로 조선정부와 교섭이 있었는지를 조회한다. 울릉도쟁계 관련 문서를 첨부한 것은, 울릉도쟁계 이후 영유권과 관련하여 조선 정부와 새로운 교섭이 있었는지를 확인하기 위한 것이었다. 이에 대해 12월 1일 외무성은 "조선국 울릉도 즉 죽도와 송도(朝鮮國欝陵島即竹島松島, 울릉도와 독도)에 대한 특별한 변경"이 없다고 회신한다. 이를 근거로 내무성은 1882년 1월 31일자로 "최전 지령(最前指令, 1877년의 태정관지령 – 인용자)과 같이, 죽도와 송도(울릉도와 독도)는 본방(本邦)과 관계가 없으므로 개척원의 건은 허가할 수 없다"고 각하한다.[46] 내무성의 이러한 조치는 1699년 합의와 그것을 승계한 태정관지령이 일본 정부에 의해 유효하게 작동하고 있음을 명확히 보여주는 것이다.

또 한일 정부의 허가 없이 무분별하게 울릉도에 도해하는 일본인의 철수를 위해 울릉도에 파견된 야마구치 현의 관헌인 야마모토 오사미(山本修身)가 외무성에 올린 복명서(1883년 9월)에서도 이러한 사실이 확인된다. 복명서에는 퇴거를 요구하는 조선 관헌에게 일본인들이 "울릉도는 귀국(조선 – 인용

45 이성환, 2017, 「朝日/韓日국경조약체제와 독도」 『독도연구』 23호, 영남대학교 독도연구소.

46 杉原隆, 2011, 「明治10年太政官指令 竹島外一島之儀ハ本邦関係無之をめぐる諸問題」 『第2期 「竹島問題に関する調査研究」 中間報告書(平成23年2月)』, 竹島問題研究会, pp.15~16.

자)의 땅이라는 조선과 일본 정부 사이의 조약(條約)이 있으므로"라고 말하면서 부득이하게 철수하는 기록이 있다.[47] 여기에서 언급된 '조약'은 1699년 합의를 가리킨다. 역사적으로 울릉도 영유를 둘러싸고 조선과 일본 사이에 조약이라 부를만한 것은 1699년 합의 외에는 존재하지 않기 때문이다. 특히, 울릉도에 도해한 일본인들이 '조약'이라는 용어를 사용하고 있는 점을 주목할 필요가 있다. 이것은 울릉도에 도해하는 일본인들이 1699년 합의를 근대 국제법상의 '(국경)조약'으로 인식하고 있었다는 것을 명확히 보여주고 있기 때문이다.

이후에도 일본은 1699년 합의나 태정관지령을 파기하거나 변경하는 어떠한 조치도 취하지 않았다. "한번 합의되면, 국경은 지속된다"(Once agreed, the boundary stands)는 국경 신성(神性)의 원칙에 따르면, 조선과 일본 사이에 독도와 울릉도에 대한 새로운 합의가 존재하지 않았으므로 1699년 합의는 지속된다고 볼 수 있다. 국경조약의 성격을 감안하면 지금도 1699년 합의는 지속되고 있으며, 이에 기초한 독도에 대한 한국의 법적 권원도 유효하다. 이처럼 1905년 시점에 1699년 합의와 태정관지령이 작동하고 있었으며, 이는 한국의 법적 권원이 존재하고 있었음을 의미한다.

이러한 상황에서 일본 정부가 독도를 편입하고 나카이 요자부로에게 어업권을 허가하는 등 1905년 이후 독도에 대해 실효적으로 관할권을 행사했다 하더라도, 이는 조선의 법적 권원 위에서 이루어진 일시적 점유에 불과하다. 1699년 합의라는 일종의 국경조약에 의해 확립된 조선의 법적 권원과 일본의 실효적 점유 지배(effective possession)가 상충하게 된 것일 뿐이다. 이럴 경우 문제는 일본의 행위가 새로운 권원을 창설할 수 있는가이다. 국제사법재판소(ICJ)는 카메룬과 나이지리아의 분쟁에서 새로운 실효적 행위가 이미 존재하

47 木京睦人, 2002, 「明治十六年『蔚陵島一件』」『山口県地方史研究』第88号, 山口県地方史学会. p.81.

는 법적 권원을 대체할 수 없다고 밝히고 있다.[48] 일본의 편입이 정당한 권원의 창설로 이어지지 않는다는 것이다.

또한 카메룬과 나이지리아 간 영토 및 국경획정 사건에서 2002년 국제사법재판소는 카메룬의 조약상의 권원이 존재하는 상황에서, 나이지리아가 주장하는 약 20년 간의 실효 지배는 "어떤 경우에나 너무 짧은 기간(20년)"(in any event far too short, even according to the theory relied on by it)이라며, 카메룬의 조약상의 권원이 여전히 유효하다고 인정했다.[49] 이를 원용하면, 1906년에서 1910년 사이에 비록 한국의 항의가 없었다 하더라도, 일본의 독도 편입과 그 이후의 실효지배가 있어도, 독도에 대한 한국의 법적(조약상의) 권원은 유효하기 때문에 일본의 법적 권원은 창설되지 않는다.

더 나아가, 일본이 1699년 이후 줄곧 독도에 대한 한국의 영유를 승인해 왔기 때문에, 1905년에서 1910년까지의 5년이라는 짧은 기간의 실효 지배만으로는 역사적 응고(historical consolidation), 즉 취득 시효를 원용할 수 없다.[50] 오히려 응고이론을 적용한다면, 1699년 이래 약 200년 이상 한국의 영유권을 인정해온 일본의 행위는 독도에 대한 권원을 자발적으로 유기 또는 포기(abandonment, dereliction, renunciation)한 것에 해당한다. 반대로 일본의 승인으로 독도에 대한 한국의 권원이 역사적으로 응고되는 것이다.

요약하면, 1699년 합의와 태정관지령이 유효한 이상, 일본은 어떠한 경우에도 독도에 대한 새로운 권원은 창설할 수 없다. 이러한 관점에서, 일본의 독도 편입과 그 이후의 행위는 위법한 정복 내지 불법 점거에 해당하며, 그 행위가 새로운 권원을 만드는 것은 아니다. 이러한 제 측면에 비추어 보면, 나가시

48 김채형, 2009, 「카메룬과 나이지리아간 Bakassi반도의 주권에 관한 분쟁해결의 분석 및 평가」 『국제법학회논총』 54(3), 대한국제법학회, p.391; 許淑娟, 2012, 『領域権原論—領域支配の実効性と正当性』, 東京大学出版会, p.257.

49 박현진, 2016, 『독도 영토주권 연구』, 경인문화사, p.122, p.324.

50 점유와 취득시효에 관련하여서는 김석현, 2012, 앞의 글, 참조.

마가 입증하고자 한 통감부 체제 하의 한국의 항의 부존재는 독도 영유권 문제에는 실질적인 의미가 없는 것이라 하겠다.

6. 결론

나가시마의 논문은 통감부 체제 하에서 일본의 독도 편입에 대한 한국의 항의 부존재가 일본의 독도 편입을 묵인 또는 승인한 것으로 볼 여지가 있다는 점을 입증하려는 것이다. 이를 위해 나가시마는 통감부 시대에서 이루어진 한일 외교의 '내정화'를 통해 한일 간의 연락(소통)구조가 강화되었으며, 이러한 구조하에서 한국은 충분히 자유롭게 일본의 편입 조치에 대해 항의할 수 있었다, 그렇기 때문에 외교권이 박탈당한 상태였으므로 항의할 수 없었다는 한국의 '상투적' 주장은 "실체의 상황(実態)과는 정반대이다"고 단정한다(p.96).

이러한 인식은, 비록 한일 간에 견해의 차이가 존재하더라도, 통감부 통치의 본질이나 실체에 대한 이해 부족 혹은 잘못된 이해에서 기인한 것으로 판단된다. 통감부가 한국의 내정을 거의 대부분 장악한 상태에서, 일본의 방침이나 시책에 반하는 행위를 하기는 거의 불가능했을 것으로 추론하는 것이 자연스럽다. 1905년 11월의 강압적으로 행해진 을사조약의 체결과정에서 보듯이, 당시 한국이 항의했더라도 일본 정부가 이를 수용했을지는 의문이다. 따라서 나가시마의 논문이 통감부와 한국 정부 사이에 기술적이고 실무적인 사항에 관한 서류 왕래가 있었다는 점을 (자유로운) 연락 구조의 강화로 보는 것은 매우 부적절하며, 성립하기도 어렵다. 통감부 체제라는 수직적이고 강압적인 지배 체제 하에서 연락 구조가 강화되었다고 해서, 한국 정부의 자율성이 확대되어 자유로운 의사 표출을 가능하게 했다는 추론은 일반론을 벗어난 것으로 납득하기 어렵다. 나가시마는 연락 구조의 강화를 한일 간 외교의 '내정화'라 정의했으나, 그가 이야기하는 '내정화'는 실질적으로 일본의 한국 '예속화'라는 표현과 다를 바 없다.

마지막으로, 설령 나가시마가 주장하는 것과 같은 상황 속에서 한국의 항의의 부존재가 입증된다고 하더라도, 이것이 곧바로 일본의 독도 편입을 묵인하고 정당화하는 근거로 연결될 수는 없다. 간접적이거나 우연히 한국이 일본의 독도 편입 사실을 인지한 1906년 5월 이후부터 한국의 주권이 완전히 상실되는 1910년 8월까지의 약 4년여의 기간 동안 한국이 침묵했다는 이유만으로 일본이 독도에 새로운 권원을 창설하기는 어렵다는 점을 강조한다. 한국이 독도 영유권을 포기하거나 양도하지 않은 이상, 한국의 항의 부존재가 있었다 하더라도, 단 4년여의 짧은 기간만으로 일본이 새로운 권원을 확립하는 것은 불가능하다. 이러한 의미에서 나가시마의 주장은 실익이 없을 뿐만 아니라, 논리적으로도 성립하지 않는다.

[참고문헌]

아세아문제연구소, 1972, 『舊韓國外交關係附屬文書. 第8卷 : 間島案』, 高麗大學校出版部.

서민교, 2018, 일제강점기 용산기지의 군사전략적 기능에 대하여 – 1904년 러일전쟁에서 1930년대 만주사변기의 '조선군'의 역할과 기능 – 」『서울과 역사』 98호, 서울역사편찬원.

이성환 · 이토 유키오, 2010, 『한국과 이토 히로부미』, 선인.

한지헌, 2017, 「1906~1910년 통감부 이사청 연구」, 숙명여자대학교 대학원 박사논문.

기무라 간, 김세덕 옮김, 2017, 『대한제국의 패망과 그림자』, 제이엔씨.

伊藤之雄, 2010, 「이토 히로부미와 한국통치」, 이성환 · 이토 유키오 『한국과 이토 히로부미』, 선인출판.

한성민, 2015, 「제2회 헤이그 만국평화회의 特使에 대한 일본의 대응」『한일관계사연구』 51, 한일관계사학회.

엄찬호, 2007, 「개화기 독도의 연구 성과와 쟁점」『한국사학보』 28, 고려사학회.
김석현, 2012, 「시효에 의한 영유권 취득」『국제법학회논총』 57(4), 대한국제법학회.
이춘선, 2018, 「국가행위로서 항의(protest)에 대한 국제법적 검토: 영토 문제를 중심으로」『국제법학회논총』 63(3), 대한국제법학회.
김수희, 2014, 「일본의 독도강점을 '기록화'한 '나카이 요자부로 문서' 해제와 자료 소개」『독도연구』 17 ,영남대학교 독도연구소.
이성환 · 송휘영 · 오카다 다카시, 2016, 『일본 태정관과 독도』, 지성인.
______, 2017, 「일본의 태정관지령과 독도 편입에 대한 법제사적 검토」『국제법학회논총』 62(3), 대한국제법학회.
______, 2019, 「태정관 지령을 둘러싼 논의의 재검토－최철영, 유미림, "1877년 태정관 지령의 역사적 · 국제법적 쟁점검토"에 대한 반론－」『국제법학회논총』 64(2), 대한국제법학회.
______, 2017, 「朝日/韓日국경조약체제와 독도」『독도연구』 23호, 영남대학교 독도연구소.
김석현, 2006, 「국가의 일방적 행위의 법적 지위－UN국제법위원회의 작업을 중심으로－」『국제법평론』 23호, 국제법평론학회.
김채형, 2009, 「카메룬과 나이지리아간 Bakassi반도의 주권에 관한 분쟁해결의 분석 및 평가」『국제법학회논총』 54(3), 대한국제법학회.
박지영, 2017, 「일본 산인(山陰)지방민과 '울릉도 · 독도 도해금지령'에 대하여」『독도연구』 26, 영남대학교 독도연구소.
박현진, 2016, 『독도 영토 주권 연구』, 경인문화사.
『各観察道案』 第1冊, 光武10年4月29日条, 「報告書号外에 대한 指令 第3号」.
池内敏, 2012, 『竹島問題とは何か』, 名古屋大学出版会.
永島広紀, 2020, 「『内政』化する日韓の外交―公文書の往来状況に見る統監府「保護」下の大韓帝国―」『第4期「竹島問題に関する調査研究」最終報告書』, 竹島問題研究会.
太寿堂, 1998, 『領土帰属の国際法,』, 東信堂.
許淑娟, 2012, 『領域権原論－領域支配の実効性と正当性』, 東京大学出版会.
中野徹也, 2012, 「1905年日本による竹島領土編入措置の法学性格」『関西大学法学論集』 61(5), 関西大学法学会.
金正明編, 1967, 『日韓外交資料集成』 第5, 6, 8巻, 巌南堂書店,
金正明, 1967, 『朝鮮駐箚軍歴史: 日韓外交資料集成、別冊1』, 巌南堂書店.
李修京 · 朴仁植, 2008, 「『セウル プレス』(The Seoul Press)と朝鮮植民地統治政策の一考察」『東京学芸大学紀要』, 社会科学系 I , 59호, 東京学芸大学.
大江 志乃夫, 2001, 『世界史としての日露戦争』, 立風書房.
外務省編, 1958, 『日本外交文書』, 日本国際聯合会.
松田利彦, 2009, 『日本の朝鮮植民地支配と警察』, 校倉書房(이종민 · 이형식 · 김현 옮김 (2020) 『일본의 조선 식민지 지배와 경찰』, 경인문화사).
博文館編集局編, 1910, 『伊藤博文演全集』, 博文館.

春畝公追頌会, 1940,『伊藤博文伝〈下巻〉』, 春畝公追頌会.
浜田太郎, 1997,「竹島(独島)紛争の再検討ー竹島(独島)紛争と国際法、国際政治ー(二)」『法学研究論集』, 亜細亜大学大学院法学研究科.
朴培根, 2006,「日本による島嶼先占の諸先例ー竹島/独島に対する領域権原を中心として」『国際法外交雑誌』105(2), 일본: 国際法学会.
皆川洸, 1963,「竹島紛争と国際判例」前原光雄教授還暦記念論文集刊行委員会編『国際法学の諸問題』, 慶応通信.
中井養三郎, 1909,『事業経営概要』.
内藤正中, 2011,「1905年の竹島問題」『北東アジア文化研究』34, 鳥取短期大学北東アジア文化総合研究所.
杉原隆, 2011,「明治10年太政官指令 竹島外一島之儀ハ本邦関係無之をめぐる諸問題」『第2期「竹島問題に関する調査研究」中間報告書(平成23年2月)』, 竹島問題研究会.
木京睦人 2002,「明治十六年『蔚陵島一件』」『山口県地方史研究』第88号, 山口 県地方史学会.
≪山陰新聞≫ 1906년 4월 1일.
Malcolm. N. Shaw, 2003, International Law, 7th ed. Cambridge Univ. press.
D.H. N. Johnson, 1952, "Acquisitive Prescription in International Law" *The British Yearbook of International Law.*
Korean Government's Refutation of the Japanese Government's Views concerning Dokdo (Takeshima) dated July 13, 1953.(September 9. 1953).
E. de Vattel, 1616, The Law of Nationsor Principles of Natural Law Applied to the Conducted and to the Affairs of Nations and Sovereign, vol. Ⅲ, translation of the Edition of 1758 by Charles G. Fenwick , Washington: Carnegie of Washington.

제10장

샌프란시스코강화조약과 러스크서한, 그리고 독도 문제

1. 서론

한국과 일본은 독도/죽도를 '고유영토'라고 한다. 양국은 각각 독도에 대해 역사적 · 시원적 권원(ancient or original title)을 가지고 있다고 주장한다. 양국은 역사적 권원에 더해 국제법적 정당성도 강조한다. 역사적으로 자국의 영토라고 주장하는 것만으로는 부족하고, 그것을 정당화하기 위한 국제법적 합법성을 강조한다. 이에 따라 한국은 국제법적으로 정당하게 독도를 관할하고 있고 영유권 분쟁은 없다는 입장이다, 반면 일본은 한국이 독도를 '불법'점거하고 있다고 항변한다.

이처럼 역사적 경위와는 별개로 – 무관계라는 의미는 아니다 – 오늘날의 시점에서 영유권에 대한 국제법적 합법성과 정당성을 강조할 수밖에 없는 것도 사실이다. 독도 영유권 도발자에 해당하는 일본은 특히 국제법적 접근을 강조한다. 일본 정부가 한국의 독도 점유를 "국제법상 아무 근거가 없는" 불법으로 치부하고, "국제법에 기초하여" 해결해야 한다며 국제사법재판소(ICJ) 제소를 언급하는[1] 것에서 이를 여실히 알 수 있다.

---

1 일본내각관방 영토 · 주권대책기획조정실 홈페이지 「일본의 기본적인 입장(日本の基本的な立場)」(https://www.cas.go.jp/jp/ryodo/taiou/index.html#takeshima 검색일:

한일 양국 사이의 독도 문제에 대한 국제법적 논의에서 주요 쟁점은 대체로 두 가지로 정리될 수 있다. 하나는 1905년 일본의 독도 편입 조치의 법적 효력에 관한 것이다. 독도 문제의 근원은 1905년 일본의 독도 편입 조치에서 비롯된다. 1905년 일본이 독도를 편입한 절차와 과정은 대체로 밝혀졌으나, 법적 평가에 있어서는 한국과 일본의 주장이 정면으로 대립한다. 일본은 근대 국제법에서 요구하는 선점의 요건을 갖춘 합법적인 조치라고 주장하며, 한국은 일본의 조치가 선점의 요건에 부합하지 않는 불법이며, 무효라고 한다. 일본의 독도 편입은 한국과 일본의 독도에 대한 시원적 권원에 대한 평가와도 직결된다. 일본의 독도 편입이 정당하면 한국의 시원적 권원은 부정되고, 일본의 시원적 권원이 근대 국제법에 의해 재확인되는 효과가 있다. 반대로 일본의 독도 편입이 불법이거나 부당한 것이 밝혀지면 한국의 시원적 권원과 독도 관할에 대한 정당성이 확보된다.

또 하나는 제2차 세계대전 중의 카이로선언에서부터 제2차 세계대전 후의 샌프란시스코강화조약에 이르는 일련의 조치에 대한 해석을 둘러싼 논란이다. 특히 샌프란시스코강화조약 제2조(a)항의 해석에 관한 견해 차이가 크다. 한국은 일련의 국제적 조치로 독도가 한국 영토가 되었다고 주장하고, 일본은 샌프란시스코강화조약에서 국제적으로 일본 영토로 인정되었다고 한다. 샌프란시스코강화조약에서 패전국 일본의 영토가 어떻게 정의되느냐에 따라 독도 영유권의 법적 지위가 결정될 수 있다. 샌프란시스코강화조약에서 독도 영유권이 확정되면, 1905년 일본의 독도 편입을 비롯해 그 이전의 독도와 관련한 역사적 경위 등은 사실상 의미가 없어진다.[2] 1905년 일본의 독도 편입이 불법적이고 부당한 것이었다고 해도, 샌프란시스코강화조약에서 일본

2020.10.24.).

2 塚本孝, 2012,「対日平和条約と竹島の法的地位」『島嶼研究ジャーナル』2(1), 海洋政策研究所島嶼資料センター, p.44.

의 독도 영유권이 확인되면, 독도는 일본의 영토로 남게 된다는 일본의 주장이다. 일본이 샌프란시스코강화조약 발효일을 독도 문제에 대한 '결정적 기일(critical date)'로 상정하고,[3] 독도 문제의 국제사법재판소(ICJ) 회부를 주장하는 이유도 여기에 있다고 하겠다. 반면, 한국은 정반대의 논리를 전개한다. 이러한 점에서 샌프란시스코강화조약과 독도 문제의 관련성은 한일 양국에서 가장 민감하게 반응하는 핵심 쟁점 중 하나이다.

그렇다고 역사적 사실이나 경위가 의미가 없는 것은 아니다. 역사적 사실이나 1905년 일본의 독도 편입의 불법 또는 합법성이 샌프란시스코강화조약 해석에 영향을 미치기 때문이다. 따라서 양국의 독도 문제에 관한 국제법적 연구는 샌프란시스코강화조약과 함께 1905년 편입 조치의 불법/합법성에 초점을 맞추고 있다고 하겠다. 물론 샌프란시스코강화조약이 영유권 판단의 주요한 요소이지만, 이 강화조약만으로 영유권이 확정된다고 볼 수는 없을 것이다. 영유권은 이 샌프란시스코강화조약을 포함하여 영토 문제에 대한 국제법의 일반 원칙에 비추어 종합적으로 검토, 평가되어야 한다.

이 글에서는 이상의 쟁점에 대한 일본 측 논의를 검토하고, 이에 대한 평가를 시도하고자 한다. 특히 샌프란시스코강화조약 해석과 관련하여, 일본이 주요 근거로 제시하는 러스크서한(Rusk note/letter of 1951)을 중심으로 한 일본 측의 주장을 비판적으로 분석할 것이다.

2. 샌프란시스코강화조약과 독도

1) SCAPIN과 샌프란시스코강화조약의 관계

제2차 세계대전 이후의 독도 문제에 대한 연구는 주로 연합국 최고사령관

3 中野徹也, 2019,『竹島問題と国際法』, ハーベスト出版, p.61.

지령(이하 SCAPIN)과 샌프란시스코강화조약을 중심으로 전개되었다. 일본은 샌프란시스코강화조약을 강조하며, 한국은 SCAPIN에 초점을 맞추는 경향이 있다. 양국의 논점이 갈리는 이유는 SCAPIN 677호 및 1033호와 샌프란시스코강화조약의 독도 관련 제2조(a)항이 서로 정합성을 가지고 있지 않기 때문이다.

1945년 9월 2일 일본은 항복문서에서 무조건 항복을 포함한 포츠담선언을 성실히 수행하고, 이를 위해 연합국 최고사령관(SCAP, Supreme Commander for the Allied Powers, 사령관 더글러스 맥아더)의 모든 지령 및 명령을 따를 것을 약속한다.[4] 항복문서에 따라 일본의 통치권은 연합국 최고사령관에게 이양되었으며, 최고사령관은 일본 정부에 각종 지령(SCAPIN, SCAP Index Number)을 발령한다. 그 중 1946년 1월 29일에 발포된 SCAPIN 677호와 그 이듬해 6월 22일에 발포된 SCAPIN 1033호는 독도와 직접적으로 관련되어 있다. 포츠담선언 제8항은 카이로선언의 이행과 함께 일본의 주권은 혼슈와 홋카이도, 큐슈, 시코쿠, 그리고 연합국이 결정하는 작은 섬들(minor islands)로 제한된다고 규정하고 있다.[5]

SCAPIN 677호 3항은 일본의 영토 범위를 홋카이도・혼슈(本州)・시코쿠(四国)・큐슈(九州)의 4개 섬과 쓰시마, 그리고 북위 30도 이북의 류큐(琉球諸島, 口之島를 제외)를 포함하는 약 1,000개의 인접 소도서로 규정하고, 울릉도・독도・제주도를 일본의 영토에서 제외한다고 명시했다. 그리고 4항 c에서는 한국(Korea)을 일본의 관할에서 제외한다. 5항에서는 이러한 일본의 정의는 앞으로의 모든 지령과 명령에 적용된다고 규정하여, 연합국군의 점령

4 항복문서 전문은 일본 국립국회도서관 https://www.ndl.go.jp/constitution/etc/j05.html (검색일: 2020.11.9.).

5 The terms of the Cairo Declaration shall be carried out and Japanese sovereignty shall be limited to the islands of Honshu, Hokkaido, Kyushu, Shikoku and such minor islands as we determine.

기간 중 일본의 영토적 범위는 677호로 제한된다. SCAPIN 1033호는 일본 어선의 조업 범위를 경위도로 설정하고(맥아더 라인), 독도를 경위도 바깥에 둔다(제2항). 그리고 일본 선박 및 승무원(vessels or personnel)의 독도로부터 12마일 이내 접근을 금지한다(제3항 b). 그러나 677호 6항과 1033호 5항에는 이것이 일본 영토를 '최종 결정(ultimate determination)'하는 조치가 아님을 밝히고 있다.

이러한 연합국의 조치에도 불구하고, 1951년 9월 8일에 조인되고, 그 이듬해 4월 28일에 발효된 샌프란시스코강화조약에서 일본의 영토가 새로 규정되면서 독도 영유권을 둘러싼 한일 양국의 견해 차이가 본격적으로 대두되었다. 샌프란시스코강화조약은 제1조(b)항에서 "일본 및 그 영해 내의 수역에 대한 일본 국민의 완전한 주권을 인정한다"고 규정하고, 일본 영토의 범위를 구체적으로 명시하지 않은 채, 제2조에서 일본이 포기하는 지역만을 열거하고 있다. 독도에 관해서는 제2조(a)항에서 "일본은 한국의 독립을 승인하고, 제주도, 거문도, 울릉도를 포함한 한국에 대한 모든 권리, 권원 및 청구권을 포기한다"고 규정할 뿐, 독도는 언급되지 않았다. 이 조항은 내용적으로는 독도가 거문도로 대체되었을 뿐 SCAPIN 677호와 거의 유사하다. 독도가 거문도로 대체된 이유와 의미에 대해서는 명확히 알 수 없다. 이에 대해 히로세 요시오(広瀬善男)는 SCAPIN에도 포함되지 않았으며 한국의 관할 하에 있는 거문도가 제2조(a)항에 포함된 것은, 제2조(a)항에 나열된 섬들만이 일본이 포기해야 할 도서로 확정된 것이 아님을 보여주는 유력한 증거다. 따라서 제2조(a)항에는 독도가 포함된 것으로 해석해야 한다고 지적한다.[6]

이상과 같이, SCAPIN과 샌프란시스코강화조약은 독도 영유권에 대해 서로 다른 정의를 내리고 있다. 그렇다면 SCAPIN과 샌프란시스코강화조약의 관계

6 広瀬善男, 2007, 「国際法からみた日韓併合と竹島の領有権」 『明治学院大学法学研究』 81, 明治学院大学法学会, p.298.

를 어떻게 해석해야 할 것인가? 일본은 SCAPIN과 관계없이 샌프란시스코강화조약에서 일본의 영토가 새롭게 정의되었다는 단절론의 입장을 취한다. 반면 한국은 SCAPIN의 연장선상에서 샌프란시스코강화조약을 해석해야 한다는 연속론을 강조한다. SCAPIN이 독도의 한국 영유를 인정했고, 샌프란시스코강화조약에 독도에 대한 명시적인 언급이 없으므로, SCAPIN의 효력이 유지된다고 해석하는 것이다.

양국 정부의 입장은 네 차례에 걸쳐 주고받은 구상서에서 잘 드러난다. 1953년 7월 13일의 「죽도(독도)에 관한 일본 정부의 견해」는 이렇게 밝히고 있다. SCAPIN 677호는 연합국의 최종 결정이 아니므로, 독도를 일본의 영토에서 제외한 것이 아니다, 평화조약 제2조(a)항에는 한일병합 이전부터 일본의 영토였던 땅을 한국에 할양한다는 취지는 없다. 따라서 제2조(a)항에 제주도, 거문도, 울릉도가 특별히 언급된 것은 독도(죽도)가 일본의 영토임을 의미한다.

이에 대해 1953년 9월 9일 「일본 정부의 견해에 대한 한국 정부의 반박서」는 "SCAPIN 677호가 독도를 일본의 영유로부터 명시적으로 분리했으며, 평화조약(강화조약)이 SCAPIN과 모순되는 조항을 규정하지 않았으므로 평화조약이 SCAPIN의 조치를 확인한 것"이라 주장한다. 또한 "3개 도서의 열거가(독도를 포함해 — 인용자) 한국 연안의 수백 개 도서를 한국의 소유로부터 분리하는 것은 아니다"고 반박한다.[7] 일본 정부는 1954년 2월 10일의 구상서에서 SCAPIN 677호로 행정권이 정지되었던 도서 중 남서제도 일부 및 아마미군도가 일본 관할로 복귀한 점, 미국이 하보마이군도는 포기해야하는 치시마열도에 포함되지 않는다고 밝힌 점 등을 근거로, SCAPIN과 샌프란시스코강화조약은 관계없다고 주장한다.

7 Korean Government's Refutation of the Japanese Government's Views concerning Dokdo(Takeshima) dated July 13, 1953.(September 9. 1953).

한국 정부는 1954년 2월 10일, 샌프란시스코강화조약에는 독도에 관해서 SCAPIN과 모순되는 조문이 없으며, 샌프란시스코강화조약에서 울릉도와 함께 부속 섬인 독도가 한국 영토로 승인되었다고 반박한다.[8] 이어서 1959년 1월 7일에는 SCAPIN 677호가 일본의 영토를 인접 도서에 국한했기 때문에 독도는 한국의 영토임이 분명하며, 강화조약에서 독도를 일본의 영토로 한다는 적극적인 규정이 없는 한 독도는 한국의 영토라고 밝혔다.[9] 일본은 1962년 7월 13일 구상서에서 SCAPIN 677호는 독도와 한국을 별도의 항목으로 다루었으며, 샌프란시스코강화조약이 SCAPIN 677호에서 언급한 독도, 울릉도, 제주도 가운데 독도를 제외한 것은 독도가 한국에 포함되지 않는다는 것을 의미한다고 해석했다.

이러한 양국 정부의 주장은 한국과 일본의 학계에도 거의 그대로 받아들여졌다. 일본은 SCAPIN 677호와 관계없이 샌프란시스코강화조약에 의해 독도 영유권이 확보되었다고 하고, 한국은 SCAPIN 677호 및 1033호가 독도의 한국 영유를 확정했다고 주장한다. 일본 학계의 대체적인 흐름과는 다른 관점에서 SCAPIN과 한국의 독도 영유권을 관련시킨 연구도 있다. 현실론적인 입장에서 "샌프란시스코강화조약 체결 전 적어도 3년간 한국 정부는 SCAPIN에 의해 일본으로부터 제외된 독도에 대한 통치권을 미군정으로부터 승계받아 행사하고 있었기 때문에, 샌프란시스코강화조약과 관계없이 독도에 대한 영유권이 한국에 있다"고 보는 것이 자연스럽다는 취지의 주장이다.[10]

---

8 The Korean Government's View Refutation The Japanese Government's View of the Territorial Ownership of Dokdo(Takeshima), as taken in the Note verbal Nol. 15/A2 of the Japanese Ministry of Foreign Affairs, dated February 10, 1954.(September 2. 1954).

9 The Korean Government's View Refutation The Japanese Government's View of the Territorial Ownership of Dokdo dated September 20. 1956.(January 7, 1959).

10 다케우치 타케시 지음, 송휘영 · 김수희 역, 2014, 『독도=죽도문제 '고유영토론'의 역사적 검토 II』, 선인, p.187.

한국 학계에서도 최근 SCAPIN 677호 및 1033호의 배제 조항을 배척하기 어렵다는 입장에서[11] 샌프란시스코강화조약과 관련하여 종래와는 다른 의견이 나오고 있다. SCAPIN을 들어서 샌프란시스코강화조약을 무력화하는 것은 바람직하지 않으며, 이는 자칫 한국 측 주장의 정당성에 부정적인 영향을 미칠 수 있다는 지적도 있다.[12] 또 연합국이 SCAPIN을 변경하는 조치를 취하지 않았고, 샌프란시스코강화조약이 독도를 일본의 영토로 명시적으로 규정하지 않았기 때문에 SCAPIN 677호 및 1033호가 제한적으로 법적 효력을 가지고 있다는 절충적인 입장도 있다.[13] 제한적 효력이 무엇인지는 명확하지 않으나, SCAPIN이 미국을 비롯한 연합국의 독도에 대한 초기 인식을 보여주는 유력한 증거로서의 의미를 가리키는 듯하다. SCAPIN의 배제 조항을 무시할 수는 없지만, 그렇다고 SCAPIN과 독도 영유권을 완전히 분리하는 것도 어렵다고 보는 것이 최근 한국 학계의 견해라고 할 수 있다.

2) 샌프란시스코강화조약의 형성과 미국의 독도 인식

그러면 샌프란시스코강화조약에서 독도 관련 조항은 어떻게 형성, 확정되었을까. 이에 대해서는 조약 체결의 주도적 역할을 한 미국의 조약 형성 과정을 단계적으로 분석한 연구들이 있다. 간략히 정리하면 다음과 같다. 정병준과 이석우 등의 연구에 의하면, 1947년 1월에서 1949년 11월까지 미국 국무부가 작성한 샌프란시스코강화조약의 각종 초안에는 리앙쿠르 암(Liancourt Rocks, 독도)이 전부 한국령으로 표기되어 있다.[14] 이들 초안에서 리앙쿠르 암

11 정갑용, 2012, 「"죽도 영유권 분쟁의 초점 – 국제법의 견지에서(塚本孝) –"비판」 『독도연구』 12, 영남대학교 독도연구소, p.112.

12 이석우, 2007, 『동아시아의 영토분쟁과 국제법』, 집문당, p.18.

13 정갑용, 2012, 앞의 글, p.113.

이 한국 영토로 표기된 이유는 명확하지 않으나, 이석우와 정병준은 미국 해군성 수로국이 1942년 3월에 간행한 『태평양 북서부 해도(Pacific Ocean, Northwestern Sheet)』에서 울릉도와 리앙쿠르 암을 일본 영토에서 제외한 점이 영향을 미쳤을 것으로 추정하고 있다.[15] 어쨌든 샌프란시스코강화조약의 초기 초안에서 독도 영유권이 SCAPIN 677호 및 1033호의 연장선상에 있다는 것은 분명하다. 독도라는 명칭이 국제적으로 알려지지 않았기 때문에 미국이 초안에 표기한 리앙쿠르 암을 독도와 동일한 섬으로 인식했는지는 의문이나[16] 한국의 독도를 가리키는 것은 분명하다. 중요한 것은 SCAPIN 677호와 마찬가지로, 어떠한 정치적 고려나 외부적 영향이 없는 상태에서 미국이 리앙쿠르 암(독도)을 한국의 영토로 인정하고 있었다는 점이다.

이와 관련하여 전후 대일점령정책을 위해 1944년 12월에 설치된 미국의 국무, 육군, 해군 3성 조정위원회(SWNCC, State-War-Navy Coordinating Committee)가 1946년 6월 24일 작성한 「구일본 지배하의 위임통치령 및 낙도들(諸離小島)의 신탁통치 및 다른 처리 방법에 대한 방침(SWNCC 59-1)」에 제주도, 거문도, 울릉도와 함께 리앙쿠르 암(독도)이 한국의 영토로 명기되어 있는 점은 주목할 필요가 있다. 문서는 그 이유를 "제주도, 거문도, 울릉도, 리앙쿠르 암(죽도) 및 조선의 모든 연안의 작은 섬들은 역사상 그리고 행정상 한국의 일부로서, 주로 한국인이 살고 있으며, 한국의 일부로 고려해야 한다"고 설명하고 있다.[17] 여기에서 '행정상'이라는 표현이 독도가 역사적으로 한국 행정구역의 일부였다는 의미인지, 해방 후 미군정하에서 독도가 한국의 행정구역의 일부

14 정병준, 2010, 『독도 1947』, 돌베개, p.400.

15 정병준, 2010, 위의 책, p.404; 이석우, 2006, 『대일강화조약 자료집』, 동북아역사재단, pp.22~23.

16 정병준, 2010. 위의 책, p.405.

17 原貴美恵, 2005, 『サンフランシスコ平和条約の盲点―アジア太平洋地域の冷戦と「戦後未解決の諸問題」』, 渓水社, p.42 재인용.

로 편입된 것을 가리키는 것인지는 명확하지 않으나, 문맥상으로 보면 전자에 해당한다고 판단된다. 미국은 독도를 역사적으로나 행정적으로 한국의 영토로 인식하고 있었다는 사실을 보여주고 있다.

독도에 대한 미국의 이러한 인식은 국무부의 주일 정치고문 시볼드(William J. Sebald)가 1949년 11월 14일 미국 국무부에 보낸 긴급전문과, 이를 문서화한 11월 19일의 의견서를 계기로 정반대로 바뀌게 된다. 그의 의견서는 1949년 11월 2일에 작성되어 미국 국무부가 재외 공관에 송부한 샌프란시스코강화조약 초안에 대해 일본의 입장을 대변한 것이다. 시볼드가 제시한 11개 사항 중 독도와 관련된 의견은 다음과 같다. "리앙쿠르 암(다케시마)을 우리가 제안한 제3조에서 일본에 속하는 것으로 특정해야 한다고 제안한다. 이 섬들에 대한 일본의 주장은 오래되었으며 유효한 것으로 보이며, 이들을 한국 해안의 섬들(islands off the shore of Korea)로 간주하기는 어렵다. 또한 안보적으로 고려할 때, 이들 섬에 기상 및 레이더 기지를 설치하는 것은 미국에도 이익이 결부된 문제가 된다"고 주장했다.[18] 일본의 주장은 오래되고 유효하며, 안보적인 측면에서 미국에 도움이 되니 독도를 일본 영토로 해야 한다는 매우 작위적인 내용이다. 레이더 기지 운운은 일본과 미국의 이해를 일치시켜 독도 문제를 유리하게 하려는 수사일 것이다. 시볼드의 주장은 1947년 6월 일본 외무성이 제작하여 미국에 제공한 「일본의 부속도서, Ⅳ, 태평양 소도서, 일본해 소도서」라는 팸플릿의 내용을 거의 그대로 원용한 것으로,[19] 일본 정부의 의견을 대변해서 전달하는 일종의 전문(傳文)이라 하겠다.

시볼드의 보고서가 제출된 후, 1949년 12월 29일에 작성된 미국 초안에는 일본의 영토를 주요 4개 섬과 쓰시마, Takeshima(Liancourt Rocks), 레분(禮文島)의 먼 앞바다를 연결하는 계선 내의 섬들과 동해(일본해)에 위치한 모든

18 정병준, 2010, 앞의 책, p.469.
19 정병준, 2010, 위의 책, p.779.

섬들을 포함하는 것으로 규정했다. 시볼드의 보고서 직전까지 줄곧 한국령이었던 독도가 갑자기 일본령으로 바뀌고, 명칭도 일본명 다케시마(竹島)를 사용하고 있다. 이것이 독도를 일본령으로 표기한 유일한 초안이다. 반면 한국에 대해서는 "한국 본토 및 제주도, 거문도, 울릉도 및 일본이 과거 권원을 획득한 그 외의 모든 도서를 포함"하는 것으로 바뀌었다. "일본이 과거 권원을 획득한" 도서는 독도를 가리킨다. 이 조항에 대한 주석(COMMENTARY ON DRAFT TREATY OF PEACE WITH JAPAN)에는, 리앙쿠르 암(독도)은 과거 한국이 영토 주장을 한 적이 없고 한국명이 없으며, 1905년 한국 정부의 항의를 받지 않고 일본에 정식 편입되었다는 취지의 설명이 붙어 있다.[20] 샌프란시스코 강화조약에 의한 일본의 독도 영유권설을 강하게 주장하는 쓰카모토 다카시는, "시볼드 주일 정치고문으로부터 죽도가 일본령이라는 지적을 받은 국무부는 다음 달 1949년 12월 19일 초안에서 관계 조문을 수정했다"며, 이 초안과 시볼드 의견서의 직접 관련성을 인정하고 있다.[21] 시볼드의 의견서가 독도를 한국 영토에서 일본 영토로 바꾸었다는 것이다.

그 후, 1950년 4월 19일 존 포스터 덜레스(John Foster Dulles) 상원의원이 미국 국무부 고문으로 임명되면서 대일강화조약 체결을 주도하게 된다. 이 과정에서 '비정벌적 평화조약'과 '조약의 간략화(simple treaty)'가 추진된다. 1950년 8월 7일 작성된 초안에서는 일본 영토에 대한 규정과 함께 독도 관련 조항도 사라지고, 대신 "일본이 한국의 독립을 승인하다"는 내용으로 수정되었다. 이러한 기조는 1951년 3월 13일의 초안에서 "일본은 조선, 타이완 및 팽호도에 대한 모든 권리, 권원 및 청구권을 포기한다"로 정리된다.[22] 이는 일본의 식민지 지역을 독립시킨다는 의미인이며, 이 경우 1910년 이전의 한국에

---

20 塚本孝, 1994, 「平和条約と竹島(再論)」『レファレンス』44(3), 国立国会図書館, p.44.
21 塚本孝, 1994, 위의 글, p.43.
22 塚本孝, 1994, 위의 글, p.45.

독도가 포함되느냐가 핵심 쟁점이 된다. 이것은 1905년 일본의 독도 편입에 대한 합법성과 정당성의 문제로 직결되는 것으로, 일본의 독도 편입이 합법적인 것으로 간주되면 한국이 일본으로부터 분리, 독립해도 독도는 일본의 영토로 남게 된다.

한편, 미국과 함께 샌프란시스코강화조약 작성의 당사국인 영국은, 1951년 4월 7일 이른바 영국 초안을 완성한다. 영국 초안은 일본의 영토를 경위도를 사용하여 표기하고 독도를 일본 영토에서 제외했다. 영토 조항 제1조는 일본의 주권을, 제주도, 한국과 쓰시마 사이, 독도의 외곽을 잇는 선 안의 섬들을 포함하는 범위로 규정하여, 독도를 일본의 주권에서 제외했다. 그리고 제2조에서는 "일본은 한국에 대한 주권 및 모든 권리, 권원 및 이익에 관한 청구권을 포기한다"고 기술되어 있다.[23] 이러한 사실은, 영국 초안이 독도를 한국령으로 한 이유는 분명하지 않으나, 이는 시볼드 의견서의 영향을 받지 않은 연합국(영국)의 독도 인식을 보여주는 중요한 증거임이 분명하다.

미국과 영국의 초안은 워싱턴에서 협의를 거쳐 1951년 5월 3일 "일본은 (제주도, 거문도, 울릉도를 포함한) 한국에 대한 모든 권리, 권원, 청구권을 포기한다"는 공동 초안으로 정리된다. 영국 초안에 있던 일본 영토를 표기한 경위도가 사라지고 독도에 대한 언급도 없어졌다. 그 후 덜레스의 영국 방문을 통한 협의를 거쳐 6월 14일 "일본은 한국의 독립을 승인하고, 제주도, 거문도 및 울릉도를 포함하는 한국에 대한 모든 권리 권원 및 이익을 포기한다(Japan recognizing the independence of Korea, renounces all right, title and claim to Korea, including the islands of Quelpart, Port Hamilton and Dagelet)"는 제2조 (a)항의 공동 초안이 확정되고,[24] 조약에서 독도가 사라졌다. 이 초안은 1951년 7월 3일의 제3차 영미 합동 초안에서 재확인되어 샌프란시스코강화조약

23 塚本孝, 1994, 위의 글, p.46.
24 정병준, 2010, 앞의 책, p.617.

의 최종안이 된다.

해당 초안은 1951년 7월 9일 양유찬 주미 한국대사에게 전달된다. 한국의 독립과 제주도, 거문도, 울릉도가 명기된 이 초안은, 한국의 나머지 섬들이 일본의 영토로 남는가에 대한 의문을 제기하게 된다. 한국 정부는 7월 19일 양유찬 대사를 통해 덜레스 미국 국무부 고문에게 맥아더라인의 유지, 한국 내 일본인의 재산 처리 문제와 함께 제2조(a)항을 "일본은 1945년 8월 9일 한국 및 제주도, 거문도, 울릉도, 독도 및 파랑도를 포함하는, 일본의 한국병합 이전에 한국의 일부분이었던 도서에 대한 모든 권리, 권원, 청구권을 포기함을 확인한다"로 수정해 줄 것을 요청한다.[25] 덜레스는 독도와 파랑도가 "일본의 한국병합 이전에 한국의 것이었다면, 일본의 한국 영토에 대한 영토권을 포기하는 관련 조약 부분에 이들 섬을 포함시키는 것에 특별히 문제가 없다"는 언질을 주었다.[26] 그 후 한국 정부는 독도가 한일병합 이전에 한국의 영토였다는 구체적인 내용을 제시하지 않은 것으로 보인다. 그러나 당시 국제정세를 고려할 때, 한국이 구체적인 정보를 제공한다고 이것이 받아들여졌을지는 불확실하다.

한국의 요청을 받은 미국 국무부는 내부 논의 과정에서 독도가 한국령이라는 지리전문가 보그스(Samuel W. Boggs)의 보고서가 제출되는 등 다소 혼란을 겪지만, 한국의 요청은 받아들여지지 않았다.[27] 이를 배경으로 1951년 8월 10일, 미국 국무부는 딘 러스크(David Dean Rusk, 후에 1961부터 1969까지 국무장관 역임) 극동담당 차관보의 명의로 양유찬 주미한국대사에게, 후술하는 바와 같이, 독도를 한국의 영토로 인정할 수 없다는 내용의 서한을 전달한다. 독도에 대한 미국의 최종 입장을 정리한 이른바 러스크서한이다. 서한이

25 정병준, 2010, 앞의 책, p.748.
26 정병준, 2010, 앞의 책, p.751.
27 이석우, 2007, 앞의 책, pp.196~197; 정병준, 2010, 앞의 책, pp.754~764.

한국 정부에 전달된 직후인 1951년 8월 16일 샌프란시스코강화조약 확정안이 공표되고, 같은 해 9월 8일 조인이 이루어졌다. 당시 러스크서한은 일본에는 전달되지 않았다. 그러나 1980년대 이후 러스크서한의 내용이 일본에 알려지면서, 일본은 샌프란시스코강화조약의 작성과정에서 한일 간 독도 영유권에 대한 논란이 있었던 경위는 간과한 채, 러스크서한을 근거로 독도가 일본 영토로 확정되었다고 주장하고 있다.

3. 러스크서한 이전 일본에서의 독도 문제 연구

이상의 과정을 살펴보면, 샌프란시스코강화조약 형성의 초기 단계에서 미국(과 영국)의 독도에 대한 영유권 인식은 SCAPIN 677호와 동일선상에 있었다. 그러나 시볼드의 의견서를 계기로 미국의 입장이 정반대로 바뀌고, 그 연장선상에서 러스크서한이 한국에 전달되었음을 알 수 있다. 샌프란시스코강화조약 초기 초안이 SCAPIN 677호와 (거의) 같은 것이었고, 최종적으로 독도가 조문에서 사라졌으므로 (일본의 영토로 명기하지 않았으므로), 샌프란시스코강화조약과 SCAPIN 677호는 내용적으로 모순이나 충돌은 없다. 이 점에서는 앞서 언급한 한국 측의 SCAPIN 연장설도 일리가 있다고 하겠다.

미국의 태도 변화에서 시볼드의 의견서가 결정적 역할을 한 배경에는, 당시 동아시아에 냉전이 심화되면서 국제정세가 급변하고 있었다는 점이 중요한 요인으로 작용했다. 이러한 사정을 하라 기미에(原貴美恵)는 "1949년 후반은 냉전이 격화되고 있었으며, 공산주의가 국제적으로 확대되고 [공산당이] 중국의 정권을 장악한 직후라는 배경이 있다. 일본은 미국의 아시아전략에서 중핵적인 지위를 차지하고 있었으나, 장래가 불투명한 한국의 중요성은 2차적이었다. 실제로 1950년 1월 발표된 애치슨라인(Acheson Line)에서 한국은 제외되어 있었다. 북한의 공산정권이 한반도 전체를 지배할 가능성도 배제할 수 없는 당시에 [미국은] 독도가 한국 영토가 아닌 것이 바람직하다고 생각했을 것이다"고 설명하고 있다.[28] 이어서 그는 샌프란시스코강화조약에서 최종적으로 독도가 삭제된 이유를 일본의 북방영토(남쿠릴열도) 문제와 같은 관점에서 분석하고 있다. "덜레스(John Foster Dulles, 1953년 1월에 국무장관 취임-인용자)는 고의로, 즉 분쟁 발생의 원인이 될 것을 충분히 예상한 위에 조약을 간략화하여 장래의 교섭용으로 '여지'를 남겼다고 생각할 수 있다. 이것은 1956년 북방영토를 둘러싸고 '위협'을 가한 그의 행동과 일치한다. 일본이 북방영토 문제에서 소련과 타협을 하고 관계 개선을 하면, 미국은 오키나와를 반환하지 않을 것이라고 위협했다고 한다. 즉 일본이 서방진 영에서 이탈하는 것을 방지하기 위해 '쐐기'를 박아 놓은 것이다"고 결론지었다.[29]

부연하면, 다음과 같다. 샌프란시스코강화조약 제2조(d)항은 "일본은 쿠릴열도에 대한 모든 권리, 권원 및 청구권을 포기한다"고 규정하고 있다. 이는 일본이 쿠릴열도를 소련(현 러시아)에 양도한다는 의미이다. 이를 바탕으로 일본은 1956년 홋카이도에 인접한 2개 섬(시코탄, 하보마이)을 반환받는 조건으로 소련과 평화조약을 체결하기로 하고, 소련도 동의한다. 이에 대해 덜레스 미국 국무장관은, 샌프란시스코강화조약에서 일본이 쿠릴열도를 포기한다고 해서 그것이 반드시 소련의 영토가 된다는 의미는 아니며, 또 역사적으로 북방 4개 섬(남쿠릴열도)은 일본 영토로 인정되어야 한다, 만약 일본이 4개섬 가운데 2개 섬을 반환받고 소련(현 러시아)과 평화협정을 체결하면 미국은 오키나와를 돌려줄 수 없다고 일본 정부를 위협하여 소련과의 평화조약 체

28 原貴美恵, 2005, 앞의 책, p.50.
29 原貴美恵, 2005, 위의 책, p.64.

결을 무산시켰다.[30] 평화조약 체결로 일본이 소련과 가까워지고, 그로 인해 중·일 관계의 긴밀화로 연결되는 것을 우려했기 때문이다.[31] 바꿔 말하면 미국은 일본과 소련 사이에 남쿠릴열도(북방영토)의 영유권 문제를 야기하여 일본이 공산권 국가와 가까워지지 못하도록 한 것이다. 같은 의미로, 미국은 한반도에 공산정권이 수립될 경우, 일본이 한반도의 공산정권에 접근하는 것을 방지하기 위해 독도 영유권 문제가 분쟁화할 수 있게 애매하게 처리했다는 것이다. 요시오카 요시노리(吉岡吉典), 다케우치 타케시 등도 같은 견해를 밝히고 있다.[32]

이 해석에 따르면, 쿠릴열도와 마찬가지로, 독도는 미국의 대공산권 전략의 재료로 활용된 것일 뿐이며, 미국이 독도에 대한 초기 인식을 부정하고 샌프란시스코강화조약에서 독도를 일본의 영토로 인정한 것은 아니라는 것을 알 수 있다. 일반적으로 평화조약이나 영토 할양 등의 경우에는 영토의 범위를 명확히 한다. 특히 조약 형성 과정에서 보듯이, 귀속을 둘러싼 분쟁이 예상되는 독도와 같은 경우는 부속문서 등에서라도 해결의 실마리를 남겨 두어야 한다. 이러한 관점에서 보면, 샌프란시스코강화조약 제2조(a)항은 독도의 귀속을 미해결 상태로 남겨 둔 것으로 볼 여지가 있다. 제2조(a)항에서 독도를 명기하지 않은 미국(덜레스)의 의도는 독도를 일본 영토로 한다는 적극적인 의사 표시가 아니라, 양의적(両義的) 해석이 가능하게 하여 장래 양국이 교섭을 통해 해결하도록 모호한 상태로 남겨 놓았다는 해석이 설득력을 갖는다.[33] 후술하는 바와 같이, 미국이 독도의 일본 영유를 시사하는 듯한 내용의 러스

30 松本俊一, 1966,『モスクワにかける虹-日ソ国交回復秘録』, 朝日新聞社, p.117.

31 坂元一哉, 1994,「日ソ国交回復交渉とアメリカ-ダレスはなぜ介入したか」『国際政治』105, 日本国際政治学会, pp.145~146.

32 吉岡吉典, 1962,「竹島問題とは何か」『朝鮮研究月報』11号, 日本朝鮮研究所; 다케우치 타케시, 2014, 앞의 책, p.175.

33 広瀬善男, 2007, 앞의 글, p.299.

크서한을 한국 정부에만 전달하고 일본 정부에 전달하지 않은 것은, 이러한 미국의 의도가 강하게 내포된 것으로 볼 수 있다.

이러한 모호성은 한국과 일본이 국제사회 및 국제법적으로 독도가 자국의 영토로 인정받았다고 각각 정반대의 주장을 펼칠 수 있는 근거를 제공했다.[34] 일본은 포기해야 할 영역을 규정하고 있는 제2조(a)항에 독도에 대한 언급이 없으므로, 독도는 일본 영토로 남았다고 유추한다. 일본이 포기해야 하는 영역에 독도를 포함시키려 한 한국의 노력이 실패했기 때문에 독도는 한국의 영토로 인정받지 못했다는 것이다.[35] 그러나 이러한 주장은 반대로 한국에게도 그대로 적용되는 논리이다. 일본과 (미국의) 노력에도 불구하고 제2조에 독도를 일본 영토로 명기하지 못했으므로 독도는 한국의 영토로 인정되었다는 것이다.

이러한 관점에서 가와카미 겐조(川上健三)는 일본의 초기 독도 연구에 이론적 근거를 제공한 인물로 평가받는다. 그는 제2차 세계대전 이전에는 참모본부와 대동아성(大東亜省)에 그리고 전후에는 외무성 조약국 참사관 등으로 근무했다. 외무성 근무 당시 그는 샌프란시스코강화조약에 대비한 영토 문제를 담당했으며, 1947년 6월 일본 외무성이 간행하여 미국과 연합국에 대한 홍보자료로 활용된, 앞서 언급한, 「일본의 부속도서 Ⅳ, 태평양 소도서, 일본해 소도서」의 작성자로 알려져 있다. 여기에서 그는 일본은 고대로부터 독도의 존재를 알고 있었으며, 1905년 일본이 편입했다, 반면에 울릉도의 한국 명칭은 있지만, 독도의 한국 명칭은 없으며, 한국 지도에도 표기되어 있지 않다고 적고 있다.[36] 이러한 그의 주장은 시볼드에게 받아들여져 미국의 독도 인식을 바꾸는 데 결정적 역할을 하고, 러스크서한에 그대로

34 신용하, 2005, 『한국과 일본의 독도 영유권 논쟁』, 한양대학교출판부, pp.38~39.

35 이석우, 2007, 앞의 책, p.18.

36 정병준, 2010, 앞의 책, pp.348~350.

인용되었다.

그의 연구의 결정판이라고 할 수 있는『죽도의 역사 지리학적 연구』에서 그는 샌프란시스코강화조약과 관련하여 다음과 같은 견해를 밝히고 있다.[37]

> [샌프란시스코 제2조(a)항은] 일본으로부터 분리되어야 하는 한국의 영역에 포함되는 도서로서 제주, 거문, 울릉의 3개 섬의 이름은 명시되어 있으나, 죽도(독도 – 인용자)라는 이름은 언급되어 있지 않다. 이 조문에서 말하는 '한국의 독립을 승인하고'라는 것은 한일병합 전의 한국이 일본으로부터 분리 독립하는 것을 일본이 승인한다는 것이다. …… 그러므로 한일병합 5년 전, 즉 1905년에 이미 시마네현에 정식으로 편입된 죽도(독도)가 평화조약(강화조약)에서 새롭게 분리 독립하는 한국의 판도 속에 언급되지 않은 것은 당연하다고 해야 한다. …… 만약 죽도(독도)가 한국의 영역 안에 포함된다면 당연히 이들 3개 섬과 함께 조문 중에 명기되어야 하는 것이 마땅하다. 이러한 의미에서 평화조약(강화조약) 중에 죽도(독도)의 이름이 없는 것은 죽도(독도)가 일본 영토의 일부임을 명확히 하고 있는 것이라고 해석된다.

즉, 샌프란시스코강화조약 제2조(a)항에서 일본은 한국의 독립을 승인했으며, 이는 한일병합 이전의 한국이 일본으로부터 분리 독립하는 것이다. 따라서 독도는 한일병합 이전에 일본의 영토가 되었기 때문에 일본의 영토로 남는다는 해석이다. 이러한 그의 주장은 일본 국제법학계에도 그대로 수용되었으며, 일본의 영토 문제를 이론화한 다이쥬도 카나에(太寿堂 鼎)도 그의『영토귀속의 국제법』에서 샌프란시스코강화조약은 "(한국) 병합 전부터 일본의 영토였던 지역을 새로 독립한 한국에 할양한다는 의미는 전혀 포함되어 있지 않다"고 주장한다.[38] 같은 맥락에서, 러스크서한을 처음으로 일본에 소개한 쓰카모토 다카시도 다음과 같은 견해를 제시하고 있다.[39]

37 川上健三, 1966,『竹島の歴史地理学的研究』, 古今書院, p.252.

38 大寿堂 鼎, 1998,『領土帰属の国際法』, 東信堂, p.149.

39 塚本孝, 2012, 앞의 글, p.44.

원 조약법 조약(조약법에 관한 비엔나협약 – 인용자) 제31조 제1항(조약은 문언의 통상적 의미에 따라 해석되어야 한다 – 인용자)의 규칙을 적용하면, 대일평화조약(강화조약)의 해당 규정은 …… 1910년에 일본에 통합된 한국이 일본으로부터 분리한다는 의미로 해석된다. 즉 대일평화조약 제2조(a)항의 '한국'은 1910년에 일본에 통합된 한국이며, 이 조항에는 한국의 일본으로부터의 분리에 즈음하여 한국에 신규로 영토를 할양하는 의미는 없으므로 죽도는 1910년 일본에 통합된 한국의 범위에 포함되지 않는다. …… 따라서 대일평화조약(강화조약) 제2조(a)항에서 일본이 포기한 '한국'에 죽도(독도)는 포함되지 않는다고 해석된다.

위 두 인용문의 주된 논점은, 1910년 이전의 '한국'에 독도가 포함되느냐의 문제, 즉 샌프란시스코강화조약상의 '한국'의 정의에 관련한 것인데, 1905년 일본의 독도 편입이 합법적이고 정당한 것이라는 전제에서 출발한 것이다.

1905년 일본의 독도 편입의 불법 또는 합법에 대한 평가에 따라 '한국'의 정의가 달라지는 것이다. 이를 의식하여 가와카미는 그의 연구서 말미에 "죽도(독도)의 시마네현 편입 조치를 국제법상 영토 취득의 조건 측면에서 어떻게 판단해야 하는가 등의 문제에 대한 검토는 법률전문가의 검토를 기다려야" 하는 미해결의 문제라고 언급하고 있다.[40] 그리고 다이쥬도 카나에도 독도 편입 당시 "한국의 입장에는 동정의 여지가 있다"고 여운을 남기고 있다.[41] 샌프란시스코강화조약이 독도가 일본이 포기해야 할 지역이 아니라고 해석된다고 해도, 1905년 일본의 독도 편입에 대한 법적 완결성이 확보되지 않으면 샌프란시스코강화조약 해석에 의한 일본의 독도 영유권 주장은 성립하지 않는다는 점을 염두에 둔 것이라고 하겠다.

이와는 별개로 조약상의 '한국'을 다른 관점에서 해석하는 연구도 있다. 즉 문언 해석상 "제주도, 거문도, 울릉도를 포함하는 한국 (Korea, including the

40 川上健三, 1966, 앞의 책, p.296.
41 大寿堂 鼎, 1966, 「竹島分争」『国際法外交雑誌』64(4,5), 国際法学会, p.125.

islands of Quelpart, Port Hamilton and Dagelet)"은 제주도 거문도 울릉도 '등을' 포함하는 한국이라는 의미이기 때문에 (울릉도의 속도인) 독도가 포함되어 있는 것으로 해석해야 하며, 또 조약이 한국의 범위를 1910년 당시의 한국이라고 특정하지 않았기 때문에 조약상의 한국은 샌프란시스코강화조약 체결 당시의 한국의 행정구역으로 봐야 한다는 것이다.[42] 이 주장이 성립하려면, 독도가 울릉도의 속도이며, 조약상의 '한국'이 샌프란시스코강화조약 체결 당시의 한국을 의미한다는 논리적 근거가 필요하다.

예를 들면, 조약 제2조(a)항 전절(前節)의 '한국'은 식민지 이전의 한국을 의미한다고 볼 수 있으나, 후절(後節)에서 "제주도, 거문도, 울릉도를 포함하는 한국"이라고 한국에 대해 지리적 범위를 설정한 것은, 독립하는 '한국'을 새롭게 정의하는 것으로 볼 여지가 있다. 제2조(a)항의 전절과 후절의 '한국'이 반드시 일치하는 것은 아니라는 의미이다. 전절과 후절의 한국이 동일한 것이라면, 새롭게 영토의 범위를 설정할 필요 없이 "한국의 독립을 승인하고 모든 권리, 권원 및 청구권을 포기한다"고 간결하게 정리했을 것으로 추론할 수 있다. 실제로 영국 초안 제1부 '영역조항' 제2조는 "일본은 한국에 대한 주권 및 모든 권리, 권원 및 이익에 관한 청구권을 포기한다(Japan hereby renounces any claim to sovereignty over, and all right, title and interest in Korea)"고 명시되어 있다.[43] 이러한 의미에서 보면, 후절의 한국은 샌프란시스코강화조약 체결 당시 한국이 실질적으로 지배하고 있는 영역으로서의 한국으로 볼 수 있을 것이다.

---

42 浜田太郎, 1997, 「竹島(独島)紛争の再検討ー竹島(独島) 紛争と国際法、国際政治(三)」『法学研究論集』 7, 亜細亜大学大学院法学研究科, p.111.

43 藤井賢二 2019, 「令和元年度第1回竹島問題を考える講座・イギリスと竹島問題」, 島根県竹島資料室研修室, https://www.pref.shimane.lg.jp/admin/pref/takeshima/web-takeshima/takeshima06/takeshima07/R1kouza.data/k-1-2.pdf(검색일: 2020.9.27.).

4. 러스크서한과 샌프란시스코강화조약

SCAPIN과 한국의 정의 등을 중심으로 전개되던 샌프란시스코강화조약 제2조(a)항에 대한 일본의 독도 연구는 러스크서한의 존재가 알려지면서 질적인 변화를 겪는다. 결론적으로 말하면, 종래 샌프란시스코강화조약 제2조(a)항의 해석을 통해 독도에 대한 영유권을 추론하던 일본은, 러스크서한을 근거로 제2조(a)항이 일본의 독도 영유권을 확정한 것이라고 단정하고 기정사실화하는 방향으로 전환한다. 일본 외무성이 홈페이지와 홍보 동영상 등에서 러스크서한을 샌프란시스코강화조약 해석의 가장 핵심 문서로 제시하고, 미국이 독도를 일본 영토로 인정하는 의도가 샌프란시스코강화조약에 반영되어 있다고 주장한다.[44] 일본에서 독도 연구에 성과를 내고 있는 것으로 평가받는 이케우치 사토시(池内敏)는, 샌프란시스코강화조약 제2조(a)항의 해석과 관련하여, 러스크서한이 유일한 직접적인 근거 자료라고 단언한다.[45] 이하에서는 러스크서한이 일본에 알려진 과정과 서한에 대한 평가, 그리고 서한과 샌프란시스코강화조약의 관련성을 검토한다.

1) 일본의 독도 문제 연구와 러스크서한

러스크서한은 1951년 8월 작성 당시에는 일본에 공식 전달되지 않았고, 한국 정부도 이를 심각하게 받아들이지 않은 것으로 보인다. 정병준은 당시 러스크서한을 둘러싼 관련 내용을 다음과 같이 정리하고 있다.[46] 러스크서한을 전달받은 양유찬 주미한국대사는 이를 한국 정부에 송부한 것으로 보인다. 당시 국회와 언론에서는 한국이 요구한 일본인의 귀속재산 문제를 미국이 수

44 https://www.youtube.com/watch?v=TXg-NGVKuWI(검색일: 2020.11.3.).

45 池内敏, 2016,『竹島 ―もうひとつの日韓関係史』, 中央公論社, p.232.

46 정병준, 2010, 앞의 책, pp.775~786.

용했고, 맥아더라인은 받아들여지지 않았다는 러스크서한의 내용이 전해지고 있었다. 그러나 독도에 대한 언급은 없었다. 그 후 1952년 9월 14일 주일미군이 독도를 폭격하는 사건이 발생하고, 11월 10일 한국외교부가 부산주재 미국대사관에 항의하면서, 한일 간의 독도 영유권 문제가 제기되었다. 미국 국무부 동북아시아과장 케네스 영(Knneth T. Young)은 11월 5일 부산주재 미국대사관에, "미국은 1951년 7월 19일 한국으로부터 제주도, 거문도, 울릉도와 함께 독도와 파랑도를 제2조(a)항에 포함해줄 것을 요청받았으나, 8월 10일(양유찬) 주미 한국대사에게 한국의 제안에 동의할 수 없다는 내용의 서한을 전달했다. 이에 따라 제2조(a)항에는 리앙쿠르 암(독도)이 언급되지 않았다. 그렇기 때문에 미일합동위원회가 독도를 일본의 시설로 지정하는 것은 정당하며, SCAPIN 677호는 일본이 최종적으로 독도에 주권을 행사하는 것을 방해하지 않는다"는, 내용의 서한을 보낸다.[47]

1952년 12월 4일 앨런 라이트너(E. Allan, Jr. Lightner) 주한 미국 임시대리대사는 "(한국 외무부에) 1951년 8월 10일의 러스크서한을 언급하는 서한을 보냈다"고 본국에 보고한다. 이 서한을 받은 한국 외무부는 1952년 12월 12일 주미대사에게 러스크서한 및 관련 서류의 사본을 송부하라고 지시한다. 러스크서한을 전달받은 시점에서 한국 정부가 이를 간과했다는 반증으로 볼 수 있는 대목이다.[48]

그 후 러스크서한에 대한 한국 정부의 반응에 대해서는 알려지지 않고 있으며, 미국에 항의한 기록도 확인되지 않는다.[49] 한국 외교부는 현재까지 러스크서한을 공개하지 않고 있으며, 미국 역시 한일 간 영유권 문제에 개입하지

47 塚本孝, 2007,「竹島領有権に関連する米国国務省文書(追補)」『「竹島問題に関する調査研究」最終報告書』, 島根県竹島問題研究会, p.81.

48 정병준, 2010, 앞의 책, pp.780~781.

49 정병준, 2010, 앞의 책, p.785.

않는다는 입장에서 일본 정부에 서한을 전달하지 않았다. 실제로 1950, 60년대 한일 정부가 주고받은 독도 관련 구상서에는 러스크서한에 대한 언급이 전혀 없다. 이는 한국 정부가 러스크서한을 공개하지 않았으며, 일본 정부는 러스크서한의 존재와 내용을 알지 못하고 있었다는 것을 말한다.

그런데 1978년 4월 28일 미국 국무부가 『미국의 대외관계자료 1951년 제6권(아시아・태평양편)(Foreign Relations of the United States(FRUS), 1951. Asia and the Pacific Volume VI)』을 발간하면서 러스크서한의 존재와 개요가 처음으로 공개되었다. 이 사실은 일본 『요미우리신문』(1978년 4월 30일, 「米、「竹島領有」退ける」)과 『아사히신문』(1978년 4월 30일, 「米、「歯舞、千島ではない」」)에 보도되었으나, 당시에는 큰 관심을 끌지 못한 듯하다. (해당 문서 원본 이지미 파일은 2006년에 공개된 것으로 알려져 있다).[50] 그 후 쓰카모토 다카시는 「샌프란시스코강화조약과 죽도」(1983), 「평화조약과 독도(재론)」(1994)이라는 논문에서[51] 러스크서한을 소개하면서, 이를 샌프란시스코강화조약 해석의 보조 자료로서 부각시켰다. 그리고 한국 정부가 러스크서한을 공개하지 않은 것을 두고, 한국이 "독도 영유권의 증거를 새로 만들려 하고(invention) 있다"는 비난도 제기되었다.[52] 한국이 러스크서한을 공개하지 않는 것이 일본의 독도 영유권을 부정하기 위한 의도적인 조치라는 것이다.

한편, 한국 정부가 공식적으로 러스크서한을 언급하지 않는 것은, 정부가 받은 서한을 공개할 의무가 없고, 또한 해당 서한이 한국 측에 유리하지 않다

50 「ラスク書簡」(http://gochagocha.cool.coocan.jp/Giman/Takesima/RuskLetter.htm, 검색일: 2019.3.21.).

51 塚本孝, 1983, 「サンフランシスコ条約と竹島」『レファレンス』33(6), 国立国会図書館調査立法考査局; 塚本孝, 1994, 「平和条約と竹島(再論)」『レファレンス』44(3), 国立国会図書館調査立法考査局.

52 川崎佳子, 2012, 「韓国政府による竹島領有権根拠の創作」『第2期「竹島問題に関する調査研究」最終報告書』, 島根県竹島問題研究会, p.77.

고 판단하기 때문일 것이다. 한국 정부의 이러한 태도는, 일본 정부가 1877년의 태정관지령을[53] 언급하지 않는 것과 유사하다. 당시 일본 정부는 태정관지령을 통해 독도가 일본 영토가 아님을 공식적으로 천명한 바 있다. 과장된 표현을 하자면, 독도 영유권 문제에서 일본은 태정관지령을, 한국은 러스크서한을 아킬레스건으로 인식하고 있는지 모른다. 태정관지령은 일본 정부가 독도를 일본 영토에서 제외한다고 직접 공식 천명한 문서이며, 러스크서한은 미국이라는 제3자가 한국 정부에 간접적으로 의견을 표명한 문서라는 차이가 있다. 이러한 차이가 독도 영유권 논쟁에서 어떤 의미를 가지는지는 추가적인 검토가 필요하다. 시제(時祭, intertemporal)의 문제는 있으나, 국제사법재판소(ICJ)는 1974년 핵실험 사건(Nuclear Test Case) 판결에서 "법적 · 사실적 상황에 관한 일방적 행위는 법적 의무가 있다"고[54] 판시한 바가 있다. 이 판례를 원용하면, 태정관지령이 러스크서한보다 독도 영유권 문제에서 더 강한 법적 효력을 가질 가능성이 있다고 판단된다.

2) 러스크서한에 대한 평가

그러면 러스크서한을 어떻게 평가해야 할까? 러스크서한이 독도를 일본 영토로 인정한 것으로 해석될 수 있으며, 이에 따라 샌프란시스코강화조약 제2조(a)항의 해석 자료로서 중요한 가치를 가진다는 일본 측의 주장은 과연 타당한가?

샌프란시스코강화조약 제2조(a)항의 해석과 관련하여, 지금까지 한국에서의 러스크서한에 대한 논의는 주로 두 가지 방향에서 진행되어 왔다. 첫째,

53 이성환, 2016, 「태정관지령은 무엇인가－독도문제와 관련하여－」 『독도연구』 20, 영남대학교 독도연구소.

54 「国際法判例 核実験事件: ICJ判決」(https://hiro-autmn.hatenablog.com/entry/2017/10/14/234533(검색일: 2020.11.10.).

SCAPIN을 강조하여 샌프란시스코강화조약의 효력을 상대적으로 약화 내지는 무력화하는 방식이다. 앞서 언급한 바와 같이, SCAPIN 677호와 1033호가 일본의 영토를 정의하고 있으며, 샌프란시스코강화조약에서 독도에 대한 언급이 없기 때문에 SCAPIN에 의한 독도의 법적 지위는 여전히 유효하다는 주장이다. 그러나 이 논리를 따른다면, 양유찬 대사가 미국에 일본이 포기해야 할 지역 목록에 독도를 포함해 줄 것을 요청한 이유를 설명하기 어려운 문제가 생긴다.[55]

둘째, 러스크서한의 존재는 인정하면서도, 형식적 측면을 강조하여 그 법적 가치를 평가절하하는 방식이다. 러스크서한은 일본 정부에 공식적으로 전달되지 않은 비공개 문서이며, 미국의 일방적 견해를 담고 있기 때문에, 다수 국가가 서명한 샌프란시스코강화조약의 해석에 이를 인용해서는 안 된다는 논리이다.[56] 다케우치 타케시, 사카모코 유이치 등 일본 연구자도 같은 의견을 피력하는 경우가 있다.[57] 그러나 이러한 형식적 요건이 러스크서한의 법적 효과에 미치는 영향에 대해서는 논란의 여지가 있다. 미국만의 견해라거나 비밀문서라는 점을 들어서 이를 배척하기는 쉽지 않을 것 같다.[58] 미국이 샌프란시스코강화조약을 주도했으며, 최종적으로 서명국들이 미국의 의견을

---

55 김수경, 2011, 「[이슈+]독도 홍보 "日 외교가 더 설득력 있다"」『아시아투데이』, https://www.asiatoday.co.kr/view.php?key=474704(검색일; 2020.11.3.).

56 호사카 유지, 2012, 「샌프란시스코 평화조약과 '러스크서한'」『일본문화연구』 43권, 동아시아일본학회.

57 다케우치 타케시, 2014, 앞의 책, p.189; 坂本悠一, 2016, 「近現代における竹島・独島領有問題の歴史的推移と展望」『社会システム研究』 32, 立命館大学社会システム研究所, p.12.

58 1953년 12월 9일 덜레스 국무장관은 도쿄 대사관에 보낸 전문에서도 "독도에 대한 미국의 입장은 평화조약에 서명한 수많은 국가들 중의 하나일 뿐이다"라는 견해를 밝혔으나, 이는 당시 평화선을 둘러싼 한일 간의 대립 속에서 독도 문제로 양국 간 관계가 더 악화되는 것을 방지하기 위한 중재의 목적이 강한 것으로 보인다. 정병준, 2010. 앞의 책, p.950.

반영한 조약을 채택했다는 점을 고려해야 한다. 또한, 러스크서한의 내용이 일본이 제공한 자료에 일방적으로 의존한 결과이며, 미국이 시볼드의 '기망'에 의해 오판한 것으로 해석하는 견해도 존재한다.[59] 러스크서한이 일본의 주장을 반영한 시볼드 의견서의 연장선상에 있다는 점은 부정할 수 없지만, 이를 단순히 시볼드의 기망으로만 해석하는 것이 타당한지에 대한 의문이 남는다.

이상의 연구 상황을 반영하여, 우선 여기에서는 내용적인 측면에서 다음과 같은 점을 지적하고 싶다. 샌프란시스코강화조약의 형성 과정에서 나타난 미국의 인식과 의도, 그리고 서한 내용의 모순을 어떻게 정합성 있게 설명할 것인가이다. 다시 말하면 러스크서한을 진정한 미국의 의사로 볼 수 있는가 하는 점이다. 시볼드의 의견서, 냉전 등 외부적 요인의 영향을 받지 않은 상태에서 이루어진 SCAPIN과 1949년 11월 이전의 샌프란시스코강화조약 초안에서, 미국은 독도를 한국령으로 인정하는 분명한 의사를 가지고 있었다는 사실이 확인된다. 이는 일본의 영향이나 로비, 냉전 등 외부적 요인이 작용하지 않은 순수한 미국의 판단과 정보에 의한 것이라 볼 수 있다. 앞서 언급한 바와 같이, 1946년 6월 24일 미국 국무·육군·해군 3성 조정위원회(SWNCC)가 작성한 『구 일본 지배하의 위임통치령 및 낙도들에 대한 방침(SWNCC 59-1)』에서 독도를 역사적·행정적으로 한국의 일부로 명시하고, 한국의 영토로 귀속되어야 한다고 밝힌 점은, 당시 미국이 독도를 한국 영토로 인식하고 있었음을 분명히 보여준다.

앞서 언급한 바와 같이, 일본 내 여러 연구에서도 냉전이 격화되기 전까지 미국이 독도를 한국 영토로 인식하고 있었음을 인정하고 있으며, 냉전이 심화됨에 따라 미국이 러스크서한과 같은 입장을 취하게 되었다고 분석하고 있

59 김명기, 2016, 『대일평화조약상 독도의 법적 지위』, 선인, pp.101~118.

다. "한국의 상실 (공산화 — 인용자) 가능성에 대처할 수 있게 하기" 위한 미국의 작위적 조처였다는 것이다.[60] 이것이 사실이라면 러스크서한은 당시 동아시아의 국제정세라는 외부적 요인에 의해 미국의 의사가 왜곡, 변용된 것이며, 러스크서한은 진정한 미국의 의사를 반영한 문서가 아니라는 것을 말한다. 그렇다면 한국의 공산화 가능성을 염두에 두고 작성된 러스크서한은, 한국의 공산화 가능성이 없어진 상황에서는 의미를 잃게되며, 원래 미국의 의사대로 독도가 한국령으로 귀속되는 것은 당연하다고 하겠다.

위와 같이 샌프란시스코강화조약 형성 과정에서 나타난 미국의 태도와 러스크서한의 내용 사이에는 명백한 모순이 존재하며, 이에 대한 의문은 여전히 해소되지 않는다. 그럼에도 불구하고, 러스크서한이 독도를 한국의 영토에 포함해줄 것을 요청한 한국에 대해 이를 거절하는 미국의 답신 성격을 가지고 있어 무시하기 어려운 측면이 있다. 러스크서한이 미국의 일방적인 통보였다면, 이를 근거로 샌프란시스코강화조약 제2조(a)항이 일본의 영유권을 인정한 것이라 해석하기는 어려울 것이다. 또한, 미국이 한국의 요청을 거절하고도, 샌프란시스코강화조약 제2조(a)항에서 독도를 일본 영토로 명확히 규정하지 않은 이유는 무엇인가라는 의문이 남는다. 유리한 환경에도 불구하고, 일본은 독도를 자국의 영토로 표기하는 데 실패한 것으로 봐야 한다.[61] 조약의 초기 초안에서 독도가 한국령으로 인정되고 있었던 점을 고려하면, 독도를 일본의 영토로 하기 위해서는 독도가 일본령에 속한다는 점을 명확히 표기하는 것이 자연스럽다.

이러한 논란에도 불구하고 쓰카모토 다카시는 러스크서한을 근거로 하여 "중요한 것은, 일본의 로비 여부나 조약 체결 후 관계국의 입장 변화 여부가 아니라, 대일평화조약에 의해 죽도(독도)가 어떻게 되었는가 이다. [러스크서한

60 原貴美恵, 2005, 앞의 책, p.65.
61 신용하, 2005, 앞의 책, pp.38~39.

에 비추어 보면] 죽도(독도)는 평화조약에서 일본이 보유하는 것으로 되었다"고 강변한다.[62] 샌프란시스코강화조약 형성의 경위는 차치하고, 러스크서한의 내용으로 보면, 독도는 일본령으로 확정되었다는 주장이다.

이러한 점을 고려하면, 결국은 서한의 내용이 샌프란시스코강화조약 제2조(a)항 해석의 보조수단으로 사용할 만한 가치를 가지고 있는가를 따져야 한다. 러스크서한의 독도에 관련한 내용은 아래와 같다.

> 유감이지만, 초안 제2조(a)항을 "일본은 한국에 대해 그리고 제주도, 거문도, 울릉도, 독도, 파랑도를 포함해 한일병합 전에 한국령이었던 섬들에 대한 모든 권리, 권원, 청구권을 1945년 8월 9일에 포기했다는 것을 확인한다"는 문언으로 수정해야 한다는 한국 정부의 요구에 대해 미국 정부는 동의할 수 없다. 미국 정부는 1945년 8월 9일 일본에 의한 포츠담선언 수락이 이 선언에서 취급하고 있는 지역에 대해 일본이 정식으로, 또는 최종적으로 주권 포기를 구성한다는 이론을 (샌프란시스코강화－인용자)조약이 채택해야 한다고는 생각하지 않는다. 독도 섬에 관련하여, 우리의 정보에 의하면, 타케시마 혹은 리앙쿠르 암으로도 불리는, 정상 상태에서 사람이 살지 않는 이 암석체가, 한국의 일부로 취급된 적은 전혀 없으며, 1905년경부터 일본 시마네현 오키섬 지청 관할하에 있다. 한국이 (1905년－인용자) 이전에 그 섬의 영유권을 주장한 적이 있는 것으로 보이지 않는다.[63]

5. 샌프란시스코강화조약 제2조(a)항의 해석과 러스크서한

샌프란시스코강화조약과 독도 문제의 핵심 쟁점은, 제2조(a)항에 독도가 언급되지 않은 것에 대한 법리적 해석을 둘러싼 논의이다. 조약법에 관한 비

62 塚本孝, 2012, 앞의 글, pp.52~53.
63 러스크서한의 원문은 일본 외무성 홈페이지 및 http://blog.daum.net/hangun333/3143 (검색일: 2019.6.11.).

엔나협약(The Vienna Convention on the Law of Treaties) 제31조는 "조약은, …… 문맥에 부여되는 통상적 의미에 따라 성실하게 해석되어야 한다"고 규정하고 있다. 그러나 독도가 명시되지 않은 샌프란시스코강화조약 제2조(a)항은 통상적 의미에 따른 해석만으로는 한일 양측 간의 견해 차이가 너무 크다. 이는 비엔나협약 제32조가 규정하는 "의미가 모호하거나 애매하게 되는 경우" 또는 "의미가 불투명하거나 불합리한 결과를 초래하는 경우"에 해당하며, 이 경우 조약의 교섭 기록 및 조약 체결 당시의 사정 등을 포함한 보조적 수단에 의존해 해석해야 한다. 한일 양국의 연구자들이 조약 초안을 비롯해 조약 준비 과정 등에 관심을 기울이는 것은 이를 위해서이다. 조약법에 관한 비엔나협약은 1969년에 체택되고 1980년에 발효되었기 때문에, 1951년에 체결된 샌프란시스코강화조약에는 적용되지 않는다는 견해도 있다. 그러나 비엔나협약 제31조 및 제32조는 1951년 이전부터 존재하던 국제관습법, 상설국제사법재판소(PCIJ)의 판례, 만국국제법학회 (IDI, Institut de Droit International) 등에서 확립된 조약해석 원칙을 법전화 · 성문화한 것이므로, 이를 샌프란시스코강화조약의 해석에 적용해도 무리가 없다.[64]

앞서 기술한 바와 같이, 조약 작성 과정에서 독도는 초기 초안에서 한국 영토로 명시되었다가, 일본 영토로 변경된 후 최종적으로 조문에서 삭제되는 과정을 겪었다. 이 과정에서 독도의 지위가 변한 배경에는, 앞서 기술한 바와 같이, 시기적으로나 내용적인 면에서 주일미국정치고문 시볼드가 미국 국무부에 보낸 의견서와 냉전의 심화가 중요한 역할을 했으며, 이에 대한 견해에는 대체로 의견이 일치한다.

그러면 러스크서한이 내용적으로 제2조(a)항의 해석을 뒷받침할 수 있는 근거를 제공하고 있는지에 대한 실증적 검토가 필요하다. 러스크서한은 "우

64 이에 대한 자세한 논의는 坂元茂樹, 2004, 『条約法の理論と実際』, 東信堂, pp.109~166 참조.

리(미국)의 정보에 의하면"이라는 단서를 전제로, 1905년 이후 독도는 일본의 관할 하에 있었고, 그 이전에 한국이 영유권을 주장하지 않았기 때문에 한국의 제안을 받아들일 수 없다고 밝히고 있다. 요약하면, 1905년 이전 한국은 독도 영유권을 주장하지 않았고, 1905년 이후 독도는 일본 영토였다는 것이다. 러스크서한의 이러한 인식은 1905년 일본의 독도 편입을 정당한 것으로 간주하고, 이후 일본이 독도를 관할했다는 형식적인 정보에만 의존한 결과임을 시사한다.

그러나 서한을 제2조(a)항 해석의 보조자료로 활용하기 위해서는 서한의 내용이 역사적 사실(史実/事実)을 정확하게 반영한 것인지에 대한 자료 비판이 먼저 이루어져야 한다. 같은 맥락에서, 이케우치 사토시는 러스크서한을 샌프란시스코강화조약 해석의 유일한 근거라고 주장하면서도 "샌프란시스코강화조약에서 독도가 일본 영토라는 함의(해석 – 인용자)의 근거가 러스크서한에 의존하고 있다면, 러스크서한의 (독도에 대한 – 인용자) 인식의 진위를 다시 검토하지 않을 수 없다. 그것은 1905년 전후의 독도를 둘러싼 사실(史実)의 재검토를 요청하는 것이다"라고 설명하고 있다.[65] 러스크서한이 1905년 일본의 독도 편입을 정당한 것으로 간주하고 있는 만큼, 그 내용이 역사적 사실과 부합하는지, 즉 서한이 인용한 일본 측 정보의 신뢰성과 정확성을 검증할 필요가 있다.

이를 검증하기 위한 핵심 사항은, 1905년 일본의 독도 편입으로 독도에 대한 한국의 권원이 상실되고 일본의 권원이 확립되었는지 여부이다. 이를 1699년의 울릉도쟁계합의(이후 '1699년 합의')와 1877년의 태정관지령을 축으로 간략히 살펴보자. 1699년 합의는 17세기 말 울릉도쟁계(일본에서는 竹島一件)를 통해, 조선과 일본이 독도와 울릉도에 대한 조선의 영유권을 확인하고, 이

65 池内敏, 2012,『竹島問題とは何か』, 名古屋大学出版会, p.300.

를 근거로 일본인들의 울릉도 및 독도 도해(渡海)를 금지하기로 합의한 외교 문서를 말한다. 울릉도쟁계라는 명칭에서 유추하여, 일본 외무성과 연구자들은 울릉도쟁계합의는 울릉도의 영유권만을 다루고 있으며, 독도에 대한 언급은 없다고 주장한다. 그러나 최근 한국과 일본의 여러 연구에서 1699년 합의에 독도가 포함되어 있다는 사실이 입증, 인정되고 있다.[66]

태정관지령은 1877년 일본 정부가 1699년 합의를 승계하여 독도와 울릉도를 일본 영토에서 배제한다고 공식적으로 천명한 문서이다. 즉 태정관지령은 조선과 일본 사이의 1699년 합의를 국내적으로 이행하기 위한 입법 조치이며, 1699년 합의의 추후의 관행이다.[67] 태정관지령이 일본 정부의 일방적 결정이라 하더라도, 이는 당시 일본 정부의 공식적인 입장을 확인하는 중요한 문서이다. 또한 태정관지령은 조선과 일본의 1699년 합의를 국내적으로 전환한 법령이라는 점에서 일방적 행위(unilateral act)로서의 국제법적 함의를 갖는다.[68]

필자는, 다른 글에서, 1699년 합의와 태정관지령을 포괄하여 한일/조일국경(조약)체제라 명명했다.[69] 일본은 1699년 합의와 태정관지령에 대해 효력을 정지 또는 소멸시키는 조치를 취한 적이 없다. 따라서 1699년 합의와 태정관지령은 그 이후 계속 효력을 유지하고 있으며, 확대 해석을 하면 지금까지도 그 법적 효력이 유효하다고 볼 수 있다. 1905년 일본이 독도 편입 조치를 취한 시점에 1699년 합의와 태정관지령, 즉 한일/조일국경(조약)체제는 유효하게

---

66 内藤正中, 2011, 「1905年の竹島問題」『北東アジア文化研究』 34, 鳥取短期大学北東アジア文化総合研究所, pp.6~8; 박지영, 2017, 「일본 산인(山陰) 지방민과 '울릉도·독도 도해금지령'에 대하여」『독도연구』 26, 영남대학교 독도연구소, pp.384~385.

67 이성환, 2021, 「태정관지령과 독도문제에 대한 법리 해석을 위한 시론」『대한정치학회보』 29(2), 대한정치학회, pp.201~204.

68 이성환, 2021, 위의 글, pp.198~201.

69 이성환, 2017(b), 「朝日/韓日국경조약체제와 독도」『독도연구』 23, 영남대학교 독도연구소.

작동하고 있었음은 명백하다. (이를 기초로 하여 필자는, 다른 글에서, 독도에 대한 한국의 법적 권원에 대해 강조했다. 이 책 제5장, 제7장 등 참조)[70]

다음 사례에서 이를 확인할 수 있다. 1881년 11월 12일 시마네현 지사가 제출한 '송도개척원(松島開拓願)'을 접수한 내무성은 울릉도쟁계 관련 문서를 첨부하여 외무성에 영유권 문제에 대해 조선 정부와 새로운 교섭을 한 사실이 있는지를 조회한다. 12월 1일, 외무성은 "조선국 울릉도, 즉 죽도와 송도(울릉도와 독도, 朝鮮國鬱陵島卽竹島松島)에 대한 특별한 변경이 없다"고 회신한다. 외무성이 '특별한 변경'이 없다고 한 것은, 1699년 합의가 그대로 유지되고 있다는 것을 말하며, 이를 승계한 태정관지령도 유효하다는 것을 뜻한다. 이를 기초로 내무성은 1882년 1월 31일자로 시마네현에 "최전 지령(最前指令, 1877년의 태정관지령 — 인용자)과 같이 죽도와 송도(울릉도와 독도)는 본방(本邦, 일본)과 관계가 없으므로 개척원의 건은 허가할 수 없다"고 각하한다.[71] 내무성은 태정관지령을 그대로 인용하여 개척원을 거부한 것이다. 당시 이와 유사한 다수의 개척원이 각하된 사실도 확인된다.[72]

또 한일 정부의 허가 없이 무분별하게 울릉도에서 활동하던 일본인들의 철수를 위해 울릉도에 파견된 야마구치현의 관헌 야마모토 오사미(山本修身)가 1883년 9월 외무성에 보고한 복명서에는 조선 관헌이 일본인의 퇴거를 요

70 이성환, 2017(a), 「일본의 태정관지령과 독도 편입에 대한 법제사적 검토」 『국제법학회논총』 62(3), 대한국제법학회; 이성환, 2019, 「태정관 지령을 둘러싼 논의의 재검토 — 최철영, 유미림, '1877년 태정관 지령의 역사적 · 국제법적 쟁점검토'에 대한 반론 —」 『국제법학회논총』 64(2), 대한국제법학회.

71 杉原隆, 2011, 「明治10年太政官指令 竹島外一島之儀ハ本邦関係無之をめぐる諸問題」 『第2期「竹島問題に関する調査研究」中間報告書(平成23年2月)』, 島根県竹島問題研究会, pp.15~16.

72 김수희, 2015, 「19세기 일본 산음지방의 울릉도 · 독도 기록과 '송도개척론(松島開拓論)」 『독도연구』 19, 영남대학교 독도연구소; 정영미, 2012, 「죽도고증의 마쓰시마 개척원과 아마기함의 울릉도조사 — 메이지시대 새로운 마쓰시마=독도 창출 일(一) 과정 —」 『한일관계사연구』 43, 한일관계사학회, pp.476~477.

구하자 일본인들이 "울릉도는 귀국(조선)의 땅이라는 조선과 일본 정부 사이의 조약(條約)이 있으므로" 철수한다는 기록이 남아 있다.[73] 여기에서 언급된 '조약'은 '1699년 합의'를 가리킨다. 조선과 일본 사이에 울릉도 영유권과 관련하여 '조약'이라 할 만한 것은 1699년 합의가 유일하기 때문이다. 울릉도에 도해한 일본인들이 '조약'이라는 용어를 사용한 것은, 1699년 합의를 근대 국제법상의 (국경) '조약'으로 인식하고 있었다는 사실을 보여주는 유력한 증거이다.

이후에도 일본은 1699년 합의나 태정관지령을 파기하거나 변경하는 조치를 취하지 않았다. 일본은 독도에 대한 한국의 영유권을 계속 인정하고 있었다는 의미이다. 이러한 사실이 독도에 대한 한국의 관할권을 인정하는 직접적인 증거는 아니라 하더라도, 일본에 의해 한국의 독도 영유권이 승인, 인정되고 있었다는 사실을 통해 한국의 영유권을 반증하는 것이다. 페드라 브랑카 사건의 ICJ 판결에서 보듯이, 무인도에 대한 영유권은 다양한 수준에서 충족할 수 있는 데,[74] 공도정책으로 무인도화한 독도와 울릉도에 대해 일본이 한국의 영유권을 인정한 사실은, 독도에 대한 한국 영유권의 존재를 확인하기에 충분하다.

또 앞서 언급한 바와 같이, 개척원의 각하, 울릉도 도해민의 철수 등과 같은 일방적 행위는 일본 스스로를 구속하는 법적 의무가 있는 행위이다. 결국 1905년 당시에도 1699년 합의와 태정관지령이 법적으로 유효하게 작동하고 있었으며, 이는 무주지 선점론(terra nullius theory)을 근거로 독도를 편입한 조치가 성립할 수 없음을 시사한다. 필자는 다른 글에서 일본 국내법적인 측면에서도 편입을 위한 각의 결정과 시마네현 고시는 상위 법령에 해당하는 태

73 木京睦人, 2002, 「明治十六年「蔚陵島一件」『山口県地方史研究』第88号, 山口県地方史学会, p.81.

74 김용환, 2008, 「페드라 브랑카, 미들락스 및 사우스레지의 영유권에 관한 ICJ 판례 분석」『국제법학회논총』53(2), 대한국제법학회, p.20.

정관지령을 위반한 것이기 때문에 효력을 발생할 수 없다는 점을 지적했다.[75] (이 책 제4장 참조).

설령 일본 정부가 독도를 편입하고 나카이 요자부로에게 어업권을 허가하는 등 1905년 이후 독도에 대해 관할권을 행사했다고 하더라도, 이는 조선의 법적 권원 위에 행사된 일시적 점유에 불과하다. 1699년 합의라는 일종의 국경조약에 의해 확립된 조선의 법적 권원과 일본의 실효적 점유(effective possession)가 상충하게 된 것일 뿐이다. 이럴 경우 문제는 일본의 행위가 새로운 권원을 창설할 수 있는가이다. 국제사법재판소는 카메룬과 나이지리아 간 영토 분쟁 판결에서, 새로운 실효적 행위(effective possession)가 이미 존재하는 법적 권원(조약)을 대체할 수 없다고 명확히 판시한 바 있다.[76] 일본의 독도 편입과 그에 따른 실효적 행위가 정당한 권원의 설립으로 이어지지 않는 것이다. 따라서 1905년 이후 일본의 실효적 지배도 한국의 법적 권원 위에 행해진 불법에 지나지 않는다.

이와 같은 문제점을 극복하기 위해 최근 일본의 죽도문제연구회에서는 일본의 독도 편입에 대해 한국 정부가 항의를 하지 않았다는 점을 부각시키고 있다. 일찍이 다이쥬도 카나에(太寿堂 鼎)는 "1905년 2월 이후 일본의 행위에 대해 (한국이) 항의할 수 있는 위치에 있지 않았다고 해서, 그것이 곧바로 [일본의 독도 편입이] 무효가 되거나" 한국의 묵인(acquiesce)이 정당화되는 것은 아니라고 주장한다.[77] 그 연장선상에서 죽도문제연구회의 나가시마 히로키는, 당시 통감부 체제 하에서도 한국은 일본의 독도 편입 조치에 대해 충분히 항의할 수 있는 여지가 있었기 때문에, 통감부 체제하에서 항의를 할 수 없었

75 이성환, 2017(a), 앞의 글, pp.91~98.

76 김채형, 2009, 「카메룬과 나이지리아 간 Bakassi반도의 주권에 관한 분쟁해결의 분석 및 평가」『국제법학회논총』 54(3), 대한국제법학회, p.391; 許淑娟, 2012, 『領域権原論: 領域支配の実効性と正当性』, 東京大学出版会, p.257.

77 太寿堂 鼎, 1998, 앞의 책, p.45.

다는 한국의 주장은 성립하지 않는다는 점을 실증적으로 입증하려고 시도하고 있다.[78] (이에 대해서는 이 책 제9장 참조). 독도 편입에 대한 한국 정부의 항의 부존재를 묵인(acquiesce)으로 인정할 경우, 소급하여 일본의 독도 편입 조치가 합법적인 것으로 간주될 수 있다. 이는 일본이 독도 편입의 법적 불완전성을 보완하려는 전략적 시도로 해석될 수 있다. 한국의 항의 부존재를 입증함으로써 독도 편입의 불완전성을 치유하려는 고육책이다.

일본이 한국의 항의 부존재를 문제 삼는 데에는 본질적으로 다음과 같은 함의가 있다. 영토 문제에서 묵인이 문제가 되는 경우는 선점과 시효취득에서이다. 선점의 경우에는 선점의 합법성과 정당성이 핵심이며, 묵인은 실효적 지배를 강화하는 요소로서 법적 권리 주장을 위한 본질적 요소를 구성하지는 않는다. 그러나 시효취득의 경우는 점유가 '일정 기간' 평화적인 것으로 인정되는 것이 권원 주장을 위한 불가결의 핵심 요소이므로, 묵인의 존재가 인정되지 않으면 취득 시효를 원용할 수 없다.[79]

여기서 문제는 일본의 독도 편입이 무주지 선점인가, 시효취득인가이다. 일본은 독도 편입 각의 결정에서는 무주지 선점을 표방했으나, 고유영토론과의 모순을 피하기 위해서인지, 그 후 일본 정부는 한국 정부에 보낸 구상서 등에서 공식적으로는 무주지 선점(occupation)이라는 용어를 사용하지 않는다.[80] 이러한 측면에서 일본의 주장은 시효취득을 상정한 것으로 볼 수 있다. 일본이 시효취득을 염두에 두고 한국의 항의 부존재를 강조하는 것은 독도가

78 永島広紀, 2020, 「「内政」化する日韓の外交ー公文書の往来状況に見る統監府「保護」下の大韓帝国ー」『第4期「竹島問題に関する調査研究」最終報告書』, 島根県竹島問題研究会, pp.93~106.

79 김석현, 2012, 「시효에 의한 영유권 취득」『국제법학회논총』 57(4), 대한국제법학회, p.47.

80 이춘선, 2018, 「국가행위로서 항의(protest)에 대한 국제법적 검토: 영토 문제를 중심으로」『국제법학회논총』 63(3), 대한국제법학회, p.35.

무주지가 아니었다는 것을 말한다. 이는 독도 편입을 위한 각의 결정에서 주장한 무주지 선점론의 논리적 취약성을 드러내는 것이다.

독도에 대해 한국과 일본이 공통으로 고유영토론과 역사적 권원을 주장하고 있기 때문에 실제로 독도가 무주지일 가능성은 거의 없다. 독도는 한국 땅이 아니면 일본 땅, 즉 둘 중의 하나이거나 한일 공동 소유라는 것을 말한다. 공동 소유는 국제법적으로 인정되지 않으니, 결국은 한일 둘 중의 하나이다. 어느 경우든 무주지가 아니다. 독도가 무주지가 아님을 전제하면, 일본이 한국의 항의 여부를 강조하는 것은 결국 독도가 한국 영토였음을 전제하는 것에 다름없다. 일본이 주장하는 대로, 역사적 권원을 강화하기 위해, 또는 영유 의사를 재확인하기 위해, 1905년에 편입이라는 조치를 통해 근대 국제법적 권원으로 대체했다고 한다면,[81] 한국의 항의 여부는 2차적인 것이다. 그 대신 일본은 역사적 권원이나 편입에 대한 법적 완결성을 입증해야 한다.

독도가 무주지가 아니었으며, 한국의 영토였음을 시사하는 일본의 기록도 존재한다. 일본의 독도 편입에 결정적 계기를 제공한 나카이 요자부로는, 편입 이전에 일본 정부의 알선을 받아 대한제국 정부에 독도 어업 독점권을 청원하려 한 사실이 있다.[82] 또 일본이 한국령일 가능성이 있는 독도를 편입할 경우, 다른 나라가 일본이 "한국 병탄(倂呑)의 야심이 있다"고 의심할 것을 우려하여 내무성이 영토 편입을 반대한 기록도 있다.[83] 내무성은 일본이 독도 편입 조치를 취하기 불과 28년 전인 1877년에 "울릉도와 독도는 일본 땅이 아

81 朴培根, 2006,「日本による島嶼先占の諸先例—竹島/独島に対する領域権原を中心として—」『国際法外交雑誌』105(2), 国際法学会, p.35; 皆川洸, 1963,「竹島紛争と国際判例」, 前原光雄教授還暦記念論文集刊行委員会編,『国際法学の諸問題』, 慶応通信, p.363.

82 中井養三郎, 1909,『事業経営概要』; 김수희, 2014,「일본의 독도강점을 '기록화'한 「나카이 요자부로 문서」 해제와 자료 소개」『독도연구』 17, 영남대학교 독도연구소, p.414, p.416.

83 中井養三郎, 1909 및 김수희, 2014, p.415, p.416.

니다"라고 천명하여 독도를 한국 영토로 인정한 태정관지령을 발의한 주체이기도 하다. 이러한 사실은 일본이 독도가 무주지가 아니었음을 내부적으로 충분히 인지하고 있었다는 것을 말한다.

물론 일본의 각의 결정대로 무주지 선점론을 주장하더라도 한국의 묵인이 의미가 없는 것은 아니다. 점유 대상이 무주지인가, 타국(한국)의 영토인가에 대해서는 이론적으로는 구분이 되나, 실질적으로는 차이가 없다.[84] 국내법상 선점은 일회의 점유로 완성될 수 있으나, 영토 취득에서의 선점은 상당 기간 점유의 지속을 요구하기 때문에 결국 시효와의 구별이 모호해진다. 시효취득은 본질적으로 원 소유국의 주권을 침해하는 것이므로, 선점보다 더 엄격한 요건과 오랜 기간의 점유가 요구된다는 것이 일반적인 견해이다.[85] 그러나 '일정 기간'의 실효 점유를 요한다는 점에서 선점과 시효는 큰 차이가 없다.

그러면 한국이 (자의적으로) 항의를 하지 않은 점이 입증된다면, 일본의 독도 영유권이 확립되는 것일까? 이에 대해서는 다음과 같은 점을 따져야 한다. 첫째, 일본 정부는 1953년 7월 13일 한국 정부에 보낸 구상서에서 "한국이 독도에 대해 역사적이고 행정적으로 정당한 권한을 가지고 있었다면 일본 정부에 항의하는 것을 방해할 것이 없었다"고 주장했다. 일본의 주장처럼, 당시 한국은 특별한 사정이 없는 상황에서 항의를 하지 않았던 것인가의 여부이다. 이는 통감부의 한국 통치 본질과 관련되는 것이기에 여기에서 상론하지 않지만, 피보호국이 반대(항의) 의견을 제시하기 어려웠다는 점은 충분히 고려되어야 할 것이다.[86]

84 M. Shaw, 2003, *International Law*, 7th ed. Cambridge Univ. press, p. 426.

85 이춘선, 2018, 앞의 글, p.29; D.H. N. Johnson, 1952, "Acquisitive Prescription in International Law," *The British Yearbook of International Law*, London: H. Frowde, p.349.

86 김용환, 2008, 앞의 글, p.25. 페드라 브랑카(Pedra Branca), 미들 록스(Middle Rocks), 사우스 레지(South Ledge)에 관한 ICJ의 영유권 판결에서 ICJ는 영국의 피보호령이었던 말레이시아가 영국에 대해 반대의견을 내기가 어려웠을 것이라는 점도 고려해야

둘째, 무주지 선점의 경우에도, 영유권 취득을 위해서는 "일정 기간 평온한 점유"를 유지해야 하는데, 이는 일정 기간 동안 항의가 없어야 한다는 뜻이다. 지금까지 이 점에 대해서는 항의의 존재 여부(存否)만을 따지고, '일정 기간'에 대한 논의가 없었다. 다시 말해, 어느 정도의 기간 안에 항의를 하지 않거나 침묵을 하면 그것이 묵인 또는 승인으로 추정되는가에 대해서는 논의가 없었다. 그 이유는 항의의 의사 표시를 언제까지 해야 한다는 확립된 이론이 없고 구체적인 사정에 따라 결정될 문제이기 때문일 것이다.

첫째와 둘째의 사정을 종합해서 고려하면, 한국 정부가 불완전하게, 또는 간접적으로나마 일본의 독도 편입 사실을 인지한, (일본이 공식적으로 한국 정부에 통고한 적은 없다) 1906년 4, 5월 이후부터 1910년 8월 한일병합 때까지의 약 4년여 동안 한국 정부의 항의가 없었다고 해서 한국이 이를 묵인하거나 승인했다고 단정하기는 어렵다.

부연하면, 울릉군수 심흥택이 일본의 독도 편입 사실을 인지하고, 이를 정부에 보고한 직후 참정대신 박제순이 곧바로 일본의 독도 편입을 부인하고 "섬의 형편과 일본인의 행동을 잘 살펴 보고하라"고[87] 지시한 것(지령 제3호)에서 보듯이, 일본의 독도 편입을 부인하는 한국 정부의 의사가 명확히 확인되는 상황에서, 주권이 제한되거나 박탈된 상태에서 약 4년여 동안 항의가 없었다는 사실만으로 일본의 독도 편입을 정당화하기는 어렵다.

카메룬과 나이지리아 간 영토 및 국경획정 사건에서, 2002년 국제사법재판소는 카메룬의 조약상 권원이 존재하는 상황에서, 나이지리아가 주장하는 약 20년 간의 실효 지배를 인정하더라도, 그것은 "너무 짧은 기간(in any event far too short, even according to the theory relied on by it)"이라며 카메룬의 권원

한다는 의견을 제시했다.

87 엄찬호, 2007, 「개화기 독도의 연구 성과와 쟁점」『한국사학보』 28, 고려사학회, p.310; 『各觀察道案』 第1冊, 光武10年 4月 29日条, 「報告書号外에 대한 指令 第3号」.

을 계속 인정했다.[88] 이를 원용하면 1905년 편입 조치와 그 후 4년여간의 짧은 기간의 실효적 지배만으로는 일본이 독도에 대해 새로운 권원을 확립할 수 없다.

이와 관련하여 다소 논리적 비약이 있을 수 있으나, 다음과 같은 논의도 가능하다. 즉 1945년 해방 후 연합국군 최고사령부(GHQ)의 SCAPIN 677호와 1033호가 공포되면서 독도는 줄곧 한국 관할 하에 있었다. 적어도 1952년 평화선이 공포되기 이전까지의 약 7년 동안 일본은 한국의 독도 관할에 대해 아무런 항의를 하지 않았다. (외무성의 팸플릿이나 시볼드의 의견서 등을 통해, 일본은 미국에 대해 독도의 영유 의사를 표했지만.) 이러한 사실을 객관적으로 해석하면, 해방 후 한국의 독도 관할은 1905년 일본의 독도 편입에 대한 적극적 항의 행위로 볼 수 있다. 반대로 해방 이후 한국의 독도 관할에 대해 일본이 공식적으로 항의하지 않은 것은 독도에 대한 한국의 권원과 실효적 지배를 묵인하거나 인정한 것으로 해석할 여지가 있다. (굳이 비유하자면, 일본의 통감부 지배 하의 대한제국이나 GHQ 점령 하의 일본은 유사하다고 볼 수도 있다).

이상 검토한 사실에 비추어 보면, 독도는 1905년부터 일본의 관할 하에 있었으며, 한국이 1905년 이전에 그 섬의 영유권을 가졌거나, 주장한 적이 없다는 러스크서한의 내용은 성립하지 않는다. 설령 1905년 이후 일본이 독도를 관할했다고 하더라도, 이는 독도에서의 한일 간 권원의 상충을 의미할 뿐, 일본의 권원 설립을 입증하는 것은 아니다. 러스크서한의 내용은 사실(史実, 事実)과 부합하지 않는다. 따라서 러스크서한은 샌프란시스코강화조약 제2조 (a)항 해석의 보조자료로서 인정받기 어렵다고 하겠다.

덧붙이면, 러스크서한의 내용이 사실이라 하더라도, 서한은 독도가 1905년부터 일본의 관할 하에 있었다고 말하고 있을 뿐, 그것이 일본의 영토로 계속

88 박현진, 2016, 『독도 영토 주권 연구』, 경인문화사, p.122, p.324.

남는다고 명시하지는 않았다. 따라서 앞서 언급한 바와 같이, 일시적 관할만으로 독도가 일본의 영토로 남는다고 규정할 수 있는가 하는 의문은 남는다. 러스크서한의 문언을 확대 해석하여 독도가 "1905년경부터 일본의 관할 하에 있었"다는 이유만으로 전후(戰後)에도 계속 일본의 영토로 남아야 한다고 주장한다면, 샌프란시스코강화조약 제2조(a)항의 '한국'은 한일병합 이전의 한국을 의미하는 것이 된다, 그러나 앞서 지적한 바와 같이, 샌프란시스코강화조약에서 언급한 '한국'이 반드시 한일병합 이전의 한국만을 의미한다고 단정할 수 없으므로, 이에 대한 별도의 해석과 논의가 필요하다.

6. 결론

일본에서 국제법과 관련한 독도 연구는 주로 1905년 독도 편입과 샌프란시스코강화조약을 중심으로 이루어지고 있다. 후자와 관련해서는 러스크서한을 강조하여 독도 영유권을 기정사실화하려는 경향이 강하다. 샌프란시스코강화조약과 독도 문제의 관련성에 있어서 가와카미 겐조를 비롯한 다수의 일본 연구자들의 견해와 러스크서한에는 공통점이 있다. 가와카미 등은 한일병합 전인 1905년부터 독도는 일본 땅이었으므로, 한국이 독립되어도 독도는 여전히 일본 땅으로 남는다고 주장한다. 러스크서한은 독도가 1905년부터 일본 관할 하에 있었고, 한국의 일부로 취급된 적이 없었다고 한다. 이러한 두 견해는 1905년 일본의 독도 편입을 정당한 것으로 간주할 경우에만 성립한다. 이러한 관점에서 보면, 독도 문제는 1905년 일본의 독도 편입의 합법성과 정당성에 관한 문제로 귀결된다.

이 글에서는 1905년 일본의 독도 편입 당시, 1699년 합의와 태정관지령이 여전히 효력을 유지하고 있었으므로 독도는 한국령이었으며, 일본의 독도 편입은 국제법적으로 성립하지 않는다는 점을 지적했다. 뿐만 아니라 일본이 독도 편입의 하자(瑕疵)를 사후적으로 치유하기 위해, 한국 정부가 일본의 독도 편입에 항의하지 않았다는 사실을 강조하는 것에 대해, (취득) 시효의 관점에서 한국의 항의 부존재에도 불구하고 독도에 대한 일본의 권원이 창설될 수 없다는 점을 밝혀(究明)냈다. 일본의 독도 편입에 따른 실효적 지배는 한국의 법적 권원 위에 이루어진 조치로서, 1910년 한일병합 때까지의 짧은 기간 동안의 실효 지배만으로는 한국의 권원이 상실되고 새로이 일본의 권원이 확립되지는 않는다.

이러한 점들을 고려하면, 러스크서한의 내용은 역사적 사실(史実)과 실제적 상황(事実)에 부합하지 않으므로, 서한의 진정성에 의문이 제기된다. 따라서 러스크서한을 핵심적 근거로 한 샌프란시스코강화조약 제2조(a)항의 해석을 통해 독도 영유권 확립을 주장하는 일본의 논리는 타당하지 않다.

또한 샌프란시스코강화조약의 형성 과정에서 살펴보면, 러스크서한이 반드시 미국의 진정한 독도 인식을 담고 있는가에 대한 의문이 제기된다. 조약 형성 초기 단계 및 SCAPIN에서의 독도에 대한 미국의 의사와 러스크서한의 내용은 상당한 괴리가 있음이 확인된다. 러스크서한은 미국의 진정한 의사를 반영한 것이라기보다, 당시 냉전이 시작되면서 변화한 동아시아 국제정세를 고려하여 일본의 입장을 일방적으로 수용한 문서에 불과하다는 점도 밝혔다. 이러한 점에서 러스크서한이 샌프란시스코강화조약 제2조(a)항 해석의 보조수단으로 인정받기는 어렵다고 하겠다.

일반적으로 영유권 분쟁은 서로 다른 권원 주장들이 경합하는 형태로 이루어진다. 이는 사실 관계가 복잡하고 다양하며, 특정 국가가 주장하는 권원이 절대적인 것이 아니기 때문이다. 따라서 독도 문제에서는 누가 절대적인 소유자인가를 따지는 것보다, 어느 쪽이 더 강력하고 정당한 권원을 가지고 있는지가 더 중요하다. 영유권 분쟁에서 복수의 권원 주장을 비교하여 권원 귀속을 결정하는 경우가 많아지는 것도 이 때문이다.[89] 최근 일본에서도 독도 문제에 대해 "국제법적 관점에서도 일말의 불안감"을 표출하면서 "한국 측이 역사를 보다 설득력 있게 설명할 수 있을 것인가라는 측면에서는 일본이 상대적으로 유리하다"는 담론이 나오고 있다.[90] 이를 극복하기 위해서는 역사적 사실을 보다 정확하고 합리적으로 분석하여 설득력 있는 논리를 구축하는 것이 중요하다.

공도(空島)정책으로 인해 사람들의 왕래가 원천적으로 제한되었던 한국은 일본에 비해 실효적으로 독도를 점유하고 있었다는 점을 입증하는 데 어려움이 있을지 모른다. 그렇기 때문에 한국은 설득력 있는 논리 구성이 절실히 필요하다. 이를 위해서는 1905년 일본의 독도 편입에 대한 법률적 평가가 핵심적인 쟁점임을 강조할 필요가 있다. 이는 일본이 샌프란시스코강화조약 제2조(a)항 해석의 가장 강력한 근거로 삼고 있는 러스크서한의 내용의 진위 여부와, 그에 따른 러스크서한의 자료적 가치 문제와도 직결된다.

[참고문헌]

김명기, 2016, 『대일평화조약상 독도의 법적 지위』, 선인.
다케우치 타케시, 송휘영 · 김수희 역, 2014, 『독도=죽도문제 '고유영토론'의 역사적 검토 Ⅱ』, 선인.
박현진, 2016, 『독도 영토 주권 연구』, 경인문화사.
신용하, 2005, 『한국과 일본의 독도 영유권 논쟁』, 한양대학교 출판부.
이석우, 2007, 『동아시아의 영토분쟁과 국제법』, 집문당.
______, 2006, 『대일강화조약 자료집』, 동북아역사재단.
정병준, 2010, 『독도 1947』, 돌베개.
정갑용, 2012, 「"죽도 영유권 분쟁의 초점 – 국제법의 견지에서(塚本孝) – "비판」 『독도연

89 許淑娟, 2012, 앞의 책, pp.17~18.
90 中野徹也, 2019, 앞의 책, p.56.

구』 12, 영남대학교 독도연구소.
박지영, 2017, 「일본 산인(山陰)지방민과 '울릉도 · 독도 도해금지령'에 대하여」 『독도연구』 26, 영남대학교 독도연구소.
이성환, 2016, 「태정관지령은 무엇인가－독도문제와 관련하여」 『독도연구』 20, 영남대학교 독도연구소.
______, 2016, 「태정관 지령을 둘러싼 논의의 재검토－최철영 · 유미림, 「1877년 태정관지령의 역사적 · 국제법적 쟁점검토－」에 대한 반론」 『국제법학회논총』 64(2), 대한국제법학회.
______, 2017(a), 「일본의 태정관지령과 독도 편입에 대한 법제사적 검토」 『국제법학회논총』 62(3), 대한국제법학회.
______, 2017(b), 「朝日/韓日국경조약체제와 독도」 『독도연구』 23, 영남대학교 독도연구소.
______, 2019, 「태정관 지령을 둘러싼 논의의 재검토－최철영 · 유미림, '1877년 태정관 지령의 역사적 · 국제법적 쟁점검토'에 대한 반론－」 『국제법학회논총』 64(2), 대한국제법학회.
______, 2021, 「태정관지령과 독도문제에 대한 법리 해석을 위한 시론」 『대한정치학회보』 29(2), 대한정치학회.
호사카 유지, 2012, 「샌프란시스코 평화조약과 '러스크서한'」 『일본문화연구』 43, 동아시아일본학회.
김수희, 2015, 「19세기 일본 산음지방의 울릉도 · 독도 기록과 '송도개척론(松島開拓論)」 『독도연구』 19, 영남대학교 독도연구소.
______, 2014, 「일본의 독도 강점을 '기록화'한 「나카이 요자부로 문서」 해제와 자료 소개」 『독도연구』 17, 영남대학교 독도연구소.
정영미, 2012, 「죽도고증의 마쓰시마 개척원과 야마기함의 울릉도조사－메이지시대 새로운 마쓰시마=독도 창출 일(一)과정－」 『한일관계사연구』 43, 한일관계사학회.
김석현, 2012, 「시효에 의한 영유권 취득」 『국제법학회논총』 57(4), 대한국제법학회.
엄찬호, 2007, 「개화기 독도의 연구 성과와 쟁점」 『한국사학보』 28, 고려사학회.
이춘선, 2018, 「국가행위로서 항의(protest)에 대한 국제법적 검토: 영토 문제를 중심으로」 『국제법학회논총』 63(3), 대한국제법학회.
김용환, 2008, 「페드라 브랑카, 미들락스 및 사우스레지의 영유권에 관한 ICJ 판례 분석」 『국제법학회논총』 53(2), 대한국제법학회.
김채형, 2009, 「카메룬과 나이지리아 간 Bakassi반도의 주권에 관한 분쟁해결의 분석 및 평가」 『국제법학회논총』 54(3), 대한국제법학회.
木京睦人, 2002, 「明治十六年「蔚陵島一件」」 『山口県地方史研究』 第88号, 山口県地方史学会.
中野徹也, 2019, 『竹島問題と国際法』, ハーベスト出版.
広瀬善男, 2007, 「国際法からみた日韓併合と竹島の領有権」 『明治学院大学法学研究』 81, 明治学院大学法学会.
原貴美恵, 2005, 『サンフランシスコ平和条約の盲点―アジア太平洋地域の冷戦と「戦後未解決の諸問題」』, 渓水社.
塚本孝, 2012,「対日平和条約と竹島の法的地地位」『島嶼研究ジャーナル』2(1), 海洋政策研究所島嶼資料センター.
______, 2007,「竹島領有権に関連する米国国務省文書(追補)」『「竹島問題に関する調査研究」最終報告書』, 島根県竹島問題研究会.
______, 1983,「サンフランシスコ条約と竹島」『レファレンス』33(6), 国立国会図書館調査立法考査局.
______, 1994,「平和条約と竹島(再論)」『レファレンス』44(3), 国立国会図書館調査立法考査局.
松本俊一, 1966,『モスクワにかける虹–日ソ国交回復秘録』, 朝日新聞社.
坂元一哉, 1994,「日ソ国交回復交渉とアメリカーダレスはなぜ介入したかー」『国際政治』105, 日本国際政治学会.
吉岡吉典, 1962,「竹島問題とは何か」『朝鮮研究月報』11, 日本朝鮮研究所.
川上健三, 1966,『竹島の歴史地理学的研究』, 古今書院.
大寿堂 鼎, 1998,『領土帰属の国際法』, 東信堂.
________, 1966,「竹島分争」『国際法外交雑誌』64(4, 5), 国際法学会.
浜田太郎, 1997,「竹島(独島)紛争の再検討ー竹島(独島)紛争と国際法、国際政治(三)」『法学研究論集』7, 亜細亜大学大学院法学研究科.
坂元茂樹, 2004,『条約法の理論と実際』, 東信堂.
川崎佳子, 2012,「韓国政府による竹島領有権根拠の創作」『第2期「竹島問題に関する調査研究」最終報告書』, 島根県竹島問題研究会.
坂本悠一, 2016,「近現代における竹島・独島領有問題の歴史的推移と展望」『社会システム研究』32, 立命館大学社会システム研究所.
池内敏, 2012,『竹島問題とは何か』, 名古屋大学出版会.
______, 2016,『竹島—もうひとつの日韓関係史』, 中央公論社.
内藤正中, 2012,「1905年の竹島問題」『北東アジア文化研究』34, 鳥取短期大学北東アジア文化研究.
杉原隆, 2011,「明治10年太政官指令 竹島外一島之儀ハ本邦関係無之をめぐる諸問題」『第2期「竹島問題に関する調査研究」中間報告書(平成23年2月)』, 島根県竹島問題研究会.
永島広紀, 2020,「「内政」化する日韓の外交ー公文書の往来状況に見る統監府「保護」下の大韓帝国ー」『第4期「竹島問題に関する調査研究」最終報告書』, 島根県竹島問題研究会.
朴培根, 2006,「日本による島嶼先占の諸先例—竹島/独島に対する領域権原を中心として」『国際法外交雑誌』105(2), (日本) 国際法学会.
皆川洸, 1963,「竹島紛争と国際判例」, 前原光雄教授還暦記念論文集刊行委員会編,『国際法学の諸問題』, 慶応通信.
中井養三郎, 1909,『事業経営概要』.
許淑娟, 2012,『領域権原論—領域支配の実効性と正当性』, 東京大学出版会.

「国際法判例 核実験事件: ICJ判決」(https://hiro-autmn.hatenablog.com/entry/2017/10/14/234533(검색일: 2020. 11.10.).

Shaw, M., International Law, 7th ed. (Cambridge Univ. press, 2003).

Johnson, D. H. N., 1952, "Acquisitive Prescription in International Law," *The British Yearbook of International Law*, London: H. Frowde.

제11장

샌프란시스코강화조약과 동북아시아 영토 문제

1. 서론

1951년, 제2차 세계대전 및 아시아 · 태평양전쟁에 관련한 연합국들과 일본 사이에 체결된 샌프란시스코강화조약은 전쟁의 사후 처리라는 측면에서는 매우 불충분한 조약이다. 일본은 샌프란시스코강화조약 제11조에서 규정된 '전범재판소의 국제군사재판 판결을 수용'했지만, 전쟁 책임을 추궁당하지 않았다. 미국, 영국, 프랑스 등 주요 국가들은 일본에 대한 배상 청구권을 포기했다. 이른바 '관대한 강화(the leniency of the Peace Treaty with Japan)'로 불린다. 이러한 기조 아래 체결된 샌프란시스코강화조약은 쿠릴열도, 센카쿠(중국명 '댜오위다오[釣魚島]'라 불리나 이 글에서는 편의상 '센카쿠'라 하지만 일본의 영유권을 인정하는 것은 아니다) 등을 둘러싼 동북아시아 영토 문제와 역사 문제 등을 미해결 상태로 남겨 놓았고, 이는 아직도 역내 국제질서의 불안정 요인으로 작용하고 있다.

동북아시아의 영토분쟁과 관련하여 다음과 같은 점을 지적할 수 있다. 첫째, 한국을 비롯해 중국, 러시아(구 소련) 등 영토 분쟁 당사국들은 이 조약에 서명하지 않았다. 이들 국가와 일본은 한일기본조약, 일 · 러공동선언, 중 · 일평화조약 등 별도의 양자조약을 통해 국교를 정상화하거나 전쟁의 사후 처리를 해야 했으나, 영토 문제는 여전히 해결되지 않은 상태로 남아 있다.

둘째, 일본의 패전과 동시에 한국과 타이완 등 식민지가 독립하면서 별개의 문제로 다루어져야 할 전쟁 종결과 식민지 독립 문제가 강화조약 체제 내에서 함께 논의된 점이다. 이 과정에서 일본은 샌프란시스코강화조약을 원칙적으로는 전쟁의 사후 처리로 받아들이고, 식민지 지배 청산의 문제로는 생각하지 않았다.[1] 그 결과 일본군 '위안부', 강제동원 등 식민지 지배에 대한 청산이 이루어지지 않은 채 미해결 상태로 남게 되었다. 그 결과 독도, 센카쿠, 쿠릴열도 문제 등 동북아시아의 영토 문제가 일본의 침략 정책 및 식민지 지배 문제와 결합하면서 더욱 복잡한 양상을 띠게 되었다.

그러면 샌프란시스코강화조약은 왜 불충분하고 불완전한 조약이 되었는가? 그 이유는 냉전을 배경으로 미국이 일본을 공산주의에 대한 방파제로 설정하고, 일본의 부흥과 자립을 중시했기 때문이다. 이러한 측면에서 샌프란시스코강화조약은 전쟁의 사후 처리가 아니라, 일본을 축으로 한 동북아시아에서의 미국의 대공산권 전략을 강화하기 위한 성격을 강하게 띠게 되었으며, 강화조약으로서는 매우 특이한 형태의 강화조약이 되었다. 동북아시아의 영토 문제가 불명확하고 애매한 형태로 처리된 것도, 이러한 맥락에서 비롯되었다. 그로 인해 일본을 둘러싼 영토 문제의 갈등은 오늘날까지 강화조약의 부(負)의 유산으로 남아 있다.

이 글은 샌프란시스코강화조약이 내포한 동북아시아 영토 문제의 본질을 분석하고, 이를 바탕으로 동북아시아 영토 문제 해결의 방향을 모색하는데 목적을 둔다. 새로운 자료나 사실의 발견이 아니라, 기존 연구성과와 자료를 바탕으로 샌프란시스코강화조약과 관련한 동북아시아의 영토 문제를 재구성, 재해석하는 데 의의를 둔다.

---

1 하타노 스미오 저, 심정명 역, 2014, 『샌프란시스코 강화조약체제와 역사문제』, 제이앤씨, p.11.

2. SCAPIN과 연합국의 일본 영토 처분

아시아 · 태평양전쟁의 종결에 즈음하여 미국을 위시한 연합국은 일본의 영토를 어떻게 규정하려 했는가. 1945년 9월 2일 일본은 항복문서에서 카이로선언과 포츠담선언을 성실히 이행하며, 이를 위해 연합국 최고사령관(SCAP)의 모든 지령 및 명령을 따를 것을 약속한다고 선언했다.[2] 카이로선언에는 연합국은 영토 확장을 추구하지 않으며, 한국의 독립과 함께 "만주, 타이완 및 펑후제도와 같이 일본이 중국으로부터 도취(盜取)한 모든 지역을 중화민국에 반환한다"고 명시되어 있다. 포츠담선언은 보다 구체적으로 일본의 주권을 혼슈(本州)와 홋카이도(北海道), 규슈(九州), 시코쿠(四国) 및 연합국이 결정하는 작은 섬들(minor islands)로 제한한다고 규정하고 있다.[3] 카이로선언과 포츠담선언은 연합국의 일본 영토 처분의 구상을 밝힌 것이며, 이를 수락한 항복문서는 패전국 일본에 대해 법적 구속력을 갖는다.

연합국군 최고사령부(GHQ)는 1946년 1월 29일 SCAPIN 677호[4](외곽 지역의 일본으로부터 정부, 행정적 분리)를 공포하여 연합국의 일본 영토 구상을 실현하는 조치를 취한다. SCAPIN 677호는 '일본에 대한 정의(the definition of Japan)'를 규정하고 있는데, 이는 일본의 정치, 행정적 관할 범위를 가리키는

2 항복문서 전문은 일본 국립국회도서관, https://www.ndl.go.jp/constitution/etc/j05.html(검색일: 2020.11.9.) 참조.

3 원문은 다음과 같다. The terms of the Cairo Declaration shall be carried out and Japanese sovereignty shall be limited to the islands of Honshu, Hokkaido, Kyushu, Shikoku, and such minor islands as we determine.

4 연합국 최고사령관 지령(Supreme Commander for the Allied Powers Directive)은 연합국 최고사령관(SCAP: Supreme Commander for the Allied Powers)이 일본 정부에 발하는 지령, 명령, 지시, 각서 및 훈령 등을 가리킨다. 해당 문서에는 SCAP Index Number로 불리는 번호가 'SCAPIN ○○'라는 형태로 붙어 있어 일반적으로 'SCAPIN ○○호'라 부른다. '연합국 최고사령관 명령' 또는 '연합국군 최고사령부 지령', '대일 명령' 등으로도 불린다.

것으로, 실질적으로 일본 영토의 범위를 의미한다. SCAPIN 677호 제3항은 일본의 범위를 혼슈, 시코쿠, 규슈, 홋카이도의 4개 섬과 쓰시마, 북위 30도 이북의 류큐(琉球)제도(구치노시마[口之島] 제외)를 포함하는 약 1,000개의 인접 소도서로 한정한다. 그리고 독도, 쿠릴열도, 하보마이군도(탄필레바[水晶]섬, 유리[勇留]섬, 아누치나[秋勇留]섬, 젤레니[志発]섬, 폴론스코고[多楽]섬을 포함한다), 시코탄(色丹島) 등을 일본에서 제외되는 지역으로 열거하였다.[5] 독도 및 쿠릴열도(일본에서는 북방 4개 섬으로 부르는 지역)와 북위 30도 이남의 남서(南西)제도를 일본의 범위에서 제외한 것이다. 센카쿠에 대한 언급은 없으나, 일본의 영토를 북위 30도 이북으로 한정함으로써 센카쿠는 일본의 범위에서 제외된 것이다.[6] SCAPIN 677호 제5항에서는 이러한 일본의 정의는 앞으로의 모든 지령과 명령에 적용된다고 규정하여, 연합국의 점령 기간 중 일본의 영토 범위는 SCAPIN 677호로 제한되었다. 요약하면, 연합국은 SCAPIN 677호를 통해 현재 동북아시아에서 일본과 영유권 문제로 갈등을 빚고 있는 모든 지역을 일본의 영토에서 제외했다.

SCAPIN 677호를 이어받은 SCAPIN 1033호는 제2항에서 일본 어선의 조업 범위를 경위도로 설정(이른바 '맥아더 라인')하고, 독도, 센카쿠 및 북방 4개 섬을 경위도 바깥에 두었다. 그리고 독도를 비롯하여 이 경위도 바깥에 있는 도서의 12마일 이내로 접근을 금지(will not approach closer than twelve miles)

5 성삼제, 2020, 『독도와 SCAPIN 677/1』, 우리영토, pp.40~42.(원본은 https://dl.ndl.go.jp/info:ndljp/pid/9885748, 검색일: 2021.7.1.).

6 和田春樹, 2012, 『領土問題をどう解決するか一対立から対話へ一』, 平凡社, p.200. 그 후 일본의 패전과 함께 오키나와를 점령 통치하고 있던 미국은 1948년 4월 9일 「琉球米軍司令部発琉球政府宛の通達」로 久場島의 黄尾嶼射爆撃場(Kobi Sho Range), 大正島의 赤尾嶼射爆撃場(Sekibi Sho Range), 코비초(礁)(Kobi Sho Range, 久場島), 鳥島, 이리소나島의 3도가 미군제일항공사단사용의 「영구위험구역」으로 지정되었다고 통보하는 등 센카쿠를 관리하에 두는 조치를 취한다.(https://www.cas.go.jp/jp/ryodo/kenkyu/senkaku/chapter02_section04_02.html, 검색일: 2020.11.9.).

하여, 독도의 지위를 더욱 명확히 했다.[7] 동시에 SCAPIN 677호 제6항과 SCAPIN 1033호 제5항에는 이것이 일본 영토를 '최종 결정(ultimate determination)'하는 조치가 아님을 밝히고 있다.

최종 결정이 아니라는 단서가 있기는 하지만 SCAPIN 677호 및 1033호는 전후 연합국이 아무런 전략적, 정치적 고려를 하지 않은 상태에서 전쟁 종결의 일환으로 일본에 대한 정의, 즉 일본의 영토 처분에 대한 구상을 실현한 것이다. 이러한 구상은 일본의 영토를 주요 4개 섬과 소도서로 제한하는 카이로선언과 얄타협정, 포츠담선언을 승계한 것으로 평가할 수 있다. 덧붙여, 독도는 카이로선언에 명시된 조선의 독립에 따른 것이며, 센카쿠는 "청국인으로부터 도취한 모든 지역"으로 분류되거나 타이완의 독립과 관련된 지역으로 해석될 수 있다. 이른바 일본의 북방 4개 섬을 포함한 쿠릴열도는 연합국(미·영·소)이 1945년 2월의 얄타협정에서 대일전 참전의 대가로 러시아에 할양하기로 결정한 것이다. 이로써 일본의 주권은 최종적으로 포츠담선언에서 제시한 "혼슈, 홋카이도, 규슈, 시코쿠와 연합국이 결정하는 작은 섬들(such minor islands as we determine)"로 제한되었다.

3. 샌프란시스코강화조약과 동북아시아 영토의 법적 지위

1) 강화조약과 동북아시아 영토 문제의 정치화

1951년 9월 8일에 조인되고 그 이듬해 4월 28일에 발효한 샌프란시스코강화조약에는 SCAPIN 677호와는 내용을 달리하는 일본 영토 조항이 기술되어 있다. 전쟁 종결 후 연합국의 일본 영토 구상인 SCAPIN 677호가 변용된 것이

7 원본은 https://dl.ndl.go.jp/info:ndljp/pid/9886137(검색일: 2021.7.1.).

다. 이를 계기로 동북아시아의 영토 문제는 복잡성을 더해 가게 된다. 냉전을 배경으로 한 미국의 대일본 정책 변화와 미국의 대공산권 전략이 반영되어 동북아시아의 영토 문제가 변질되었다는 점은 주지의 사실이다. 이에 대해서는 하라 기미에(原貴美恵) 교수를 비롯해 많은 연구자가 다룬 바 있다.[8] 미국의 대공산권 전략으로 인해 영토 문제가 본질을 잃고 정치화했다는 의미이다.

샌프란시스코강화조약은 제1조(b)항에서 "일본 국민의 완전한 주권을 인정"하고, 제2조에서 일본이 포기하는 지역을 열거하는 방식으로 일본 영토의 범위를 규정하고 있다. 일본은 제주도 · 거문도 · 울릉도, 타이완과 펑후제도(澎湖諸島), 그리고 쿠릴열도에 대한 "모든 권리, 권원 및 청구권을 포기한다"라는 내용이다(제2조 a · b · c항). 여기에는 ① 일본이 포기할 지역의 귀속국이 명시되지 않았으며, ② 독도와 센카쿠에 대한 언급이 없고, ③ 쿠릴열도의 범위를 명확히 하지 않은 점이 문제로 부각된다.

①에 대해서는 포기할 지역의 역사적 연원 등에 따라 어느 정도 암묵적 인식이 있기에 실제로 특별히 문제가 되지 않는다. 타이완과 펑후제도는 중국에, 쿠릴열도는 소련(현 러시아)에 귀속된다는 점은 의문의 여지 없이 받아들여졌으며, 실제로 그 이후 이 나라들 사이에서 영유권 분쟁이 전개되고 있다. 독도에 대해서는 제2조(a)항의 "제주도, 거문도 및 울릉도를 포함하는 한국"이라는 표현에서, 영유권 문제가 해결되면 독도는 한국으로 귀속될 것이라는 점을 암시하고 있다고 하겠다.

②의 문제와 관련하여, 센카쿠는 카이로선언, 얄타협정, 포츠담선언, SCAPIN 등에서 언급되지 않았고, 또 샌프란시스코강화조약 작성 과정에서도 직접 다루어지지 않았기 때문에 조약에 언급이 없는 것이 당시에는 자연스럽게 받아들여졌을 것이다. 당시 일본, 미국, 중국 모두 센카쿠에 대해 별다른 관심을

8 原貴美恵, 2005, 『サンフランシスコ平和条約の盲点』, 渓水谷社.

표하지 않았기에, 조약 작성 과정에서 쟁점이 되지 않았다.[9] 이런 측면에서 보면 센카쿠는 샌프란시스코강화조약과의 직접적인 관련성은 희박하다. 그러나 SCAPIN에서는 일본 영토에서 제외되었고, 강화조약 작성 과정에서 많은 논의가 있었던 독도가 조약에 언급되지 않은 것은 여러 가지 해석을 낳을 수 있는 여지를 남겼다. 독도와 센카쿠는 조약에 직접적인 언급이 없다는 점에서는 유사하나, 그 경위나 구체적인 사정은 전혀 다르다.

③의 쿠릴열도의 범위에 관련하여, 얄타협정과 SCAPIN에 기반한 지도 등에는 쿠릴열도가 캄차카반도와 홋카이도를 연결하는 모든 섬을 포함하는 것으로 표시되어 있다. 그러나 샌프란시스코강화조약에서 쿠릴열도의 지역적 범위가 명확히 제시되지 않아 여러 해석의 여지를 남겼다. 이러한 점에서 쿠릴열도 문제는 독도 문제와 유사한 측면이 있다.

이처럼 "(큰) 4개 섬과 쓰시마, 북위 30도 이북의 약 1천 개의 인접 소도서로 한정한다"는 전후 연합국(미국)의 일본 영토 처분 구상(SCAPIN 677호 제3항)은 샌프란시스코강화조약에서 크게 변경되었다. 그 결과 독도, 센카쿠, 쿠릴열도의 조약상 지위는 각기 다르게 규정된다.

2) 강화조약과 독도

독도와 쿠릴열도는 왜 SCAPIN과 샌프란시스코강화조약에서 다르게 취급되었을까? 미소 간 냉전을 배경으로 한 미국의 대일 정책 변화로 일본의 영토 문제가 순수한 영토적 관점이 배제되고 (국제) 정치화하였기 때문이라는 점은, 앞서 지적한 대로이다. 샌프란시스코강화조약 초안에서는 독도는 반복해서 한국령으로 인정되었으나, 최종적으로 조약에서 누락되고, 일본령이라는 '함의'를 가진 듯한 표현이 사용되었다. (한국 측에서는 이를 부정함). 독도

9 和田春樹, 2012, 앞의 책, p.207.

문제는 이러한 조약의 변화를 상징적으로 보여준다.

샌프란시스코강화조약 형성 초기 단계에서 미국(과 영국)은 SCAPIN 677호의 연장선상에서 독도를 한국령으로 인정하고 있었다. 정병준과 이석우 등의 연구에 따르면, 1947년 1월에서 1949년 11월까지 미국 국무부가 작성한 샌프란시스코강화조약의 각종 초안에는 리앙쿠르 암(Liancourt Rocks, 독도)이 한국령으로 표기되어 있다.[10] 그들은 이들 초안에서 리앙쿠르 암이 한국령으로 표기된 이유는 미국 국무부가 초안 작성 시 울릉도와 리앙쿠르 암(독도)을 일본 영토에서 제외한 미국 해군성 수로국이 간행한 「태평양 북서부 해도(Pacific Ocean, North-western Sheet)」(1942년 3월)를 활용했기 때문일 거라고 추정한다.[11] 독도의 명칭이 국제적으로 알려지지 않은 상태에서 리앙쿠르 암으로 표기가 되었으나,[12] 이 명칭이 한국의 독도를 가리키는 것은 분명하다. 어쨌든 초기 전후 처리 구상에서 미국이 독도를 한국령으로 인정한 것은 분명하다. 여기서 중요한 점은, SCAPIN 677호와 마찬가지로 어떠한 정치적, 전략적 고려 없이 강화조약 작성의 핵심 당사국인 미국(과 영국)이 SCAPIN 677호의 연장선상에서 리앙쿠르 암(독도)을 한국 영토로 인정하고 있었다는 점이다.

독도에 대한 이러한 미국의 인식은 미국 국무부의 주일 정치고문 윌리엄 J. 시볼드(William J. Sebald)가 미국 국무부에 보낸 1949년 11월 19일의 의견서를 계기로 정반대로 바뀐다. 그의 의견서 제출 시점이 중국의 공산정권 수립 직후라는 점을 특기할 필요가 있다. 그는 일본의 주장은 오래되고 유효하며, "리앙쿠르 암(다케시마)을 우리가 제안한 제3조에서 일본에 속하는 것으로 특정해야 한다. …… 안보적으로 고려할 때, 이들 섬에 기상 및 레이더 기지를 설

10 정병준, 2010, 『독도 1947』, 돌베개, p.400.

11 정병준, 2010, 위의 책, p.404; 이석우, 2006, 『대일강화조약 자료집』, 동북아역사재단, pp.22~23.

12 정병준, 2010, 앞의 책, p.405.

치하는 것은 미국에도 이익이 결부된 문제"라고 역설했다.[13] 그의 의견은 1947년 6월 일본 외무성이 제작하여 미국에 제공한 『일본의 부속도서 제Ⅳ부: 태평양 소도서, 일본해 소도서』라는 소책자(팸플릿)의 내용을 그대로 인용한 것으로,[14] 그의 의견서는 일본 정부의 주장을 대변해서 전달한 전문(傳文)이라 하겠다. 레이더 기지 운운은 일본과 미국의 이해를 일치시켜 독도 문제를 일본에 유리하게 해결하려는 수사이며, 러일전쟁 당시 러시아 함대를 관측하기 위해 독도에 망루를 설치한 일본의 발상과 같은 것이다.

시볼드의 의견서를 계기로 독도가 한국령에서 일본령으로 바뀌고, 최종적으로 독도는 조약에서 사라졌다.[15] 즉 "일본은 한국의 독립을 승인하고, 제주도, 거문도 및 울릉도를 포함하는 한국에 대한 모든 권리, 권원 및 이익을 포기한다(Japan recognizing the independence of Korea, renounces all right, title and claim to Korea, including the islands of Quelpart, Port Hamilton and Dagelet)"라는 제2조(a)항이 성립한 것이다.

이 과정에서 한국은 양유찬 주미대사를 통해 일본의 한국병합 이전에 한국령이었던 독도를 한국령에 포함시켜 줄 것을 요청한다.[16] 이에 대해 미국 국무부는, 강화조약 체결 직전 딘 러스크(David Dean Rusk) 차관보가 양유찬 대사에게 보낸 서한(통칭 '러스크서한'이라 함)을 통해, "1905년부터 독도는 일본 관할하에" 있었다며 한국의 요청을 거부한다. 이는 1905년에 독도를 편입했다는 일본의 주장에 따른 것이다. 그러나 미국은 독도를 한국령으로 인정했던 종래의 인식이 왜 바뀌었는지는 설명하지 않았다.[17] 이에 대해 하라 기

13 정병준, 2010, 앞의 책, p.469.

14 정병준, 2010, 앞의 책, p.779.

15 塚本孝, 1994, 「平和条約と「竹島」(再論)」『レファレンス』 44, 国立国会図書館, p.43.

16 정병준, 2010, 앞의 책, p.748.

17 러스크서한의 원문은 일본 외무성 홈페이지 및 http://blog.daum.net/hangun333/3143(검색일: 2021.6.11.) 참조.

미에 교수는, 한반도가 공산화될 가능성을 배제할 수 없는 상황에서, 미국은 "독도가 한국 영토가 아닌 것이 바람직하다고 생각했을 것"이라고 분석하고 있다.[18] 그리고 그는 조약에서 독도가 삭제된 이유를 쿠릴열도 문제와 같은 관점에서, 일본이 서방 진영에서 이탈하는 것을 방지하기 위해 고의로 영토 분쟁의 원인을 남겼다고 지적한다.[19] 미국은 공산화된 한반도와 일본 사이에 영유권 분쟁을 조장하여, 일본이 공산권과 접근하는 것을 방지하려 했다는 것이다.

이상의 과정을 살펴보면, 강화조약 형성 초기 단계에서 미국은 SCAPIN 677호와 동일하게 독도를 한국령으로 인정했으나, 시볼드의 의견서를 매개로 독도를 일본령으로 인정하는 듯한 러스크서한을 한국에 전달한 것을 알 수 있다. 한국 측에서는 강화조약 초기 초안이 SCAPIN 677호를 승계했으며, 최종적으로 독도가 조문에서 사라졌으므로 – 일본의 영토로 명기하지 않았으므로 – 샌프란시스코강화조약과 SCAPIN 677호는 내용상 모순되거나 충돌하지 않는다고 이해한다. 이 점을 중시하여 한국 정부 및 학계에서는 샌프란시스코강화조약에서 SCAPIN이 확인되었다고 보는 견해가 있다.[20]

또 샌프란시스코강화조약 제2조(a)항에서 독도가 명기되지 않은 것은 독도의 귀속을 미해결 상태로 남겨 둔 것으로 볼 여지가 있다. 독도가 조약에 명기되지 않은 것은 독도를 일본령으로 한다는 미국의 적극적인 의사 표시가 아니라, 양의적(両義的) 해석이 가능하도록 모호성을 남겨 장래 그 해결을 양국 간 교섭에 미루었다는 견해이다.[21] 러스크서한을 한국 정부에만 전달하고 일본 정부에는 알리지 않은 것은, 이러한 미국의 의도가 내포된 것으로 봐야 한다.

---

18 原貴美恵, 2005, 앞의 책, p.50.

19 原貴美恵, 2005, 앞의 책, p.64.

20 정재정, 2019, 『주제와 쟁점으로 읽는 20세기 한일관계사』, 역사비평사, p.310.

21 広瀬善男, 2007, 「国際法からみた日韓併合と竹島の領有権」『明治学院大学法学研究』(81), 明治学院大学法学会, p.299.

3) 강화조약과 쿠릴열도

주지하다시피, 연합국은 1943년 11월 카이로선언에서 영토 불확대 방침을 표명했음에도 불구하고, 소련의 대일전 참전을 유도하기 위해 1945년 2월의 얄타협정에서 쿠릴열도를 소련에 할양하기로 결정한다. 얄타협정에서는 쿠릴열도의 범위가 명확히 규정되지 않았으나, 루스벨트 미국 대통령은 소련이 홋카이도와 캄차카반도를 연결하는 모든 섬에 대한 권리를 갖는 데 이의를 제기하지 않았다.[22] 그 연장선상에서 SCAPIN 677호는 홋카이도와 캄차카반도를 연결하는 모든 섬을 일본에서 제외했으며, 1947년 3월 미국의 샌프란시스코강화조약 초안에서도 쿠릴열도 전체를 소련에 할양하는 내용이 포함되어 있다.[23]

그러나 이후 소련과의 갈등이 심화되면서 미국의 태도가 변화한다. 1947년 8월 초안에는 쿠릴열도의 범위에서 남쿠릴열도(이른바 북방 4개 섬)가 제외되었으며,[24] 1949년 11월의 초안에서는 홋카이도에 인접한 하보마이(歯舞)와 시코탄(色丹) 2개 섬을 제외하는 것으로 바뀌었다. 그 후 약간의 변화가 있었으나, 대체로 구나시리(쿠나시르)와 에토로후(이투루프)는 할양 대상으로, 하보마이와 시코탄 섬은 일본 영토로 인정하는 경향을 보였다.[25] 최종적으로는 소련이 쿠릴열도를 점령하고 있는 현실, 오키나와를 일본에서 분리하려는 미국의 의도 등이 고려되어, 샌프란시스코강화조약 조약 제3조에서 일본은 쿠릴열도에 대한 모든 권리와 권원 및 청구권을 포기하는 것으로 귀착되었다. 여기에는 독도와 마찬가지로, 쿠릴열도에 대한 정의는 "후의 조정 또는 국

22 Serhii M. Plokhy, 2010, *Yalta: the price of peace*, New York: Viking(허승철 역, 『얄타 8일간의 외교전쟁』, 역사비평사, p.525); 原貴美恵, 2005, 앞의 책, pp.117~118.

23 原貴美恵, 2005, 앞의 책, p.128.

24 原貴美恵, 2005, 앞의 책, pp.129~130.

25 原貴美恵, 2005, 앞의 책, pp.139~140.

제재판소의 결정에 맡긴다"라는 미국의 의향이 반영되었다고 한다.[26]

일본은 쿠릴열도를 어떻게 인식했을까? 1945년 2월 얄타회담에서 소련의 대일전 참전이 기정사실화되자 일본은 소련의 참전을 저지할 방책으로 「대소(련)시책 의견서」를 작성한다. 의견서는 만주, 랴오둥반도, 남사할린, 타이완, 오키나와, 북쿠릴열도 및 조선을 포기하고 일본의 영토를 청일전쟁 이전의 상태로 되돌리는 것이었다.[27] 러일전쟁 이전으로 소련의 이권을 회복시킴으로써 대일전 참전을 막으려는 구상이다. 여기서 중요한 것은 식민지는 물론, 오키나와를 포기하면서도 남쿠릴열도(북방 4개 섬)를 일본의 영토로 남겨 둔 것이다. 같은 맥락에서 1945년 7월 10일 일본은 연합국과의 전쟁 종결 협상을 알선해 줄 것을 요청하기 위해 고노에 후미마로 전 수상을 소련에 특사로 파견하기로 한다. 이때 고노에가 작성하여 천황의 재가를 거친 협상 조건 가운데 영토 부분은 "불가피할 경우 고유영토로 만족하며, 오키나와, 오가사와라, 사할린을 포기하고 치시마(千島, 쿠릴열도)는 남반부(북방 4개 섬)를 보유하는 것으로 한다"라고 되어 있다.[28] (소련의 거부로 특사 파견은 무산되었다).

일본이 패전의 위기에서도 북방 4개 섬을 포기하지 않은 데에는 다음과 같은 인식이 작용했을 것이다. 오키나와와 오가사와라는 청일전쟁 이전 일본에 편입된 지역들이지만, 그 이전에 오키나와(琉球, 류큐) 왕국은 중국과 양속(両属) 관계에 있었으며, 오가사와라는 1827년 영국 해군이 영유권 선언을 한 적이 있다.[29] 또 사할린은 러일전쟁에서 할양받은 영토이다. 이러한 연유로

26 原貴美恵, 2005, 앞의 책, p.142.

27 和田春樹, 2012, 앞의 책, p.43.

28 和田春樹, 2012, 앞의 책, pp.24~25.

29 Lionel Berners Cholmondeley, 1915, *The History of the Bonin Islands from the Year 1827 to the Year 1876 and of Nathaniel Savory, One of the Original Settlers, to which is Added a Short Suppl. Dealing with the Islands After Their Occupation by the Japanese*, London:

이 섬들은 원래부터 일본의 영토라고는 할 수 없는 지역들이다. 청일전쟁 중에 편입한 센카쿠의 경우는 일본이 오키나와의 부속 섬으로 인식하고 있었기 때문에, 오키나와와 함께 포기하는 것으로 볼 수 있다. 반면에 북방 4개 섬(남쿠릴열도)은 1855년 러일화친조약 이래 줄곧 일본 영토로 존재해 왔으며, 다른 나라와는 관련이 없는 이른바 '고유영토'였기 때문에 연합국의 처분 대상이 아니라고 판단했을 것이다.[30]

그런데 강화조약 준비를 위해 1946년 11월 외무성이 작성한 「치시마(쿠릴), 하보마이, 시코탄(千島, 歯舞, 色丹)」이라는 보고서에서는 제목에서 보듯이, 쿠릴열도와 하보마이, 시코탄을 별개로 취급하여 하보마이, 시코탄을 쿠릴열도에서 제외하고 있다.[31] 이는 쿠릴열도에 포함되는 구나시리와 에토로후를 소련에 할양하고 하보마이와 시코탄을 확보한다는 뜻이다. 패전 직전까지 고집하던 북방 4개 섬에 대한 고유영토론이 바뀐 것이다. 이러한 기조는 1956년 일소공동선언에 즈음하여 일본이 북방 4개 섬 반환론을 제기하기 전까지 유지된다.

북방 4개 섬을 일본 영토로 유지한다는 패전 직전까지의 인식이 변화한 이유는 무엇일까? 그해 즉 1946년 1월에 공개된 얄타협정과 포츠담 회의의 영향을 받았을 것이다. 1945년 8월 2일 미국의 트루먼, 영국의 애틀리, 소련의 스탈린은 포츠담 회의에서 "폴란드의 서부 국경을 오데르 — 나이세선으로 하고, 이곳 거주 독일인은 이주한다. 그리고 쾨니히스베르크(현 칼리닌그라드)를 소련에 할양한다"고 결정했다. 이처럼 제1, 2차 세계대전에서 주요 전승국은 패전국에 대해 영토 처분권을 가지고 있었는데, 쿠릴열도의 할양을 약속한

Constable Co,, Ltd., pp. 9~13; 田中弘之, 1997, 『幕末の小笠原』, 中央公論社, pp.24~30, pp.57~59.

30 일본 외무성 홈페이지 북방영토, https://www.mofa.go.jp/mofaj/area/hoppo/hoppo_keii.html(검색일: 2021.6.22.).

31 原貴美恵, 2005, 앞의 책, pp.122~124.

얄타협정도 그 일환이라 할 수 있다. 일본이 에토로후와 구나시리를 포기한 것도 같은 맥락에서 이해할 수 있다. 청일전쟁, 러일전쟁, 제1차 세계대전, 만주사변 등 전쟁을 통해 영토를 확장해 온 일본은, 전쟁 패배가 영토 할양을 수반한다는 것을 어느 나라보다도 잘 알고 있었기 때문에, 에토로후와 구나시리 2개 섬의 포기는 불가피하다고 여겼을 것이다. 샌프란시스코강화회의에 참석하기 직전인 1951년 8월 17일의 중의원 본회의에서 요시다 시게루 수상은, "영토 포기에 대해서는 이미 항복 조약에 명기되어 있다. 일본의 영토는 네 개의 큰 섬과 이에 부속하는 작은 섬들로 한정되어 있다. 즉, 그 외의 영토에 대해서는 (일본이) 포기한 것이며 이것은 엄중한 사실이다"라며,[32] 패전으로 인한 영토 상실을 기정사실로 받아들이고 있다.

이상과 같은 쿠릴열도에 대한 미국과 일본의 인식 변화는 샌프란시스코강화회의에서도 확인된다. 미국 대표 덜레스는 9월 4일의 연설에서 "제2조(c)항의 쿠릴열도라는 지리적 명칭에 …… 하보마이를 포함하지 않는다는 것이 미국의 견해이다"라고 밝혔다.[33] 9월 7일 요시다 시게루 수상은 연설에서 "쿠릴열도 남부의 두 섬 에토로후와 구나시리", "홋카이도의 일부를 구성하는 시코탄 및 하보마이제도"라는 표현을 사용하였다.[34] 이는 에토로후와 구나시리는 포기 대상인 쿠릴열도이며, 시코탄과 하보마이는 홋카이도의 일부라는 인식을 반영한 것이다. 앞서 언급한 1946년 11월의 외무성 구상과 같은 것이다. 요약하면 미국은 하보마이를, 일본은 그에 더해 시코탄을 쿠릴열도에서 제외

32 「衆議院　本会議—2号(昭和26年08月17日)」, http://www.ne.jp/asahi/cccp/camera/HoppouRyoudo/HoppouShiryou/19510817.htm(검색일: 2021.7.1.).

33 日本外務省, 1992,「サンフランシスコ講和会議におけるダレス米国代表発言(1951年)」『日露間領土問題の歴史に関する共同作成資料集』, p.33. https://www.mofa.go.jp/mofaj/area/hoppo/1992.pdf(검색일: 2020.7.21.).

34 日本外務省, 1992,「サンフランシスコ講和会議における吉田日本代表発言(1951年)」, 앞의 자료집, p.36.

하고, 소련 점령하에 있는 이 섬들이 일본에 반환되어야 한다는 인식을 가지고 있었던 것이다. 즉, 2도 반환론이다. 이러한 인식은 그 후 일본 국회에서도 확인된다.

1951년 10월 19일 중의원의 '평화조약 및 미일안전보장조약 특별위원회'에서 니시무라 쿠마오(西村熊雄) 외무성 조약국장은 강화조약의 쿠릴열도의 범위에 관한 질의에 대해 "(요시다 시게루) 수상이 샌프란시스코회의 연설에서 밝힌 바와 같이, 이 조약에서 말하는 쿠릴열도는 북쿠릴과 남쿠릴을 포함하는 의미로 해석하고 있습니다. …… 또 하보마이와 시코탄 섬이 쿠릴열도에 포함되지 않는다는 것은 미국 외무당국도 분명히 하고 있습니다"라고 답변한다.[35] 구나시리와 에토로후는 할양 대상인 쿠릴열도에 포함되고, 하보마이와 시코탄의 두 개 섬은 일본에 반환되어야 한다는 것이다. 일주일 후인 10월 26일 일본 국회(중의원)는 샌프란시스코강화조약을 승인한다.

그리고 1952년 7월 31일 중의원 본회의에서는 "샌프란시스코강화조약의 발효에 따라 앞으로 영토 문제의 공정한 해결을 위해 …… 오키나와, 아마미오시마(奄美大島)와 오가사와라제도에 대한 미군의 행정에 일본 정부가 적극적으로 참가하고, 하보마이와 시코탄 섬에 대해서는 당연히 일본의 주권에 속하는 것이므로 빨리 인도받도록 할 것을" 요망한다는 「영토에 관한 결의」를 채택한다.[36] 이 결의문은 일본이 하보마이와 시코탄을 반환받고, 에토로후와 구나시리에 대해서는 영유권을 포기한다는 '2도 반환론'을 공식화한 것

35 和田春樹, 2012, 앞의 책, p.87.

36 「영토에 관한 결의」(1952년 7월 31일 중의원 본회의 가결). https://www.hoppou.go.jp/assets/docs/know/resolution/resolution_03.pdf#search=%27%E9%A0%98%E5%9C%9F%E3%81%AB%E9%96%A2%E3%81%99%E3%82%8B%E6%B1%BA%E8%AD%B0%E9%A0%98%E5%9C%9F%E3%81%AB%E9%96%A2%E3%81%99%E3%82%8B%E6%B1%BA%E8%AD%B0%27(검색일: 2021.6.30.). 지금까지 일본 국회에서는 북방영토에 관한 결의문이 16번 채택되었으며, 1962년부터는 「북방영토반환에 관한 결의」로 바뀌었다.

이다.

이에 대해 소련 대표 안드레이 그로미코(Andrei Andreevich Gromyko)는 9월 5일 샌프란시스코 연설에서 샌프란시스코강화조약은 "소련의 주권하에 있는 쿠릴열도는 물론, 남사할린 및 그에 근접하는 섬들에 대한 소련의 주권"을 인정해야 하는 일본의 의무에 대해 언급하지 않고 있다고 주장한다.[37] "소련의 주권하에 있는 쿠릴열도"라는 표현을 사용해 자신들이 점령하고 있는 하보마이와 시코탄도 쿠릴열도이며, 이들 섬의 할양은 일본의 의무라는 것이다. 쿠릴열도 전체에 대한 영유권을 강조한 것이다.

4) 강화조약과 센카쿠/댜오위다오

샌프란시스코강화조약에는 센카쿠열도(댜오위다오)에 대해서는 명시적 기술이 없다. 앞서 언급한 바와 같이, 제2차 세계대전 이전이나 이후에도 연합국 사이에서 센카쿠에 대해 구체적으로 논의한 흔적이 보이지 않는다. 1970년 전후 오키나와 반환과 국제연합 아시아극동경제위원회(ECAFE)의 「연안 광물자원 조사 보고서」를 통해 센카쿠 해저의 석유 매장 가능성이 알려지면서 중일 간에 영유권 문제가 표면화하기 시작한다. 그러면 그 이전에는 센카쿠가 어떻게 다루어졌을까? 샌프란시스코강화조약 당시 센카쿠가 어떻게 취급되었는지 간접적으로나마 추정해 볼 필요가 있다.

센카쿠 문제에 대해서는 ① 강화조약 제2조의 타이완 취급 문제와의 관련성, ② 강화조약 제3조의 오키나와에 대한 신탁통치와의 관련성이라는 두 가지 측면에서 생각해 볼 수 있다. 중국은 주로 ①의 관점에서, 일본은 ②의 관점에서 보려는 경향이 강하다. ①의 관점은 중국의 영토를 청일전쟁 이전의

37 日本外務省, 1992, 「サンフランシスコ講和会議におけるグロムイコ ソ連代表発言(1951年)」, 앞의 자료집, p.34.

상태로 회복할 것을 명시한 카이로선언에 따라 청일전쟁 중에 일본이 편입한 센카쿠는 타이완 포기와 함께 중국(타이완)으로 귀속되어야 한다는 생각이다. 이와 관련하여 장제스(蔣介石) 정부는 전후 처리의 일환으로, 류큐(琉球) 제도의 중국 귀속이나 국제관리 등을 제안한 적이 있는데, 센카쿠를 염두에 두었는지는 알 수 없으나, 센카쿠를 포함한 것으로 봐야 한다. 그러나 1945년 타이완 독립 당시에 중국 및 타이완 정부는 센카쿠에 대해 입장을 표명하지 않았으며, 강화조약 제3조에 대해서도 별다른 문제를 제기하지 않았다. 이러한 상황에서 1945년 11월 26일에 공포된 「미국해군 군정부 포고제1-A호」[38]에 따라 남서제도 및 그 근해가 미군정 아래 들어가게 된다. 이러한 점들을 고려하면, 샌프란시스코강화조약 형성 과정에서 센카쿠는 ②의 관점, 즉 오키나와(류큐제도)와 함께 취급되었을 가능성이 크다.

이석우의 연구에 따르면, 센카쿠와 관련하여 1947년 3월 19일 미국의 샌프란시스코강화조약 초안 이래 일본은 류큐제도(오키나와)를 포함해 북위 29도 이남 지역에 대해 모든 권한 및 권원을 포기하고, 미국이 권한을 가지는 유엔의 신탁통치하에 편입되는 것으로 되어 있다.[39] 샌프란시스코강화조약 제3조가 여기에 해당한다. 여기에 센카쿠라는 지명이 명시되지는 않았으나, (위도) 29도 이남의 남서제도(南西諸島 Nanxei Shoto south of 29deg)에 대한 일본의 권한 및 권원의 포기 속에는 위도 25도에 위치하는 센카쿠도 포함되어 있다고 봐야 한다. (류큐제도나 29도 이남에 대한 경계가 명확히 정의되지 않았기 때문에 센카쿠의 지위를 분명히 규정하기 어려운 측면은 있다). 이는 북위 30도 이남 지역을 일본의 정의 (definition), 즉 일본의 영토에서 제외한 SCAPIN 677호

38 「米国海軍軍政府布告第1号」, https://ja.wikisource.org/wiki/%E7%B1%B3%E5%9B%BD%E6%B5%B7%E8%BB%8D%E8%BB%8D%E6%94%BF%E5%BA%9C%E5%B8%83%E5%91%8A%E7%AC%AC1%E5%8F%B7(검색일: 2021.6.25.).

39 이석우, 2003, 『일본의 영토분쟁과 샌프란시스코 평화조약』, 인하대학교 출판부, pp.84~85, pp.235~236.

와 거의 같은 것이나, 미국이 센카쿠를 의식하였는지는 알 수 없다.

그 후 중화인민공화국 수립 이후인 1950년 1월 3일 초안부터 "일본의 권한 및 권원"의 포기라는 표현은 사라지고 "북위 29도 이남의 남서제도(류큐제도[오키나와] 및 다이토[大東]제도 포함)는 미국이 유일한 행정 권한을 가진 유엔의 신탁통치 제도에 편입된다"라는 내용으로 바뀐다.[40] 센카쿠는 오키나와와 함께 일본에서 분리되어 미국의 관할 하에 들어간 것이다. 일본의 권한 및 권원의 포기라는 표현이 사라졌기 때문에, 여기서 미국의 관할이 일본 주권의 포기를 의미하는지에 대해서는 논란이 있으나, 일본은 잠재적 주권 또는 잔존주권(residual sovereignty)이 인정되었다고 간주한다.[41] 초기 초안에서 일본이 권한과 권원을 포기하는 것으로 된 센카쿠가 중국의 공산화를 계기로 미국 통치 하의 일본 영토로 남게 되었다는 의미이다.

샌프란시스코강화조약 발효와 함께 오키나와를 비롯해 북위 29도 이남의 남서제도는 미국의 통치하에 놓이게 된다. 그 후 류큐(오키나와)의 미국국민정부(United States Civil Administration of the Ryukyu Islands, USCAR)의 각종 포고 등에 따르면 센카쿠는 남서제도의 일부, 즉 류큐제도의 일부로 취급되고 있다.[42] 1972년 5월 미국의 오키나와 반환으로 센카쿠는 일본의 관할 하에 들어가고, 현재에 이르고 있다.

40 이석우, 2003, 위의 책, p.85.

41 矢吹晋, 2013, 『尖閣衝突は沖縄返還に始まる』, 花伝社, pp.73~74.

42 「琉球政府章典(Provisions of Government of the Ryukyu Islands)米国民政府布令第68号)」(1952년 2월 29일 공포, 4월 1일 시행) 제1조는 류큐 정부의 정치 및 지리적 관할 구역을 경도와 위도로 표시했는데, 센카쿠는 그 범위 내에 포함되어 있다. https://www.spf.org/islandstudies/jp/wp/infolib/docs/01_history030_doc01.pdf; https://www.spf.org/islandstudies/jp/wp/infolib/docs/01_history030_add01.pdf(검색일: 2021.6.25.).

4. 샌프란시스코강화조약은 동북아시아 영토 문제를 해결할 수 있는가?

샌프란시스코강화조약이 동북아시아 영토갈등의 원인을 제공하고, 미해결 상태로 남겨 놓았다는 점에 대해서는 앞서 기술한 대로이다. 그렇다면 전후 동북아시아의 국제질서를 규정하고 있는 샌프란시스코강화조약 체제 속에서 동북아시아 영토갈등의 해법을 찾을 수 있을 것인가?

이 문제를 논의하기 위해서는 다음과 같은 점을 고려해야 한다. 하나는 일본과의 영토 문제를 안고 있는 한국, 중국, 러시아가 샌프란시스코강화조약의 체결 당사국이 아님에도, 강화조약을 영토 문제의 해결 수단으로 받아들일 수 있을 것인가 하는 문제이다. 관련국들이 샌프란시스코강화조약의 대세적 효력(erga omnes effect)을 인정할 것인지 여부이다. 나아가, 일본의 포기 의무만을 규정하고 있는 샌프란시스코강화조약 제2조에 대해 이해관계국으로 상정되는 한국, 중국 및 러시아의 권리 의무를 도출할 수 있을 것인가 하는 문제도 있다.

또 하나는 샌프란시스코강화조약을 영토 문제의 해결 수단으로 받아들인다고 해도, 여전히 모호한 상태로 남아 있는 조약의 해석에 대해 관련국이 합의에 도달할 수 있을 것인가이다. 강화조약에 언급되지 않은 독도와 센카쿠 문제를 어떻게 해석하여 합의에 도달할 것인지, 쿠릴열도의 범위에 대해 러시아와 일본이 동의할 수 있는 결론을 도출할 수 있을 것인지 등이다.

먼저, 동북아시아 영토 문제의 당사국으로서 샌프란시스코강화조약의 유일한 서명국인 일본의 경우를 살펴보자. 일본은 샌프란시스코강화조약에 센카쿠에 대한 언급은 없으나, 조약에서 북위 29도 이남의 섬들이 미국의 신탁통치 하에 들어가면서 미국으로부터 센카쿠에 대한 잔존주권을 인정받았다고 주장한다.[43] 1972년 미국으로부터 오키나와와 함께 센카쿠를 반환받아 주권을 회복한 사실이 이를 입증한다는 것이다. 독도에 대해서는 샌프란시스코강화조약에서 한국의 영유권은 부정되었고, 독도가 일본의 영토임이 확인되었다고 주장한다. 일본 외무성 홈페이지에 샌프란시스코강화조약과 함께 미국무성 차관보 딘 러스크의 서한(러스크서한이라 함)을 제시하고 있으며, 이를 통해 일본의 주장을 알 수 있다.[44] 러스크서한을 이용하여 샌프란시스코강화조약을 자국에 유리하게 해석하여, 독도에 대한 영유권을 주장하고 있는 것이다.

쿠릴열도에 대해서는 "샌프란시스코강화조약에서 러일전쟁의 전리품인 사할린의 일부와 쿠릴열도에 대한 모든 권리, 권원 및 청구권을 포기했으나, 원래부터 북방 4개 섬은 쿠릴열도에 포함되지 않는다. 또 소련은 샌프란시스코강화조약에 서명하지 않았기 때문에 샌프란시스코강화조약상의 권리를 주장할 수 없다"고 강조한다.[45] 즉, 일본은 샌프란시스코강화조약을 근거로 러시아의 주장을 부정하며, 그에 따라 조약의 적용을 배제하고 있다.[46]

한국은 샌프란시스코강화조약과 독도 문제와의 관련성을 어떻게 다루고

43 矢吹晋, 2013, 앞의 책, pp.85~88.

44 일본 외무성 홈페이지「竹島問題の概要」, https://www.mofa.go.jp/mofaj/area/takeshima/gaiyo.html 및 팸플릿「竹島—竹島問題を理解するための 10 のポイント」, https://www.mofa.go.jp/mofaj/area/takeshima/pdfs/takeshima_point.pdf(검색일: 2012.6.8).

45 일본 외무성 홈페이지「北方領土問題の経緯(領土問題の発生まで)」, https://www.mofa.go.jp/mofaj/area/hoppo/hoppo_keii.html(검색일: 2021.6.15).

46 일본은 외무성 홈페이지에서 쿠릴열도 문제에 대한 기본적인 입장을 다음과 같이 밝히고 있다. In order to solve this issue and to conclude a peace treaty as soon as possible, Japan has energetically continued negotiations with Russia on the basis of the agreements and documents created by the two sides so far, such as the Japan-Soviet Joint Declaration of 1956, the Tokyo Declaration of 1993, the Irkutsk Statement of 2001 and the Japan-Russia Action Plan of 2003. https://www.mofa.go.jp/region/europe/russia/territory/overview.html(검색일: 2021.6.10.).

있는가? 이에 대해서는 두 가지 견해가 있다. 먼저 한국은 샌프란시스코강화조약의 비서명국이고, 강화조약이 동북아시아의 일반적 이익과 관련하여 객관적 체제(objective regime)를 형성하고 있다고 볼 수 없으며, 특정 국가에 해당하는 영토 조항은 객관적 체제에 해당하지 않는다는 주장이 있다.[47] 강화조약의 대세적 효력(erga omnes effect)을 인정하지 않기 때문에 독도 문제와 샌프란시스코강화조약은 관련성이 없다는 것이다.

이와 반대로, 강화조약은 일반적으로 국제 레짐을 형성하기 때문에 샌프란시스코강화조약도 제3국에 대해 의무와 권리를 창설하는 대세적 효력이 있으며,[48] 독도 문제도 샌프란시스코강화조약의 영향을 받는다는 견해도 있다.[49] 특히, "한국은 제2조의 이익을 받을 권리가 있다"는 강화조약 제21조의 규정에 따라 한국은 제2조의 이익을 가질 권리가 있다는 것이다.[50] 여기서 '이익'이란 반드시 독도가 한국 영토가 되어야 한다는 것을 의미하는 것은 아니지만, 제2조를 영토 문제의 해결 수단으로 원용할 수 있다는 의미이다. 같은 맥락에서 한국 정부는 1959년 1월 7일 일본에 보낸 각서에서 "우리의 견해는 일본이 한국의 독립을 승인하고, 또 원래의 한국 영토 일체를 대한민국에 반환할 것을 연합국에 엄숙히 약속했으며, 동시에 대한민국은 권리로서 제2조의 이익을 주장할 수 있다"라고 밝히고 있다.[51] 한국 정부의 이러한 태도는

47 이석우, 2002, 「독도분쟁과 샌프란시스코평화조약의 해석에 관한 소고」 『서울국제법연구』 9(1), 서울국제법연구원, pp.127~129; 이석우, 2003, 앞의 책, pp.74~76; 박현진, 2008, 「대일강화조약과 독도 영유권」 『국제법평론』 제2호, 국제법평론회, pp.135~137.

48 정민정, 2013, 「독도문제의 국제사법재판소 회부를 둘러싼 쟁점 및 대응 방안」 『국제법학회논총』 58(1), 대한국제법학회, p.123.

49 1965년의 한일기본조약은 "샌프란시스코강화조약의 관계 규정을 상기한다(Recalling the relevant provisions of the Treaty of Peace with Japan)"라고 규정하고 있는데, 이는 샌프란시스코강화조약의 대세적 효력을 인정하고 있는 것으로 볼 수 있다.

50 박관숙, 1968, 「독도의 법적 지위에 관한 연구」, 연세대학교 박사논문, pp.23~24.

51 외무부, 1977, 『독도관계자료집 (1) 왕복외교문서(1952~1976)』, 외무부, p.196.

"SCAPIN 677호가 독도를 일본에서 분리했으며, 샌프란시스코강화조약이 SCAPIN과 모순되는 조항을 규정하지 않았으므로, 샌프란시스코강화조약이 SCAPIN의 조치를 확인한 것"이라는 전제에서 비롯된 것이다.[52]

이처럼 한국 학계에서는 샌프란시스코강화조약의 영토 처분적 규범성의 실효성에 대해서는 의견이 갈린다. 여기에는 비서명국의 입장에서 제2조의 적용에 따른 한국의 유불리가 작용하고 있다고 볼 수 있다. 강화조약 제2조에 일본이 포기해야 할 지역으로 독도가 열거되어 있지 않고, 러스크서한과 같이 제2조가 일본에 유리하게 해석될 여지가 있는 점 등이 의식되면서 강화조약과 독도의 관련성을 부정하는 시각이 나타났다고 봐야 할 것이다.

중국은 샌프란시스코강화조약과 쿠릴열도 문제를 어떻게 보고 있는가? 중국은 1951년 8월 15일 저우언라이(周恩来) 외상의 「대일 강화 문제에 관한 성명」에서 샌프란시스코강화조약의 효력을 부정하였고,[53] 같은 맥락에서 센카쿠 문제와 샌프란시스코강화조약을 별개로 인식하고 있다.[54] 중국 외교부 홈페이지에서 이를 확인할 수 있다.[55] 샌프란시스코강화조약 체결 당시 센카쿠

52 Korean Government's Refutation of the Japanese Government's Views concerning Dokdo(Takeshima) dated July 13, 1953(September 9. 1953).

53 矢吹晋, 2013, 앞의 책, pp.219~222.

54 중화인민공화국 외교부 홈페이지 "The issue of Diaoyu Dao"의 Full Text: "Diaoyu Dao, an Inherent Teritory of China"에는 On August 15, 1951, before the San Francisco Conference, the Chinese government made a statement: "If the People's Republic of China is excluded from the preparation, formulation and signing of the peace treaty with Japan, it will, no matter what its content and outcome are, be regarded as illegal and therefore invalid by the central people's government"라고 밝히고 있다. https:/www.fmprc.gov.cn/eng/topics/diaodao/t97374.shtml(검색일: 2021.7.1.); 정재민, 2013, 「대일강화조약 제2조가 한국에 미치는 효력」 『국제법학회논총』 58(2), 대한국제법학회, p.56.

55 https://www.fmprc.gov.cn/mfa_eng/topics_665678/nhwt/t1324812.shtml(검색일: 2021.9.22); 최철영, 2016, 「샌프란시스코 평화조약과 국제법원의 영토주권법리」 『독도연구』 21, 영남대학교 독도연구소, p.55.

는 논의 대상이 아니었으며, 이에 대해 문제를 제기하지 않은 중국으로서는 당연하다고 하겠다.[56] 1971년 6월 중국 정부가 성명을 통해 강화조약 제3조에 따라 미국 통치하에 있던 센카쿠를 일본에 반환하는 것을 영토 주권 침해라고 비판한 것도 같은 맥락이다.[57]

그러나 중국은 샌프란시스코강화조약과 센카쿠 문제의 관련성을 인정하는 측면도 있다. 특히 타이완은 당시 미국과의 관계를 고려하여 샌프란시스코강화조약을 명시적으로 반대하지 않았다.[58] 중국은 기본적으로 센카쿠는 1895년 4월의 시모노세키조약에서 타이완과 함께 일본에 할양된 것으로 보고 있다. 그렇기에 샌프란시스코강화조약 제2조(b)항이 타이완과 펑후제도의 독립을 규정하고 있는 이상, 타이완의 부속 섬인 센카쿠도 중국으로 반환되어야 한다는 입장을 취하고 있다. 이와 같은 중국의 태도는 강화조약 제3조를 인정한다는 전제에서 나온 것이라고 할 수 있다. 이러한 측면에서 중국은 현실적으로 샌프란시스코강화조약과 센카쿠 문제를 완전히 분리하고 있지는 않다고 볼 수도 있는데, 센카쿠가 타이완의 부속 섬이라는 인식이 작용하고 있기 때문이다.

러시아는 샌프란시스코강화회의에 참석하고도 조약에 서명하지 않았으나, 쿠릴열도 문제에 관해서는 강화조약을 인정하고 있다. 러시아는 쿠릴열

56 Chi Manjiao, 2011, "The Unhelpfulness of Treaty Law in Solving the Sino-Japan Sovereign Dispute over the Diaoyu Islands", *East Asia Law Review*, University of Pennsylvania Law School, pp. 170~171. https://scholarship.law.upenn.edu/ealr/vol6/iss2/1/(검색일: 2021.6.12.).

57 「人民網日本語版」, 2012.10.19., https://niigata.chineseconsulate.org/chn/zt/dydwt/t981139.htm(검색일: 2021.7.8.).

58 1952년 4월 2일 타이완과 일본 사이에 체결된 일화(日華)평화조약 제2조는 "일본국은 샌프란시스코강화조약 제2조에 기초하여 타이완, 펑후제도 및 신남군도(新南群島), 서사군도(西沙群島)에 대한 모든 권리, 권원 및 청구권을 포기한 것을 승인한다"라고 되어 있다.

도 문제에 대해 "샌프란시스코강화조약 불참가가 일본의 쿠릴열도에 대한 권리, 권원 및 청구권의 포기라는 사실을 약화하는 것은 아니며, 이 사실은 절대적인 성격을 가진다", "(북방) 4개 섬이 쿠릴열도에 포함되지 않는다는 일본의 주장은 쿠릴열도의 귀속을 결정한 제문서(얄타협정, 샌프란시스코강화조약 등 – 인용자)가 그것(쿠릴열도와 북방 4개 섬 – 인용자)을 분리하고 있지 않기 때문에 (북방 4개 섬에 대한 일본의 주장을 – 인용자) 받아들일 수 없다"라고 주장한다.[59]

이상의 논의에서 알 수 있듯이, 영유권 문제로 갈등을 겪고 있는 한국, 러시아, 중국은 샌프란시스코강화조약을 영토 문제 해결 수단으로 적극적으로 인용하지 않는 경향이 있다. 강화조약의 유일한 서명국인 일본도 일관성 있는 태도를 보이지 않고 있다. 일본은 쿠릴열도에 대해서는 강화조약을 부정하고, 독도와 센카쿠 문제에 대해서는 강화조약을 인용하는 등 일관성 없는 태도를 보인다. 자국에 유리한 측면에서 편의적으로 활용하고 있다. 이러한 점에 비추어 봤을 때, 샌프란시스코강화조약이 일본을 둘러싼 동북아시아 영토 문제의 해결 수단으로 활용되기는 어렵다는 것을 알 수 있다.

그렇다고 샌프란시스코강화조약이 동북아시아의 영토 문제 해결에서 무의미한 것은 아니다. 강화조약 체결 과정에서 미국을 비롯한 관련 당사국들의 의사가 표출되었으며, 강화조약이 가지고 있는 전후 동북아시아 국제 질서 형성의 대세적 효력을 완전히 부정하기도 어렵기 때문이다.[60]

59 고르바초프의 방일(1991년 4월)을 위한 준비작업의 일환으로 설치된 외무차관급의 '일소평화조약작업부회'(전 7회)에서의 주장. Александр Н. Панов著・高橋実・佐藤利郎訳, 1992, 『不信から信頼へ—北方領土交渉の内幕—』, サイマル出版会, pp. 57~60.

60 홍해상의 도서분쟁 중재재판에서 비당사국에도 로잔평화조약의 대세적 효력을 인정하는 측면을 보이고 있는 제3자적 관점도 무시할 수 없다는 견해가 있다. 이창위 등, 2006, 『동북아 지역의 영유권 분쟁과 한국의 대응 전략』, 다운샘, pp.151~158.

이러한 점을 종합적으로 고려하면, 동북아시아 영토 문제가 국제사법재판소(ICJ)와 같은 제3자의 판단에 맡겨질 경우 – 그 가능성은 희박하지만 – 샌프란시스코강화조약 및 이 조약에 관련된 자료들이 객관적인 평가 요소의 하나로 고려될 수 있다. 샌프란시스코강화조약은 동북아시아 영토 문제 해결을 위한 결정적 요소는 아니지만, 영유권 문제 해결을 위한 재료의 하나가 되는 것이다. 이러한 점에 비추어 보면, 역설적이게도 샌프란시스코강화조약은 동북아시아 영토 문제 해결을 위한 국제규범으로 작용하기보다는, 동북아시아 영토 문제에 불확실성을 추가하여 부(負)의 요소로 작용할 수 있는 것이다.

샌프란시스코강화조약의 영토 문제에 대한 모호성으로 인해 동북아시아의 영토 문제는 더욱 복잡해졌다고 하겠다. 그 이유는 앞서 지적한 바와 같이 냉전을 배경으로 영토 문제가 정치화했기 때문이다. 그렇다면, 냉전이 종식된 현재 동북아시아 영토 문제는 냉전이라는 정치적 요인을 배제하고, 순수한 영토 문제로 접근하여, 영토의 취득 및 상실에 대한 국제법의 일반 원칙에 따라 재검토할 필요가 있다.

5. 동북아시아 영토 문제 해결을 위하여

샌프란시스코강화조약과 관련하여 동북아시아 영토 분쟁의 쟁점을 정리하고, 해결 방안을 모색하면 다음과 같은 점을 생각해 볼 수 있다. 우선 센카쿠 문제에 대해서는, 앞서 언급한 바와 같이, 센카쿠는 샌프란시스코강화조약에서 직접 언급되지 않았으나, SCAPIN과 조약의 초기 초안 등에서 유추해 보면, 센카쿠에 대한 일본의 권한과 권원이 배제되었을 가능성을 부정할 수 없다. 강화조약에서 센카쿠가 언급되지 않았다고 해서, 센카쿠에 대한 일본의 영유권 주장을 강화해 주는 것은 아니라는 의미이다. 센카쿠를 둘러싼 영토 문제가 표면화한 것은 1970년 센카쿠 해저에 자원이 매장되어 있을 가능성이 제기되고, 1971년 미일 간 오키나와 반환 협정 체결에 즈음해서이다. 중국은 명나라 시대부터 중국의 관할 하에 있던 센카쿠를 1895년 1월 일본이 청일전쟁을 이용하여 도취(盜取)했거나, 시모노세키조약으로 일본에 할양되었다고 보고 있다.[61] 따라서 청일전쟁의 전리품인 타이완 및 펑후제도와 함께 타이완의 부속 섬인 센카쿠도 마땅히 중국으로 반환되어야 한다고 주장한다. 이에 대해 일본은 1895년의 편입은 청일전쟁과 관련 없는 합법적인 영토 취득이라고 주장하며,[62] 센카쿠 해저의 자원 매장 가능성이 제기되는 1970년까지 중국이 영유권 주장을 하지 않은 점을 지적한다.

이상의 쟁점들을 고려하면, ① 만약 센카쿠 해저의 자원 매장 가능성이 없다면, 영유권 분쟁이 발생하지 않았을까? ② 자원의 매장 가능성이 있다고 하더라도 중국이 센카쿠에 대한 역사적 연원을 가지고 있지 않으면, 영유권을 주장할 수 있을까? ③ 일본이 청일전쟁의 와중이 아닌 상태에서 평온하게 센카쿠를 편입했다면, 중국이 센카쿠에 대한 영유권을 주장할 수 있을까? 하는 등의 문제 제기가 가능하다.

종합하면 현재 중일 간의 센카쿠 문제는 역사 문제(역사적 연원, 일본의 침략 정책, 타이완 식민지 지배 등)와 자원 문제가 복합적으로 작용하고 있으며, 최근 들어서는 역사 문제를 배경으로 하여 자원 문제가 더 중시되는 경향을 보이고 있다.[63] 이러한 제 사정을 고려하면, 센카쿠 문제는 현실적인 자원 배분을 통해 역사 문제를 해결한다는 방안으로 접근할 수 있으며, 센카쿠 해저

61 浦野起央, 2002,『尖閣諸島・琉球・中国』, 三和書店, p.21.

62 浦野起央, 2002, 앞의 책, p.210.

63 石井明他 編, 2003,『記録と検証日中国交正常化・日中友好条約締結交渉』, 岩波書店, p.68; 손기섭, 2012,「중일 해양영토 분쟁의 원인과 특성 – 갈등사이클을 중심으로 –」『일본문화연구』 43, 동아시아일본학회, pp.287~289.

자원의 공동개발 등의 방법이 하나의 대안이 될 수 있을 것이다. 자원은 공동개발을 통해 적절한 배분이 가능하기 때문에 제로섬(zero-sum)의 성격이 강한 영토 분쟁을 완화하는 효과가 있을 것이다.

쿠릴열도 문제는 독도나 센카쿠 문제에 비해 상대적으로 단순하여 해결하기가 용이한 편이다. 1945년 2월의 얄타회담에서 연합국은 소련(현 러시아)에 대일전 참전의 대가로 쿠릴열도 할양을 약속하였고, SCAPIN과 샌프란시스코강화조약에서도 이를 확인하고 있다. 단지 소련이 샌프란시스코강화조약에 서명하지 않았고, 조약에 쿠릴열도에 대한 지리적 범위와 귀속국이 명시되지 않았다는 약간의 불확실성은 존재한다. 그러나 일본은 쿠릴열도 할양을 규정한 샌프란시스코강화조약의 당사국이며, 러시아 역시 쿠릴열도 문제와 관련하여 강화조약을 부정하지 않는다. 귀속국이 소련(현 러시아)이라는 점에 대해서도 이견이 없다. 결국 쿠릴열도 문제는 지리적 범위에 대해 일본과 러시아가 합의하면 해결 가능하다.

이 부분에 대해 일본은 1956년의 일소공동선언 이전까지는 쿠릴열도에서 하보마이와 시코탄을 제외하고 있었고, 러시아도 1956년 러일공동선언에서 하보마이와 시코탄의 반환 의사를 표했다.[64] 2도 반환에 대한 암묵적 합의가 성립한 것이다. (그 후 미국의 개입과 오키나와 문제로 일본이 쿠릴열도 문제를 북방 4개 섬으로 확대하면서 지금에 이르고 있다). 이러한 점에 비추어 보면, 쿠릴열도 문제는 하보마이와 시코탄을 반환하는 수준에서 해결하는 것이 가장 현실적이라고 판단된다. (일본에서는 4도 반환론, 2도 양도론, 2도 선행 반환론, 50:50 분할론, 3도 반환론, 공동 통치론, 면적 2등분론 등 여러 방안이 대두하고 있으나, 이는 샌프란시스코강화조약을 도외시한 것으로 이 글에서는 논외로 한다).

마지막으로 독도에 대해서이다. 독도는 SCAPIN 677호와 샌프란시스코강

64 日本外務省, 1992, 앞의 자료집, p.40.

화조약의 초기 초안에서는 한국령으로 인정되었으나, 그 후 한국령과 일본령을 오가는 등 혼란을 거친 후 최종적으로 조약에는 독도가 명시되지 않았다. 이를 두고 일본은 독도가 일본이 '포기하는 한국'에 포함되지 않기 때문이며, 조약에서 독도가 일본령임이 확인되었다고 한다. 러스크서한이 이를 뒷받침한다는 주장이다. 그러나 한국은 독도에 대해 새로운 규정이 없으므로 강화조약은 SCAPIN 677호의 연장선상에서 해석되어야 하기에 독도는 한국령이라고 주장한다. 양국의 상반된 주장에 비추어 보면, 러스크서한의 존재에도 불구하고 미국이 강화조약에 독도를 일본령으로 표기하지 않은 것은 독도 문제를 미해결 상태로 남겨둔 것으로 보는 것이 타당하다. 역설적으로 이는 한국의 독도 영유 가능성을 시사한 것으로 볼 수 있다.

거듭 지적하지만, 샌프란시스코강화조약의 형성 과정에서 한국과 일본이 정면으로 대립하며 영유권 분쟁이 예견되었음에도 불구하고, 미국이 독도를 명시하지 않은 점은 숙고할 필요가 있다. 지금까지는, 앞서 언급한 하라 기미에 교수의 주장, 즉 한반도가 공산화될 경우 한반도의 공산 정권과 일본의 접근을 막기 위해 고의로 영유권 분쟁의 여지를 만들어 두었다는 견해가 설득력을 지니고 있었다. 그러나 미국이 국제연합군을 구성해 한국 전쟁에 개입할 정도로 한반도의 공산화 저지에 힘을 기울였다는 점을 고려하면, 미국이 한반도의 공산화를 전제로 독도 문제를 취급했다고 보기에는 약간 미진한 부분이 있다. 또 한국 전쟁이 종결되고 한국의 공산화 가능성이 거의 없어진 상태에서 러스크서한에서 밝힌 미국의 입장이 변경되지 않은 이유는 무엇인가라는 의문이 남는다.

차치하고, 미국이 강화조약에 독도를 일본령으로 명기하지 않고, 같은 맥락에서 러스크서한의 내용을 일본에 알리지 않은 이유를 음미할 필요가 있다. 다음과 같은 추론이 가능하다. 비록 미국이 일본의 영향으로 러스크서한에서 일본의 독도 영유권을 인정하는 듯한 태도를 보였지만, SCAPIN과 강화조약 초안에서 한국령으로 인정하였던 독도를 객관적인 근거 없이 일본령으로 명시하고 확정하기는 어려웠을 것이다. (쿠릴열도에 대해서도 마찬가지이다). 이런 측면에서 러스크서한에 대해서는 그 내용이 진정한 미국의 의사를 반영하고 있는지에 대한 신뢰성 문제와 함께 조약 해석의 근거로서의 효용성, 즉 증거능력 문제가 제기될 수 있다.

또 조약의 문맥 해석에 있어서 "한국의 독립을 승인하고, 한국에 대한 모든 권리를 포기한다"라는 제2조(a)항에서 언급하는 '한국'의 지리적 범위에 대한 논란이 있으나, 일반적으로는 1910년 한일병합 이전의 한국을 가리킨다. 이때의 '한국'에 독도가 포함되면 강화조약에서 일본은 독도를 포기한 것이 된다. 1905년 일본의 독도 편입을 기초로 한 러스크서한의 내용에 대한 신뢰성 문제와 제2조(a)항의 '한국'에 대한 해석 문제를 종합하면, 결국 한일병합 이전 독도에 대한 영유권이 한국과 일본 중 어느 쪽에 있었느냐가 핵심이다. 1905년 이전에 독도가 한국령이면 일본의 편입 조치는 불법이 되고, 러스크서한의 내용도 신뢰를 상실한다. 그리고 제2조(a)항의 '한국'은 독도를 포함하는 것이 된다.

1905년 일본의 독도 편입 조치의 합법성과 정당성에 관련한 한일 양국의 연구는 많으나, 자국 중심의 논리에서 평행선을 달리고 있다. 좀 더 객관적인 논의가 필요한 지점이다. 이를 위해 한일 간의 영역 획정을 위해 1693~1699년에 전개된 울릉도쟁계(일본에서는 '죽도일건(竹島一件)'이라 함)를 상기할 필요가 있다. 울릉도쟁계라는 외교교섭을 통해 이루어진 1699년의 합의는 한일 간의 영역 획정에 관한 유일한 기록이다. 한일 간의 국제적 합의이므로 법적 구속력을 가지는 것이다.[65]

1699년의 양국 합의는 "울릉도는 조선 땅이며, 일본인의 도해를 금지한다"라는 내용이며,[66] 그 후 이 합의는 충실히 지켜졌다. 이 합의가 울릉도만을 대

65 이성환, 2019, 「울릉도쟁계의 조일 간 교환문서에 대한 논의의 재검토」 『독도연구』 26, 영남대학교 독도연구소.

상으로 한 것인가, 독도를 포함한 것인가에 대한 논란이 있으나, 최근 일본을 비롯한 다수의 연구에서 1699년의 합의는 울릉도와 독도를 포괄하는 것이었다는 사실이 실증적으로 밝혀지고 있다.[67] 이 합의를 승계하여 1877년 일본의 최고 통치기관인 태정관(太政官)은 "울릉와 독도는 일본 영토가 아니다"라는 취지의 지령(指令)을 발포한다.[68] 태정관지령과 1699년의 합의 사이에는 일본 정부의 일치된 의사와 내용의 동일성이 확인된다.[69] (이에 대해서는 일본의 연구에서도 확인된다).[70] 이러한 점에서 태정관지령은 1699년의 합의에 독도가 포함되어 있다는 것을 소급해서 입증하는 근거가 된다. 또 태정관지령은 일본 정부가 1699년의 합의를 국내 법령으로 전환한 것이므로, 국제법적으로는 추후 관행 또는 추후 실행(subsequent practice)에 해당하며, 법적 효과가 있다.[71]

이러한 한일 간의 합의와 일본의 조치는 1699년 이래 일본이 독도를 한국의 영토로 인정해 왔음을 말한다. 이러한 상황에서 무주지 선점론을 근거로 한 1905년 일본의 독도 편입은 논리적으로나 법리적으로 합법성을 확보하기 어

66 이성환 · 송휘영 · 오카다 다카시, 2016, 『일본 태정관과 독도』, 지성사, pp.263~281.

67 池内敏, 2012, 『竹島問題とは何か』, 名古屋大学出版会, p.30: 内藤正中, 2011, 「1905年の竹島問題」 『北東アジア文化研究』 34, 鳥取短期大学北東アジア文化総合研究所, pp.6~8; 박지영, 2017, 「일본 산인(山陰)지방민과 '울릉도 · 독도 도해금지령'에 대하여」 『독도연구』 26, 영남대학교 독도연구소, pp.384~385 등.

68 이성환 · 송휘영 · 오카다 다카시, 2016, 앞의 책, p.291.

69 일본 국립공문서관이 소장하고 있는 「공문록(公文録)」에는 울릉도와 독도는 일본 땅이 아니라는 취지의 태정관지령이 결정되는 과정을 상세히 기록한 1차 자료가 편철되어 있다. 이 자료는 17세기 말 울릉도 영유를 둘러싸고 조선과 일본 사이에 전개된 외교교섭의 경위, 즉 울릉도쟁계의 전 과정을 기록한 「죽도기사(竹島紀事)」를 요약 발췌한 것이다(이성환 · 송휘영 · 오카다 다카시, 2016, 앞의 책).

70 塚本孝, 2013, 「元禄竹島一件をめぐって一付, 明治十年太政官指令」 『島嶼研究ジャーナル』 2(2), 海洋政策研究所島嶼資料センター, p.35.

71 이성환, 2021, 「태정관지령과 독도문제에 대한 법리 해석을 위한 시론」 『대한정치학회보』 29(2), 대한정치학회, pp.201~204.

렵다. 이러한 점을 고려하면, 1905년 독도 편입의 합법성을 근거로 한 일본의 주장을 수용한 러스크서한이 강화조약 제2조(a)항 해석의 근거로 원용될 수 있을 것인가에 대해서도 회의적이다.

6. 결론

이상 검토한 바와 같이, 일본과 한국, 중국, 러시아 간의 영토 문제는 샌프란시스코강화조약만으로는 해결의 실마리를 찾기 어렵다는 것을 알 수 있다. 샌프란시스코강화조약의 당사국이며 영유권 분쟁의 핵심 당사자인 일본조차도 이 조약을 영유권 분쟁의 해결 수단으로 적극적으로 인용하지 않고 있다. 그렇다고 샌프란시스코강화조약이 동북아시아의 영토 문제와 전혀 관련이 없는 것은 아니라는 점을 감안하면, 동북아시아 영토 문제는 샌프란시스코강화조약을 포함하여 영토 문제에 대한 국제법의 일반 원칙에 비추어 종합적으로 검토할 수밖에 없다.

이러한 점은 차치하고, 주어진 주제에 한정하여, 샌프란시스코강화조약에 초점을 맞추어 동북아시아의 영토 문제 해결 방안을 정리하면 다음과 같다. 첫째, 센카쿠 문제는 샌프란시스코강화조약을 비롯해 국제적, 명시적으로 논의된 바가 없으므로 강화조약과의 관련성은 찾기 어렵다. 그러나 SCAPIN이나 강화조약의 형성 과정에서 유추하면 센카쿠는 일본 영토에서 분리되었음을 알 수 있다. 이를 배경으로 1970년 센카쿠 해저의 자원 매장 가능성이 알려지면서, 중국이 청일전쟁 와중에 일본이 센카쿠를 편입한 점을 지적하고 영유권을 주장하기 시작했다. 결국 센카쿠 문제는 일본의 침략주의와 자원 문제를 중심으로 전개되고 있는 것이다. 일본은 센카쿠 편입과 청일전쟁의 관련성을 부정하고 있으나, 이를 불식시키기는 쉽지 않으며, 중국이 70년 이상 영유권 주장을 하지 않은 점도 간과할 수 없다. 이러한 점들을 고려하여 센카쿠는 자원의 배분 또는 공동개발이라는 측면에서 타협할 수 있을 것이다.

쿠릴열도 할양 문제는 소련의 대일전 참전에 대한 연합국 간의 합의에 따른 것으로, 연합국의 일종의 전리품이다. 그러나 샌프란시스코강화조약에서 쿠릴열도의 범위가 명확히 규정되지 않았고, 소련이 이 조약에 서명하지 않았다는 점은 쿠릴열도 문제의 불안정 요인이나, 1956년의 일소공동선언 이전까지 일본과 러시아 사이에는 하보마이와 시코탄 반환에 암묵적 합의가 이루어져 있었다. 연장선상에서 하보마이와 시코탄은 일본의 영토로, 나머지 쿠릴열도는 러시아의 영토로 하는 것이 타당하다.

독도는 샌프란시스코강화조약 형성 과정에서의 많은 논란에도 불구하고 조약에 영유권이 명시되지 않은 점에서 해석상의 복잡한 문제를 야기하고 있다. 일본은 강화조약에 의해 독도가 일본 영토로 확정되었다고 하나, 한국은 SCAPIN의 연장선상에서 독도는 한국령이라고 보고 있다. 또 한국은, 일본의 독도 영유설을 뒷받침하는 러스크서한은 1905년 일본의 독도 편입을 정당한 것으로 간주하고 냉전이라는 정치적 요소가 반영된 것이기에 강화조약 제2조(a)항 해석의 근거가 될 수 없다고 주장한다.

이러한 점을 고려하면, 결국 독도 문제는 1905년 일본의 독도 편입 조치 및 샌프란시스코강화조약 등을 포함하여 종합적으로 검토되어야 한다. 이에 대해 필자는 별도의 논문에서 밝혔으나,[72] 결론적으로 정리하면 다음과 같다. 1699년의 조선과 일본 정부 간의 합의 및 태정관지령에 비추어 보면, 1905년

72 이성환, 2018, 「태정관지령에서 본 샌프란시스코강화조약」『일본의 독도영유권 주장의 허상』, 동북아역사재단; 이성환, 2019, 「샌프란시스코강화조약의 국제법적 권원과 독도: 울릉도 쟁계 및 태정관 지령과의 관련성을 중심으로」『독도 영토주권과 국제법적 권원』, 동북아역사재단; 이성환, 2021, 「러스크 서한과 샌프란시스코조약에서의 독도 주권의 권원에 관한 연구 – 일본의 독도문제에 대한 국제법적 연구와 관련하여 – 」『독도 영토주권과 국제법적 권원Ⅱ』, 동북아역사재단.

일본의 독도 편입은 성립하지 않으며, 그 연장선상에서 러스크서한의 내용도 사실(事実 및 史実)과 부합하지 않으므로, 독도는 한국의 영토로 인정되어야 한다.

끝으로 이상과 같은 논의는 샌프란시스코강화조약을 기초로 한 동북아시아 영토 문제에 대해 이론적, 논리적인 측면에서 접근한 것이며, 현재 동북아시아의 영토 문제 해결에는 현실적 한계를 벗어날 수 없다. 따라서 이 글은 동북아시아 영토 문제에 대한 전망적 분석은 미흡하다. 현실에 기반한 보다 심화된 발전적 분석은 앞으로의 과제이다. 덧붙여 현실론적인 입장에서 제2차세계대전의 패전국 가운데 일본은 유일하게 영토를 상실하지 않으려 하고 있다는 점도 고려되어야 할 것이다. 청일, 러일전쟁 등의 승리를 통해 영토를 확장한 일본이, 패전에도 불구하고 이를 상실하지 않으려는 것은 일본의 국가이기주의적 태도를 반영하는 아이러니이다. 제2차세계대전 후 독일은 바이마르공화국 영토의 약23%를 잃었다.

[참고문헌]

박관숙, 1968, 「독도의 법적지위에 관한 연구」, 연세대학교 박사학위논문.
박지영, 2017, 「일본 산인(山陰)지방민과 '울릉도 · 독도 도해금지령'에 대하여」 『독도연구』 26, 영남대학교 독도연구소.
박현진, 2008, 「대일강화조약과 독도영유권」 『국제법평론』 제2호, 국제법평론회.
성삼제, 2020, 『독도와 SCAPIN 677/1』, 우리영토.
손기섭, 2012, 「중일 해양영토 분쟁의 원인과 특성 – 갈등 사이클을 중심으로 – 」 『일본문화연구』 43, 동아시아일본학회.
외무부, 1977, 『독도관계자료집 (1) 왕복외교문서(1952~1976)』, 외무부.
이석우, 2002, 「독도분쟁과 샌프란시스코평화조약의 해석에 관한 소고」 『서울국제법연구』 9(1), 서울국제법연구원.
______, 2003, 『일본의 영토분쟁과 샌프란시스코 평화조약』, 인하대학교 출판부.
______, 2006, 『대일강화조약 자료집』, 동북아역사재단.
이성환, 2018, 「태정관지령에서 본 샌프란시스코강화조약」 『일본의 독도 영유권 주장의 허상』, 동북아역사재단.
______, 2019, 「샌프란시스코강화조약의 국제법적 권원과 독도: 울릉도 쟁계 및 태정관 지령과의 관련성을 중심으로」『독도 영토주권과 국제법적 권원』, 동북아역사재단.
______, 2019, 「울릉도쟁계의 조일 간 교환문서에 대한 논의의 재검토」『독도연구』 26, 영남대학교 독도연구소.
______, 2021, 「러스크 서한과 샌프란시스코조약에서의 독도 주권의 권원에 관한 연구－일본의 독도문제에 대한 국제법적 연구와 관련하여－」『독도 영토주권과 국제법적 권원Ⅱ』, 동북아역사재단.
______, 2021, 「태정관지령과 독도문제에 대한 법리 해석을 위한 시론」『대한정치학회보』 29(2), 대한정치학회.
______ · 송휘영 · 오카다 다카시, 2016, 『일본 태정관과 독도』, 지성인.
이재정, 2019, 『주제와 쟁점으로 읽는 20세기 한일관계사』, 역사비평사.
이창위 외, 2006, 『동북아 지역의 영유권 분쟁과 한국의 대응 전략』, 다운샘.
정민정, 2013, 「독도문제의 국제사법재판소 회부를 둘러싼 쟁점 및 대응방안」『국제법학회논총』 58(1), 대한국제법학회.
정병준, 2010, 『독도 1947』, 돌베개.
정재민, 2013, 「대일강화조약 제2조가 한국에 미치는 효력」『국제법학회논총』 58(2), 대한국제법학회.
최철영, 2016, 「샌프란시스코 평화조약과 국제법원의 영토주권법리」『독도연구』 21, 영남대학교 독도연구소.
하타노 스미오 저, 심정명 역, 2014, 『샌프란시스코 강화조약체제와 역사문제』, 제이앤씨.
石井明他 編, 2003, 『記録と検証日中国交正常化・日中友好条約締結交渉』, 岩波書店.
池内敏, 2012, 『竹島問題とは何か』, 名古屋大学出版会.
内藤正中, 2011, 「1905年の竹島問題」『北東アジア文化研究』 34, 鳥取短期大学北東アジア文化総合研究所.
矢吹晋, 2013, 『尖閣衝突は沖縄変換に始まる』, 花伝社.
塚本孝, 1994, 「平和条約と「竹島」(再論)」『レファレンス』 44, 国立国会図書館.
______, 2013, 「元禄竹島一件をめぐって—付、明治十年太政官指令」『島嶼研究ジャーナル』 2(2), 海洋政策研究所島嶼資料センター.
広瀬善男, 2007, 「国際法からみた日韓併合と竹島の領有権」『明治学院大学法学研究』 (81), 明治学院大学法学会.
和田春樹, 2012, 『領土問題をどう解決するか—対立から対話へ—』, 平凡社.
原貴美恵, 2005, 『サンフランシスコ平和条約の盲点』, 渓水谷社.
Александр Н. Панов 著, 高橋実・佐藤利郎訳, 1992, 『不信から信頼へ—北方領土交渉の内幕』, サイマル出版会.
러스크 서한, http://blog.daum.net/hangun333/3143(검색일: 2021.6.11).
日本外務省, 1992, 『日露間領土問題の歴史に関する共同作成資料集』, https://www.mofa.

go.jp/mofaj/area/hoppo/1992.pdf(검색일: 2020.7.21).
일본 외무성 홈페이지「竹島問題の概要」https://www.mofa.go.jp/mofaj/area/takeshima/gaiyo.html 및 팸플릿「竹島—竹島問題を理解するための 10のポイント」https://www.mofa.go.jp/mofaj/area/takeshima/pdfs/takeshima_point.pdf(검색일: 2012.6.8).
____________「北方領土問題の経緯(領土問題の発生まで)」https://www.mofa.go.jp/mofaj/area/hoppo/hoppo_keii.html(검색일: 2021.6.15).
Cholmondeley, Lionel Berners, 1915, *The History of the Bonin Islands from the Year 1827 to the Year 1876 and of Nathaniel Savory, One of the Original Settlers, to which is Added a Short Suppl. Dealing with the Islands After Their Occupation by the Japanese*, London: Constable Co., Ltd.,
Manjiao, Chi 2011, "The Unhelpfulness of Treaty Law in Solving the Sino-Japan Sovereign Dispute over the Diaoyu Islands", *East Asia Law Review*, University of Pennsylvania Carey Law School(https://scholarship.law.upenn.edu/ealr/vol6/iss2/1/[검색일: 2021.6.12.]).
Plokhy, Serhii M., 2010, *Yalta: the price of peace*, New York: Viking(허승철 옮김,『얄타 8일간의 외교전쟁』, 역사비평사).

〈에필로그〉

한국의 영토/국경 문제를 생각하다

1. 근대 민족국가와 영토적 통일성

영토/국경 문제에 있어서 한국만큼 뜨거운 열정을 가진 국가나 민족이 있을까? 그 이유가 무엇일까? 여기에서 영토 문제는 대부분 독도를 가리킨다. 그러나 한국의 영토 문제는 독도 문제만이 아니라 거의 같은 시기에 간도(間島, 현재 중국 지린성 연변조선족자치주) 문제도 발생했다는 사실을 상기하고 싶다. 영토 문제라는 관점에서 간도 문제와 독도 문제를 포괄적으로 논할 필요성이 제기된다.[1] 또 독도 문제와 간도 문제가 시기적으로 근대민족/국민국가로의 이행기에 발생했다는 점에서, 한국의 영토 문제는 근대 국민국가의 형성과도 깊은 관련이 있다.

한국의 영토/국경은 언제 획정되었으며, 그 범위는 어디까지일까? 17세기 이전 한국은 북방에서는 중국과의 사이에 국경이 명확하지 않았으며, 동쪽 섬, 즉 울릉도와 독도에 대해서는 소유가 다소 애매한 상태에 있었다. 이러한 상황에서 1693년 울릉도에서 조업을 하던 안용복이 울릉도를 어장으로 이용

1 김호동과 강석민은 숙종조 시대에 발생한 독도 문제와 간도 문제 발생의 상호 관련성의 검토를 시도했다. 김호동, 2009, 「숙종조 영토분쟁의 배경과 대응에 관한 검토－안용복활동의 새로운 검토를 위해」 『대구사학』 94집, 대구사학회; 강석민, 2006, 「18세기 조선의 영토론 연구」, 2007, 동국대학교 박사논문.

하고 있던 일본 어민들에게 납치되는 사건이 발생한다. 이를 계기로 일본과 조선 사이에는 울릉도(와 독도) 영유권을 둘러싸고 울릉도쟁계(일본에서는 죽도일건[竹島一件]이라 함)라 불리는 치열한 외교교섭이 전개된다. 그 결과 1699년(숙종 25년) '조선과 일본 사이에 일종의 외교적 합의('1699년 합의')가 성립한다. 독도와 울릉도는 조선 땅이며, 일본인의 울릉도와 독도 왕래를 금지한다는 내용이다.

한편 북방지역에서는 압록강과 두만강을 사이에 두고 조선인과 청국(중국)인의 범월(犯越) 문제가 빈발하자, 1712년(숙종 38년) 청국(중국)은 백두산에 정계비(定界碑)를 건립하여 양국의 국경을 명확히 하였다. 백두산 정계비에는 서쪽으로는 압록강을, 동쪽으로는 두만강을 국경으로 한다(西爲鴨綠東爲土門)고 기록되어 있다.

이상의 과정을 통해 조선과 중국 사이에는 압록강—백두산 정계비—토문강으로 이어지는 경계가, 조선과 일본 사이에는 울릉도와 독도가 조선의 영유로 확정되었다. 종래 다소 애매하게 존재했던 중국과의 육상 경계와, 일본과의 해상 경계가 명확히 확정됨으로써, 한국은 영토적 통일성(territorial integrity)을 확립한 것이다. 한국의 영토를 한반도와 그 부속도서로 한다는 영토 관념도 이 시기에 형성된 것으로 보인다. 여기에서 한반도는 압록강과 두두만강 이남만을 의미하는 것은 아니며, 함경도의 연장선상에서 두만강과 토문강 사이의 간도(間島)를 포함하는 개념이다.

그런데 근대 이행기에 접어들어 조선과 중국, 조선과 일본 사이에 영유권(국경)을 둘러싼 논란이 제기되면서 한국의 영토적 통일성에 대한 불안정성이 노정되는 양상이 나타났다. 19세기에 들어와 두만강 이북에 있는 간도에 조선인들이 본격적으로 진출하면서 백두산 정계비의 '토문강(土門江)'의 해석을 둘러싸고 중국과 논란이 일었다. 조선은 토문강을 송화강 상류(지류)로 간주하고, 그 이남의 두만강 이북 지역의 사잇섬(間島)을 조선 땅이라고 주장했다. 반면에 중국은 토문강을 두만강으로 해석하여, 두만강 이북에 있는 간도를 중국의 영토라고 강변했다. 조중 간의 논란은 1885년과 1887년에 두 차례의 국경회담에서도 결론이 나지 않았고, 간도 영유권 다툼은 계속되었다.

이러한 상황에서 조선(대한제국) 정부는 이범윤을 간도관리사로 파견하는 등 간도에 대한 관할권을 강화하는 조치를 취한다. 대한제국의 노력에도 불구하고 러일전쟁 직후 1905년 11월 을사조약을 통해 외교권을 박탈당한 대한제국 정부는, 간도에 대한 관할권을 일본에 넘겨주어야 했다. 일본은 이를 배경으로 1907년 간도파출소를 설치하고, 중국과 간도 영유권 교섭을 전개한다. 이른바 중일 간의 간도 문제이다. 그 결과 일본은, 1909년 9월, 만주에서의 철도와 광산 등의 이권과 교환하는 형태로 중국과 이른바 '간도 협약'을 체결하였다. 이 협약으로 인해 두만강 이북의 간도는 중국의 영토로 편입되었으며, 대한제국의 영토는 압록강—두만강 이남으로 축소되었다. 외교권을 박탈당한 대한제국 정부는 이 과정에서 아무런 조치를 취할 수 없었다. 그런데 여기에서 문제는, 일본은 한국의 외교권을 박탈하여 '보호국'으로 삼았는데, 보호권을 가진 일본이 한국의 영토를 처분할 수 있는가에 대한 의문이 남아 있다.

한편 1699년의 울릉도쟁계합의 이후 일본 메이지 정부, 즉 태정관(太政官)은 1877년, 1699년의 합의를 승계하여 울릉도와 독도에 대한 조선의 영유권을 재확인하는 지령을 발한다. 이른바 태정관지령이다. 이러한 일본의 조치는 영유권이 다소 모호한 상태에 있는 주변의 섬들에 대한 영유권을 명확히 하여 근대 영토국가의 토대를 갖추어가는 과정에서 취해진 것이다. 일본은 1875년 상트페테르부르크 조약으로 홋카이도와 쿠릴열도를 일본의 영토로 확정하고, 1876년에는 오가사와라 제도를, 1879년에는 중국과 양속(両属)관계 있던 오키나와를 자국의 영토로 편입한다. 그리고 1895년에는 센카쿠를 편입하여 국경을 확정했다. 여기에서 특징적인 것은 일본이, 쿠릴열도, 오기사와라, 오키나와 등 영유권이 다소 애매한 지역을 적극적으로 자국의 영토로 편입시킨 반면에, 태정관지령을 통해 울릉도와 독도는 자국의 영토에서 배제하는 정반대의 조치를 취했다는 점이다. 1699년 합의를 통해 울릉도와 독도에 대한 조선의 영유권이 명확하게 확정되어 있었기 때문으로 보인다.

그런데 청일전쟁 이후 일본인들의 울릉도 왕래가 급격히 증가하면서, 이를 배경으로 일본은 울릉도에서의 거주권을 요구하고, 1901년에는 파출소를 설치하는 등 울릉도에 대한 영향력을 확대해간다.[2] 당시 울릉도는 개항장이 아니기 때문에 일본인들의 입도 자체가 불법이다. 일본의 영향력 확대에 대해 조선 정부는 1900년 칙령 41호를 반포하여 울릉도와 독도에 대한 관할권을 강화하는 조치를 취한다. 하지만 일본은 1905년 2월 러일전쟁 와중에 독도를 무주지로 간주하고 자국의 영토로 편입하여, 1699년 합의와 태정관지령을 부정한다. 대한제국 정부는 이 사실을 그다음 해 3월에야 알 수 있었다. 시마네현의 독도(다케시마) 조사단이 풍랑을 피해 울릉도에 들러 심흥택 울릉군수에게 이를 알림으로써 알게 된 것이다. 이른바 독도 문제가 발생한 것이다. 이미 통감부가 설치되고 일본의 '보호국'이 된 상태에서 대한제국 정부는 일본을 상대로 적절한 조치를 취할 수 없었다.

2. 영토적 통일성 붕괴와 민족국가 형성의 실패

근대 국가의 형성은 중앙집권화된 정부가 명확한 영토에 대해 정치, 경제, 사회적 지배를 확립함으로써 시작된다. 유럽에서는 1648년의 베스트팔렌조

2 堀和生, 1987,「1905年日本の竹島領土編入」『朝鮮史研究会論文集』24号, 東京: 緑蔭書房, p. 108.

약에서 영토에 대한 주권이 인정되면서 세계는 타자와 구분되는 배타적 영역을 단위로 하는 근대 국가가 형성되게 된다. 그리고 이 영토를 토대로 국민(민족) 만들기가 이루어지면서 근대 민족국가를 기반으로 하는 국제사회가 형성된다. 이탈리아 통일기에 회자되었던 "이탈리아는 만들어졌다. 이제부터는 이탈리아인(국민)을 만들어야 한다"(We have made Italy, now we have to make Italians)라는 경구는[3] 이를 상징한다. 따라서 근대 민족국가의 가장 기본적인 토대는 국경의 확정을 통한 영토적 통일성 확보에 있으며, 그 땅에서 국가에 충성할 의무를 가진 사람들을 만드는 것에 있다고 하겠다. 근대 민족국가의 형성 과정은 국경을 지속적으로 형성해 가는 과정이며, 이 때문에 근대 민족국가는 영토국가라 불린다. 근대 민족국가가 영토(국경) 만들기와 민족(국민) 만들기를 축으로 하면서 양자는 불가분의 관계를 가지게 된다. 영토 문제가 쉽게 민족주의와 결합하면서 갈등을 고조시키는 이유도 이 때문이다.

앞서 언급한 바와 같이, 1909년 간도 협약으로 간도가 중국 영토로 편입되고, 1905년 일본이 독도를 자국 영토로 편입하면서 한국은 영토적 통일성을 상실하게 되었다. 근대 민족국가가 영토의 통일성을 기반으로 한다면, 간도와 독도의 분리는 한국의 근대 민족국가 형성의 토대를 붕괴시킨 것이나 마찬가지다. 그 연장선상에서 한일병합을 통해 한국이 식민지로 전락함으로써 한국의 근대 민족국가 형성은 실패하게 되었다고 볼 수 있다. 이는 근대 중국이 조계지 설치와 영토 할양으로 인해 영토적 통일성을 상실하고 반식민지 상태로 전락한 것과 유사한 맥락으로 이해할 수 있다.[4] 이러한 측면에서 한일병합은 일본이 독도를 자국의 영토로 편입하고 간도를 분리하여 중국의 영토로 인

3 Hobsbawm, E. J., 1990, *Nations and Nationalism since 1780: Programme, Myth, Reality*, Cambridge University Press, p.45.

4 岩下哲典・大庭裕介・小川唯・高田誠・塚越俊志ほか, 2014, 『東アジアのボーダーを考える: 歴史・国境・認識』, 右文書院, pp.178~179.

정한 것의 연장선상에 있는 것이다. 다시 말하면 근대 민족국가가 형성되기 이전에 오랫동안 영토적 통일성 위에, 한나 아렌트가 지적한, 단일의 '종족 민족주의(tribal nationalism)'[5]를 형성해온 한국은 근대 국민/민족국가로의 이행 과정에서 영토적 통일성이 붕괴되고, 연장선상에서 식민지가 되어, 민족국가의 형성이 불가능하게 된 것이다.

근대 민족국가가 영토국가인 점을 고려하면, 현재 한국에서 독도 문제와 간도 문제가 민족주의와 강하게 결합되어 나타나는 것은, 근대 민족국가 형성 단계에서 실패한 영토적 통합성에 대한 반동 현상으로 볼 수 있다. 간도와 독도를 둘러싼 영유권 논란은 근대 민족국가 형성의 맥락 속에서 아직도 계속되고 있는 것이다. 영토 문제를 매개로 발현되고 있는 한국의 민족주의는 근대 이행기에서 실패한 영토적 통일성을 회복하려는 민족국가화 혹은 국민국가화의 재등장으로 볼 수 있다.[6] 한국이 독도 문제를 민족 문제, 역사 주권의 문제로 인식하고 있는 것도 이 때문이다. 2006년 4월 25일 노무현 대통령이 '한일관계에 대한 특별담화문'에서 "독도는 일본의 한반도 침략과정에서 가장 먼저 병탄되었"다고 한 것은 이러한 맥락에서이다. 또 담화문에서 우리에게 "독도는 완전한 주권 회복의 상징"이라고 한 것은, 독도 문제를 해결함으로써 영토적 통일성을 갖춘 온전한 근대민족/국민국가를 완성한다는 의미이다.

3. 영토(독도, 간도) 분리와 식민지화

일본은 한국의 영토로 간주되었던 간도를 중국에 양여하고, 독도를 편입함으로써 근대 민족국가 형성단계에 있던 한국의 영토적 통일성을 해체했다.

5 Arendt, Hannah, 1973, *The origins of totalitarianism*, Harvest Book. p.227.

6 임지현, 2004, 『근대의 국경 역사의 국경』, 휴머니스트, p.33.

그러면 일본은 왜 거의 같은 시기에 한국의 영토로 간주되고 있던 독도를 자국의 영토로 편입하고, 간도를 중국의 영토로 넘겨주었는가? 이러한 일본의 조처는 의도했든 의도하지 않았든, 결과적으로 한국의 영토적 통일성을 파괴하여 근대 민족국가 형성의 토대를 붕괴시켰고, 그 연장선상에서 한국을 식민지로 만들었다. 일본은 독도를 편입한 8개월 후에 을사('보호')조약을 통해 한국을 '보호국'화했으며, 간도를 조선의 영토에서 분리하여 중국의 영토로 인정한 꼭 1년 후에 한국을 식민지화했다. 직접적인 인과관계를 떠나, 시기적으로 보면, 독도와 간도의 분리 및 일본의 한국 식민지화 조치는 동일한 맥락에서 이루어진 것이다.

일본이 간도를 중국의 영토로 인정한 이유는 크게 두 가지로 볼 수 있다. 하나는, 한일병합을 위한 사전 정지 작업의 일환이다. 한국을 병합하기 위해서는 병합의 대상이 되는 한국의 영토 범위를 명확히 해야 할 필요가 있다. 한국과 중국 사이에 영유권이 불명확한 상태에서 한국을 병합하면, 중국 입장에서는 중국 영토의 일부인 간도까지 일본의 영토로 편입되는 상황이 된다. 이렇게 되면 일본의 한국 병합에 중국이 개입할 가능성이 있으며, 한일병합은 불완전한 것이 되어 버린다. 이를 방지하기 위해서는 간도를 중국의 영토로 인정하더라도, 한국 영토의 범위를 명확히 해야 했을 것이다. 간도 협약 체결 직전에 일본 정부가 '조선 병합에 관한 건(1909년 7월)'을 각의 결정하고, 본격적으로 병합을 추진한 것에서 이를 유추할 수 있다.[7]

또 하나는, 일본의 간도 포기는 대륙(중국)으로의 진출을 위한 교두보 확보라는 의미가 있다. 일본은 만주에서의 철도와 광산 등 이른바 '만주 5안건 협약'과 '간도 협약'을 같은 날 동시 체결했다. 이는 일본이 간도와 만주의 권익을 교환하는 형태로 간도를 중국에 넘겨주었다는 것을 의미한다. 만주에 대한

7 이성환, 2000, 「간도협약과 한일합방」 『대한정치학회보』 8(1), 대한정치학회.

권익 확보, 즉 중국 침략의 발판을 마련하기 위해 한국 영토의 일부를 중국에 양여했다고 볼 수 있다.

다음으로 일본이 독도를 자의적으로 편입한 이유는 무엇일까. 일본은 1877년 태정관지령을 통해 독도에 대한 한국의 영유권을 인정하고 있었음에도, 불과 28년 후인 1905년 갑자기 독도를 편입한 이유가 무엇일까? 1905년 1월 28일의 일본 각의(각료 회의) 결정문은 "이 무인도는 타국이 이를 점유했다고 인정할 형적이 없다. …… 메이지 36년(1903) 이래 나카이 요자부로(中井養三郎)라는 자가 이 섬에 이주하고 어업에 종사한 것은 관계서류에 의하여 밝혀진 바이므로, 국제법상 점령의 사실이 있는 것이라고 인정하여 이를 본방(本邦, 일본) 소속으로"한다고 밝히고 있다. 독도는 무주지였으며, 2년 전부터 나카이 요자부로가 어업을 하고 있었기 때문에 이를 편입한다는 것이다. 이른바 '무주지 선점론'이다. 그러나 이는 독도를 한국의 영토로 인정한 1877년의 태정관령과 완전히 모순된다.

일본이 독도를 편입한 본질적인 이유는 무주지 선점이라는 형식적인 논리보다는, 러일전쟁을 거치면서 부각된 독도에 대한 전략적 가치가 크게 영향을 미쳤다고 한다. 나카이 요사부로가 강치잡이를 위해 독도 편입을 요청했을 때, 일본 내무성은 독도가 조선 영토일 가능성이 있기 때문에 편입에 반대의사를 표했다, 그러나 외무성의 야마자 엔지로 정무국장을 중심으로 한 전쟁관련자들은 "(독도의) 영토편입을 급히 필요로 하며, 망루를 세워 무선 또는 해저전선을 설치하면 적함 감시에 대단히 요긴하다.… 서둘러 청원서를 제출하라"고 지시했다.[8] 그 결과가 위에서 언급한 각의(각료 회의) 결정이다.

그러나 실제로 독도 편입과 러일전쟁에서의 독도의 군사적 이용 사이의 직접적인 관련성은 크지 않았다. 1904년 2월 러일전쟁 발발 직후 체결된 한일의

8 김수희 · 송휘영, 2014, 「일본의 독도 강점을 기록화한 나카이 요자부로 문서 해제와 자료 소개」 『독도연구』 17, 영남대학교 독도연구소, pp.400~412.

정서에 의하면 일본은 군사적으로 독도를 자유로이 이용할 수 있기 때문이다. 또한 일본 해군성은 러일전쟁이 거의 마무리되는 시점의 8월 19일, 독도에 망루를 설치했으나, 9월 5일 포츠머스 강화조약이 체결된 후, 10월 24일 망루를 철거한다. 결과적으로 러일전쟁은 한국 식민지화를 위한 전쟁이었으며, 전쟁 기간 중 일본이 독도를 편입한 것은 영토적으로 한국 식민지화의 전초작업이었다고 볼 수 있다.

4. 전후 탈식민지화와 영토 문제, 그리고 일본 책임론

한국의 근대 민족국가 형성은 근대 이행기에서 동아시아의 전통적 국제질서의 변화와 함께 시작되었다. 이 과정은 순조롭지 못했다. 한국과 일본 사이에는 침략과 피침략의 구도가 형성되었고, 이 과정에서 독도와 간도는 한국으로부터 분리되었으며, 결국은 한국의 식민지화를 초래했다. 식민지화의 과정에서 발생한 간도와 독도를 둘러싼 영토 문제는 근대 민족국가 형성의 맥락 속에서 아직도 계속되고 있다.

이 문제는 제2차 세계대전이 끝난 후, 아시아 태평양에 새로운 국제질서를 모색하는 1951년의 샌프란시스코강화조약 체결할 때 해결할 기회가 있었다. 샌프란시스코강화조약은 동아시아에 형성되어 있던 일본 중심의 구체제를 청산하고 아시아 태평양에 새로운 질서를 수립하기 위한 것이었다. 강화조약의 기초가 된 카이로선언은 대만 및 팽호도(膨湖島)의 중국으로의 반환과, 한국의 독립을 규정하고 있다. 이는 청일전쟁이후 동아시아에 형성되었던 구체제를 청산한다는 의미다.

그러나 냉전을 배경으로 한 동아시아의 전후 체제는 일본 중심의 구체제를 청산하지 못했다. 미일동맹 관계 속에서 일본은 침략전쟁에 대한 처벌이나 피해국가들에 대한 배상 책임도 지지 않은 채 여전히 동아시아의 중심세력으로서의 역할을 하게 되었다. 따라서 일본 중심의 구체제의 형성과정에서 발생한 독도와 간도, 다오위다오(센카쿠) 등 동아시아의 영토 문제는 미해결의 상태로 남게 된다. 구체제의 최대의 피해자였던 한국과 중국은 샌프란시스코강화조약 체결에 초청받지 못했고, 요구도 받아들여지지 않았다. 샌프란시스코강화조약 제2조는 전체적으로 일본의 식민지와 점령지를 일본으로부터 분리시키기는 했으나, 귀속처(帰属処)를 명확히 규정하지 않아 불안정성을 내포했다. 독도에 대해서는 언급조차 없다. 이러한 관점에서 보면, 독도 문제를 비롯한 동아시아의 영토 문제에 관한 일본 중심의 구체제는 계속되고 있다고 볼 수 있다. 샌프란시스코강화조약에서 한국의 독립을 규정함으로써 한일간에는 제2차세계대전 이전과는 전혀 새로운 관계가 형성되었다. 같은 맥락에서, 제2차대전 이전의 구체제에서 일본에 의해 발생한 독도 문제와 간도 문제도 재검토되는 것이 자연스럽다. 책임론의 측면에서 한국은 일본에게 독도뿐만 아니라 간도에 대한 책임도 추궁할 필요가 있을지 모른다. 제2차세계대전 종결 후, 독일은 영토의 약 23%를 폴란드에 양여했다.

전후의 영토 처리 문제는 국제법사관(国際法史観)에서도 지적되고 있다, 히로세 요시오(広瀬善男)는 제1차 세계대전을 경계로 그 이전을 식민지화 시대, 그 이후를 비식민지화 시대로 규정한다. 그리고 제1차 세계대전 이후에 이루어진 "새로운 식민지 형성의 행동이나 강제적인 타국의 보호국화, 혹은 영역편입 행위는 완전히 위법적인 것으로 간주된다. 특히 제2차세계대전 후의 국제연합헌장 하에서 강제규범(jus cogens)으로 확립된 비식민지화 원칙과 민족자결주의 원칙의 확립(유엔헌장 1조 2항, 11, 12, 13장, 그리고 1960년의 식민지독립부여 선언 등)으로 그러한 후진 식민국가가 [행한] 국제연맹 시대(戦間期)에서의 새로운 식민지화와 그 결과에 대해서는 소급적 무효화(사실상 de facto의 승인의 적용이 있는 사항을 제외하고)가 의무로 되었다"고 주장한다.[9] 그러나 제1차 세계대전까지의 식민지정책에 대해서는 "비식민지화의 법리 효과로는 원천적 무효는 아니고 유효성을 인정한 위에 청산(문제에 따라서는 보상을 동반함)의 효과에 머무른다. 한일병합에 이르는 일련의 한일협약 등은 국제법상의 효과는 이 범주에 속"하는 것이라고 주장한다. 한일병합에 이르는 일련의 조약 내지 협약 등은 유효하지만 보상을 포함한 청산의 대상이라는 것이다.

같은 논리적 연장선상에서 독도 영유권에 대해 그는 다음과 같이 논한다. "독도는 19세기를 통해 제1차세계대전까지 유효한 국제법리였던 강국 일본의 식민지화 활동에 의한 일본의 실효적 점유 행위의 결과가, 법적으로 긍정되어 일본 영토가 되었다고 할 수 있다. 그러나 [독도는] 제2차세계대전 후에는 새로운 비식민지화 법리의 전면적 적용을 받아야 하는 대상이 되었다"고 지적한다.[10] 일본이 청일전쟁과 러일전쟁을 통해 합법적으로 취득한 대만과 사할린을 원소유국에게 돌려준 것도 제2차세계대전 후의 비식민지화 조치의 한 유형이라고 설명하고 있다. 따라서 독도 역시 비식민지화의 대상이 되어야 마땅하며, 독도에 대한 한국의 주권을 인정해야 한다고 지적하고 있다.

요약하면, 그의 논지는, 제국주의시대에 발생한 영토편입, 병합 등은 비식민지화의 관점에서 무효화 내지는 청산되어야 한다는 것이다. 무효화와 청산이라는 점에서는 그의 주장에 일정 부분 수긍이 간다. 그러나 일본의 독도 편입이나 한일병합이 강압적이고 불법이었기 때문에 무효라는 한국의 입장과는 차이가 있다. 물론 그가 주장하는 무효화와 청산은 '원상 복구'라는 점에서 결과는 같다.

그의 논지 전개는 단순한 국제법적 측면만이 아니라 역사적 맥락을 가미한

9 広瀬善男, 2007, 「国際法からみた日韓併合と竹島の領有権」 『明治学院大学法学研究』 81, p.294.
10 위의 논문, p.295.

국제법사관의 접근이라는 점에서 기존의 국제법적 연구와는 차이가 있다. 비식민지화의 개념이 영토분쟁 해결에 어느 정도 기여를 할 수 있을 것인지에 대해서는 논의를 기다려야 할 것이다. 제국주의 일본이 개입한 간도 문제에 대해서도 같은 논리가 적용될 수 있다. 그러나 간도에 대해서는 1962년과 1964년에 북한과 중국이 조중변계조약(朝中邊界條約)과 조중변계의정서를 체결하여 새로운 국경을 설정하면서, 영토 문제는 일단락된 것으로 봐야 한다. 다만, 간도에 대한 역사적 권리와 현재적 주권 문제를 분리하더라도, 그곳 조선인들의 역사적 지위, 현상 등에 대해서는 정리해야 할 문제는 남아 있다고 하겠다.

아직 미해결 상태에 있는 한일 간의 독도 문제는 어떠한 형태로든 정리가 필요하다. 이 책은 이를 위한 것이다.

〈이 책 각 장의 해당 논문 초출(初出)은 다음과 같다〉

이성환, 2013, 「태정관과 '태정관지령'은 무엇인가?－독도문제와 관련하여－」『독도연구』 제20호, 영남대학교 독도연구소.

이성환, 2017, 「조일(朝日)/한일(韓日) 국경조약체제와 독도」『독도연구』 제23호, 영남대학교 독도연구소.

이성환, 2017, 「일본의 태정관지령과 독도 편입에 대한 법제사적 검토」『국제법학회논총』 제62권 3호, 대한국제법학회.

이성환, 2018, 「독도문제 연구에 대한 주요 쟁점 검토－도해금지령과 태정관지령을 중심으로－」『독도연구』 제25호, 영남대학교 독도연구소.

이성환, 2019, 「태정관지령을 둘러싼 논의의 재검토－최철영 · 유미림, "1877년 태정관 지령의 역사적 · 국제법적 쟁점검토"에 대한 반론－」『국제법학회논총』 제64권 2호, 대한국제법학회.

이성환, 2019, 「울릉도쟁계의 조일 간 교환 문서에 대한 논의의 재검토－최철영 · 유미림, "1877년 태정관지령의 역사적 · 국제법적 쟁점검토"에 대한 반론－」『독도연구』 제26호, 영남대학교 독도연구소.

이성환, 2020,「한국의 영토－국경문제 연구에 대한 시론－」『민족연구』 75권, 한국민족연구원.

이성환, 2020,「일본의 독도 편입과 한국의 항의 부존재에 관한 검토－나가시마 히로키(永島広紀)「'내정'화하는 한일의 '외교'」에 대한 반론－」『독도연구』 제29호, 영남대학교 독도연구소.

이성환, 2021,「러스크 서한과 샌프란시스코강화조약에서의 독도 주권」『독도 영토주권과 국제법적 권원 2』, 동북아역사재단.

이성환, 2021,「샌프란시스코강화조약과 동아시아 영토갈등의 해법」『영토해양연구』 제22호, 동북아역사재단 독도연구소.

이성환, 2021,「태정관지령과 독도문제에 대한 법리 해석을 위한 시론」『대한정치학회보』 제29권 2호, 대한정치학회.

이성환, 2022,「독도문제에 대한 일본의 국제법적 연구－'실효적 지배'를 중심으로－」『대한정치학회보』 제30권 2호, 대한정치학회.

찾아보기

(1)

(ㄱ)

(ㄴ)

(ㄷ)

(ㄹ)

(ㅁ)

(ㅂ)

(ㅅ)

(ㅇ)

(ㅈ)

(ㅊ)

(ㅋ)

(ㅌ)

(ㅍ)

(ㅎ)

저자약력

이성환(李盛煥)

계명대학교 인문국제학대학 교수 및 국경연구소 소장, SSK(Social Science Korea)사업단장 등을 역임하고 명예교수로 있다. 2023년부터 중국 광저우이공대학(广州理工学院) 교수로 재직 중이다.

일본 쓰쿠바대학교(筑波大学)에서 일본 정치외교를 공부하고 법학(정치학)박사 학위를 받았다. 동아시아일본학회 · 대한정치학회 · 동아시아국제정치학회 회장, 동북아역사재단 편집위원 및 자문위원, 경상북도 독도연구기관 협의체 의장, 한일협력위원회 자문교수 등을 지냈다.

저서로 『근대동아시아의 정치역학(近代東アジアの政治力学)』, 『근대 일본과 전쟁(近代日本と戦争)』, 『전쟁 국가 일본』, 『간도는 누구의 땅인가』, 『청일전쟁』, 『러일전쟁』 등, 공저로는 『일본 태정관과 독도』, 『한국과 이토 히로부미』, 『한국과 국제정치』, 『이토 히로부미와 한국통치(伊藤博文と韓国統治)』, 『독도 영토주권과 국제법적 권원』, 『독도 영토주권과 국제법적 권원 III』, 『태평양전쟁(太平洋戦争)』, 『러일전쟁 연구의 신시점(日露戦争研究の新視点)』, 『근대 조선의 경계를 넘은 사람들(近代朝鮮の境界を越えた人びと)』, *Rethinking the Russo-Japanese War* 등, 역서로는 『일본의 외교』, 『이토 히로부미』, 『일본 정치의 이해』, 『로이터 로이터』, 『대일평화조약』(공역) 등이 있다.

영남대학교 독도연구소 독도연구총서 32

일본의 태정관지령과 독도 문제

일본 정부, "독도는 일본과 관계없음"을 천명하다

초판1쇄 인쇄 2025년 04월 23일
초판1쇄 발행 2025년 05월 08일

저 자 이성환

발행인 윤석현
발행처 박문사
등 록 제2009-11호
전 화 (02)992-3253(대)
전 송 (02)991-1285
주 소 서울시 도봉구 우이천로 353

책임편집 최인노
전자우편 bakmunsa@daum.net

ⓒ 영남대학교 독도연구소 2025 Printed in KOREA

ISBN 979-11-7390-005-1 93340 **정가** 40,000원

· 저자 및 출판사의 허락 없이 이 책의 일부 또는 전부를 무단복제·전재·발췌할 수 없습니다.
· 잘못된 책은 바꿔 드립니다.